# कामरेड मोनालिज़ा तथा अन्य संस्मरण

# कामरेड मोनालिज़ा तथा अन्य संस्मरण

रवीन्द्र कालिया

वाणी प्रकाशन

वाणी प्रकाशन
*4695, 21-ए, दरियागंज, नयी दिल्ली 110 002*
शाखा
*अशोक राजपथ, पटना 800 004*
फ़ोन: +91 11 23273167 फ़ैक्स: +91 11 23275710
www.vaniprakashan.in
vaniprakashan@gmail.com

COMRADE MONALIZA TATHA ANYA SANSMARAN
*by* Ravindra Kaliya

ISBN : 978-93-5072-144-5
Memoirs



प्रथम संस्करण
मूल्य : ₹ 395



*ओम ऑफ़सेट, दिल्ली-110093 में मुद्रित*

*वाणी प्रकाशन का लोगो मक़बूल फ़िदा हुसेन की कूची से*

# अनुक्रम

# कामरेड मोनालिज़ा

पिछले दिनों मनीषा इटली से लौटी तो हम लोगों के लिए यूरोपीय पुनर्जागरण काल के विश्वविख्यात कलाकार लियोनार्डो-डा विंची का एक बड़ा चित्र लेती आयी। मेरे कलाकार मित्र शिव-गोविन्द पाण्डेय ने उसे कुछ इस रूप में फ्रेम करवा दिया कि मोनालिज़ा पूरे कमरे पर हावी हो गयी। पूरे कमरे पर नहीं, मेरी सम्पूर्ण चेतना पर भी। मैं जब भी कमरे में आता, उसी के बारे में सोचने लगता।

मोनालिज़ा से मेरा प्रथम परिचय आज से पच्चीस वर्ष पूर्व दिल्ली की एक प्रदर्शनी में हुआ था। देश-विदेश के अनेक रचनाकारों की रचनाओं में मोनालिज़ा विद्यमान है। हिन्दी में निर्मल वर्मा और भगवतशरण उपाध्याय की रचनाओं में मानोलिजा का जिक्र बार-बार आया है। वास्तव में मोनालिज़ा के व्यक्तित्व में कई ऐसे तत्व हैं कि आप जीवन भर उसको अन्वेषित कर सकते हैं। मैंने तो उसे सैकड़ों कोणों से देखा है। एक ऐसे कोण से भी, जिसमें वह सात-आठ बरस की बच्ची लगती है। मैं फुरसत में होता हूँ तो उसके साथ बहुत अच्छा समय बीतता है। मोनालिज़ा से मेरी दोस्ती हो गयी है जबकि वह उम्र में मेरी माँ से बड़ी होगी। मगर उसकी भूमिका कोई भी हो सकती है: बहन की, बेटी की, प्रेमिका की, एक अबोध बच्ची की। यह केवल आपकी मानसिकता पर निर्भर करता है। वह मरियम भी हो सकती है, मदर टैरेसा भी।

उस दिन अमरकान्तजी से मोनालिज़ा का जिक्र आया तो कुछ देर तक वे टकटकी लगाकर मोनालिज़ा की तरफ देखते रहे और बोले, "इसे देखकर मुझे चेख़व की कहानी 'डार्लिंग' की याद आती है।"

मुझे मालूम है 'डार्लिंग' अमरकान्तजी की प्रिय कहानी है। क्या यह आकस्मिक है कि उन्होंने अपनी प्रिय कहानी की नायिका से उसका तादाम्य स्थापित किया? मगर कौन कह सकता है कि यह ताल्सताय की 'अन्ना केरेनिना' या गोर्की की 'माँ' नहीं है?

अमरकान्तजी ने अपनी व्याख्या को और आगे बढ़ाया। बोले, "इस स्त्री

को देखकर मुझे लगता है, कि यह शेषित का पक्ष लेगी।'

अमरकान्तजी की इस व्याख्या के लिए मैं तैयार नहीं था। मुझे यह व्याख्या दूर की कौड़ी लगी और मैंने एक जोरदार ठहाका लगाया। मुझे लगा, अमरकान्तजी एक कुशल बढ़ई की तरह पूर्व निर्मित चौखटे में इसे फिट कर रहे हैं।

## यह मुस्कान हिटलर के लिए नहीं

अमरकान्त मेरी प्रतिक्रिया से विचलित न हुए। शान्त होने पर मैंने मोनालिज़ा की तरफ दोबारा देखा। इस बार मुझे उनका वक्तव्य उतना चौंकाने वाला नहीं लगा। अमरकान्त चले गये तो मैं देर तक उनकी बात पर विचार करता रहा। ऐसे किसी सन्दर्भ की मैं कल्पना भी नहीं कर पा रहा था कि शोषकों का साथ देकर वह सुन्दर लग सकती है। धीरे-धीरे मैं इस तर्क पर पहुँचता गया कि मोनालिज़ा का पूरा ब्लिस, उसका पूरा सौन्दर्य, उसका पूरा रहस्य, उसकी पूरी ममता, करुणा; कहीं-न-कहीं शेषितों से असंदिग्ध रूप से जुड़ी है।

यही सब सोचते-सोचते अँघाई लग गयी। बीच में आँख खुली तो मैंने पुनः इस कलाकृति की तरफ देखा। लगा इस बीच मोनालिज़ा गंगा में एक डुबकी लगा आयी है। उसके चेहरे पर मानवीय सौन्दर्य की गारिमा का अपूर्व विस्तार था। यौनगत उच्छृंखलता की परछाईं तक भी उस पर न पड़ी थी। मुझे इस निष्कर्ष पर पहुँचने में एक क्षण भी न लगा यह मुस्कान हिटलर, मुसोलिनी, ईर्दी ईमान, जैसे युद्धोन्मादियों के लिए हो ही नहीं सकती। मानव समता में जिसका अटूट विश्वास होगा, वही इस पावन मुस्कान का अधिकारी हो सकता है। यह मुस्कान यदि मात्र दिव्य, रहस्यमय और अलौकिक होती तो इस चित्र में जीवन का इतना घना ताप न होता।

मुस्कान अपने में ही एक सामाजिक क्रिया है, इसलिए इसे सामाजिक सन्दर्भ में ही व्याख्यायित किया जा सकता है। शायद यही कारण है कि मोनालिज़ा आत्मकेन्द्रित नहीं है। पराजयवादी नहीं है, भाग्यवादी नहीं है। मोनालिज़ा एक सम्पूर्ण स्त्री है। अतीत, वर्तमान और भविष्य-इन तीनों आयामों तक इसकी पहुँच है। व्यक्ति के सन्दर्भ में यदि वह आलम्बन है तो परिवेश के सन्दर्भ में आश्रय। मोनालिज़ा में अद्‌भुत चौकन्नापन है। उसकी नजर से कोई बच नहीं सकता। आप उसे कहीं से भी, किसी भी कोण से देखेंगे तो उसे अपनी ओर देखते ही पाएँगे और जब अमरकान्तजी इसकी परिकल्पना सर्वहारा के पक्षधर के रूप में करते हैं तो उनकी व्याख्या अर्थपूर्ण लगती है। अपनी कलात्मकता को सुरक्षित रखते हुए जो कृति बीसियों वर्षों से जन-जन के हृदय को आन्दोलित करने की क्षमता रखती है, उसका महत्त्व निर्विवाद है। असंदिग्ध है।

अमरकान्तजी की चर्चा मैंने एक विशेष सन्दर्भ में की है। पिछले दो-तीन बरस मैं उनके अत्यन्त निकट रहा हूँ। जीवन, साहित्य, राजनीति आदि अनेक विषयों पर उनमें घंटों बातचीत होती है। मुझे लगता है, किसी भी लेखक के लिए बहुत महत्त्वपूर्ण होता है कि वह कैसे लोगों के बीच रहता है। किस प्रकार की प्रेरणाएँ ग्रहण करता है! अपने अनुभव के आधार पर मैं कह सकता हूँ कि मित्रमंडली का प्रभाव आपकी मानसिकता पर जरूर पड़ता है। अपने बीस वर्षों के लेखकीय जीवन पर नजर दौड़ाता हूँ तो बहुत सी चीजें स्पष्ट होने लगती हैं। मैं अनेक प्रकार के मित्रों के बीच रहा हूँ। फ़क्कड़ से फ़क्कड़ और अमानवीय स्तर पर महत्त्वाकांक्षी लोगों के बीच। मैंने अपने दोस्तों को आत्मघात की राह पर भी चलते देखा है और निरन्तर संघर्ष करते हुए भी।

मुझे सन् 55-56 के वे दिन याद आते हैं जब मेरे बड़े भाई कम्युनिस्ट पार्टी के सदस्य थे और साहित्य में मेरी दिलचस्पी देखते हुए मेरे लिए बहुत-सी पुस्तकें लाया करते थे। बहुत ही कच्ची उम्र में मैंने गोर्की की आत्माकथा और उनका प्रसिद्ध उपन्यास 'माँ' पढ़ लिया था। चेख़व मुझे प्रारम्भ से ही बहुत प्रिय रहे हैं, कॉलिज तक पहुँचते-पहुँचते, कुछ अपने भाई और कुछ नरेन्द्र शर्मा की प्रेरणा से मैं 'नावेल एंड, द पीपुल', 'इल्यूजन एंड रियेलिटी', 'स्टडीज इन ड्राइंग कल्चर' आदि अनेक पुस्तकें पढ़ गया था। बाद में पढ़ाई समाप्त कर दिल्ली गया तो आधुनिकता की चकाचौंध में भी आया। अकवितावादियों की दुनिया भी देखी। घोर क्रान्तिकारियों और विद्रोहियों को अपने अफ़सरों की जी हुजूरी में भी लगे पाया।

वास्तव में दिल्ली में मैं एक मामूली-सी सरकारी नौकरी कर रहा था। पूरा वेतन टी-हाउस, मकान, बसों में निकल जाता था। एक पत्रिका तक खरीदकर पढ़ने की हैसियत न थी। मगर पढ़ने की अद्भुत लालसा थी। अपनी भूख मिटाने के लिए अमरीकन लाइब्रेरी की सदस्यता ले ली थी। ब्रिटिश काउंसिल लाइब्रेरी की सदस्यता आसानी से न मिलती थी। उन दिनों (सन् 62-65) मैंने हैमिंग्वे (जो आज भी मुझे अत्यन्त प्रिय है) के अलावा एब्सर्ड थियेटर, एंटी नावेल, एंटी पोएट्री पर अनेक पुस्तकें पढ़ीं। मगर अपने अग्रजों की भाँति मैंने इन रचनाओं को त्याज्य या अस्पृश्य मान कर नहीं पढ़ा। आधुनिक बोध की इन कृतियों ने मुझे भयभीत भी नहीं किया और न इनके प्रति एक सतर्क दृष्टिकोण ही मैंने रखा। मैं एक तरफ काफ्का पढ़ता था तो दूसरी तरफ अर्न्स्टफिशर। अर्न्स्टफिशर की धारणा मुझे प्रभावित करती थी कि नयी कला-अभिव्यक्तियों को रचनाकारों एवं लेखकों के लिए निषिद्ध नहीं करना चाहिए। हमारे यहाँ हिन्दी में लेखकों व रचनाओं की किलेबन्दी बहुत जल्दी कर दी जाती है, दवा की शीशियों की तरह उन पर लेबल चिपका दिए जाते हैं।

साहित्य में जब मैंने आँखें खोलीं तो हिन्दी में विचित्र माहौल था। पूरा हिन्दी जगत खेमों-दर-खेमों में बँटा था। सम्पादकों, अग्रज लेखकों व समीक्षकों ने अपनी-अपनी सल्तनत कायम कर रखी थी। लेखकों को फोड़ने-जोड़ने के अद्भुत प्रयत्न हो रहे थे। मेरी अभी दो-चार कहानियाँ भी प्रकाशित न हुई थीं कि लगने लगा था :

*हम कहाँ के दाना थे, किस हुनर में यकता थे,*
*बेसबब हुआ 'गलिब', दुश्मन आसमाँ अपना।*

मेरी ही नहीं, मेरे साथी लेखकों का भी यही अनुभव रहा होगा। ज्ञान, दूधनाथ, काशी और मैंने दो-दो, तीन-तीन कहानियों से ही अपनी पहचान बना ली थी। एक जमाना तो यह था कि मेरी पाँच-पाँच कहानियाँ एक साथ कमलेश्वर ने 'नयी कहानियाँ' के लिए स्वीकृत कर रखी थीं। मेरी पहली कहानी 'सिर्फ एक दिन' राकेशजी ने 'सारिका' में प्रकाशित की थी और दूसरी कहानी 'नौ साल छोटी पत्नी' कमलेश्वर ने 'नयी कहानियाँ' में।

'नौ साल छोटी पत्नी' क्या छपी, टी हाउस में, दफ्तर में, मित्रों के बीच मेरा रुतबा बढ़ गया। उन दिनों मेरा दफ्तर राजकमल प्रकाशन के पास ही था। कमलेश्वर का फोन आता, भोपाल से दुष्यन्त आये हैं, मिलना चाहते हैं, इलाहाबाद से डॉ. लाल आये हैं, कहानी की तारीफ कर रहे हैं। तारीफ के पत्रों का मेरे पास अच्छा-खासा पुलिन्दा हो गया था। सबसे अधिक आश्चर्य तो मुझे तब हुआ जब कहानी के नीचे माडल टाउन का पता पढ़कर छुट्टी के एक दिन डॉ. देवीशंकर अवस्थी, अजित कुमार, विश्वनाथ त्रिपाठी मुझे खोजते हुए चले आये। मुझे समझते देर न लगी कि एक ही कहानी से पूरा कहानी जगत् मुझसे परिचित हो गया है। मैं दुगुने उत्साह से लिखने लगा। रात आखिरी बस से टी हाउस से लौटता। लौटते ही लिखने में जुट जाता। दिल्ली जीवन में मैंने 'बड़े शहर का आदमी', 'अकाहानी', 'त्रास', 'दफ्तर', 'कोजी कानर', 'इतवार नहीं' इसी भागभाग में लिखीं। कुछ कहानियाँ मैंने दफ्तर में ही घसीट दी थीं, जैसे 'थके हुए', 'प्रेम', 'विकथा', 'एक प्रमाणिक झूठ' आदि। 'डरी हुई औरत' मैंने राकेशजी को सुनाने के लिए लिखी थी। वे बहुत दिनों से इच्छा प्रकट कर रहे थे कि कोई कहानी जम कर लिखो और सुनाओ। मैंने दफ्तर से छुट्टी ली और इतवार को सुनाने पहुँच गया। कहानी राकेशजी को पसन्द न आयी। 'नौ साल छोटी पत्नी' भी उन्हें पसन्द न आयी थी। वे चाहते थे, ठीक ही चाहते थे, मैं उसी जीवन के बारे में लिखूँ, जिसे बहुत आत्मीयता से जानता हूँ। मगर मैं शादीशुदा लोगों के जीवन पर लिख रहा था और खुद अविवाहित था। मगर मेरी ये दोनों कहानियाँ अत्यन्त लोकप्रिय हुईं। अनेक भाषाओं में अनूदित हुईं और अनेक संग्रहों में संकलित। बल्कि यह

लिखना भी अप्रासंगिक न होगा कि 'नौ साल छोटी पत्नी' लिखने के बाद मेरी पिटाई भी हुई। मैं इर्विन अस्पताल में पड़ा रहा। हुआ यह कि किसी ने मेरे एक कवि मित्र कुमार विकल को भड़का दिया कि मैंने उसी पर यह कहानी लिखी है। वह मुझे शराब पिलाने का लालच दे कर टी-हाउस के बाहर ले गया और जनपथ के निकट पहुँचकर उसने मेरी खूब ठुकाई की। मेरा चश्मा टूट गया, होंठ कट गया, कपड़े लहू से रँग गये। मैं टी-हाउस आया तो लोग उपचार में लग गये। बलराज मेनरा मुझे टी हाउस के पीछे हनुमान लेन में एक डॉक्टर के यहाँ ले गया। डॉक्टर ने कहा पहले एफ.आई.आर. लिखवाओ, तब उपचार होगा। बाद में इर्विन हास्पिटल जाना पड़ा। मेनरा ने वहाँ बताया कि सीढ़ी से गिर गये हैं। कुछ दोस्त कुमार विकल के यहाँ कालका जी भागे। सुरेन्द्रप्रकाश ने इसी चक्कर में कई लीटर पेट्रोल फूँक डाला। मगर कुमार रातोरात चंडीगढ़ लौट गया था। बाद में किसी ने बताया वह अपनी हरकत पर खुद ही घंटों रोता रहा था। कुछ वर्ष पहले कुमार इलाहाबाद आया तो हम लोगों की इस विषय पर बात भी न हुई। वह रात भर नूरजहाँ का रिकार्ड 'मेरे बचपन के साथी मुझे भूल न जाना' सुनता रहा और हाथी की तरह धमधम नाचता रहा।

मगर मैं आज भी दोनों प्रारम्भिक कहानियों को अवास्तविक अथवा काल्पनिक नहीं मानता। इन कहानियों में वास्तविकता का अत्यन्त आत्मीय अंकन न होता तो ये कब की समाप्त हो गयी होतीं। दूसरे ये दोनों कहानियाँ 'नयी कहानी' की गलदश्रु भावुकता को कहीं ठेस भी पहुँचाती थीं। इन कहानियों में स्त्री-पुरुष सम्बन्धों को यथार्थ के बदते हुए स्वरूप में रेखांकित किया गया था और समीक्षक लोग संवेदना के स्तर पर एक स्पष्ट विभाजक रेखा खींचने लगे थे। इन कहानियों को पढ़कर ममता ने यहाँ तक सोच लिया था कि मैं शादीशुदा हूँ और हमारा प्रेम-प्रसंग कई सप्ताह तक स्थगित रहा।

दिल्ली में 'मनीषा' की गोष्ठी में डॉ. देवीशंकर अवस्थी ने अपने भाषण में इन्हीं कहानियों को आधार बनाकर पचास और साठ की कहानी के बीच विभाजन रेखा खींची थी। मार्कण्डेयजी ने उन्हीं दिनों 'माया' का एक बहुचर्चित विशेषांक सम्पादित किया था। उन्होंने न केवल अनुरोधपूर्वक मेरी कहानी मंगवाई बल्कि अपने सम्पादकीय में 'नौ साल छोटी पत्नी' के सन्दर्भ में ही यथार्थ के परिवर्तित स्वरूप की व्याख्या प्रस्तुत की :

'इसलिए हम जब 'शवयात्रा' और 'ठंड' जैसी कहानियों के बाद श्रीकान्त वर्मा की 'घर' जैसी कहानी पढ़ते हैं अथवा 'नौ साल छोटी पत्नी' तथा 'पत्नी' के बाद रवीन्द्र कालिया की 'अकहानी' पढ़ते हैं तो सहसा लगता है जैसे हम अपने आज के सही सामाजिक सन्दर्भ के बीच आ खड़े हुए हों।'

नामवरजी ने भी हम लोगों की कहानियों को 'हिन्दी कहानी की एक नयी

शुरुआत' के रूप में प्रस्तुत किया। यही नहीं, अश्कजी ने भी अपनी पुस्तकों में हम लोगों की कहानियों की विशद व्याख्याएँ प्रस्तुत कीं। मगर यह सब अनायास हो रहा था। जहाँ तक मुझे याद पड़ता है, हम लोग इस दिशा में सक्रिय न थे कि हमारी चर्चा हो।

वह नई कहानी का स्वर्ण काल था। राकेश, कमलेश्वर और राजेन्द्र यादव आदि को हम लोगों की कहानियों की धुआँधार चर्चाएँ खलने लगी। राकेशजी से मेरे अत्यन्त मधुर सम्बन्ध थे। उन सम्बन्धों की दीवार में अचानक दरार आने लगी। कमलेश्वर ने तो जल्दबाजी में मेरी एक कहानी का शीर्षक खुद ही 'त्रास' दिया और अगले ही अंक में 'त्रास', 'अकेलापन', 'अजनबियत', 'निराशा' आदि पर सम्पादकीय भी लिख डाला। उत्तेजना में वे हम लोगों की कहानियों की सरलीकृत व्याख्या करने लगे, युग की असंगतियों, विषमताओं और विरोधाभासों का समाजशास्त्रीय तर्क ताक पर रख कर। कमलेश्वरजी ने मनुष्य के अकेलेपन, संत्रास, पीड़ा, अजनबियत, निराशा और हताशा को शोषण-मूलक व्यवस्था के सन्दर्भ में विश्लेषित नहीं किया, उत्तेजना में एक सतही लेखमाला लिख डाली। बाद में गिरिराज किशोर ने बताया कि 'सारिका' में जाने से पूर्व राजेन्द्र यादव के यहाँ वे साठ की पीढ़ी के लेखकों के बारे में कह रहे थे कि वे एक-एक के भुस भर देंगे।

मोहन राकेश लगातार अपनी प्रतिक्रिया शिक्षा के स्तर पर व्यक्त कर रहे थे। वे कमलेश्वर जैसा रवैया नहीं अपना पा रहे थे, क्योंकि वे स्वयं ही मुझे हिन्दी में लाए थे। बल्कि अगर मैं राकेशजी के सम्पर्क में न आता तो शायद कभी लेखक न होता। मैं जिस परिवार से आया हूँ, वहाँ आज भी कोई हिन्दी नहीं पढ़ पाता। मेरे पिता ने जीवन भर आर्य समाजी संस्थानों में अध्ययन किया था। मगर 'सत्यार्थ प्रकाश' वे उर्दू में पढ़ते थे। यह दूसरी बात है कि गायत्री मन्त्र हमारे पूरे परिवार को पंजाबी उच्चारण के साथ कंठस्थ था। चूँकि मेरी माँ की वेदान्त में गहरी दिलचस्पी थी, उन्होंने अवश्य प्रौढ़ शिक्षा की शैली में हिन्दी सीख ली। आज भी घर में मैं किसी को हिन्दी में पत्र नहीं लिख सकता। शायद यही वजह है कि मैं बहुत कम पत्र लिखता हूँ। मेरे बड़े भाई कैनेडा के नागरिक हैं और छोटी बहन पिछले पन्द्रह बरस से इंग्लैंड में बसी है। माता-पिता, भाई-बहन की याद सताती है तो मैं पूरी प्रतिभा का इस्तेमाल करते हुए किसी तरह अंग्रेजी में खत लिख लेता हूँ और बाद में ममता से संशोधन करवा के छोड़ देता हूँ। इस लिहाज से मेरा अपने परिवार से बहुत सरल सम्प्रेषण नहीं है।

## अश्क और राकेश का जालन्धर

मोहन राकेश से मेरा परिचय पचपन-छप्पन के आस-पास हुआ। उन दिनों

उपेन्द्रनाथ अश्क के छोटे भाई नरेन्द्र शर्मा कम्युनिस्ट पार्टी की जालन्धर शाखा के सेक्रेटरी थे। वे प्राय: मेरे बड़े भाई के साथ हमारे घर आया जाया करते थे। मुझे यह जानकर बहुत कौतुक होता था कि वे अश्क के भाई हैं। नरेन्द्रजी के व्यक्तित्व से मैं बहुत प्रभावित था। वे जहाँ रहते थे, कमरे में फर्नीचर के नाम पर सिर्फ दो चीजें थीं—एक लेनिन का बड़ा प्रोट्रेट, दूसरे एक बड़ी दरी। इस दरी पर शहर के मजदूर, किसान, बुद्धिजीवी एक साथ बैठकर बहस किया करते थे। यह दरी शहर में घूमती रहती और जगह-जगह सिगरेटों से जल गयी थी। नरेन्द्र शर्मा को किसी कारखाने के सामने भूख हड़ताल करनी होती तो यही दरी दुहरी चौहरी कर के तख्त पर बिछा दी जाती। गोआ को स्वतन्त्र कराने के सिलसिले में कोई जलसा होता तो यही दरी कम्पनी बाग में बिछा दी जाती। किसी कामरेड के यहाँ शादी-ब्याह का आयोजन होता तो इसी दरी पर स्त्रियाँ ढोलक बजातीं। उन दिनों कम्युनिस्ट पार्टी का बहुत जुझारू तेवर था। अकसर खुफिया पुलिस नरेन्द्र शर्मा के पीछे लगी रहती। हमारा घर भी नरेन्द्र शर्मा के लिए एक सुरक्षित 'हाइडआउट' था। शाम के झुटपुटे में वे अगर हमारे यहाँ आ जाते तो पूरे घर में तनाव की स्थिति पैदा हो जाती। एक बार किसी पुलिस अधिकारी ने हमारे पिता से नरेन्द्र शर्मा के बारे में पूछताछ कर ली तो वे भाई पर बहुत बिगड़े। उन्होंने भाई को 'अल्टीमेटम' दे दिया कि नरेन्द्र को तुरन्त घर छोड़ देना चाहिए। भाई ने कहा कि अगर नरेन्द्र को घर छोड़ने के लिए कहा गया तो वह भी घर छोड़ देगा और कम्युनिस्ट पार्टी का होलटाइमर हो जाएगा। मैंने उन्हीं दिनों भाई की दी हुई एक किताब पढ़ी थी, मैक्सिम गोर्की की 'माँ'। मेरी पूरी सहानुभूति नरेन्द्र के साथ थी। मगर नरेन्द्र स्वयं ही दिल्ली की तरह घर बदलते रहते थे। अगली सुबह मैं उठा तो वे घर में नहीं थे। भाई घर वालों से इतना नाराज हो गये कि भूख हड़ताल कर दी और अपने कमरे में बन्द होकर 'क्रासरोड्स' आदि पत्रिकाओं में डूबे रहे। किसी में साहस नहीं था कि उनके कमरे की ओर झाँक भी सके। वे सिंह की तरह दहाड़ते थे।

अभी हाल ही में इमरजेन्सी के दौरान माता-पिता को अपने साथ कैनेडा ले जाने के इरादे से भाई भारत आये तो मैंने कुछ परिवर्तन लक्षित किया। अवकाश के क्षणों में वह हरबर्ट मार्क्यूस पढ़ते और बीच-बीच में योगाभ्यास करते थे। विकसित देशों के सन्दर्भ में एक प्रश्न वह बार-बार दोहरा रहे थे कि Whether it is possible to conceive of revoluton when there is no vital need for it?

वह कहते थे कि जिस व्यवस्था ने औसत आदमी को टेलीविजन सैट, कार, आवास और दूसरी सुविधाओं की घूस देकर खरीद लिया है, वह क्रान्ति की कल्पना क्यों करेगा। उनकी समस्याएँ दूसरी थीं, मगर भारत में आर्थिक विषमताओं का

चक्र देखकर वह हृदय से व्यथित थे। उन्होंने मुझे कैनेडा में माइग्रेट करने का सुझाव दिया जो मुझे कतई स्वीकार न था। मुझे अपना मुल्क बेहद प्रिय है और मैं अपने देश के भविष्य के बारे में उतना निराश नहीं हूँ जितना कि विकसित देशों में बसने वाले मेरे भाई-बहन। भाई ने बताया कि उनके पास मार्क्सवादी साहित्य की बेजोड़ लाइब्रेरी है। मौका मिला तो उस लाइब्रेरी में मैं अपने जीवन के कुछ महीने जरूर बिताऊँगा।

भाई और नरेन्द्रजी का जिक्र मैंने एक विशेष प्रयोजन से किया है। नरेन्द्रजी ने एक दिन बताया के उनके बड़े भाई उपेन्द्रनाथ 'अश्क' कश्मीर से लौटते हुए कुछ रोज मोहन राकेश के यहाँ जालन्धर रुकेंगे। मोहन राकेश से मेरा एक गायबाना-सा परिचय था, पत्रिकाओं के माध्यम से। उन दिनों जालन्धर में भारत सरकार का एक सूचना केन्द्र था। शमशेरसिंह नरुला उन दिनों वहाँ सूचना अधिकारी थे। जालन्धर में सूचना केन्द्र ही एकमात्र ऐसा स्थान था, जहाँ हिन्दी की कुछ साहित्यिक पत्रिकाएँ पढ़ने को मिल जाती थीं। सिविल लाइंस में जब मित्र लोग न मिलते तो मैं सूचना केन्द्र में जा बैठता। हिन्दी की कुछ पत्रिकाएँ मुझे बहुत पसन्द आ रही थीं, जैसे 'कल्पना'। 'कल्पना' के ही किसी अंक में मैंने 'कहानी' के वृहत विशेषांक की समीक्षा पढ़ी और उस अंक को हासिल करने में जुट गया। किसी तरह से मैंने कलकत्ता से लौटने वाले एक सहपाठी अमृतलाल के माध्यम से वह अंक प्राप्त कर लिया। मुझे याद है, उस रात मैं 'कहानी' का वह विशेषांक ही पढ़ता रहा। सर्वप्रथम मोहन राकेश का नाम मैंने उसी अंक में देखा था और उनकी कहानी 'मवाली' पढ़ी थी। मोहन राकेश की कहानी के नीचे जालन्धर का पता देखा तो दोबारा वह कहानी पढ़ी। उनकी कहानी पढ़कर मेरी 'सिविक सेन्स' बहुत सन्तुष्टि हुई और इस नाते भी वह कहानी मुझे बेहद पसन्द आयी।

जिस गाड़ी से अश्क जालन्धर पहुँचने वाले थे वह रात बारह बजे के करीब जालन्धर पहुँचती थी। हमारे घर में आर्यसमाजी अनुशासन था। नौ बजे सब लोग सो जाते थे, क्योंकि सुबह पाँच बजे पिता ट्यूशन के लिए निकल जाते थे। बहुत आश्वस्त न होते हुए भी मैंने घर में प्रस्ताव रखा दिया कि मैं अश्कजी से मिलने स्टेशन जाऊँगा। मेरे माता-पिता ने सोचा, मैं भी कम्युनिस्ट होने जा रहा हूँ जो एक कम्युनिस्ट के भाई से आधी रात को स्टेशन पर मिलने जाने की बात सोच रहा हूँ। मेरा प्रस्ताव उसी समय बहुमत से नामंजूर हो गया और साथ में यह चेतावनी भी दे दी गयी कि अगर मैं रात देर से लौटा तो मेरे लिए दरवाजा नहीं खोला जाएगा। मैं माता-पिता का अत्यन्त आज्ञाकारी बेटा था, मगर उस दिन मैंने जिद ठान ली कि मैं अश्क से मिलकर ही रहूँगा। और मैं मिलकर आया भी। सबसे मजेदार बात तो यह है कि मेरे साँकल बजाते ही दरवाजा भी खुल गया

और मुझे डाँट भी न पड़ी।

स्टेशन पर नरेन्द्र पहले से मौजूद थे और चाय की एक स्टाल पर एक खूबसूरत से नाटे आदमी के साथ बातचीत में मशगूल थे। नरेन्द्र ने परिचय करवाया कि ये मोहन राकेश हैं। मैं तो पहले से ही राकेश जी की तलाश में था, छूटते ही कहा, ''आपकी 'मवाली' मुझे बहुत अच्छी लगी।''

राकेश ने अपने मोटे चश्मे के अन्दर से बहुत गहरी निगाह से मेरी तरफ देखा और बोले, '' 'मवाली' तुम्हें कहाँ पढ़ने को मिला गयी?''

मैंने बताया।

''कौन-सी क्लास में पढ़ते हो?''

''फर्स्ट ईयर में।''

''किस कॉलिज में।''

''डी.ए.वी. कॉलिज में।''

''डी.ए.वी. में?'' राकेश ने उत्सुकता से पूछा, ''मुझे कभी देखा है वहाँ?''

नया-नया सत्र शुरू हुआ था, मैंने कहा, ''न!''

इतने में गाड़ी आ गयी। हम लोगों ने अश्कजी को गाड़ी से उतारा। अश्क-जालन्धर को लेकर खूब 'नास्टेलिजिक' हो रहे थे और कश्मीरी छड़ी से हाकी का काम ले रहे थे, यानी कंकड़ वगैरह पर निशाना लगा रहे थे। मैं सिर्फ उन्हें देखता रहा, ज्यादा बात न हो पाई। राकेश उन दिनों माडल टाउन में रहते थे। उन लोगों का रिक्शा माडल टाइन की तरफ रवाना हो गया और मैं पैदल अपने घर की तरफ। लम्बा रास्ता था, मैं किसी तरह घर पहुँचा और अगले दिन राकेश के यहाँ पहुँच गया। मैंने अश्कजी से एक इंटरव्यू लिया। इंटरव्यू क्या लिया, अश्कजी ने तमाम सवालों के जवाब अपने हाथ से ही लिख दिए। कुछ प्रश्न भी बना दिए। दरअसल अपनी प्रिय कहानियों के नाम गिनाते-गिनाते उन्होंने अपनी एक कहानी 'तकल्लुफ़' का जिक्र किया तो मेरी समझ में न आया कि तकल्लुफ़ में 'क' संयुक्त होगा या 'ल'। शायद उन्होंने मेरी कमजोरी भाँप ली और स्वयं ही उत्तर लिख दिए। बाद में वह इंटरव्यू अश्कजी की किसी वर्षगाँठ पर 'साप्ताहिक हिन्दुस्तान' में प्रकाशित भी हुआ।

मैंने इंटर की परीक्षा पास की तो एक दिन राकेश जी ताँगे में बैठकर हमारे घर चले आये। मैं उस समय गली में पतंग उड़ा रहा था। मुझे देखकर वह मुस्कराए। उन्होंने सुझाव दिया, बी.ए. में मुझे 'आनर्स' के साथ हिन्दी लेनी चाहिए। मैंने बताया कि हमारे घर में हिन्दी का कोई माहौल नहीं है। भाई ने राजनीतिशास्त्र में एम.ए.. किया और छोटी बहन भी यही सोच रही है। राकेशजी ने कहा कि वही पढ़ना चाहिए जिसमें रुचि हो।

बहरहाल, घर के विरोध के बावजूद मैंने हिन्दी में दाखिला ले लिया। आनर्स में मेरे अलावा कोई छात्र नहीं था। दो-एक ने मेरी देखा-देखी 'आनर्स' ले ली, मगर राकेश ने उन्हें डाँट-डपट कर भगा दिया। वास्तव में आनर्स पढ़ाने में राकेशजी की सुविधा थी। आनर्स के चार लेक्चर सात माने जाते थे। देखते-देखते आनर्स में मैं उनका इकलौता छात्र रह गया।

राकेश उन दिनों बहुत परेशान थे। पत्नी से। कॉलिज से। शहर से। अध्यक्ष से। बाद में उनके निकट आने पर मैंने पाया कि वे एक बेचैन आत्मा हैं। हमारी क्लासें बीयर शॉप में लगने लगीं। एक-आध गिलास से शुरू करके कुछ ही दिनों में मैं पूरी पूरी बोतल पीने लगा। मैं उन दिनों खूब कहानियाँ पढ़ता। उस दौर की कहानियाँ मैंने मोहन राकेश के यहाँ ही पढ़ीं। उनके पास प्रत्येक महत्त्वपूर्ण पत्रिका आती थी। राकेश अपने समकालीन मित्रों यानी कमलेश्वर, अमरकान्त, राजेन्द्र यादव आदि के बारे में कुछ बताते तो मुझे बहुत अच्छा लगता। पूरे सत्र में वे ऑनर्स की क्लास दो-चार दिन ही ले पाए होंगे। उन्हें मेरी पढ़ाई की चिन्ता होती तो रिक्शे में, 'बीयर शॉप' में, किसी रेस्तराँ में, तुलसीदास या प्रेमचन्द्र पर एक संक्षिप्त-सा भाषण दे देते। कृष्ण काव्य के सौन्दर्य बोध पर वे रिसर्च कर रहे थे, मगर सूर पर उन्होंने कभी लेक्चर नहीं दिया। तिमाही-छमाही परीक्षा यों ही बीत गयी। वे क्या तो पेपर सैट करते और क्या मैं उत्तर लिखता। दोस्ती में ही परीक्षाएँ हो गयीं। राकेश के आश्चर्य का ठिकाना न रहा, जब मैंने प्रथम श्रेणी में ऑनर्स किया।

उन दिनों राकेश जो भी लिखना चाहते या लिखते, मुझे, उसके बारे में बताते, मगर मैं चीजों को उतनी गहराई से न समझता था, समझने की कोशिश जरूर करता था। यहाँ तक कि 'आषाढ़ का एक दिन' सबसे पहले उन्होंने मुझे और नरेन्द्र शर्मा को ही सुनाया था। बल्कि प्रसारण के समय हरिकृष्ण प्रेमी ने, जो उन दिनों आकाशवाणी जालन्धर में प्रोड्यूसर थे, नाटक पढ़ना शुरू किया तो राकेश ने कहा, 'अच्छा तो प्रेमीजी आप नाटक पढ़कर ही प्रसारित करेंगे', प्रेमीजी ने अत्यन्त सरलता से कहा, 'भाई मैं तो यह देख रहा था, तुम कितना अच्छा टाइप कर लेते हो।' बाद में वह नाटक जालन्धर केन्द्र द्वारा प्रसारित हुआ और मोहन राकेश ने उसमें स्वयं कालिदास का अभिनय किया था।

मगर इस बीच राकेशजी ने कई चीजें एक साथ छोड़ने का निर्णय ले लिया था। नौकरी। पत्नी। कॉलिज। मित्र! शहर! राकेश बहुत महत्त्वाकांक्षी व्यक्ति थे। उनकी महत्त्वाकांक्षाओं के लिए जालन्धर बहुत छोटा पड़ रहा था। जालन्धर से ही उन्होंने दिल्ली में देवनगर में एक मकान की व्यवस्था कर ली और एक दिन रात को अम्मा को गाड़ी से भेजकर और खुद समान के साथ ट्रक में लदकर दिल्ली

के लिए रवाना हो गये। रात को बारह बजे के करीब ट्रक रवाना हुआ और मैं उसी क्षण जालन्धर में निपट अकेला हो गया। मैं इतना उदास हो गया जैसे कोई प्रेयसी विदा हो गयी हो। उन दिनों राकेशजी के अलावा हिन्दी, उर्दू, पंजाबी लेखकों का एक मिला-जुला सर्किल था, जिसमें कुमार विकल, सुदर्शन फ़ाकिर, कृष्ण अदीब, सत्यपाल आनन्द, मीशा, सुरेश सेठ आदि लोग थे। बाद में इन लोगों के साथ मैंने जमकर आवारगी की। इसी आलम में एम.ए. कर लिया। कुछ महीने 'हिन्दी मिलाप' में उपसम्पादकी करने के बाद मैं गवर्नमेंट कालिज, कपूरथला से होता हुआ दयानन्द कॉलिज हिसार में पहुँचा तो खबर मिली, राकेश 'सारिका' के सम्पादक होकर बम्बई पहुँच गये हैं। जालन्धर से मैं अपने साथ एक कहानी लाया था 'सिर्फ एक दिन'। मैंने राकेश जी के पास भेज दी। अगले ही सप्ताह स्वीकृति-पत्र चला आया। चित्र और परिचय के अनुरोध के साथ। मैंने अपना परिचय इस प्रकार दिया था—रवीन्द्र कालिया, कद छह फीट, चेन स्मोकर, अविवाहित।

## अफ़सर साहित्यकारों की कुंठा

'सारिका' के नवलेखन अंक में वह कहानी छपी। कहानी पर बहुत सी प्रतिक्रियाएँ आयीं। कहानी छपते ही मेरा मन कॉलेज से उचट गया। इसी बीच मुझे केन्द्रीय हिन्दी निदेशालय दिल्ली में 'भाषा' त्रैमासिक के सम्पादकीय विभाग में नौकरी मिल गयी। मेरे माता-पिता नहीं चाहते थे कि मैं दिल्ली जाऊँ। कॉलेज के प्रिन्सिपल आर्यसमाजी होने के नाते मेरे पिता के मित्र थे। हमारे परिवार में पिता-भाई-बहन सबकी महत्त्वाकांक्षाएँ अध्यापन से ही जुड़ी थीं। मेरा अध्यापन छोड़ना किसी को पसन्द न आया। मेरे पिता ने प्रिन्सिपल को लिखा कि वे मेरा इस्तीफा स्वीकार न करें। मैं उनकी बात मान लेता अगर इसी बीच मुझे यह समाचार न मिलता कि मोहन राकेश 'सारिका' से त्यागपत्र देकर दिल्ली लौट आये हैं।

मैं बिना इस्तीफा दिए ही दिल्ली चला आया।

एक नयी जिन्दगी की शुरुआत हो गयी।

दफ्तर में अनेक साहित्यिक थे—सुरेश अवस्थी, कुलभूषण, श्याम मोहन श्रीवास्तव, जगदीश चतुर्वेदी, शेरजंग गर्ग, रमेश गौड़, ख्वाजा बदीउज्जमा आदि आदि। कुछ ही दिनों में मैंने महसूस किया, आदि आदि लोग छपने-छपाने वाले साहित्यकारों से बहुत जलते थे। दिल्ली में पूरा दिन दफ्तर और टी-हाउस में बीतता। उन दिनों टी-हाउस जानदार था (देखिए : टी-हाउस और दिल्ली की साहित्यिकता)। थोड़ी-थोड़ी देर बाद बैरा चिट थमा जाता, 'इतनी जोर से न हँसें।' राकेशजी का ठहाका फव्वारे की तरह छूटता और उसके छींटे हर मेज पर पड़ते।

टी-हाउस का उन्मुक्त वातावरण कई बार दफ्तरी जीवन में उलझनें पैदा

कर देता। दफ्तर के अफसर लेखक यह मानकर चलते थे कि साहित्य में भी हम उनके मातहत हैं। उन दिनों 'ज्ञानोदय' के किसी अंक में हिन्दी रंगमंच के सम्बन्ध में उपेन्द्रनाथ 'अश्क' का एक लेख छपा था, जिसमें सुरेश अवस्थी की कड़ी आलोचना की गयी थी। जगदीश चतुर्वेदी, श्याममोहन, श्रीवास्तव, शेरजंग गर्ग तथा मैंने उस लेख की प्रंशसा करते हुए अश्कजी को एक संयुक्त बधाई पत्र भेजा। अश्कजी ने हम लोगों के पत्र का खूब प्रचार किया और हर मिलने वाले से उन्होंने हमारे संयुक्त पत्र का इतना जिक्र किया कि एक दिन शाम को साढ़े चार बजे के करीब सुरेश अवस्थी के कमरे में हमारा संयुक्त पत्र उपस्थित हो गया। नरेश मेहता 'इति नमस्कारन्ते' करके सुरेश अवस्थी के कमरे से निकले ही थे कि सुरेश अवस्थी का चपरासी यमदूत की तरह मेरे सिर पर खड़ा हो गया। साहब का बुलौआ आया था। सुरेश अवस्थी प्रायः कुर्सी पर बैठने का इशारा किया करते थे। उस दिन वे खुद तो रिवाल्बिग चेयर पर और अधिक पसर गये और मुझे खड़ा रखा।

"अश्क जैसे बेहूदा लोगों के पास आप हमारी 'कान्फिडेन्शल रिपोर्ट' लिखते हैं। मुझे तो दफ्तर में ही लिखना है।"

बात समझने में मुझे देर न लगी। जबसे कहानियाँ छपने लगी थीं, नौकरी को हम कोई बहुमूल्य वस्तु नहीं समझते थे। एक औसत अफसर की तरह सुरेश अवस्थी को इसका आभास तक न था। मैंने कहा, "दफ्तर के बारे में तो किसी ने अश्कजी को कोई बात नहीं लिखी।"

"मैं क्या दफ्तर में नहीं हूँ?"

"दफ्तर में आप लेखक की हैसियत से नहीं हैं।"

"मुझे लेखक की हैसियत से ही घर पर फोन मिला है।" सुरेश अवस्थी ने कहा, "आप रोज टी-हाउस क्यों जाते हैं?"

"मगर मुझे पसन्द नहीं। आप वहाँ भी मेरे बारे में रिमार्क पास करते होंगे।"

मुझे लगा निहायत बेवकूफ अफसर से पाला पड़ गया है।

"आप मुझे टी-हाउस जाने से नहीं रोक सकते।" मैंने कहा और उनकी बुद्धि पर हैरान होने लगा। उनके तमाम मित्र मेरे भी अग्रज मित्र थे। राकेश, नामवर, नेमिचन्द्र जैन, कमलेश्वर, यादव। वे मेरे प्रति ऐसा रवैया कैसे अपना सकते हैं। मुझे अपनी कांफिडेन्शल रिपोर्ट की जरा भी चिन्ता न थी। नया खून था, कोई भी जोखिम उठाने को तैयार था। सुरेश अवस्थी दफ्तरी स्तर पर एक मातहत को जितना भी परेशान कर सकते थे, उन्होंने किया। मैं तो उनकी चंगुल से निकल गया। मगर बेचारा श्याममोहन ठीक उनके यूनिट में होने के कारण ज्यादा तकलीफ पा गया। मुझे आज भी लगता है, श्याममोहन की अकाल मृत्यु के लिए कहीं-

न-कहीं ऐसे दफ्तरी राक्षसों का नपा-तुला योगदान जरूर है। अफसरों की ऐसी ही नीचतापूर्ण कुंठाएँ मुझे लेखकीय स्तर पर हमेशा प्रेरित करतीं।

एक-दो बार मुझे सुरेश अवस्थी के साथ केन्द्रीय सचिवालय में जाने का अवसर मिला और मैंने पाया कि सचिव (श्री आर.पी. नायक) के सामने सुरेश अवस्थी कितने दयनीय, कितने चापलूस, कितने निरीह हो जाते थे। मगर यह वही सुरेश अवस्थी थे, जब मेरे 'धर्मयुग' में पहुँचने पर बम्बई आये तो अपने सब कुकर्मों का पश्चात्ताप-सा करते हुए मेरी किसी कहानी का नाम तक याद न आने पर मेरी नयी बुश्शर्ट की ही तारीफ करने लगे। उन्हें शायद ज्ञात नहीं था कि 'धर्मयुग' के उपसम्पादक की हैसियत भारतीजी ने प्रूफरीडर से भी कमजोर कर रखी थी। सुरेश अवस्थी को इसका एहसास होता तो शायद मुझे पहचानने की भी गुस्ताखी न करते। उस रोज उन्हें सत्यदेव दुबे आदि कुछ रंगकर्मियों से मिलने जाना था तो मुझे भारतीजी से छुट्टी दिलवा कर अपने साथ ले गये। बाद में उन्होंने बहुत अच्छा भोजन भी कराया, जिसके बिल का भुगतान निदेशालय से सहायता पाने की आशा में बम्बई के एक हिन्दीजीवी दलाल ने किया था।

मैंने उसी दफ्तर में रहते हुए अफसरों की कुंठित मनोवृत्तियों पर 'दफ्तर', 'इतवार नहीं, 'थके हुए' आदि कहानियाँ लिखीं और आश्चर्य की बात तो यह है कि वे कहानियाँ न केवल निदेशालय में बल्कि सचिवालय में भी अत्यधिक लोकप्रिय हुईं!

### अश्कजी की आमद

मगर जिन उपेन्द्रनाथ 'अश्क' की तारीफ में हम लोगों ने इतना बड़ा जोखिम उठाया था, वे भी किसी से कम नहीं थे। अश्क, राकेश और भारती पर मुझे अलग से लम्बे संस्मरण लिखने हैं, मगर अश्कजी के सन्दर्भ में एक घटना भुलाए नहीं भूलती। अश्कजी बम्बई आये हुए थे और हम लोगों से मिलने हमारे यहाँ शीतलादेवी टेम्पल रोड पर चले आये थे। भोजन के समय उन्होंने अनायास धर्मवीर भारती का चरित्र चित्रण शुरू कर दिया। भारतीजी ने उन्हें कोई निजी किस्म का हिसाब-किताब चुकाना था, जिसका हम लोगों से कोई लेना-देना नहीं था। अश्कजी बहुत उत्तेजित थे। ममता ने ठंडा पानी दिया तो उन्होंने शाप दिया, "तुम लोग लेखक नहीं हो सकते। जो आदमी फ्रिज-व्रिज के चक्कर में पड़ जाता है। वह लेखक नहीं हो सकता।"

मैंने उन्हें बताया कि हम दोनों को नौकरी पर जाना होता है और अगर हफ्ते भर की सब्जी आदि फ्रिज में न डाल दें तो हम भूखें रह जाएँ। अश्कजी अपनी धारणा पर अड़े रहे और भोजन करने के उपरान्त धर्मवीर भारती को लम्बी

चिट्ठी लिखने में जुट गये। दिन में शायद भारतीजी से उनकी फोन पर कोई तकरार हुई थी, जिसका लम्बा उत्तर उन्होंने तैयार किया। यही नहीं, उसकी प्रतिलिपि भी तैयार की और मुझे थमा दी कि सुबह मैं भारतीजी को दे दूँ। मैंने एक मूर्ख की तरह सहर्ष यह काम अपने जिम्मे ले लिया। लिफाफा वजनी था, मैंने सुबह-सुबह ही निश्चित स्थान तक पहुँचा दिया। अश्कजी ने कहा था कि भारती कोई जवाब दें तो मैं राजेन्द्रसिंह बेदी के यहाँ पहुँचा दूँ, मगर भारतीजी ने शाम पाँच बजे तक कोई जवाब न दिया।

बात आयी-गयी हो गयी। अश्कजी इलाहाबाद लौट गये। इस घटना को कुछ दिन ही बीते थे कि एक दिन भारतीजी ने मुझे बुलाया और कहा, ''तुम्हें यहाँ क्या कष्ट है?''

''कोई विशेष कष्ट नहीं।'' मैंने कहा।

''तुम नौकरी क्यों छोड़ना चाहते हो?''

''फिलहाल तो ऐसा कोई इरादा नहीं है।''

''ऐसा है तो तुम लोगों से यह क्यों कहते घूम रहे हो कि तुम सिर्फ फ्रिज की किस्तें चुकाने भर के लिए 'धर्मयुग' में हो।''

मुझे लगा, भारतीजी के पास कोई आला है जिससे दिल की बातें भी जानी जा सकती है। उस नारकीय वातावरण में मेरे जैसा व्यक्ति एक महीना भी न रहता, अगर तीन महीने बाद कन्फर्म होते ही कम्पनी से तीन हजार रुपये एडवांस न ले लिया होता। मैंने उत्साह में ढाई हजार का फ्रिज लेकर पाँच सौ रुपये की बीयर उसमें भर दी थी। बीयर तो उड़ गयी, मगर एक बीमारी की तरह कर्ज जान को लग गया था। अकसर मैं अपनी बेवकूफी पर पछताया करता। मैं ऐसा सोचता जरूर था, मगर याद नहीं पड़ रहा था, मैंने यह बात किससे कही होगी। उन दिनों मेरे मित्र उर्दू के अफसानानिगार सुरेन्द्र प्रकाश कुछ दिनों के लिए हमारे यहाँ रुके थे। हो सकता है उनसे मैंने इसका जिक्र कर दिया हो कि अगर आते ही मैंने तीन हजार रुपये कम्पनी के उधार न लिये होते तो यह बेहूदा नौकरी कभी न करता।

बाद में, बहुत बाद में, कई बरस बाद इलाहाबाद आकर मुझे मालूम हुआ, यह बात अश्कजी ने ही मेरे हाथ भेजे गये पत्र में भारती को लिख दी थी कि कालिया भी तुम्हारे यहाँ नौकरी नहीं करना चाहता, वह तो मजबूरी में पड़ा है। मैं आज तक नहीं समझ पाया अश्कजी के लिए ऐसी क्या अनिवार्यता थी कि भारती को यह सब लिखते, जबकि वे जानते रहे होंगे कि इसका मेरे दफ्तरी जीवन पर क्या प्रभाव पड़ेगा। सबसे दिलचस्प बात तो यह थी कि उन दिनों अश्कजी और हम लोगों के सम्बन्ध अत्यन्त सामान्य थे। उनके प्रति हम लोगों के मन

में कोई भाव था तो केवल आदर का।

## लेखक को जमीन पर सोना चाहिए

मैं लगातार इस मानसिकता को समझने की कोशिश करता रहा हूँ। यह बात एक दिन अनायास ही मेरे दिमाग में स्पष्ट हो गयी जब एक दिन अश्कजी ने दूधनाथ के बारे में अत्यन्त चिन्तापूर्वक घोषणा की कि वह अब लेखन नहीं करेगा।

अश्कजी की इस घोषणा से ममता और मैं स्तम्भित रह गये।

"जो आदमी डबल बेड खरीदने के चक्कर में पड़ जाएगा, वह क्या खाक लेखन करेगा।" उन्होंने कहा।

"क्या लेखक को जमीन पर सोना चाहिए?" मेरे अन्दर अजब-सी जिज्ञासा उत्पन्न हुई।

यदि अश्कजी की बात पर जाएँ तो लेखक के पास न डबलबेड होना चाहिए, न लिखने का मेज, न फ्रिज और न मकान, न सुन्दर बीवी, न अच्छी नौकरी। इनमें से कोई भी चीज किसी को प्राप्त हुई नहीं कि अश्कजी को उस लेखक की चिन्ता हो जाती है, 'वह अब क्या लिखेगा उसकी पत्नी ही इतनी सुन्दर है।' या, 'पैसा तो वेश्याएँ भी कमाती हैं।' अश्कजी 'भी' का प्रयोग इतनी चाबुकदस्ती से करेंगे कि ध्वनित होगा, 'पैसा तो वेश्याएँ ही कमाती हैं।'

मगर इधर अश्कजी में कुछ परिवर्तन हुए हैं। पिछली गर्मियों में अश्कजी आये तो उन्होंने आते ही ममता से ठंडा पानी पीने की इच्छा जाहिर की।

"एक गिलास में आधा ठंडा पानी और आधा ताजा पानी मिलाओ!"

अश्कजी ने कहा, "जब से फ्रिज लिया है सादा पानी बेस्वाद लगता है।"

"इसका मतलब है कि अब फ्रिज के साथ लेखन किया जा सकता है।" ममता ने कहा, "पिछले पन्द्रह बरसों से आप ऐसा नहीं मानते थे।"

"यह तो कौशल्या की जिद थी।" अश्कजी ने कहा!

लगता है 'कौशल्य की जिद' से अश्कजी को कष्ट उठाने पड़े हैं। प्रकाशन, जमीनें, एफ.डी., मोटर, बंगला, जो कुछ भी आप देखेंगे, सब 'कौशल्याजी की जिद' है और अगर दूधनाथ ने कहीं से जुगाड़ करके कुकर ले लिया तो एक मासूम घोषणा, 'वह अब क्या लिखेगा.... उसके यहाँ तो अब कुकर में आलू उबलेंगे।'

मैं जब बम्बई से विस्थापित होकर लगभग यतीमों की-सी दयनीय स्थिति में इलाहाबाद आया तो अश्क परिवार से मुझे भरपूर स्नेह मिला। मैं महीनों उनके यहाँ घर की तरह रहा और ऐसा स्नेह और आतिथ्य मैंने जीवन में पहले कभी नहीं पाया था। यह कहना भी गलत न होगा कि इलाहाबाद में अश्कजी न होते

तो मैं इलाहाबाद से भाग निकलता। उन दिनों मुझे बम्बई की एक एडवरटाइजिंग एजेन्सी में कापी राइटर की नौकरी मिल रही थी, मगर मैं तय कर चुका था कि अब नौकरी नहीं करूँगा। बम्बई में अश्कजी की भूमिका एक स्थापित लेखक को विस्थापित करने की थी और इलाहाबाद में उसी विस्थापित लेखक को स्थापित करने की, बल्कि यह कहना ज्यादा ठीक होगा कि जब मैं इलाहाबाद में कुछ कुछ स्थापित होने लगा तो अश्कजी मुझसे नाराज रहने लगे। बल्कि एक दिन तो उन्होंने चुनौती दे दी कि अब वे मुझे इलाहाबाद में रहने नहीं देंगे।

''मैंने भारती को निकाल दिया, कमलेश्वर को निकाल दिया, ओम प्रकाश को निकाल दिया, तुम कहाँ से तीसमारखाँ हो?''

''इलाहाबाद से निकलकर ये सब लोग सुखी हैं और अच्छे पदों पर हैं।'' मैंने कहा, ''कितना अच्छा हो, आप मुझे सचमुच निकाल दें।''

वास्तव में अश्कजी को 'परसीक्यूशन काम्पलेक्स' है। अपनी आलोचना तो वे बर्दाश्त कर ही नहीं सकते। मैं तो नैतिक रूप से उनकी आलोचना करने की स्थिति में ही नहीं हूँ। एक दिन वे अचानक बहुत नाराज नजर आये। हुआ यह था कि ज्ञान, दूधनाथ और मैं काफी हाउस में बैठे थे कि किसी ने पूछ लिया 'एक नन्ही कन्दील' कैसा लगा। उपन्यास के बारे में मेरी अश्कजी से विस्तृत चर्चा हो चुकी थी, मैं चुप रहा। ज्ञान दियासलाई से खेल रहा था और उसने एक तीली जलाकर ऐश-ट्रे में डाल दी। ज्ञान की इस हरकत पर जोरदार ठहाका लगा, जबकि ज्ञान ने किसी मन्तव्य से यह क्रिया न की थी। दूधनाथ उन दिनों अश्कजी के बहुत मुँहलगा था, उसने तुरन्त स्टैंड पर से साइकिल उठाई और अश्कजी की तरफ चल दिया। जाने यह किसकी प्रतिभा का कमाल था कि अश्कजी तक यह बात इस अश्लील रूप में पहुँची कि ज्ञान और कालिया उपन्यास को काड़ी से जलाने लायक भी नहीं समझते। मगर इधर मैं अनुभव कर रहा हूँ कि अश्कजी मुझे स्थापित और विस्थापित अथवा विस्थापित और स्थापित एक साथ करते रहते हैं।

यह तय है कि अश्कजी इलाहाबाद में न होते तो यहाँ का माहौल मुर्दा होता। नरेश मेहता ने कहीं ठीक ही लिखा है कि वे आपको लिखने के लिए कोंचते रहते हैं। नये-से-नये लेखक की रचना वे चाव से सुनते हैं। यही नहीं, उन्हें मालूम हो जाय कि कोई लेखक कुछ लिख रहा है तो वे सुनने की इच्छा प्रकट करेंगे।

मगर अश्कजी कब आपके प्रति क्या रुख अपना लेंगे, इसका आभास अश्कजी को भी नहीं रहता। गुड्डे (नीलाभ) की शादी पर राकेशजी आये हुए थे। वास्तव में हम लोग बहुत तीव्रता से उनकी प्रतीक्षा कर रहे थे। अश्कजी

अन्दर-ही-अन्दर राकेशजी से कुछ खफा थे। जाने इस बीच क्या हुआ कि राकेश बिना 'शगुन' दिए बीच शादी में से उठकर ही दिल्ली लौट गये। बाद में अश्कजी ने प्रचारित करवा दिया कि चूँकि कालिया और ज्ञान टिटहरी बजा रहे थे, इसलिए राकेश चले गये।

ज्ञान और मैं कल्पना भी नहीं कर सकते थे कि राकेशजी के सामने कोई गुस्ताखी कर सकें। बल्कि जब हम लोगों को सुबह-सुबह खबर लगी कि राकेश आ गये हैं तो हम रजाई से निकलकर बड़े चाव से उनसे मिलने बाहर आये थे। राकेश उस समय शेव बना रहे थे और उनके चेहरे पर काफी झाग पैदा हो चुकी थी। हम दोनों ने नमस्कार किया और राकेश ने रेजर चलाते हुए हल्की-सी गर्दन हिलाई। वे अत्यन्त एकाग्रता से शेव बनाते रहे। अश्कजी पास ही कुर्सी पर बैठे थे। वे हम लोगों के बीच संवादहीनता की स्थिति का मन-ही-मन आनन्द ले रहे थे। राकेशजी की बेरुखी देखकर हम लोग कुछ क्षण वहाँ रुक कर हट गये और सिविल लाइन्स चले गये। उस रोज शायद क्रिसमस थी। हम लोगों ने रंगीन टोपियाँ खरीदीं और पहनकर लौट आये। उस समय राकेश शायद नरेश मेहता के यहाँ जा रहे थे, उन्हें देखते ही हम लोगों ने बाअदब टोपियाँ भी उतार ली थीं, टिटहरी बजाने की बात तो दूर। दूसरे टिटहरी बजाना मुझे आज तक नहीं आया।

राकेशजी से मेरा गुरु-शिष्य का सम्बन्ध था। उनके साथ अत्यन्त आत्मीय सम्बन्धों की लम्बी श्रृंखला थी। चंडीगढ़, दिल्ली, कलकत्ता, जालन्धर, बम्बई आदि अनेक जगह गोष्ठियों में उनके साथ-साथ भाग लिया था। यहाँ तक कि इलाहाबाद में सर्वप्रथम सन् '68 में राकेश जी के साथ ही आया था। राकेश-कमलेश्वर के पास इलाहाबाद के परिमल कहानी सम्मेलन का निमन्त्रण आया तो उन्होंने तार दिया कि हमारा प्रतिनिधित्व एकदम नये लेखक रवीन्द्र कालिया करेंगे। मगर बाद में हम सब लोग अपर इंडिया में बैठ कर एक साथ इलाहाबाद पहुँचे। पूरी रात हँसते-गाते गाड़ी में बीती थी। राकेश, कमलेश्वर, गंगाप्रसाद विमल, परेश और मैं पिकनिक के से माहौल में इलाहाबाद पहुँचे। कृष्णा सोबती भी उसी गाड़ी से आ रही थीं, मगर वे फर्स्ट-क्लास में यात्रा कर रही थीं। हम लोग तब तक साहित्यिक राजनीति से वाकिफ न थे, मगर परिमल सम्मेलन में केवल राजनीति थी। कुछ चीजें समझ में आने लगीं। पहली तो यह कि कहानी के केन्द्रीय विधा के रूप में स्थापित हो जाने से 'परिमल' के खेमे में बहुत खलबली थी। कहानी समय के मुहावरे, वास्तविकता के प्रामाणिक अंकन तथा सामाजिक परिवर्तन के संक्रमण की अभिव्यक्ति का सशक्त माध्यम हो गयी थी। 'परिमल' काव्य की ऐन्द्रजालिक और व्यक्तिवादी रोमानी बौद्धिकता को कहानी पर आरोपित

करके कुछ कवि कहानीकारों—कुँवर नारायण, रघुवीर सहाय, सर्वेश्वर तथा कुछ कहानीकार कवियों—निर्मल वर्मा आदि को नये कहानीकार के रूप में प्रतिष्ठित कराने के प्रयत्न में था। आज मुझे लगता था कि यह अकारण नहीं कि 'परिमल' एक भी सफल कथाकार उत्पन्न नहीं कर पाया। श्रीलाल शुक्ल केवल अपवाद हैं, जबकि वे भी परिमल के प्रभाव में आकर जीवन से कटे जासूसी उपन्यास लिखने लगे थे। 'परिमल' की पूरी मानसिकता व्यक्तिवादी थी, जो कहानी की समाजोन्मुख मुख्य धारा में एक नगण्य-सा द्वीप बन कर रह गयी थी। विजय देवनारायण साही ने बगैर किसी तर्क के मोहन राकेश की कहानियों को संवेदना के धरातल पर नीरज के गीतों के निकट ला पटका तो यह समझने में देर न लगी कि साही जी हिन्दी कथासाहित्य की परम्परा से निपट अपरिचित हैं और दो-एक फुटकर कहानियाँ पढ़कर अपनी धारणाओं को आरोपित कर रहे हैं।

हम लोग नये बटुकों की तरह यह सब नाटक देखते रहे और अपनी पहली फुर्सत में उन कहानीकारों से मिलते, जिनकी रचनाएँ हम लोग अत्यन्त चाव से पढ़ा करते थे। उन्हीं दिनों प्रथम बार अमरकान्त, मार्कण्डेय, शेखर जोशी आदि से परिचय हुआ। भैरव प्रसाद गुप्त ने तो मुझे अपनी पुस्तकों का पूरा सैट ही भेंट कर दिया। यह जानकर बड़ा सुखद आश्चर्य हुआ कि इलाहाबाद के लगभग समस्त रचनाकार हम लोगों के नाम से बखूबी परिचित थे। मगर बाद में जब इलाहाबाद आकर मैंने 'वर्ष' की योजना के अन्तर्गत प्रथम अंक के लिए अमरकान्त के नाम की घोषणा की तो भैरवजी बहुत खफा हो गये। उन्होंने मेरे ऊपर बहुत दबाव डलवाया कि मैं अमरकान्त पर अंक न निकालूँ। एक दिन मिलिटरी कैन्टीन की अवैध रम पीकर तो भैरवजी आपे से इतना बाहर हो गये कि अमरकान्त के बारे में अशोभनीय बातें कहने लगे। मार्कण्डेय, शेखर जोशी, शैलेश मटियानी टुकुर-टुकुर भैरवजी की मुद्रा देख रहे थे। मैंने भैरवजी का खंडन किया तो वे गुर्राए, ''तुम चुप रहो, तुम्हारी कहानी मैंने लौटाई थी।''

''आप यह क्यों भूल जाते हैं, आप प्रासंगिक नहीं रहे थे। शायद इसी वजह से आपको नौकरी से हाथ धोना पड़ा।'' मैंने कहा और देर तक हिन्दी सम्पादकों के मिथ्या दम्भ के बारे में सोचता रहा।

मगर इलाहाबाद की प्रथम यात्रा अत्यन्त सुखद रही। लगभग तमाम कहानीकारों से भेंट हो गयी। हम लोगों में परेश कुछ भिन्न था। वह लेखकों के अलावा तवायफों के यहाँ भी जाता। हम लोगों को चौक के किसी सस्ते से बार में बैठाकर दूधनाथ सिंह के मार्गदर्शन में जल्दी से निपट आता। गिरिराज किशोर के प्रभाव से हम लोगों को 'मित्र प्रकाशन' से सौ रुपये अग्रिम मिल गये थे, जो गजधर के खुले मखमली लान पर बीयर में घुल गये। राकेश और कमलेश्वर के साथ

गजधर में बिताई शामें आज भी याद आती हैं। दिल्ली के लिए रवाना हुए तो जेबें खाली थीं।

## शीर्षक की आग

राकेश उन दिनों डब्ल्यू.ई.ए. के अपने पुराने मकान में लौट आये थे। बीच वाले फ्लैट में कमलेश्वर रहते थे और ऊपर बरसाती में एयरकन्डीशनर लगा कर माँजी और राकेश। उन्हीं दिनों 'ज्ञानोदय' में मेरी एक कहानी छपी—अकहानी। राकेशजी कहानी के शीर्षक से ही भड़क गये। उन्होंने दफ्तर में मुझे फोन किया जो मुझ तक नहीं पहुँचा। दफ्तर में मेरी स्थिति एक मातहत कर्मचारी से अधिक न थी और दफ्तर में मातहत के फोन के साथ अफसर लोग कैसा सुलूक करते हैं, इसे मातहत ही समझ सकता है। अफसर ने मुझे बुलाने में असमर्थता प्रकट की तो राकेशजी का उससे अच्छा खासा तकरार हो गया। उस रोज टी-हाउस में राकेशजी ने मुझसे पूछा कि ऐसे बदतमीज अफसर के साथ मैं कैसे काम कर रहा हूँ। मैंने उन्हें बताया कि प्रमोशन का लालच देकर वह बदतमीज अफसर अपनी मोटी, काली, फूहड़, असभ्य बिटिया से मेरी शादी करना चाहता है और मेरे अनिश्चय की खीझ बेचारे टेलीफोन पर निकाल रहा है। राकेशजी ने एक जोरदार ठहाका लगाया और रात आठ बजे अत्यन्त आवश्यक काम से घर पर मिलने के लिए कहा।

मैं साढ़े सात ही राकेश जी के यहाँ पहुँच गया। उस रात पहली बार मैंने अनिताजी को देखा। मैंने यह महसूस किया कि अनिताजी के नैकट्य से राकेशजी बहुत प्रसन्न हैं। एक खास तरह का अकड़फूँ विश्वास और दर्प भी मैंने पहली बार महसूस किया। अनिताजी ने मुझे एक बहुत ही खूबसूरत प्याले में कॉफी दी और जब तक मैं प्याले को होठों तक ले जाता, राकेशजी ने लापरवाही से कहा, ''मैं कुछ बातें स्पष्ट कर लेना चाहता हूँ।''

मैंने प्याला तिपाई पर रख दिया और बदहवास-सा राकेशजी की ओर देखने लगा। अपने तईं मैंने कोई गलती नहीं की थी और राकेश जी को हमेशा प्रत्यक्ष और परोक्ष रूप में आदर ही दिया था। वास्तव में मैं राकेशजी से इतना जुड़ा था कि राकेशजी को लेकर प्रायः लोगों से भिड़ जाया करता था। उन दिनों एक नवोदित लेखक ने तैश में एक लेख लिखा था : मैं और मोहन राकेश। उनका 'मैं और कमलेश्वर' शीर्षक लेख भी आने वाला था। लेख पढ़कर टी-हाउस में मैंने उस लेखक से कहा कि वह अपनी लेखमाला का शीर्षक दे : मैं और मेरा बाप। उसकी और राकेश की उम्र और उपलब्धियों में इतना अन्तर था कि उस लेख का कोई

औचित्य मेरी समझ में नहीं आ रहा था। राकेशजी को लेकर मैं प्रायः किसी न किसी से उलझ जाया करता था। यहाँ तक कि उनकी झूठी प्रशंसा करने का दुर्गुण भी मेरे अन्दर उत्पन्न हो गया था। ऐसी स्थिति में राकेशजी की बात मुझे बहुत नागवार गुजरी।

मैं अपने को इस स्थिति में नहीं पा रहा था कि राकेशजी मुझसे इस तरह का सवाल करें। मुझे लग रहा था, इस तरह के सवाल वे कमलेश्वर से कर सकते थे अथवा राजेन्द्र यादव से।

''तुम अपने को कुछ ज्यादा ही स्मार्ट समझ रहे हो।'' राकेशजी ने अपने चश्मे के मोटे शीशे के भीतर से बड़े रहस्यात्मक ढंग से झाँकते हुए कहा।

मैं केवल हतप्रभ हो सकता था। मैं घबराहट में कॉफी पीने लगा। ऐसे में मैं सिगरेट की तलब महसूस करता, जो राकेशजी ने पहले ही थमा दी थी।

''मैंने ऐसा कुछ भी नहीं किया, जो आपकी प्रतिष्ठा के अनुकूल न हो।'' मैंने कहा।

राकेशजी ने अनिता की तरफ देखा, जैसे कह रहे हों, ''देखो कितनी सादगी से भोला बन रहा है।''

''मुझे तुमसे यह आशा न थी कि थोड़ी-सी लोकप्रियता मिलते ही हमारे खिलाफ एक षड्यन्त्र में शमिल हो जाओगे।'' उन्होंने कहा।

### औरतों की बाँह ठंडी होती है

मैं समझ नहीं पा रहा था कि मुझसे क्या भूल हो गयी है। राकेशजी की बेरुखी भी मुझसे बरदाश्त नहीं हो रही थी। मेरी आँखें भर आयीं। थोड़ी ही देर में मैं ऐसी स्थिति में आ गया कि जरा-सा भी हिलता-डुलता तो आँसू गिरने लगते। पूरी दिल्ली में यही एक ऐसा घर था, जहाँ मैं कभी भी बेरोक-टोक आ सकता था और माँजी बिना खाना खिलाए नहीं भेजती थीं। अनिता के बारे में सुन जरूर रखा था मगर देखा उस दिन पहली बार था। देखा क्या था, उसकी उपस्थिति में लगातार डाँट खा रहा था। मुझे हल्का-सा यह आभास भी हुआ कि राकेश जी मुझे डाँट कर कहीं अनिता को प्रभावित भी कर रहे हैं।

''तुमने अपनी नयी कहानी का नाम 'अकहानी' क्यों रखा?''

मैंने जेब से रूमाल निकाला और स्पंज की तरह आँखों पर रख लिया। मैं कल्पना नहीं कर सकता था कि कहानी के शीर्षक को लेकर राकेशजी इतने उत्तेजित हो जाएँगे। शीर्षक मैंने किसी षड्यन्त्र के तहत नहीं रखा था। औसत हिन्दी कहानी का गद्य मुझे बहुत फीका और मानसिकता अत्यन्त भावुकतापूर्ण

लगती थी। 'अकहानी' दो नवयुवकों की कहानी थी जो छोटी-छोटी सुविधाओं से वंचित थे, जिन्होंने मुद्दत से फल नहीं खाया था, जिनकी जिन्दगी बस की लम्बी कतार होकर रह गयी थी, जो छुट्टी के दिन कनाट प्लेस की चकाचौंध में तफरीह की तलाश में निकल आये थे :

पहला कुछ देर चुपचाप चलता रहा, फिर रहस्यात्मक ढंग से फुसफुसाया, "औरतों की बाँह ठंडी होती है।"

"ठंडी होती है, बर्फ की तरह ठंडी?" दूसरे ने पूछा।

"नहीं, बर्फ ज्यादा ठंडी होती है, बाँह इतनी ठंडी नहीं होती।"

कुछ इसी प्रकार के संवादों से कहानी आगे बढ़ती थी। मुझे कहानी का शीर्षक 'अकहानी' उपयुक्त लगा। मैं इतना जरूर जानता था कि यह शीर्षक कई लोगों को चुनौती लगेगा, मगर मैं राकेशजी से यह आशा नहीं रखता था। आज की तरह उन दिनों भी अधिकांश प्रगतिशील लेखकों में आर्य समाजी मानसिकता का पुट जरूर था। शायद यही वजह थी कि हिन्दी में भाषा, संवेदना, वस्तु के स्तर पर कहीं भी कोई परिवर्तन लक्षित होता, ये लोग आक्रामक हो उठते। निर्मल वर्मा ने उन दिनों युवा वर्ग की मानसिकता पर कुंठा-हीन ढंग से जो कुछ भी लिखा, नामवर सिंह के अलावा पूरा माहौल उनके विरुद्ध था। हमारे बन्द समाज में युवक-युवतियों के लिए जो प्रतिबन्ध हैं, कहानी में भी लोग यथास्थिति बनाए रखना चाहते थे। मगर निर्मल वर्मा अपने प्रेमी-प्रेमिकाओं को सड़क पर, रेस्तराँ में ले आये थे। बन्द दरवाजों के बाहर। खुली हवा का यह झोंका कहानी के लिए नया था।

हथौड़े की तरह राकेशजी के शब्द मेरे दिमाग में चल रहे थे, "तुमने कहानी का नाम 'अकहानी' क्यों रखा?"

मगर राकेशजी को और भी शिकायतें थीं। आज मैं तटस्थ होकर सोचता हूँ तो लगता है कुछ शिकायतें ठीक भी थीं।

जैसे उन्हीं दिनों 'नयी कहानियाँ' में मेरा आत्मकथ्य 'नयी कहानी: सम्भावनाओं की खोज' शीर्षक से छपा था। राकेश और कमलेश्वर दोनों उससे असन्तुष्ट थे। आज मुझे लगता है, मैंने बहुत सी बातें फैशन में आकर लिखी थीं। जैसे उसी वक्तव्य में एक जगह मैंने लिखा था—

'बसें वक्त पर नहीं मिलतीं तो इसका सीधा तालुल्क शिकायत की किताब से है जो कंडक्टर के पास हर समय रहती है। पड़ोस के बच्चे शरीर हैं या मुझे किसी लड़की से प्रेम हो गया है, तो इसका आज की कहानी से क्या ताल्लुक? बाजार में चीनी की किल्लत है या कॉलिज में एडमिशन की तो इसका महत्त्व सम्पादक के नाम पत्र से अधिक नहीं, क्योंकि इन कठिनाइयों के निवारण का

कार्य पत्रकारिता अधिक कुशलता से सम्पन्न कर सकती है। पारिवारिक झगड़ों, गली-मुहल्ले या म्युनिसिपैलिटी की समस्याओं, भाभी ननद के झगड़ों, काली कुँआरी लड़कियों के हृदय विदारक चित्रण या समाज या जीवन की ऐसी समस्याएँ आज स्थानीय राजनीति, ईवनिंग न्यूज से अधिक महत्त्व नहीं रखतीं।....कहानी जब तक पत्रकारिता से ऊपर उठकर वृहत्तर मानवीय संवेदना को वहन करने का सामर्थ्य नहीं रखती तब तक वह मात्र कहानी है...'

यह वृहत्तर मानवीय संवेदना क्या है, यह आज मैं पन्द्रह बरस बाद भी नहीं समझ पाया। आज तो मेरी समझ में यही आता है कि लेखक का अपना परिवेश ही उसके लिए सर्वाधिक प्रामाणिक क्षेत्र है। पड़ोस के बच्चों, गली-मुहल्ले के लोगों और घर-परिवार से कटकर जिन्दगी से कटी हुई कहानियाँ ही लिखी जा सकती हैं। 'नदी के द्वीप' बनकर नहीं। मेरी उस काल की रचनाएँ भी अपने समाज से, अपने परिवेश से निरपेक्ष नहीं थीं मगर वक्तव्य देने में एक अजीब तरह की मुद्रा मैंने ओढ़ ली थी। यही बात जब राकेश कमलेश्वर समझाने की कोशिश करते थे तो मैं मन-ही-मन ऐंठ जाता। कमलेश्वर ने मुझे वक्तव्य दोबारा पढ़ जाने के लिए दिया तो मैंने यों ही दो-चार जगह परिवर्तन कर दिए। अपना पांडित्य प्रदर्शन करने के लिए दो-चार पश्चिमी विद्वानों के उद्धरण और भर दिए। मूल स्वर उसका वही रखा। आखिर निराश होकर कमलेश्वर ने वक्तव्य प्रकाशित कर दिया। एक जगह मैंने कमलेश्वर की कहानियों का जिक्र किया था, उन्होंने अपना नाम भी हटा दिया। यह दूसरी बात है कि इस बात का हवाला देकर वे कई गोष्ठियों में यह कहते सुनाई दिए कि वे तो अपने सम्पादकत्व में लेखों आदि में अपना नाम काट दिया करते थे। उनकी बात की ताईद में मैंने कई जगह अपनी मूड़ी हिलाई थी। मालूम नहीं, बाद में सारिका में जाने के बाद भी वे ऐसा करते रहे कि नहीं। आपको तो मालूम ही होगा।

## पदयात्रा की मजबूरी

उन दिनों राकेश-कमलेश्वर नामवर सिंह से भी बहुत खफा रहते थे। हम लोग राकेश-कमलेश्वर के साथ-साथ नामवरजी के भी मुद्दाह थे। अगर भूले भटके कभी नामवरजी की तारीफ मुँह से निकल जाती तो राकेश कमलेश्वर को अच्छा नहीं लगता। नामवरजी ने हम लोगों की तमाम कहानियाँ पढ़ रखी थीं। हम लोगों की कहानियों को वे हिन्दी कहानी की नयी शुरुआत मान रहे थे। इसी प्रकार देवीशंकर अवस्थी नयी कहानी के सन्दर्भ में इन्हीं कहानियों को रेखांकित कर रहे थे। देवीशंकर अवस्थी से तो सम्पर्क का अधिक अवसर नहीं मिला, मगर नामवरजी से मैंने बहुत सीखा। कहानी सम्बन्धी मेरी मानसिकता की तैयारी में उनका बहुत बड़ा योग है। कहानी पर मैं उनका

लेख पढ़ता तो कई चीजें स्पष्ट होने लगतीं। नामवरजी ने कुछ कहानियों का अद्भुत विश्लेषण किया है। बल्कि उन्हीं के लेख पढ़कर मेरे अन्दर अच्छी कहानी की पहचान और समझ विकसित हुई। मैं आज तक 'धरती अब भी घूम रही है' को अश्कजी की तरह हिन्दी की श्रेष्ठ कहानी मानता रहता यदि नामवर के विश्लेषण से सहमत न होता। नामवरजी की स्थापनाओं से हम लोग असहमत होते तो उन्हें किसी दिन कनाट प्लेस में घेर लेते और घंटों उनके साथ रहते, बहस करते। नामवरजी हमारी बातें ध्यानपूर्वक सुनते। बातचीत में नामवरजी का कोई सानी नहीं। मार्कण्डेय अपवाद हैं। मगर मार्कण्डेय तख्त पर बैठकर बातचीत करते हैं, बल्कि यह कहना गलत न होगा कि मार्कण्डेय अनेक श्रेष्ठ कहानियाँ बातचीत करते हुए हवा में लिखते रहते हैं।

बहरहाल, उस रोज राकेशजी से मेरी भेंट मेरे लिए अत्यन्त कष्टदायक साबित हुई थी। मैं भारी कदमों और भरी आँखों से घर लौट आया। मन में यह सोच कर आया था कि रात वहीं पड़ा रहूँगा और सुबह वहीं से दफ्तर चला जाऊँगा। मुझे याद है उस रोज मैं करोलबाग से पैदल माडल टाउन पहुँचा। जेब में एक पैसा न था। दूसरे दिन सुबह सत सोनी से पच्चीस रुपये उधार लेकर दफ्तर गया।

दफ्तर में मन नहीं लगा। कुछ देर गुमसुम-सा बैठा रहा। फाइल छूने तक की इच्छा न थी। दो-एक बार राकेशजी को फोन मिलाया मगर नहीं मिला। फाइलों से मुझे वैसे ही नफरत थी। दो वर्ष हो चले थे, मुझे फाइल पुट-अप करना न आया था। न ही मेरी इसमें दिलचस्पी थी। उन दिनों मैं श्रीमती तारा तिक्कू के यूनिट में था। वे बहुत प्यारी महिला थीं। कभी अनावश्यक रूप से परेशान न करती थीं। हम लोग 'भाषा' त्रैमासिक के सम्पादकीय विभाग में थे, मगर प्रेस की कठिनाइयों से अंक एक बरस पहले के छप रहे थे। पहले सोचा मिसेज तिक्कू से बात करके मन हल्का करूँ, मगर उस रोज मिसेज तिक्कू अपने से भी ज्यादा उदास नजर आयीं। मैं उनसे छुट्टी लेकर निकल गया। और मन-ही-मन अंग्रेजी में एक वाक्य बनाता रहा, जो राकेशजी से मिलते ही उन पर बम की तरह फेंकने का निश्चय कर चुका था। दिनभर कनाट प्लेस के कारीडोरों में निरुद्देश्य घूमता रहा। शाम को टी-हाउस गया तो संयोग से राकेशजी दिख गये। उस समय वे अकेले नहीं थे। उनकी मेज पर कमलेश्वर, यादव, नेमिचन्द्र जैन, सुरेश अवस्थी आदि अनेक लोग बैठे थे। मैं राकेशजी के पीछे चुपचाप खड़ा हो गया और निहायत भर्राई आवाज में बोला—'राकेश जी, यू हैव हर्ट मी फार नो फाल्ट ऑफ माइन।' मैंने किसी तरह वाक्य पूरा किया और दूसरी ओर मुँह कर लिया ताकि दूसरे लोग मेरी मनःस्थिति का अनुमान न लगा सकें। सब लोग परिचित थे और मैं सब के बीच नाटक नहीं करना चाहता था।

राकेशजी ने पलट कर मेरी तरफ देखा और तुरन्त खड़े हो गये। मुस्कराते हुए मेरे कन्धे पर उन्होंने अत्यन्त स्नेह से अपनी बाँह टिका दी। मैं इस परिवर्तन

के लिए तैयार नहीं था। मैं राकेशजी के स्वभाव से परिचित था। उसके व्यक्तित्व में जहाँ बेपनाह गर्मजोशी थी, दूसरी ओर एक जानलेवा ठंडापन भी था। उन्होंने जिस गर्मजोशी से मेरे कन्धे पर हाथ रखा, मेरा गुस्सा बेसहारा पारे की तरह तल पर जा लगा।

राकेश जी मित्रों को वहीं छोड़कर मेरे साथ-साथ चलने लगे। थोड़ी दूर पर शायद राजस्थान एम्पोरिएम था। एम्पेरिएम बन्द हो चुका था। सामने छोटा-सा लान था। हम लोग वहीं बैठ गये।

मैं कुछ कहता, इससे पहले ही उनकी आँखें नम हो गयीं। अचानक उन्होंने जेब से रूमाल निकाला और आँखें पोंछने लगे। मेरे लिए यह सब बहुत अप्रत्याशित था। वे खुद रो रहे थे और मुझे चुप करा रहे थे।

"मैं दरअसल तुम लोगों के प्रति जैलस हो गया था।" राकेशजी ने छूटते ही कहा, "मैंने तुम्हारे साथ गलत सुलूक किया।"

मैं एकदम उत्फुल्ल हो गया। फूल की तरह हल्का। मैं नहीं चाहता था, राकेश इस विषय पर और बोलें। राकेशजी ने एक स्कूटर रोका। रात देर तक राकेशजी मेरे साथ रहे। जब तक मैंने खाना नहीं खा लिया, उन्होंने मुझे अकेले नहीं छोड़ा। वे जानते थे, मैंने पिछले चौबीस घंटों में कुछ नहीं खाया था।

## जहाँ भविष्य की सम्भावना अधिक थी

इसके दूसरे तीसरे राकेशजी एक दिन 'सप्रू हाउस' में मिले तो उन्होंने मिलते ही मेरा हाथ दबाया और पूछा, 'बम्बई जाओगे?' मैं उनकी बात समझा नहीं। उन्होंने अगले दिन घर बुलाया और मुझसे सादे कागज पर 'धर्मयुग' के लिए एक अर्जी लिखवाई और बाद में नौकरी भी दिलवा दी। दिलवाई ही नहीं, कुछ वर्षों बाद छुड़वा भी दी।

उन दिनों मैं बम्बई जाने के मूड में नहीं था। मेरी शामें ममता के साथ 'ला बोहीम' में बीत रही थीं। वह उन दिनों दिल्ली विश्वविद्यालय के दौलतराम कॉलेज में अंग्रेजी की प्राध्यापिका थी और मुझसे दुगुना वेतना पा रही थी। बम्बई जाने की एक बचकाना-सी मध्यवर्गीय कुंठा यह भी थी कि ममता से अधिक वेतन पाने लगूँ। मैं अभी तय ही कर रहा था कि मुझे क्या करना है कि इस बीच भारतीजी का एक स्नेहसिक्त पत्र प्राप्त हुआ:

'सरकारी नौकरी के लिए एक विशेष प्रकार का मोह हमारे बड़ों में अब भी बना हुआ है। लेकिन उन्हें मेरी ओर से भी समझा देना कि यहाँ भविष्य की सम्भावना कहीं अधिक है और यह भी कि मेरे पास रहकर तुम परिवार से

दूर नहीं रहोगे।....20 ता. के पहले ही 16, 17 ता. तक ज्वाइन कर सको तो अच्छा ही रहेगा।

सस्नेह, तुम्हारा
भारती

मैं कुछ ही दिनों में बम्बई के लिए रवाना हो गया। मेरे लिए सब कुछ नया था—बम्बई, धर्मयुग।

'धर्मयुग' एक विचित्र जगह थी। 'धर्मयुग' में पहले सप्ताह ही मुझे अनुभव हो गया कि मेरे जैसा आजाद पंछी गलत जंगल में आ गया है। इस जंगल का शिकारी खुलकर शिकार भी नहीं करता था। उसकी दिलचस्पी 'टार्चर' करने में थी। राकेशजी की कृपा से मुझे नौकरी ही नहीं, दस इन्क्रीमेन्ट भी मिले थे। कई लोग उसी रोज मुझसे जूनियर हो गये जो वर्षों से वहाँ घास छील रहे थे मगर वे सब बहुत भले लोग थे। किसी ने मेरा प्रतिरोध नहीं किया, बल्कि जल्दी ही हम सब एक बिरादरी के हो गये। यह भारतीजी के दमनचक्र का ही कमाल था कि लोग सुबह आते ही कबूतरों की तरह आँखें मूँद कर बैठ जाते। बिल्ली की प्रतीक्षा में। कन्हैयालाल नन्दन उन दिनों 'धर्मयुग' के सहायक सम्पादक थे। लेकिन भारती, रामजी को उनसे अधिक महत्त्व देते थे। लगातार तनाव में जीते-जीते नन्दनजी को प्लूरसी हो गयी। मनमोहन सरल उन दिनों मुख्य उपसम्पादक थे, उनकी भूख मर चुकी थी। प्रेमकपूर, को 'लो ब्लडप्रेशर' और प्रमोदशंकर भट्ट को 'हाई ब्लड प्रेशर' था। स्नेहकुमार चौधरी को बहुमूत्र रोग हो गया था। अभी हाल ही में जब मैंने सुना कि मेरे प्रिय मित्र गणेश मन्त्री 'इन्टेंसिव केयर यूनिट' में पड़े हैं तो वह पूरा राक्षसी वातावरण मुझे पुनः उदास कर गया। उस व्यवस्था में मन्त्रीजी जैसे सेंस्टिव और एन्लाइटेंड व्यक्ति की यही परिणति हो सकती थी। ऐसे आतंकपूर्ण वातावरण में अपने जीवन के सुनहरे आठ घंटे बिताकर कोई भी व्यक्ति 'इन्टेंसिव केयर यूनिट' का दरवाजा ही खटखटा सकता है।

पूरे विभाग में मुझे एक व्यक्ति का दृष्टिकोण अत्यन्त प्रिय था। वह थे शाह जी। उनका काम था, दिनभर रचनाएँ लौटाना। वे डिस्पैच क्लर्क थे। भारती उन्हें वजह-बेवजह परेशान करते रहते। या शायद उन्हें यह भी लगता हो कि शाहजी को परेशान करना सबसे सरल है। मगर शाहजी इस्पाती व्यक्तित्व थे। परेशानी के क्षणों में भी उनके चेहरे पर निराशा देखने को न मिलती। संयोग से वह मेरे पीछे बैठते थे। उनके ऊपर कोई विपत्ति आती तो मेरा काम में मन न लगता। मैं बार-बार गर्दन घुमा कर उनकी तरफ देखता तो वे बुदबुदाते, 'अरे भाई 'अन्धा युग' का रचनाकार ही इतना महान् कार्य कर सकता है।' भारतीजी की तमाम

रचनाएँ उस शख्स ने पढ़ रखी थीं। भारतीजी कोई फर्रा भेज देते तो शाहजी कहते, 'देखो सूरज के सातों घोड़ों की लगामें खिंची हैं।'

लिफाफों में रचनाएँ डालते हुए शाहजी प्रायः गुनगुनाते: 'इन फीरोजी होंठों पर बर्बाद मेरी जिन्दगी।' भारतीजी ने बहुत प्रयत्न किया कि किसी तरह शाहजी का तबादला किसी दूसरे विभाग में करा दें, मगर शाहजी जाने को तैयार न थे। सुनते हैं, अन्त में भारतीजी उन्हें सस्पेंड कराने में सफल हो ही गये। मगर शाहजी ने यूनियन के माध्यम से बरसों संघर्ष किया। उनके कई बच्चे थे, मामूली-सी नौकरी थी, दिन भर काम करते और ऊपर से भारतीजी का डंडा। वे जिस बहादुरी से अन्त तक लड़ते रहे, मेरे मन में उनके प्रति बहुत प्यार उमड़ता।

मैंने 'धर्मयुग' छोड़ दिया तो शाहजी एक चरित्र के रूप में मेरे मन में उभरने लगे। मैंने एक कहानी लिखी थी। कहानी लिखते समय मेरे मन में शाहजी मुख्य पात्र के रूप में विराजमान थे। मगर कहानी लिखने के बाद मैंने पाया कि पूरी कहानी में शाहजी का नामोनिशान तक भी नहीं था। मगर आज मुझे लगता है कि पूरी कहानी पर शाहजी की अमिट छाप है। कभी बम्बई जाता हूँ तो हमेशा प्रयत्न करता हूँ कि शाहजी से भेंट हो जाय। मगर यह तय है, शाहजी का संघर्षशील व्यक्तित्व मुझे सदा प्रेरित करता रहेगा।

दफ्तर के इस नारकीय माहौल में भी मेरे ऊपर भारतीजी की दैवी अनुकम्पा थी। यहाँ तक कि वे सपरिवार उत्तर भारत के दौरे पर निकले तो अपना फ्लैट हम लोगों को दे गये। मय राशन पानी, फ्रिज, टेलीफोन, एयरकंडीशनर और नौकर के। मेरे पूरे 'धर्मयुग' प्रवास में उन्होंने मुझे कभी अनावश्यक रूप से नहीं सताया। वे अकसर मुझसे कहा करते, 'तुम क्यों दूसरों के लिए शहीद होते हो?' मैं अपने को उस प्रकार का शहीद भी नहीं मानता था। मैं भी उन तमाम गुणों से सम्पन्न हो रहा था, जो ऐसे दफ्तरों में अनायास ही आदमी के भीतर पैदा होने लगते हैं। चुगली, चोरी, चापलूसी। मेरे जाने से पहले लंच के समय भी लोग अपनी सीटों से चिपके रहते थे, किसी में उठने का साहस नहीं होता था। मगर मेरे थोड़े से प्रयास के बाद ही लोग लंच के समय किसी ईरानी के यहाँ चाय पीने या पान खाने नीचे उतरने लगे। भारतीजी छुट्टी पर होते तो हम लोग चंदा करके 'गेलार्ड' आदि रेस्तराँ में खाना भी खा आते।

## दफ्तर में घुटन, घर में सीलन

एक कुशल प्रशासक की तरह भारतीजी का 'डिवाइड एंड रूल' में दृढ़ विश्वास था। सब उप-सम्पादकों को कहीं एक साथ देख लेते तो कोई-न-कोई करिश्मा कर दिखाते। किसी एक को अचानक डबल इन्क्रीमेंट मिल जाता। किसी

एक से अचानक सपारिश्रमिक अधिक लिखवाने लगते, किसी एक का अचानक वजन बढ़ने लगता, कोई एक दफ्तर में मरघट की तरह उदास दिखने लगता। जिसके व्यक्तित्व में चुगली का नामोनिशान भी न होता, वह अचानक चुगलखोरों का रत्न हो जाता। भारतीजी में दूसरों के व्यक्तित्व में क्रान्तिकारी परिवर्तन लाने की अद्‌भुत क्षमता थी।

एक दिन एक सहयोगी पर आरोप लग गया कि वह 'धर्मयुग' की सामग्री, चित्र, ट्रांसपरेंसियाँ आदि 'साप्ताहिक हिन्दुस्तान' को प्रेषित करता है। वह बहुत सीधा और कायर आदमी था। शाम को घर लौटते हुए गाड़ी में रोने लगा। उसकी चिन्ता का विषय यह नहीं था कि भारतीजी ने उस पर झूठा आरोप लगाया, बल्कि वह इस बात को लेकर परेशान था कि भारतीजी की गलतफहमी कैसे दूर हो। साथ में और भी सहयोगी थे, मगर सब चुप थे। वे अपने-अपने बचाव की युक्तियाँ सोच रहे थे। मुझसे अपने सहयोगी का कष्ट न देखा गया। उसे मैं अपने साथ घर ले गया। ममता ने किस्सा सुना तो वह भी बहुत क्षुब्ध हुई। उसने कहा, ''तुम दोनों अभी भारतीजी के यहाँ जाओ और पूछो कि वे किस आधार पर यह आरोप लगा रहे हैं। वह दुर्व्यवहार करें तो दोनों इस्तीफा दे दो। यह क्या मतलब हुआ। इनके भी बीवी-बच्चे हैं, वे सुबह से राह देख रहे होंगे। इनकी सूरत देखकर उन पर क्या असर पड़ेगा। भारतीजी को कुछ तो सोचना चाहिए।''

ममता की बात से वह कुछ उत्साहित हुआ। आँसू पोंछे और दस मिनट के लिए नीचे चला गया। लौटा तो उसके हाथ ने ह्विस्की की बोतल थी। चेहरे पर आत्मविश्वास और आँखों में बालसुलभ वीरता का भाव। उसने काजू आदि नमकीन मेज पर रखते हुए कहा, ''तुम चलो तो मैं अभी भारतीजी के यहाँ जाने को तैयार हूँ।''

महीनों बाद ह्विस्की के दर्शन हुए थे। मैंने बोतल खोली और कहा, ''पहले ह्विस्की।''

हम दोनों ने जीभर कर ह्विस्की पी। ज्यों ज्यों विस्की मेरे अन्दर जा रही थी, मेरा आक्रोश बढ़ रहा था। बोतल खत्म हुई तो मैं अन्याय और शोषण के प्रति संघर्ष की भावना से लबालब भर गया। मगर तब तक रात के बारह बज चुके थे।

''उठो।'' मैंने कहा, ''संघर्ष के लिए तैयार हो जाओ।''

मगर मेरे मित्र पर ह्विस्की का विपरीत असर हुआ था। उसका सारा आक्रोश शान्त हो गया था, बोला, ''अब घर जाएँगे।''

उसका यह भीरु रूप देखकर मैं स्तम्भित रह गया, मैंने कहा, ''अब तुम्हें

चलना ही होगा।''

''ड्रिंक्स के बाद मैं उनके यहाँ नहीं जा सकता।''

''अन्दर जाकर आओ।'' मैंने कहा, ''तुम जैसे नामर्दों ने ही उसे शेर बनाया है।''

मेरी बात का कुछ असर हुआ था। वह खड़ा हो गया और बोला, ''चलो, मगर तुम्हीं बात करना।''

''गुड लक।'' ममता ने कहा।

नीचे जाकर हम लोगों ने टैक्सी की और दस ही मिनट बाद हम लोग भारतीजी के यहाँ लिफ्ट में चौथे माले की ओर उठ रहे थे। पाँचवें माले तक सीढ़ी से पहुँचना था। भारतीजी के फ्लैट के सामने पहुँच कर मैंने कालबेल दबाई। देखा, मेरा मित्र वहाँ नहीं था, वह चौथे माले पर ही खड़ा था। मैंने वहाँ से उसे आवाज दी। वह जीने के पास छिपकर खड़ा था और मुझे लौटने की इशारा कर रहा था। इस बार मैंने कालबेल पर अँगूठा रखा तो दबाता ही चला गया, जब तक अन्दर कुछ हलचल न हुई। दरवाजे में लगी मैजिक आई से किसी ने देखा।

''कौन?'' अन्दर से आवाज आयी।

''नमस्कार।'' मैंने कहा, ''मैं कालिया।''

मुझे इस घर में बहुत स्नेह मिला था! पुष्पाजी ने दरवाजा खोल दिया। मुझे देखकर आश्चर्य से उनकी आँखें फैल गयीं, ''तुम? इस समय।''

''हूँ।'' मैंने कहा। मैं मुँह नहीं खोलना चाहता था। मैंने गर्दन घुमा कर पीछे देखते हुए कहा, ''बहुत जरूरी काम था।''

''मगर भारतीजी तो सो रहे हैं।''

''उन्हें जगा देंगी तो बहुत कृपा होगी।'' इस बार मैंने छत की तरफ देखते हुए कहा और पुष्पाजी से आँख बचा कर दो-चार इलायचियाँ और मुँह में रख लीं।

मेरी आँखें सुर्ख हो रही थीं। स्नेहकुमार चौधरी मेरे पीछे दुबका खड़ा था। थोड़ी देर बाद भारतीजी घर की सिली जेब वाली बनियान पहने, आँखें मलते हुए ड्राइंगरूम में चले आये।

''बैठो।'' उन्होंने कहा। चौधरी को देखकर वह सब समझ गये होंगे, जो टाँगों के बीच दोनों हाथ फँसाये गर्दन घुमाकर दरवाजे की तरफ टकटकी लगा कर देख रहा था।

''कैसे आये?''

''सच बताइए, क्या चौधरी ऐसा काम कर सकता है? यह इतना दुखी था

कि भरी ट्रेन में रो रहा था।''

''यह बेवकूफ है। इसकी फाइल तुम्हें दिखलाऊँगा। मैंने हमेशा इसे बचाया है। एक साल तो डबल इन्क्रीमेंट भी दिलाया था।''

चौधरी सहमति में जोर-जोर से सिर हिलाने लगा।

''मगर आपने दफ्तर में जो माहौल पैदा कर रखा है, उसमें दम घुटता है।'' मैंने कहा, ''आप समझ रहे होंगे कि हम लोग यह नौकरी करके बहुत ऐशो आराम की जिन्दगी बिता रहे हैं। दफ्तर में घुटन है और घर में सीलन। अगर आप देख लें कि एक औसत उप-सम्पादक का क्या जीवन है तो बात आप की समझ में आ जाएगी। घर में चूहों, मच्छरों, खटमलों की सीलन-भरी दुनिया है और दफ्तर में सिर्फ आतंक। इस जिन्दगी पर मैं लानत भेजता हूँ।'' मैं नशे में धाराप्रवाह बोले जा रहा था (देखिए : फुरसतहीन द्वीप पर)।

चौधरी बदस्तूर टकटकी लगाए छत पर लटके फानूस को देख रहा था। अब वह टाँग नहीं हिला रहा था। अब उसकी टाँग काँप रही थी।

''हम लोग इस्तीफा देना चाहते हैं।'' मैंने कहा।

''तुम लोगों ने खाना खाया?'' भारतीजी ने पूछा।

''न।'' मैंने कहा।

भारतीजी ने तुरन्त पुष्पाजी से खाना बनाने को कहा। नौकर सो चुका था।

''तुम्हारे लिए मैं कई दिनों से सोच रहा हूँ। तुम एक काम करो।'' भारतीजी ने मेरी ओर अत्यन्त स्नेह से देखते हुए कहा।

''क्या?''

''वह है न नन्दन, उसको निकलवाने में मेरी मदद करो'', भारतीजी बोले, ''सब उप-सम्पादक तुम्हारे मित्र हैं, तुम जहाँ कहोगे, दस्तखत कर देंगे। एक प्रतिवेदन तैयार करके कि वह अयोग्य है, सहयोगियों के साथ दुर्व्यवहार करता है और सबको षड्यन्त्र के लिए उकसाता है।''

मैं सन्नाटे में आ गया। नन्दनजी में दूसरी खामियाँ होंगी, पर इनमें से एक भी दुर्गुण नहीं था।

मैंने कहा, ''नन्दनजी तो मुझे बेहद पसन्द हैं। अभी पिछले दिनों कूल्हे पर से मेरी पतलून फटी थी। उन्होंने नयी सिलवा दी।''

उन दिनों प्रसिद्ध चरित्र-अभिनेता ए.के. हंगल की दुकान क्राफर्ड मार्केट के पास थी। ए.के. हंगल 'इप्टा' के पुराने कलाकार थे। हमें कोई भी कपड़ा सिलवाना होता तो बेखटके उनके यहाँ चले जाते। हंगल साहब नन्दनजी के अच्छे मित्र थे और पुराने दिनों की 'इप्टा' और नाट्य जगत की दिलचस्प बातें सुनाया करते। नन्दन मुझे दफ्तर से सीधे हंगल साहब के पास ले गये और एक साथ

दो नयी पतलूनें सिलवा दीं। जीवन में हर चीज मैंने किस्तों में ही खरीदी है। कुछ लोग ममता की नौकरी को लेकर यह भी कहते सुनाई पड़े हैं कि मैं दहेज भी किस्तों में ही पा रहा हूँ। बहरहाल, उन दिनों मैं धीरे-धीरे पतलून की किस्तें उतार रहा था।

भारतीजी मेरी बात से क्षुब्ध हो गये, बोले, ''तुम पतलून सिलवा लो या मेरी मान लो।''

इस बीच खाना लग गया था। खाना खाते हुए मैंने ठहाका लगाया, ''भारतीजी हमेशा की तरह इस काम के लिए भी आपने गलत आदमी चुना है। मैं इस काम के लिए निहायत अयोग्य हूँ।''

''यह तुम अच्छी तरह सोच लो कि तुम्हें चूहों और मच्छरों के बीच रहना है अथवा जरा-सी सुविधा पाकर एक अच्छा लेखक बनना है।''

## इस्तीफों का लैटर बाक्स

एक लिहाज से भारतीजी ने गलत आदमी नहीं चुना था। मेरे सहयोगी मुझे इतना प्यार देते थे कि एक बार तो सबने अपना-अपना इस्तीफा मेरे पास जमा कर रखा था! मैं अच्छा-खासा विस्फोट कर सकता था, लेकिन मेरी जिम्मेदारी बहुत बढ़ जाती। फिलहाल तो मैं अपना ही इस्तीफा देने की बात तय नहीं कर पा रहा था। रात के दो बज रहे थे, जब हमने भारतीजी से विदा ली। बातचीत का कोई नतीजा नहीं निकला था मगर गुबार शान्त हो चुका था। भारतीजी से भेंट करके अन्दर ही अन्दर हम सहम भी गये थे। यह सोचकर बड़ी दहशत हो रही थी कि सुबह किस मुँह से दफ्तर जाएँगे। हमने टैक्सी रोकी और यह गुनगुनाते हुए बैठ गये :

*काबा किस मुँह से जाओगे ग़ालिब*
*शर्म तुमको मगर नहीं आती।*

ममता हमारी भूमिका से बहुत असन्तुष्ट हुई। मैं भी बिना बात किए सो गया। दूसरे दिन डरते-डरते किसी तरह दफ्तर पहुँचा। लग रहा था किसी भेड़िए के मुँह में जा रहा हूँ। रात भर में उसने अपने नाखून तेज कर लिए होंगे। मगर मुझे ज्यादा देर तक इस आतंकपूर्ण मन:स्थिति में नहीं रहना पड़ा। उस रोज भारती ही दफ्तर न आये थे। उससे अगले रोज भी वे छुट्टी पर थे।

## अब तेरा क्या होगा, कालिया

जिस दिन वे दफ्तर आये, पहले की तरह सामान्य थे। उन्होंने उस रोज

चौधरी को बख्श दिया और अपने लिए दूसरा शिकार ढूँढ़ लिया। उस शिकार का नाम प्रेम कपूर कंचन था। वे बात-बात पर प्रेम कपूर को अपमानित करने लगे। भारती जिसका शिकार करते उसे दोहरी यन्त्रणा में से गुजरना पड़ता। वह पूरी बिरादरी में अकेला हो जाता। लोग उससे बात करने में कतराते। लोगों के इस रवैये के पीछे कुछ कारण थे। मुझे याद है एक बार टाइम्स में हड़ताल चल रही थी। लिफ्ट भी बन्द थी। एक दिन भारतीजी ने सहायक सम्पादक नन्दन जी को हड़तालियों के साथ सीढ़ी उतरते देख लिया और मैनेजमेंट को बिना उस वरिष्ठ सम्पादक से पूछे लिख भेजा कि वह भी हड़ताल पर चला गया है। उस सम्पादक को तो तब मालूम हुआ अब अगले माह उसे अपना पे-पैकेट बहुत हल्का महसूस हुआ।

वास्तव में भारतीजी किसी के दोस्त नहीं हो सकते। ऊपर से देखने पर राकेश और भारती की खूब पटती थी, मगर मैंने जल्दी ही महसूस किया, अन्दर ही अन्दर भारती कहीं राकेश से जलते थे। राकेश बुनियादी तौर पर एक महत्त्वाकांक्षी व्यक्ति थे। अमरकान्त के शब्दों में कहूँ तो 'हीरो'। 'सारिका' से अलग होकर वे भारती से बहुत बदजन हो चुके थे, मगर चूँकि भारती एक लोकप्रिय साप्ताहिक के सम्पादक भी थे, राकेश कभी खुल कर भारती के विरोध में न आये।

मेरे 'धर्मयुग' में पहुँचने पर राकेश की मुझसे अपेक्षाएँ बढ़ गयी थीं। इसका मुझे कई बार आभास मिला। कलकत्ता कथा-समारोह पर मेरी रिपोर्टिंग पढ़कर तो राकेश इतना तैश में आ गये कि उन्होंने भारती को तार देकर अपनी नाराजगी प्रकट की (देखिए : कई कथा पीढ़ियाँ : एक मंच)। उन्होंने यह भी लिखा कि कमलेश्वर अपनी प्रतिक्रिया भेजना चाहंते हैं। दफ्तर से तार गया कि कमलेश्वर अपना लेख अविलम्ब भिजवा दें। अगले रोज एयरबैग में कमलेश्वर का लेख चला आया। उस लेख में मेरा अच्छा खासा कार्टून खींचा गया था। दरअसल इसके लिए मैं खुद ही जिम्मेदार था। मंच पर से मैंने राकेशजी की कुछ कहानियों की प्रशंसा की थी। मैं अभी बोल ही रहा था कि मैंने राकेशजी को हाल के बाहर जाते देखा। मगर वे तुरन्त ही लौट आये। मैं नीचे आया तो राकेश ने बड़े लाड़ से मेरी तरफ देखा और बोले, "क्या तुम्हें सचमुच मेरी ये तमाम कहानियाँ पसन्द हैं?"

"आप हाल में इतनी जल्दी क्यों लौट आये।" मैंने कहा, "जितनी बार आप से निगाह मिलती, आप की कहानियाँ और अच्छी लगतीं।"

एक जोरदार ठहाका लगा। कमलेश्वर भी वहीं खड़े थे। उन्होंने इस घटना को अपने लेख में इस प्रकार पेश किया।

'वृन्दावनलाल वर्मा और रवीन्द्र कालिया की हालत लगभग एक-सी थी।

एक को अपने पुराने होने का गर्व था तो दूसरे को एकदम नौसिखिया होने का। मैं बहुत कोशिश के बाद भी यह नहीं समझ पाया कि रवीन्द्र कालिया क्या कहना चाह रहे थे। वे कुछ बोल रहे थे, शायद मृत्यु, सन्त्रास, नियति जैसे शब्दों का प्रयोग कर रहे थे। और सामने की पंक्ति में बैठे राकेश को देखकर उनकी कहानियों का जिक्र करने लगते थे। यह सिलसिला बेहद मनोरंजक था। रवीन्द्र कालिया ने शायद कहा (जैसा कि उन्होंने स्वयं लिखित रिपोर्ट में लिखा है)—'उनके निकट देश काल का वह महत्त्व नहीं रहा जहाँ देश काल महत्त्वपूर्ण रहता है और उसमें प्रवाहित होनेवाली संवेदनाएँ गौण (इस समय उनकी दृष्टि मोहन राकेश पर पड़ती है और वे एकाएक कहते हैं) जैसे कि मैं मोहन राकेश की 'फटा हुआ जूता' कहानी को लेना चाहूँगा।... इस कहानी में बड़ी ताजगी है, मैं उनकी इस कहानी को बहुत महत्त्वपूर्ण मानता हूँ।....तो जहाँ तक मृत्यु, सन्त्रास, भय, अनास्था का सवाल है, कोई उनसे मुक्त नहीं है (उनकी दृष्टि फिर मोहन राकेश पर पड़ती है और वे झटके से कहते हैं) जैसे कि मोहन राकेश की कहानी 'जख्म' है....इस कहानी में राकेश अपनी पिछली कहानियों से बहुत अलग हैं....तो आप की कहानी में....'

भारतीजी को ये कुछ पंक्तियाँ उपयुक्त न लगीं। लेख कमलेश्वर का था मगर तार देकर राकेश से ही पूछा गया कि कुछ पंक्तियों का सम्पादन करने के बाद ही लेख छप सकता है। राकेश ने तत्काल तार दिया कि भारती स्वयं ही सम्पादन करें। बहरहाल भारतीजी ने वे तमाम पंक्तियाँ हटा दीं जो उन्हें मेरी प्रतिष्ठा के अनुकूल न लगीं। राकेशजी की इस प्रतिक्रिया को लेकर भारतीजी मेरे प्राण ही ले लेते यदि संयोग से श्रीमती रमा जैन उन दिनों बम्बई न आ जातीं और मेरी रिपोर्टिंग को तब तक प्रकाशित तमाम टिप्पणियों से उत्कृष्ट न मानतीं। भारतीय संस्कृति संसद के कर्म सचिव श्री परमानन्द चूड़ीवाल ने भी पत्र लिखा कि 'प्रस्तुतीकरण काफी विशद तथा बड़े सुन्दर ढंग से हुआ है। कथा समारोह की सभी गोष्ठियों के विवेचन का विश्लेषण पर्याप्त तटस्थता के साथ आपने किया है....पुनः पुनः धन्यवाद।'

कलकत्ता में एक और मजेदार घटना हुई थी। श्रीमती रमा जैन लगातार सम्मेलन में आती थीं। हम लोगों की कहानियाँ पढ़कर तथा विचार सुनकर एक दिन उन्होंने मुझे बुलाया और कहा कि यदि मैं 'धर्मयुग' में जाना चाहूँ तो वे भारती से बात करें। मेरे बताने पर कि मैं वहीं काम करता हूँ, वे बहुत देर तक हँसती रही थीं। बाद में भारतीजी को भी उन्होंने यह घटना बताई।

कलकत्ता समारोह में मैं एक लेखक की हैसियत से गया था, पत्रकार की हैसियत से नहीं। दो सप्ताह पहले ही शादी हुई थी, मैं और ममता पिकनिक

के मूड में अधिक थे। कई गोष्ठियाँ हो चुकी थीं, जब चन्द्रगुप्त विद्यालंकार ने मुझे बताया कि भारतीजी ने मुझे रिपोर्टिंग भेजने के लिए कहा है। समारोह में देवीशंकर अवस्थी आदि नये समीक्षक साठ की कहानियों को विशेष रूप से रेखांकित कर रहे थे। दूसरी ओर जैनेन्द्र कुमार आदि का भी सारा आक्रोश पचास के लेखकों के प्रति था। राकेश और उनकी पीढ़ी के लोग बार-बार मंच पर उत्तेजित हो रहे थे। मैंने सुधा अरोड़ा की छोटी बहन से नोट्स की कापी ली और कलकत्ता से बम्बई जाते हुए रास्ते में राइट-अप तैयार कर लिया। समारोह में लेखकों के सैकड़ों चित्र खींचे गये थे। चित्रों का एक भारी अलबम भी मेरे पास था। राकेश, कमलेश्वर आदि को पूरा भरोसा था कि 'धर्मयुग' के अगले किसी अंक में उन पर भव्य विशेषांक निकलने जा रहा है।

सामग्री और चित्र मैंने भारतीजी को दे दिए। भारतीजी ने लेखकों के सारे चित्र वापिस लिफाफे में रख दिए और केवल संयोजकों के चित्र प्रकाशनार्थ मुझे थमा दिए। मैं कल्पना कर सकता हूँ कि सामग्री के साथ अपने चित्र न देखकर लेखकों में कितनी निराशा फैली होगी। इस प्रकार की अपनी एंटी-लेखक हरकतों से भारती परम सुख पाते थे। मुझे विश्वास था कि लोग इसे मेरी ही करामात मानेंगे। इस प्रकार राकेश-कमलेश्वर और मेरे बीच अनायास ही एक खाई निर्मित हो गयी। भारतीजी ने इस खाई को गहराते जाना ही अधिक उपयुक्त समझा। वे हमेशा की तरह दोहरी चाल खेल रहे थे। उन्होंने एक तरफ अपने मित्रों को प्रसन्न रखने के लिए साठ के लेखकों का पूर्ण बहिष्कार कर रखा था, दूसरी ओर मेरे कन्धे पर बन्दूक रखकर लगातार गोली दाग रहे थे। वक्त गवाह है कि साठ के लेखकों में व्यावसायिक पत्रों में लिखने का कभी उत्साह नहीं रहा है। काशी, ज्ञान, दूधनाथ तथा मेरी अधिकांश रचनाएँ छोटी पत्रिकाओं में ही छपी हैं।

## कमलेश्वर का इंटरव्यू

कलकत्ता से लौटकर मैंने भारतीजी को यह सूचना भी दी कि शीघ्र ही कमलेश्वर 'सारिका' के सम्पादक होकर बम्बई आ रहे हैं। कुछ क्षण तक भारतीजी को विश्वास नहीं हुआ था। कलकत्ता में मैंने देखा था, कमलेश्वर पान की तश्तरी लिये अत्यन्त चापलूसी से श्रीमती रमा जैन तथा जैन-परिवार के अन्य वरिष्ठ सदस्यों को पान ऑफर कर रहे थे। राकेशजी एक कुशल निदेशक की तरह लॉन में दूसरी ओर कमलेश्वर की तरफ देखकर मन्द-मन्द मुस्करा रहे थे। मुझे लगा, जैसे कमलेश्वर 'सारिका' के लिए इंटरव्यू दे रहे हैं। मैंने राकेशजी को मुस्कराते देखा तो जाकर पूछा ही लिया कि क्या 'जार्ज पंचम की नाक' के लेखक कमलेश्वर 'सारिका' में जा रहे हैं?' उन दिनों खबर गर्म थी कि चन्द्रगुप्त विद्यालंकर रिटायर

हो रहे हैं। राकेश ने मेरी तरफ बहुत शरारत से देखा और बोले, ''तुम्हें अब भी शक है?''

कमलेश्वर अभी बम्बई नहीं आये थे कि आरा में एक कहानी गोष्ठी में उनसे फिर भेंट हो गयी। मगर बम्बई से चलने के पूर्व एक ऐसी घटना हो गयी थी कि मैं अनायास ही कमलेश्वर से बहुत चौकन्ना हो गया। चलने से पूर्व मैं भारतीजी से मिलने गया तो उन्होंने मुझे विश्वास में लेते हुए कहा, ''आरा में एक बात का ध्यान रखना।''

''किस बात का?''

''अगर कमलेश्वर कहें कि भारती ने तुम्हारे बारे में कुछ लिखा है, तो तुम मानना नहीं। कहना, पत्र दिखाइए।''

यह अमूर्त सी बात मेरी समझ में न आयी। मैंने भारतीजी से बहुत अनुरोध किया कि वे पूरी बात बता दें, मगर वे एक ही उत्तर देते रहे, ''तुम अधिक विस्तार में क्यों जाते हो। बस इतना कह देना कि पत्र दिखाइए।''

आरा में कमलेश्वर ने ऐसी कोई बात ही न की, बल्कि अत्यन्त स्नेह से मिले। शाम को गोविन्द मिश्र के यहाँ अनौपचारिक बातचीत के दौरान साठ के लेखकों के प्रति अपना स्नेह व्यक्त करते हुए कमलेश्वर ने कहा कि रवीन्द्र जानता है, उन्होंने साठ के लेखकों को कितना प्रोत्साहन दिया है।

एक लिहाज से कमलेश्वर की बात सही थी। ज्ञान, दूधनाथ, महेन्द्र भल्ला तथा हम सब लोगों की प्रारम्भिक कहानियाँ कमलेश्वर ने ही प्रकाशित की थीं। मगर ज्यों ही समीक्षकों ने साठ की कहानियों को 'नयी कहानी' का विस्तार मानने से इनकार कर दिया, कमलेश्वर जी 'ऐय्याश प्रेतों का विद्रोह' शीर्षक से लम्बी लेखमाला लिखने में व्यस्त हो गये। मैं कमलेश्वर की तरफ देख रहा था और दिमाग में भारती के शब्द हथौड़े की तरह चल रहे थे, मैंने कहा, ''मैं सब जानता हूँ, आपने हमारे लिए क्या-क्या किया है और क्या-क्या कर रहे हैं।''

कमलेश्वर मेरी बात नहीं समझे, मैं समझाना भी नहीं चाहता था। काशी, विजयमोहन, मधुकर सिंह, गोविन्द मिश्र सभी स्तम्भित रह गये। इससे जरा पूर्व मैं नामवर को लेकर कमलेश्वर की बात काट चुका था। वहाँ मैंने जो परिपत्र पढ़ा वह भी 'नयी कहानी' के प्रभाव से मुक्त होकर लिखा गया था (देखिए : यथार्थ का बदलता हुआ स्वरूप)।

इस गोष्ठी की एक ही उपलब्धि रही—काशी। काशी से मेरा प्रथम परिचय यहीं हुआ जो धीरे-धीरे अन्तरंग मित्रता में बदलता गया। बाद में, कई बरस बाद, कमलेश्वर ने मेरे पूछने पर बताया कि भारतीजी ने मेरे सम्बन्ध में उन्हें कभी कोई पत्र नहीं लिखा था। शायद कमलेश्वर के प्रति मेरे मन में विष बोने के लिए ही

भारतीजी ने यह अभूतपूर्व चमत्कार दिखाया था।

इस घटना के कुछ माह बाद कमलेश्वर 'सारिका' के सम्पादक होकर बम्बई आ गये। भारती ने ऐसा करिश्मा दिखाया था कि मेरी उन्हें बधाई तक देने की इच्छा न हुई। कमलेश्वरजी ने मुझसे मिलने की कोई ख्वाहिश न दिखाई। बल्कि कुछ ही दिनों में मुझे महसूस होने लगा कि 'सारिका' में सम्पादक का पद सँभालते ही कमलेश्वर यकायक लेखक से अफसर हो गये हैं। 'नयी कहानियाँ' का सम्पादन करते समय कमलेश्वर का लेखकों के प्रति जो एक दोस्ताना रुख था, 'सारिका' के एयरकंडीशंड कैबिन में यकायक गायब हो गया।

## किबला, पहले आप

बम्बई में कमलेश्वर से मेरी प्रथम भेंट दफ्तर में ही हुई। वह लिफ्ट का इन्तजार कर रहे थे कि मैं पहुँचा। मैं प्रसिद्ध कलाकार हुसैन से मिलकर लौट रहा था और बहुत अच्छे मूड में था। लिफ्ट नीचे आयी तो उसमें लिफ्टमैन नहीं था। कमलेश्वर ने कनखियों से मेरी तरफ देखा और गर्दन टेढ़ी कर ली। वह शायद आशा कर रहे थे कि मैं आगे बढ़कर उनके लिए दरवाजा खोलूँगा। मैं चुपचाप कमलेश्वर के पीछे खड़ा रहा। वे मात्र एक लेखक या मित्र ही होते तो मैं आदरपूर्वक उन्हें ऊपर तक ले जाता, मगर मुझे लगा कमलेश्वर दोनों नहीं रह गये। उस वक्त मुझे यही लगा। इतने में एक तीसरा आदमी आया और जल्दी से दरवाजा खोलकर लिफ्ट में दाखिल हो गया। अफसरों की तरह नते-तुले कदम उठाते हुए कमलेश्वर भी लिफ्ट में दाखिल हो गये और उनके पीछे ही मैं। उस व्यक्ति को तीसरे माले तक जाना था और कमलेश्वर और मुझे चौथे माले पर। वह व्यक्ति लिफ्ट से निकला और दरवाजा बन्द करके चला गया। वही संकट फिर से पैदा हो गया। अब लिफ्ट में सिर्फ कमलेश्वर और मैं रह गये। मैं लिफ्ट में लगे आदमकद आईने में देखते हुए अपने बाल सँवारने लगा। आईने में मुझे कमलेश्वर भी दिखाई दे रहे थे। अचानक कमलेश्वर ने गुस्से में बटन दबाया और चौथे माले पर पहुँचकर दरवाजा खोलकर मेरे आगे आगे चल दिए!

बम्बई में कमलेश्वरज़ी ने मुझे अधीनस्थ कर्मचारी होने का एहसास पग-पग पर दिया। इस प्रक्रिया में उन्हें कई बार भारती का भी सहयोग लेना पड़ता था। यह सब सहते सहते मेरी यह धारणा दृढ़ हो चुकी थी कि लेखक को लेखक की नौकरी नहीं करनी चाहिए। जैसे औरत कभी सास बनकर और कभी ननद बनकर औरत को ही सबसे ज्यादा सताती है, ठीक यही रवैया अफसर लेखकों का अपने मातहतों के प्रति होता है। उन दिनों मैं 'धर्मयुग' में कहानी के पृष्ठ देखा करता था। एकरसता तोड़ने के लिए मैंने नलिनी मलानी आदि कुछ युवा

चितेरियों का सहयोग लिया। नलिनी से मैंने दूधनाथ सिंह की भी एक कहानी इलेस्ट्रेट करवाई थी। भारतीजी को यह परिवर्तन अच्छा लगा। एक दिन भारती ने मुझे बुलाया और कहा, "ऐसा करो, इन कलाकारों को कमलेश्वर से भी मिला लाओ।"

कमलेश्वर से मेरा कोई संवाद न था। भारतीजी को मालूम था। ले-देकर लिफ्ट में ही उनकी सूरत देखी थी या दो-एक बार अपने पास से भारतीजी की बाँह में बाँह डाले लंच के लिए जाते हुए। मुझे देखकर कमलेश्वर प्रातः भारती से कुछ कहते हुए ठहाका भी लगाया करते थे। हो सकता है, यह मेरी कुंठा ही हो। मगर ठहाका सुनकर मुझे बहुत बुरा लगता था। बाद में मैं अपनी सुविधा के लिए इसे कमलेश्वर के अधःपतन से जोड़कर सन्तोष कर लिया करता था। मुझे समझते देर न लगी कि भारतीजी मुझे कमलेश्वर के कैबिन में भेजकर कहीं सुख पाना चाहते हैं। हो सकता है वह एक नये ठहाके की बुनियाद रख रहे हों। बहरहाल, मैं कलाकारों को कमलेश्वर के पास छोड़ आया।

मुझे देखते ही कमलेश्वर के चेहरे पर विजेता का भाव दप दप करने लगा। मुझे लगा, कमलेश्वर का जीवन सार्थक हो गया है। इस प्रकार की घटनाओं से मेरे अन्दर लिखने की अद्‌भुत प्रेरणा आती। घर पहुँचकर मैं ममता को यह सब बताता और खूब मन लगाकर लिखता। लिखने में मुझे परम सन्तोष मिलता। मेरे लिए यह समझना बहुत आसान हो गया था कि कमलेश्वर लगातार लेखकों से क्यों कटते जा रहे हैं। वास्तव में कमलेश्वर कुछ लेखकों की खोपड़ी में 'भुस' भरने की पुण्य प्रतिज्ञा के साथ 'सारिका' के सम्पादक हुए थे। अपनी इस पुण्य में उन्हें कहाँ तक सफलता मिली, यह कमलेश्वर बखूबी जान सकते हैं, मगर इतना तय है कि कमलेश्वर 'नयी कहानियाँ' के सम्पादक के रूप में ही याद किए जाएँगे। 'सारिका' में इतने वर्ष तक सम्पादकीय निर्भीकता और निष्पक्षता के कीर्तिमान स्थापित करने के बावजूद वे ज्ञान, दूधनाथ, काशी जैसा एक भी व्यक्तित्व निर्मित न कर पाए।

मुझे मालूम हो गया कि कमलेश्वर को अफसरी का रोग लग गया है। कमलेश्वर के 'धर्मयुग' में प्रकाशित लेख 'एय्याश प्रेतों के विद्रोह' के विरुद्ध मैंने 'नयी कहानियाँ' के आमने-सामने स्तम्भ के अन्तर्गत यहाँ तक लिख दिया था कि कुछ चतुर लोग चन्द फैशनपस्त और नक्काल लेखकों का हवाला देकर सन् साठ के बाद की कहानी को असामाजिक या जीवन से दूर सिद्ध करने पर जुटे हुए हैं, ताकि वे अपनी झूठी प्रगतिशीलता को बढ़ावा देते रहें, तो कमलेश्वर ने यह हवा बाँध दी कि मैं 'धर्मयुग' में रहकर 'धर्मयुग' के खिलाफ लिखता हूँ। (देखिए : आमने सामने)। श्रीकान्त वर्मा ने इसी बात पर मुझे बधाई का पत्र

लिखा था। और आज जब मैं वैचारिक आजादी की कीमत चुकाने और 'साहित्यिक गतिरोध' को तोड़ने की दिशा में 'कथायात्रा' की प्रचार सामग्री के रूप में कमलेश्वर का 'प्रस्थान' देखता हूँ तो लगता है हमारी दुनिया से भागा हुआ सिद्धार्थ घर लौट रहा है। 'सेठाश्रित पत्रकारिता, महाजनी नौकरशाही, इस्तेमाल की राजनीति, लेखकीय अवसरवादिता, सम्पादकीय चमचागिरी, प्रकाशकीय घटियापन' किसी भी संवेदनशील लेखक की चिन्ता का विषय हो सकता है। उस लेखक के लिए भी जिसे बरसों बाद एक सुहानी सुबह अचानक अपने लेखकीय दायित्व के प्रति इतना गहरा लगाव महसूस होने लगे।

अश्कजी ने भारती को ठीक ही लिखा था कि मैं फ्रिज की किस्तें चुकाने की वजह से 'धर्मयुग' में फँसा था। शायद मैं कुछ किस्तें और निपटाकर इस्तीफा देता, अगर इस बीच एक घटना न हो गयी होती। उस घटना ने मुझे अन्दर तक हिला दिया था। इससे पूर्व मानवीय सम्बन्धों के प्रति मैं इस तरह सशंकित भी न हुआ था।

मैं किसी काम से दिल्ली गया हुआ था। दिल्ली जाऊँ और राकेशजी से न मिलूँ, ऐसा कभी नहीं हुआ था। उस दिन भी हमेशा की तरह राकेश जी बहुत उत्साह से मिले। 'धर्मयुग' विभाग में वे बहुत लोकप्रिय थे। वे बहुत उत्साह से मिले और पूछा कि 'धर्मयुग' के क्या हाल हैं?

"ठीक हैं।" मैंने कहा।

"भारती कैसे हैं?"

"मजे में हैं।"

"आजकल किसका शिकार कर रहे हैं?"

"प्रेम कपूर का।" मैंने कहा, "अगर ऐसा रहा तो किसी दिन दफ्तर में ही चल बसेगा।"

राकेशजी ने विस्तार से जानना चाहा। मैंने विस्तार से बताया। उनसे यह प्रार्थना भी कर दी कि वे तमाम बातें अपने तक ही रखें। राकेश से जितने गहरे सम्बन्ध थे, उनको देखते हुए ऐसी प्रार्थना करना मुझे अटपटा जरूर लगा। मगर मैं एकदम आश्वस्त हो जाना चाहता था।

रात की गाड़ी से मैं बम्बई के लिए रवाना हो गया। भारतीजी ने दफ्तर पहुँचते ही बुलौवा भेजा।

"आप दिल्ली जाकर मेरी शिकायत करते हैं?" उन्होंने छूटते ही कहा। मैं हतप्रभ-सा उनके सामने खड़ा रहा।

"आपने कहा कि मैंने लोगों का जीना हराम कर रखा है?"

"न।" मैंने तत्काल झूठ बोला। सब कुछ इतने अप्रत्याशित रूप से हुआ

था कि मैं झूठ के अलावा कुछ बोल ही नहीं सकता था।

'आप ने कहा कि....आपने कहा कि....आपने कहा कि....' एक एक कर करके भारती ने तमाम बातें मेरे सामने रख दीं जो कुछ ही घंटे पहले मैं राज की तरह राकेश को सौंप आया था।

मैं चुपचाप रुँआसा-सा अपनी सीट पर चला आया। लग रहा था जैसे दुनिया में मैं निपट अकेला हो गया हूँ। मुझे यों चुप देखकर शाह जी ने मुझे बहलाने की बहुत कोशिश की, मगर मैं आत्मग्लानि के गन्दे नाले में आकंठ डूबा हुआ था। जब मेरे लिए अपनी सीट पर बैठे रहना मुहाल हो गया तो मैं दुबारा भारती के कैबिन में चला गया और बोला, ''हाँ, मैंने ही वे तमाम बातें राकेश से की थीं।''

भारतीजी ने ड्रआर खोला और एक फाइल निकालने की कोशिश करने लगे। फाइल इतनी मोटी थी कि निकल नहीं रही थी। उन्होंने एक फाइल मेरे सामने रख दी और बोले, ''यह देखो मैंने उसे डबल इन्क्रीमेन्ट दिलवाया था। यह देखो मैंने उसे कैसे बचाया, यह देखो!''

मगर मेरी कुछ भी देखने की दिलचस्पी नहीं थी, प्रेम कपूर की फाइल तो हरगिज नहीं। मुझे जो कुछ देखना था, उसका गहरा अनुभव राकेशजी ने दे दिया था! पूरा दफ्तर मुझे अजनबी लगने लगा। वहाँ की दीवारें, फर्नीचर, सहयोगी।

क्षण भर के लिए बम्बई का पहला दिन मेरी चेतना मैं कौंध गया। बहुत अच्छा दिन था वह। मैं अपने मित्र स्वर्ण के साथ गुलजार के यहाँ जुहू तट पर ठहरा था। पूरा दिन राकेश, भारती, कृश्न चन्दर के साथ बीता था और शाम को जुहू तट पर जिन्दगी में पहली बार भेलपुरी खाई थी। वास्तव में बम्बई में इतने बरस तक मैं उसी एक दिन की तलाश कर रहा था। और एक यह आज का दिन था।

इस घटना के बाद राकेशजी से कभी भेंट न हुई। गुड्डे (नीलाभ) की शादी में नजर भर मिली थी। संवादहीनता की इसी स्थिति में मैंने अपनी पुस्तक 'काला रजिस्टर' उन्हें भेंट जरूर की, मगर प्रति भेजने की प्रेरणा न हुई। जिन दिनों माँजी के देहान्त की खबर मिली, मैं बम्बई गया हुआ था और नन्दनजी के साथ उनसे मिलने भी गया। राकेश बहुत उदास लग रहे थे और थके हुए। राकेश ने एक क्षण के लिए ममता और मेरी तरफ देखा और अन्नू को गोद में उठा लिया। हम लोग जितनी देर तक वहाँ रहे, वे सिर्फ बच्चे से प्यार करते रहे—निःशब्द। हम लोगों के बीच फैला कोहरा हट गया था। मगर यह नन्ही-सी मुलाकात अन्तिम साबित हुई। इसके कुछ ही रोज बाद एक दिन सुबह सुबह अश्कजी ने समाचार दिया कि राकेश नहीं रहे।

''राकेश नहीं रहे।'' अश्कजी ने थोड़ा रुक कर कहा, ''मगर वह निहायत

छोटे दिल का आदमी था। उसने...'' अश्कजी बोले जा रहे थे। मेरे लिए राकेशजी के बिना अपने संसार की कल्पना तक करना असम्भव हो रहा था। मैं नहीं जानता कि अवसाद के उन क्षणों में अश्कजी को उनका छोटापन क्यों याद आ रहा था। नहीं मालूम वे छोटापन याद करके अपने दर्द को बरदाश्त करने लायक बना रहे थे या कोई दूसरा कारण था।

मैं ऊपर छत पर जाकर बहुत रोया था। जाड़े के दिन थे। बहुत खुशनुमा धूप फैली थी। वे क्षण मैंने इतनी तीव्रता से जिए थे कि आज भी वैसी धूप या वैसा आकाश अथवा आकाश में उड़ते वैसे परिन्दे देखता हूँ तो बरबस राकेशजी पूरी चेतना पर छा जाते हैं।

उन्हीं दिनों मेरे माता-पिता बड़े भाई के पास कैनेडा माइग्रेट कर रहे थे। मालूम नहीं था कि वे भारत लौटेंगे या वहीं बस जाएँगे। मैंने छुट्टी के लिए अर्जी दे रखी थी। मेरी अर्जी पाते ही भारती ने प्रेम कपूर को बुलाया और अत्यन्त स्नेह से बोले, ''प्रेम, तुम्हारा स्वास्थ्य मुझे ठीक नहीं लग रहा है, दफ्तर का काम तो जिन्दगी भर लगा रहता है। मेरी राय है, तुम कुछ दिन इलाहाबाद जाकर घर पर आराम करो।''

प्रेम कपूर भारती के इस व्यवहार से गद्‌गद हो गया। वह हॉल में आया तो उसका चेहरा कमल की तरह खिला हुआ था। शुरू शुरू में मैं भी इतना ही प्रसन्न दिखा करता था। एक बार होली विशेषांक में नन्दन, प्रेम कपूर और मेरी संयुक्त तस्वीर छपी, जिसमें हम लोग मुस्करा रहे थे। लोगों ने विश्वास न किया। शरद जोशी ने तुरन्त पत्र लिखा :

'जो तस्वीर छपी है, उसमें रवीन्द्र कालिया मुस्करा रहा है। यह निहायत अफसोस की बात थी। वह सीरियस रायटर है, उसे ऐसा नहीं करना चाहिए। अगर बम्बई आकर वह मुस्कराने लगा तो इसके जिम्मेदार तुम (यानी नन्दनजी) होगे। कुछ हद तक ममता अग्रवाल भी। यों मुझे भोपाल में गंगाप्रसाद विमल बता रहा था कि कालिया में ये तत्व दिल्ली में भी पाए जाते थे। खेद की बात है। उसे सीरियस रायटर बना रहने दो।'

प्रेम कपूर सिगरेट नहीं पीता था, उसने चौधरी से एक सिगरेट माँगा और अपनी सीट पर बैठकर इतमीनान से कश खींचने लगा। इसी प्रकार गणेश मन्त्री के स्वास्थ्य की भी चिन्ता भारतीजी को हो गयी। जिन लोगों को सचमुच छुट्टी की जरूरत थी। वे एक दूसरे की बगलें झाँक रहे थे। मेरे आवेदन-पत्र पर भारतीजी ने नोट लगाकर भेजा कि चूँकि पहले ही दो उप-सम्पादकों की छुट्टी स्वीकृत कर चुके हैं, अब और किसी को छुट्टी देना सम्भव नहीं।

भारतीजी समझ गये थे कि मेरा छुट्टी पर जाना बहुत जरूरी है। मुझे दबाने

का एक सुनहरा अवसर अनायास ही उनके हाथ में आ गया था। मेरे दिमाग में भारतीजी के शब्द हथौड़े की तरह चल रहे थे, 'पतलून सिलवा दो या मेरी मान लो।' छुट्टी के सम्बन्ध में भारतीजी से कई बार मिला, मगर उन्होंने एक ही जबाव दिया, 'आप जनरल मैनेजर से बात कर लीजिए।'

मैनेजर भले आदमी थे। भारतीजी के स्वभाव से भी बखूबी परिचित थे। उन्होंने असमर्थता प्रकट की कि विभागीय मामले में वे हस्तक्षेप करना पसन्द नहीं करते।

''आप मुझे क्या राय देते हैं?'' मैंने पूछा।

मैनेजर साहब ने कहा, ''आये दिन भारती लोगों से ऐसा ही अमानवीय व्यवहार करते हैं। पूरे टाइम्स में ऐसा हृदयहीन सम्पादक न होगा। जब से ये आये हैं। कई निर्दोष लोगों की रोजी-रोटी ले चुके हैं। अब आप ही के केस में उन्होंने केवल तीन दिन की छुट्टी मंजूर की है।''

''तीन दिन में तो मैं पंजाब को छूकर भी नहीं लौट सकता।'' मैंने कहा, ''मेरे बूढ़े और बीमार माता-पिता को हवाई जहाज में कौन चाढ़एगा।''

''पंजाब पहुँचकर अगर आप बीमार पड़ गये तो कम्पनी क्या कर सकती है।'' मैनेजर साहब ने कुर्सी से उठते हुए कहा। वे कहीं जाने की जल्दी में थे।

मुझे लगा मानवता नष्ट नहीं हुई है। एक रास्ता उन्होंने मुझे सुझा दिया था।

मैंने तीन दिन की छुट्टी ली और पंजाब के लिए रवाना हो गया। कुछ ही दिनों में मेरे माता-पिता कैनेडा चले गये। और मैं भी बीमार पड़ने का निश्चय कर चुका था। पड़ गया।

बम्बई लौटने की मेरी इच्छा नहीं हो रही थी। कई दिन तक मैं दिल्ली में पड़ा रहा। मगर जिस रोज मैं बम्बई पहुँचा मेरी बुश्शर्ट की ऊपर वाली जेब में इस्तीफा था। भारतीजी चाहते तो मुझे उस नरक से तुरन्त छुटकारा दिला सकते थे। उन्होंने मुझे तीन महीने तक अनावश्यक रूप से रोके रखा। यही नहीं, उन्होंने छोड़ते समय मुझे जो सर्टीफिकेट दिया, वह नीचे तीसरे माले पर मैनेजरों के बीच बहुत चर्चा, कौतुक और मनोरंजन का विषय बना रहा।

''टाइम्स के सौ बरस के इतिहास में ऐसा मैलीशियम सर्टीफिकेट इशू न हुआ होगा।'' परसोनल मैनेजर ने मुझसे कहा, ''मैं आप को अपनी तरफ से नया सर्टिफिककेट दे देता हूँ।''

''हिन्दी वाले ही ऐसा 'पोलेमिक्स' कर सकते हैं।'' किसी अन्य ने कहा, ''मैनेजमेंट को यह सर्टीफिकेट सम्पादक को लौटा देना चाहिए।''

''ऐसी भी कोई परम्परा नहीं है।'' कार्णिक साहब ने मेरे कन्धे पर थपथपाते हुए कहा, ''तुम यंगमैन हो। अभी पूरी जिन्दगी तुम्हारे सामने है। ऐसी हरकतों

से मन छोटा नहीं करते। मैं तुम्हें एक बहुत अच्छा सर्टीफिकेट देता हूँ।''

## बुद्धि का सदुपयोग

उन्होंने स्टैनो को बुलाने के लिए घंटी बजाई। मैंने एक मोटी किताब उठाई। उसी किताब में सम्पादक सर्टीफिकेट का मसविदा लिखकर भेजते थे। मैंने किताब के कई पृष्ठ पलटे। मन ही मन मुझे मजा आ रहा था। मैंने पढ़ा मेरे लिए भारतीजी ने अपनी टूटी-फूटी अंग्रेजी में लिखकर भेजा:-

'ही हैज प्रूव्ड इंटैलिजैंट, एंड वेल इक्विप्ट, बट हिज इंटैलिजैंस वाज ऑफन पुट टु मिसयूज। एक्सेप्ट फार दिस लैक, ही हैज बि ए गुड वर्कर। स्पेशल रिमार्क्स: निल।'

कार्णिक साहब नया सर्टीफिकेट लिखवाना शुरू करते, इससे पूर्व ही मैंने कहा, ''मैं यही सर्टीफिकेट लूँगा!''

''इसका क्या करोगे?''

''कभी काम आएगा।'' मैंने कहा, ''मैं आपकी भावनाओं की कद्र करता हूँ: आप मुझे बहुत अच्छी फीलिंग के साथ विदा कर रहे हैं। धन्यवाद और नमस्कार।''

मैंने कागज का वह टुकड़ा थामा और इस तरह 'बहुत बेआबरू हो कर तेरे कूचे से हम निकले' गुनगुनाता हुआ पैदल ही ममता के कॉलिज की तरफ चल दिया।

भारतीजी ने अपनी तरफ से ठीक ही सर्टीफिकेट दिया था। मैं उसकी समस्या समझ रहा था। मेरे स्वभाव के कारण मेरे बारे में इस प्रकार की धारणा मेरे साथ रहने वाले किसी भी व्यक्ति के मन में घर कर सकती है। ममता तो अब अभ्यस्त हो गयी है, पहले उसे भी बहुत तकलीफ होती थी। चार बरस पहले प्रसव के दौरान वह मरणासन्न स्थिति में अस्पताल में पड़ी थी और अपने ठंडे हाथों में मेरा हाथ थाम कर बोली, ''देखो, अगर हम मर गये तो दूसरी शादी मत करना।''

''देखो, अगर हम मर गये तो तुम कर लेना।'' मैंने कहा।

## रवीन्द्र कालिया बहुत ही बवालिया

ममता बेहद नाराज हो गयी, मगर हँसी न रोक सकी। दरअसल यह मेरी शैली है। आप मेरी प्रेमिका हुए तो बिदक जाएँगे। मेरे साथ दिक्कत यह है कि मन में आयी बात मैं रोक ही नहीं सकता। इसी चक्कर में कई दोस्त खो चुका हूँ। नाराज होकर लोग तो शत्रुता पूर्ण रवैया अपना लेते हैं और मैं वैसा का वैसा 'सेंटीमेंटल क्लाऊन' बना रहता हूँ। दो टूक बात कहकर मुझे जितना सुख मिलता

है, वह किसी और चीज में नहीं मिलता। मगर सुनने वाला उसे उसी भावना में लेता है तो ठीक, वरना वह मेरा शत्रु जो जाएगा। मैं कभी स्पष्टीकरण भी नहीं देता। अभी कुछ रोज पहले 'लोकभारती प्रकाशन' का एक कर्मचारी हस्पताल में भर्ती था। ऑपरेशन के समय अचानक खून की जरूरत पड़ी तो मालिकान में से दिनेशजी का 'ब्लड ग्रुप' उसके खून से मिल गया। उन्होंने बढ़कर खून दिया और शाम को मुझे भी बताया।

''खैर कोई बात नहीं।'' मैंने कहा, ''इससे यही सिद्ध होता है कि पहले आप कर्मचारियों का खून चूसते हैं और बाद में लौटा भी देते हैं।''

मेरी बात सुनकर दिनेशजी हक्का-बक्का रह गये। मगर यह मेरी शैली है। मेरी निगाह सबसे पहले स्थितियों की 'आयरनी' पर ही जाती है। अपने को असंगतियों, विषमताओं और हास्यास्पद स्थितियों के बीच पाकर मैं एकदम 'कामिकल' हो उठता हूँ।

कुछ लोग इसे मेरी कहानियों का भी दोष मानते हैं, जैसा कि अश्कजी ने कहीं लिखा है कि 'जहाँ मन में क्रोध आने लगता है, तुम दो-चार मजाकिया जुमले कसकर अथवा एक हास्यास्पद दृश्य देकर उसे ठंडा कर देते हो।' मगर यह अपनी अपनी शैली है। लोग जो काम करुणा उपजा कर या स्थिति को ट्रेजिक करते चले जाने से लेते हैं, मेरी समझ में वह स्थितियों की असंगतियों को बेनकाब करने भर से हो जाता है। यह आपका अपना सोचने का ढंग है। अश्कजी इससे मतभेद रख सकते हैं।

पिछले दिनों श्रीलालजी इलाहाबाद में थे तो मुझे देखते ही बहुत लाड़ से कहा करते थे कि 'रवीन्द्र कालिया बहुत ही बवालिया।' वे जानते थे कि मैं सहमति के लिए सहमति कभी नहीं प्रकट करता। दरअसल असहमति भी एक तरह का बवाल ही है। श्रीलालजी में तो चीजों को 'एब्सर्डिटी' की हद तक विश्लेषित करने की क्षमता है। शायद यही कारण है कि उनसे कई फीसदी बातों पर असहमत होते हुए भी मुझे उनके साथ समय बिताना हमेशा अच्छा लगता है।

### 'अपने को निरुपाय न समझाना'

'धर्मयुग' से मुक्त होकर मैं सड़क पर आ गया। ममता का वेतन हम दोनों के लिए पर्याप्त न था। शीतलादेवी मन्दिर रोड से उखड़कर हमारा डेरा अँधेरी पूर्व में आ गया। वहाँ चाल में रहते हुए मैंने 'चाल' नाम की कहानी लिखी। मुझे जिन्दगी में हमेशा अच्छे दोस्त मिले हैं। बेकारी के दिनों में भी। शुक्लाज, ओबीज, डैंगल आदि मित्र ज्यादा ध्यान रखने लगे। बहुत जिद करके पिकनिक

वगैरह पर ले जाते या हमारे लिए अपने ही घर में पार्टी फेंक देते। डैंगसन तो बम्बई में ही अपनी कम्पनी की वर्कशॉप में मुझे एक छोटा-सा प्रेस लगवा कर दे रहे थे। मुझे काम के लिए भी दौड़ना-भगाना नहीं पड़ता। उन्हीं की कम्पनी का इतना काम था कि मैं अपना लेखन बरकरार रख सकता था। मगर एक दिन डैंगसन अचानक बात करते-करते हृदय गति रुक जाने से चल बसे।

मेरे 'धर्मयुग' छोड़ने की खबर मित्रों शुभचिन्तकों तक पहुँची तो उन लोगों ने मुझे बहुत नैतिक बल दिया। मदानजी ने चंडीगढ़ में कोई व्यवस्था करने की बात लिखी, 'अश्कजी' और नारंगजी ने इलाहाबाद में, नामवर जी ने दिल्ली में। नामवर जी का अत्यन्त आत्मीय व उत्साहवर्द्धक पत्र मिला। उन्होंने लिखाः

'धर्मयुग छोड़ने की खबर से दुख तो हुआ, लेकिन आश्चर्य नहीं। बम्बई से आने वाले दो एक लोगों से मैंने तुम्हारी विडम्बनापूर्ण स्थिति की बात सुनी थी और तब से मैं समझे बैठा था कि तुम्हारे जैसा स्वाभिमानी पुरुष वहाँ ज्यादा दिन नहीं टिक सकता। खैर। सवाल यह है कि अब क्या करोगे? मेरा खयाल है कि ममता नौकरी कर रही है। इसलिए कुछ दिनों के लिए तो ज्यादा परेशानी न होगी। लेकिन इस बीच काम तो ढूँढ़ना ही होगा। बम्बई में डौल न बैठे तो दिल्ली चले आना बेहतर होगा। यहाँ बेकारों की पल्टन काफी बड़ी है। इसलिए अपने अन्दर किसी प्रकार की हीनता महसूस न होगी। फिर कौन जाने यहाँ तुम्हें कोई काम निकल ही जाये।

...नयी कहानियाँ में तुम्हारी और ममता की टिप्पणियाँ पढ़ीं। बहरहाल, आलोचना-3 में 'युवा लेखन पर एक बहस' शीर्षक पूरा संवाद ही देने जा रहा हूँ । इस बार 'वर्किंग पेपर' मैं स्वयं लिखूँगा। और आठ-दस लेखकों के पास भेजकर उनकी प्रतिक्रिया मँगाऊँगा। जिसके जी में आये उस निबन्ध की धज्जियाँ उड़ा दे—मैं सब छापूँगा। सोचता था, निबन्ध लिखने से पहले तुमसे भी कुछ बात हो जाती। क्या यह सम्भव हो सकेगा? फिलहाल दिमाग पर यही भूत सवार है।

...अपने को किसी तरह निरुपाय न समझना।'

सस्नेह
नामवर सिंह

मैंने अभी अपने को निरुपाय समझना शुरू भी न किया था कि इलाहाबाद में डौल बैठ गया। इन्द्रचन्द्रजी नारंग ने ऐसा आशीर्वाद दिया कि मैं इलाहाबाद आ बसा। नारंगजी ने मुझे अपने जमे जमाए प्रेस की चाबियाँ दे दीं कि कोई पिता भी बेटे के लिए इतना नहीं करेगा।

मेरे स्वभाव को देखते हुए मेरी माँ अब अकसर मुझसे कहा करती हैं—अब इलाहाबाद छोड़ने की बात मत सोचना। तुम्हारी किताबें इसी शहर में आकर छपीं। तुम्हारे दोनों बेटे यहीं पैदा हुए। अब तुम यहीं के हो। तुम्हारी बीवी भी इसी प्रान्त की है। अब तुम क्यों यह शहर छोड़ोगे?'

मुझे भी इलाहाबाद से मुहब्बत है। यहीं बैठ बैठे मैंने अनेक प्रलोभन ठुकराए हैं। मुझे लग रहा है, मैं चाहूँगा भी तो इस शहर को न छोड़ पाऊँगा। मैं यहीं रहूँगा और एक ही तमन्ना है कि खूब लिखूँ यानी रोज लिखूँ। मेरे दोस्तों ने, मेरे समाज ने, मेरे शुभचिन्तकों ने मुझे हमेशा संघर्ष करने की प्रेरणा दी है। मैं भी अपने लेखन द्वारा कुछ ऐसा करूँ। जिन्दगी में विश्वास जगाऊँगा। संघर्ष में आस्था पैदा करूँ। समाज के शोषणमूलक चेहरों को बेनकाब करता चला जाऊँ। प्रकारान्तर से मेरे इस आत्मकथ्य का उद्देश्य भी यही है।

मुझे लगता है, जीवन में अच्छे मित्रों की और साहित्य की एक-सी भूमिका होती है। इस छोटे से सच की रोशनी मुझ तक लेक्चरशिप करते या सरकारी और गैर-सरकारी नौकरियाँ बजाते नहीं पहुँची, हिन्दी के लेखकों की कम्युनिस्ट नैतिकता पर लम्बी धारावाहिक बहस पढ़कर भी नहीं। इसका प्रथम आभास मुझे तब हुआ जब ममता को होस्टल में छोड़कर मैं यतीमों की-सी हालत में इलाहाबाद चला आया था। वह मुझे बम्बई से आधा वेतन भेजती रही जब तक मैं अपने पाँव पर खड़ा न हो गया। बाद में महीनों हम लोग दिन भर प्रूफ पढ़ते और रात भर मशीनें चलाते थे। संघर्ष के इन्हीं दिनों, साहित्य की उपयोगिता मेरी समझ में आयी। मुझे जिस रचना में जीवन का ताप नजर न आता, वह अपनी पूरी कलात्मकता और लफ्फाजी के बावजूद फीकी लगती।

पिछले दो-तीन बरस मैंने ताल्सताय के साथ बिताये हैं। ताल्स्ताय की कहानियों के अतिरिक्त मैंने उनके उपन्यास 'रीसंरक्शन', 'अन्ना केरेनिन' पढ़े हैं। आज कल 'वार एंड पीस' पढ़ रहा हूँ। उनका कोई भी चरित्र मुझे ऐसा नहीं लगता, जिसके बारे में कुछ जानना शेष रह जाता हो। सामन्तशाही के कुचक्र में फँसी पीड़ित रूसी जनता का ऐसा आत्मीय और यथार्थ चित्रण हिन्दुस्तानी जनता का ही प्रतिरूप लगा है। ताल्स्ताय के पात्र देशकाल की सीमा लाँघ कर आपकी अपनी बिरादरी के हो जाते हैं। समाज के शोषक तत्वों को वे पूरी शक्ति से बेनकाब करते चलते हैं। ताल्स्ताय का ईश्वर प्रेम भी निरीह जनता के संघर्षों में आड़े नहीं आता, बल्कि एक खास तरह का नैतिक बल देता है, जिसके बगैर किसी भी क्रान्ति की कल्पना बेकार हो सकती है। लेनिन ने ठीक ही ताल्स्ताय के साहित्य को रूसी क्रान्ति का दर्पण कहा है। लेनिन ने ताल्स्ताय के सम्पूर्ण साहित्य को सामन्तशाही के अमानवीय शोषण में पिसती रूसी जनता के सन्दर्भ में व्याख्यायित

किया है। हमारे यहाँ हिन्दी में तो आलोचना इतनी दरिद्र स्थिति में है कि यदि ताल्स्ताय हिन्दी के लेखक होते तो बहुत से लोग निर्णय पर पहुँचने की जल्दबाजी में उन्हें सामन्तशाही का पिट्ठू मानने से न चूकते। इसी प्रकार फ्रांस की सामन्ती व्यवस्था को समझना हो तो बाल्जाक की अवेहलना नहीं की जा सकती। इन लेखकों में यदि कुछ असंगतियाँ और विरोधाभास हैं तो उन्हें उसी युग में टटोलना होगा। हिन्दी में प्रेमचन्द की यही भूमिका थी। प्रेमचन्द्र का साहित्य स्वतन्त्रता पूर्व भारतीय समाज का ठीक वैसा ही दर्पण है। वे किसान जीवन और उसकी समस्याओं को इतनी गहराई से न समझते तो उनका कृतित्व इतना प्रमाणिक न होता। इन तमाम लेखकों के कृतित्व में शोषणमुक्त समाज की परिकल्पना है।

'मोनालिज़ा' भी इसी तर्क से महान है। सुन्दर है। श्रेष्ठ है। वह 'व्यक्ति' से परे है, समाज में प्रतिष्ठित है। मैं पुनः मोनालिज़ा की आँखों में झाँकता हूँ। मुझे उसकी आँखों में वर्गहीन, शोषण-मुक्त समाज का एक मोहक सपना दिखाई देता है।

# उपेन्द्रनाथ अश्क

खुसरोबाग इलाहाबाद का एक ऐतिहासिक एवं दर्शनीय स्थल है। उसी की दीवार के साथ-साथ शैतान की आँत की तरह एक लम्बी सड़क है, सड़क के बीचोबीच पाँच नम्बर का एक भव्य बँगला है, कई एकड़ में फैला हुआ, इसी में रहते हैं हिन्दी के 83 वर्षीय वयोवृद्ध साहित्यकार उपेन्द्रनाथ अश्क। आप बँगले का फाटक खोलने की कोशिश करेंगे तो सफेद रंग का एक कुत्ता आप पर लपकेगा, घबराइए नहीं, वह आपका स्वागत करने आया है। आप पोर्टिकों की तरफ बढ़ेंगे तो वह आपके पीछे दुम हिलाते हुए चल पड़ेगा। पोर्टिको के नीचे खटिया पर नीलाभ के मामा सोते मिलेंगे, वह आपको देखेंगे, देखकर आँखें मूँद लेंगे, आँखें ही नहीं मूँद लेंगे, करवट भी बदल लेंगे।

बाईं ओर अश्कजी का अध्ययन और लेखन कक्ष है। बरामदे में बोगेनविलिया के रंग-बिरंगे फूल खिले हैं, बड़े-बड़ें गमलों में भाँति-भाँति के करोटन सजे हैं। अन्दर कमरे में टेबल लैम्प जल रहा है, अश्कजी मेज पर झुके हैं और हस्बेमामूल कुछ लिख रहे हैं। चारों तरफ पुस्तकों के रैक हैं, हर पुस्तक पर बाँस के कागज का कवर है। एक मेज के बीचोबीच टाइपराइटर पड़ा है, उस पर भी खाकी रंग का कवर चढ़ा है। एक रैक में फाइलों का ढेर है।

इसी कमरे के बगल में अश्कजी का शयनकक्ष है, लिखते-लिखते थक जाएँगे तो पलंग पर लेट जायेंगे। इस उम्र में भी उन्हें बारह-चौदह घंटे काम करते देखा जा सकता है। दमे का दौरा पड़ेगा तो खड़े-खड़े लिखेंगे। दिन रात यही क्रम चलता रहता है। अश्कजी अपने वृहत उपन्यास 'गिरती दीवारें' का अन्तिम खंड लिखने में व्यस्त हैं।

आपको देखते ही अश्कजी गद्‌गद हो जाएँगे। उनका पहला वाक्य होगा—तो यार एक कविता सुनो, ये हिन्दी वाले क्या समझेंगे, मगर मैं उन्हें मनवाकर ही रहूँगा कि निराला के बाद सबसे बड़ा कवि उपेन्द्रनाथ अश्क है। अभी जर्मनी से अमुकजी का खत आया है कि 'गिरती दीवारें' विश्व का महान महाकाव्यात्मक उपन्यास है, जापान के अमुकजी तो जापानी में इसका अनुवाद कर रहे हैं, अमरीका

से फलाँ ने उपन्यास पर केन्द्रित अपना पेपर भेजा है। समस्त वार्तालाप का संक्षेप यह है कि लन्दन, लाहौर, टिंबकटू, शिकागो, होनोलूलू, मांट्रियल, पेइचिंग आदि स्थानों पर अश्कजी की धूम है और एक ये हिन्दी वाले हैं—महाभ्रष्ट, जातिवादी, संकीर्ण वगैरह-वगैरह।

एक जमाना था, अश्कजी का बँगला इलाहाबाद की साहित्यिक गतिविधि का केन्द्र हुआ करता था। बाहर से आनेवाला कोई साहित्यकार ऐसा न होगा जो इस बँगले में ठहराया न गया हो। राजेन्द्रसिंह बेदी, खुशवंत सिंह, मुल्कराज आनन्द, अली सरदार जाफरी, कृष्ण चन्दर, नागार्जुन, धर्मवीर भारती, राजकमल चौधरी, शानी, ज्ञान, विमल, परेश कौन ऐसा साहित्यकार है, जो यहाँ नहीं आया। अश्कजी का दावा है कि कमलेश्वर, मार्कण्डेय, दूधनाथ आदि अनेक कथाकारों का साहित्यिक जन्म इसी बँगले में हुआ है और एक आज का यह दिन है कि चिरई का पूत भी यहाँ दिखाई नहीं देता। पेड़ों की मूक कतारें हैं और कबूतरों की गूटरगूँ। धीरे-धीरे अश्कजी ने तमाम गतिविधियों से अपने को काट लिया है। अश्कजी हैं और उनका निर्वासन, कटुता से लिपा-पुता, आक्रमक अकेलापन। अन्तर्मुखी, स्वकेंद्रित और स्वगुणगायक व्यक्ति की यह परिणति कोई अस्वाभाविक भी नहीं है। मैं तो अश्कजी के गहन सम्पर्क में बहुत बाद में आया। आज से लगभग छत्तीस बरस पूर्व (20-6-57) मोहन राकेश ने अपनी डायरी में उनके स्वभाव को कुछ यों दर्ज किया है।

'किसी स्थिति का कोई परिणाम हो। उन्हें लगता है, यह तो उन्होंने पहले ही सोच रखा था। जो हो जाता है, उसका होना सोच रखा था और जो नहीं होता, उसका न होना सोच रखा था। गोया कि कुछ नहीं होता, जो उन्होंने पहले न सोच रखा हो। फिर न जाने क्यों वे इस तरह दुखी होते और छटपटाते हैं। मैंने आज जो उन्हें लिखा है कि मैं अलग फ्लैट में रहूँगा, वे जरूर कहेंगे कि यह भी उन्होंने पहले ही सोच रखा था और कौशल्या से कह दिया था कि राकेश आएगा तो अब यहाँ नहीं रहेगा। कहते हुए उनके होठों पर एक 'सेल्फ कंप्लीमेंटरी' मुस्कराहट आ जाएगी (डलहौजी 1.8.57), 'वे आत्मश्लाघा के बिना नहीं रह सकते। उनका विश्वास है कि यह आत्मश्लाघा की प्रवृत्ति ही उनकी ख्याति का मूल है। उस ख्याति की वास्तविकता तक वे नहीं पहुँचना चाहते। (जालन्धर 16.9.57), 'कुछ दिन डलहौजी में अव्यवस्थित रहे। डलहौजी में बारिश से बहुत बोर हुए। अश्कजी की वजह से भी खासी परेशानी रही। रुपये-पैसे के मामले में मैंने ऐसा अड़ियल आदमी बहुत कम देखा है। आप चाहते हैं कि दूसरा अपने घर में तो इन पर खर्च करे ही, इनके घर में भी इन पर खर्च करे। अपना खर्च किया हुआ पैसा आपको याद रहता है, पर दूसरे के खर्च किए सैकड़ों को आप

भूल जाते हैं।' (ट्रेन में, 20.12.57) 'मैंने अमृत की चीजें नहीं पढ़ीं, मगर श्री अश्क, जो उसकी रचनाओं के सबसे बड़े आलोचक हैं, स्वयं भी तो थर्ड रेट साहित्य की ही सृष्टि करते हैं और उसके प्रचार के लिए अत्यन्त हीन साधनों का आश्रय लेते है।' (डलहौजी 14.12.57) 'अश्क अपनी और अपने नाटकों की प्रशंसा करते रहे, भाभी चाय की प्यालियाँ बनाती रहीं। कई पुराने घिसे-पिटे लतीफे भी सुना दिए।' (20.7.57) 'हरिकृष्ण प्रेमी अश्क की चर्चा करते हुए रो दिए। उन्हें इस बात का सख्त गिला है कि अश्क ने उन्हें अपना गुरु तसलीम नहीं किया। हालांकि उन्होंने अश्क को खड़ा करने के लिए इतना कुछ किया था।' (डलहौजी 14.7.57) 'रात को अश्क और कौशल्या भाभी 'दीवाने गालिब' की गजलें गाते रहे, जहाँ भाभी की आवाज सुर में होती, वहाँ अश्क भी साथ अपनी आवाज मिलाकर उसे बेसुरा बना देते थे।'

मोहन राकेश की डायरी में और भी कई स्थानों पर अश्कजी का जिक्र है। कुछ इसी रूप में अश्कजी की यादें रेखांकित हैं। मैंने जब तक राकेशजी की डायरी नहीं पढ़ी थी, अश्क और राकेश को अच्छे मित्र मानता था। कभी अश्क की डायरी प्रकाशित होगी तो बहुत सी चीजें नुमायाँ होंगी।

मगर अश्कजी के व्यक्तित्व का एक दूसरा पक्ष भी है। उन्होंने अनेक जरूरतमन्द लोगों की मदद की है। अनेक साहित्यकारों के संकट के समय में उनके काम आये हैं। कोई भी जरूरतमन्द छात्र उनके पास चला जाएगा, वे अपनी हैसियत के मुताबिक उसे काम दे देंगे। और कुछ नहीं तो अश्क साहित्य से सूक्तियाँ चुनने का काम ही दे देंगे। फाइलिंग, प्रूफ संशोधन, पत्रों का वर्गीकरण, अनुवाद, कोई न कोई काम अश्क जी अवश्य निकाल लेंगे। अश्कजी का मकसद अगर मदद करना ही होगा, तो भी कुछ दिनों के बाद सुनने को मिलेगा—अश्कजी शोषण कर रहे हैं। गर्दिश के दिनों में अनेक साहित्यकारों ने अश्कजी के यहाँ काम किया है। अश्कजी का मानना है, उन्होंने सहायता की है, लेखक कहते हैं, उनका शोषण हुआ है। एक दूधनाथ हैं, जो कई बार सार्वजनिक रूप से स्वीकार कर चुका है कि अश्कजी ने उसकी जान बचाई थी। वह खून की कै करते-करते दम तोड़ देता, अगर अश्कजी उसे सही समय पर अस्पताल न ले जाते। जब अश्कजी की पुस्तक 'चेहरे अनेक' छपकर आयी तो मैं एक कार्टून देखकर स्तब्ध रह गया। कार्टून में अश्कजी और दूधनाथ (जिसे उन्होंने क्षीरेन्द्र नाम दिया है) बगलगीर हो रहे हैं, दूधनाथ उनकी पीठ में छुरा घोंप रहा है। यह कार्टून अश्कजी ने इसलिए प्रकाशित किया था कि दूधनाथ ने उनके काव्य-संकलन की आलोचना कर दी थी।

मेरे ऊपर भी अश्कजी के बहुत अहसानात हैं। मैं जब 'धर्मयुग' से इस्तीफा

देकर इलाहाबाद आया तो अश्कजी के यहाँ ही मुझे शरण मिली थी। गर्दिश के उन दिनों में अश्क परिवार के सदस्य की तरह। ऐसे स्नेह और आतिथ्य की मैं कल्पना नहीं कर सकता था। मैं इलाहाबाद में जिस किसी से इसका उल्लेख करता, वह मुँह फेरकर मुस्कराने लगता। इलाहाबाद के वातावरण में ही अश्कजी के बारे में कुछ निश्चित धारणाएँ हैं, जिन्हें बदला नहीं जा सकता। यहाँ तक देखा गया है, धीरे-धीरे अश्कजी के तमाम मित्र और हितैषी भी इसी वातावरण का हिस्सा हो जाते हैं जहाँ तक मेरा सवाल है, मैं निस्संकोच रूप से कह सकता हूँ कि इलाहाबाद में अश्कजी का संरक्षण न मिला होता, तो मैं इलाहाबाद से भाग खड़ा होता।

अश्कजी अच्छी चाय पीने के बहुत शौकीन हैं, मुम्बई के चर्चगेट स्थित 'टी सेंटर' में चाय पीने का जो आनन्द आता था, वह बहुत कम घरों में नसीब होता है, मगर अश्कजी के यहाँ चाय बहुत सलीके से बनती है। आप अपनी रुचि के अनुसार शक्कर और दूध ले सकते हैं। अश्कजी तो मुश्किल से एक चम्मच दूध लेते हैं। दरअसल, अश्कजी ने बहुओं को अच्छा प्रशिक्षण दे रखा है। वे अश्कजी की जरूरियात को समझती हैं, अश्कजी को क्या पसन्द है और क्या नापसन्द है, यह सबको मालूम है। इसलिए रोज की दाँताकिलकिल नहीं मचती। जितने दिन में अश्कजी के यहाँ रहा, मैंने परिवार में किसी का किसी से झगड़ा होते नहीं देखा। कहने का मतलब यह है कि अश्कजी जब तक नहीं चाहेंगे, झगड़ा नहीं हो सकता।

हम सब लोग एक ही मेज पर भोजन किया करते थे। कहीं कोई भेद-भाव नहीं। जो अश्कजी को परोसा गया, वही मुझे। जो नीलाभ को पीने के लिए मिला, वही मुझे। छुट्टी के किसी रोज कौशल्या जी फुरसत और अच्छे मूड में होतीं तो अपने सामने दस्तरखान पर बैठा कर आलू-गोभी की भाजी के साथ नन्हे-नन्हे परतदार परांठे खिलातीं। उन दिनों ज्ञान का हाजमा दुरुस्त रहता था। उसे कौशल्या जी द्वारा पकाए कीमे के पराठे बहुत पसन्द थे। ज्ञान मजाक-मजाक में भी इच्छा प्रकट करता तो कौशल्या जी काम में जुट जातीं और कुछ ही देर बाद नीलाभ, ज्ञान और मैं परांठे खा रहे होते। दूधनाथ का तरीका ज्ञान से भिन्न था। अगर उसकी परांठा खाने की इच्छा होती तो वह पहले कौशल्या जी की नाक की तारीफ करता। कौशल्या जी समझ जातीं— 'सीधे-सीधे क्यों नहीं कहते, परांठे पर मन चल रहा है।' उन दिनों ज्ञान लम्बी छुट्टी पर था। ज्ञान नीलाभ और मैं दिनभर इलाहाबाद की छायादार सड़कों पर घूमते। साहित्य ही ओढ़ना और बिछौना था। घूमते-घूमते थक जाते तो कॉफी हाउस में सुस्ता लेते।

उन्हीं दिनों श्रीलाल शुक्ल का उपन्यास 'राग दरबारी' प्रकाशित होकर आया

था। सबसे पहले अश्कजी पढ़ गये, अश्कजी के बाद मैं पढ़ गया। नीलाभ और ज्ञान ने भी पढ़ डाला। अश्कजी ने घोषित कर दिया कि 'राग-दरबारी' स्वातंत्र्योत्तर भारत के ग्राम्य जीवन का अत्यन्त जीवन्त दस्तावेज है। इसके विपरीत श्रीलालजी के मित्रों की प्रतिक्रिया उत्साहजनक नहीं थी। श्रीपत राय ने तो अपनी समीक्षा में उपन्यास की धज्जियाँ उड़ा दी थीं। उन्हीं दिनों श्रीलालजी इलाहाबाद आये तो हम लोगों की प्रतिक्रिया जानकर अत्यन्त चमत्कृत हुए। दरअसल श्रीलालजी के अधिसंख्य मित्र 'परिमल' की मानसिकता के लोग थे, यथार्थ से साक्षात्कार करना उनके संस्कार में ही नहीं था। अन्ततः अश्कजी ही सही साबित हुए। पाठकों ने उपन्यास को हाथों हाथ उठा लिया। उसके कई संस्करण प्रकाशित हुए, टीवी सीरियल भी बना और अभी हाल में 'पेंग्विन' ने उसका अंग्रेजी संस्करण भी प्रकाशित किया। जब तक अश्कजी की आँखें सही सलामत थीं, उन्होंने अनेक कथाकारों की रचनाओं को आगे बढ़ाया। अश्कजी द्वारा संपादित 'संकेत' की अनेक रचनाएँ आज बीसियों बरस याद भी चर्चित हैं। इसी प्रकार 'वर्तमान साहित्य' के महाविशेषांक में कृष्णा सोबती की कहानी 'ऐ लड़की' पढ़ते ही उन्होंने मुझे पत्र लिखा। यही नहीं, इस बीच अश्कजी जिससे भी मिलने गये, 'ऐ लड़की' की प्रशंसा की, जिस किसी का फोन आया, कृष्णाजी का उल्लेख किया, चाहे वह डॉक्टर हो या वकील अथवा अध्यापक। यद्यपि मूल रूप से अश्कजी कथाकार हैं, मगर अवसर मिलते ही वे कथालोचना पर भी जोर-अजमाइश कर लेते हैं। ज्ञान, दूधनाथ और मेरी कहानियों पर अश्कजी ने लम्बे-लम्बे पत्र लिखे हैं और अपनी पुस्तकों में उनका बार-बार उल्लेख किया है।

अश्कजी के इस अतिरिक्त उत्साह से कभी-कभी नये लेखकों को खामियाजा भी भुगतना पड़ता है। मुझे सन् 63 की एक घटना याद आ रही है। उन दिनों मैं दिल्ली में केन्द्रीय हिन्दी निदेशालय में नौकरी करता था। दफ्तर में अनेक साहित्यिक थे—सुरेश अवस्थी, कुलभूषण, श्याममोहन श्रीवास्तव, जगदीश चतुर्वेदी, शेरजंग गर्ग, रमेश गौड़, ख्वाजा बदीउज्जमा आदि। उन दिनों 'ज्ञानोदय' के किसी अंक में हिन्दी रंगमंच के सम्बन्ध में अश्कजी का एक लेख प्रकाशित हुआ। लेख में सुरेश अवस्थी की कड़ी आलोचना की गयी थी। चूँकि सुरेश अवस्थी एक अफसर थे और दफ्तर में यह मानकर चलते थे कि साहित्य में भी हम लोग उनके मातहत हैं, हम लोगों को अश्क जी का लेख बहुत पसन्द आया। दफ्तर में ही उसका सामूहिक पाठ किया। हम लोगों ने लेख की प्रशंसा करते हुए अश्कजी को एक संयुक्त पत्र भेजा। अश्कजी हम लोगों का पत्र पाकर अभिभूत हो गये होंगे और पूरे इलाहाबाद में उसका प्रचार कर दिया होगा। एक दिन शाम को साढ़े चार बजे के करीब सुरेश अवस्थी के कमरे में हमारा संयुक्त पत्र उपस्थित

हो गया। श्री नरेश मेहता 'इति नमस्कारंते' के बाद सुरेश अवस्थी के कमरे से निकले ही थे कि सुरेश अवस्थी का चपरासी यमदूत की तरह मेरे सिर पर खड़ा हो गया। साहब का बुलावा आया था। सुरेश अवस्थी प्रायः कुर्सी पर बैठने का इशारा किया करते थे, उस दिन वे खुद तो 'रिवाल्विंग' कुर्सी पर और अधिक पसर गये और मुझे खड़ा रखा।

"अश्क जैसे बेहूदा और अनपढ़ लोगों के पास आप हमारी 'कान्फिडेंशल रिपोर्ट' भेजते हैं। मुझे तो दफ्तर में ही लिखनी है।"

बात समझने में देर न लगी। जब से कहानियाँ छपने लगी थीं, नौकरी हमारे लिए गौण हो गयी थी। मगर अफसरी के मद में चूर सुरेश अवस्थी को इसका आभास न था। मैंने कहा, "दफ्तर के बारे में तो किसी ने अश्कजी को कुछ नहीं लिखा।"

"मैं क्या दफ्तर में नहीं हूँ?"

"मुआफ कीजिए, दफ्तर में आप लेखक की हैसियत से नहीं है।" मैंने कहा।

"मुझे लेखक की हैसियत से ही घर पर फोन मिला है।" सुरेश अवस्थी ने कहा, "आप रोज टी-हाउस क्यों जाते हैं?"

"दफ्तर के समय में नहीं जाता।"

"मगर मुझे पसन्द नहीं। आप वहाँ भी मेरे बारे में अनाप-शनाप बोलते होंगे।"

"आप मुझे टी-हाउस जाने से नहीं रोक सकते।" मैंने कहा। उनके व्यवहार से मेरा काफी मनोरंजन हो रहा था। मैं जानता था, उनके तमाम मित्र मेरे भी अग्रज मित्र थे—राकेश, नामवर, नेमिचन्द्र जैन, कमलेश्वर, यादव आदि। नमक-मिर्च लगाकर ये संवाद उन लोगों को बताऊँगा तो इनकी कितनी फजीहत होगी। बहरहाल मैं तो जल्द ही सुरेश अवस्थी की चंगुल से निकल भागा, कह नहीं सकता बाकी लोगों के क्या अनुभव रहे होंगे। एक बात तो मुझे आज तक याद है, जब मेरे 'धर्मयुग' में पहुँचने पर सुरेश अवस्थी मुम्बई आये तो मेरी किसी कहानी का नाम याद न आने पर मेरी बुशर्ट की ही तारीफ करने लगे। बहरहाल, अश्कजी को पत्र लिखना काफी महँगा पड़ा था और परोक्ष रूप से ही सही अश्कजी ने खूब मजा चखाया था।

अश्कजी ने दिल्ली के बाद दूसरा मजा चखाया, मुम्बई आकर। जिन उपेन्द्रनाथ अश्क की तारीफ करके हम लोगों ने दिल्ली में जोखिम उठाया था, उन्होंने मुम्बई में एक नया सिरदर्द पैदा कर दिया। अश्क जी बम्बई आये हुए थे। एक दिन हमारे यहाँ भी चले आये। भोजन के समय उन्होंने अचानक भारतीजी पर टीका-टिप्पणी शुरू कर दी। उन दिनों भारतीजी से मेरे सम्बन्ध बहुत अच्छे थे। अश्क

जी की बातें सुनकर मुझे बहुत अटपटा लग रहा था। भारतीजी से उन्हें कोई निजी किस्म का हिसाब चुकाना था, जिसका हम लोगों से कोई सम्बन्ध नहीं था। ''तुम लोग लेखक नहीं हो सकते। जो आदमी फ्रिज-व्रिज के चक्कर में पड़ जाता है, वह लेखक नहीं हो सकता। उसकी प्राथमिकताएँ बदल जाती हैं।''

मैंने अश्कजी को अपनी मजबूरी बताई कि हम दोनों को नौकरी पर जाना होता है और अगर चार-छह रोज का सामान फ्रिज में न डाल दें तो हमारे लिए बहुत मुश्किल हो जाय। रोज सब्जी खरीदने का वक्त ही नहीं है। मगर अश्कजी अपनी धारणा पर अड़े रहे। बाद में जब मैं इलाहाबाद चला आया तो उन्होंने दूधनाथ सिंह को भी शाप दिया कि अब वह लेखन नहीं कर सकता।

''जो आदमी डबलबेड जुटाने के चक्कर में पड़ जाएगा, वह क्या खाक लेखन करेगा।''

क्या लेखक को जमीन पर सोना चाहिए, मेरे अन्दर जिज्ञासा उत्पन्न हुई। यदि अश्कजी की बात पर जाएँ तो लेखक के पास न डबलबेड होना चाहिए, न लिखने की मेज, न फ्रिज, न मकान। न अच्छी नौकरी न सुन्दर बीवी। उनका विचार है कि ज्ञान का लेखन इसीलिए स्थगित हो गया है कि उसकी पत्नी सुन्दर है। आर्थिक रूप से सम्पन्न लेखकों के बारे में अश्क जी की राय बहुत खराब होती है, ''उसके पास साधन हैं, मगर पैसा तो वेश्याएँ भी कमाती हैं।''

बहरहाल, उस दिन अश्कजी भारती से बेहद खफा थे। दिन में शायद भारती से उनका फोन कर कोई तकरार हो गयी थी। भोजने करने के उपरान्त वे भारतीजी को लम्बी चिट्ठी लिखने में जुट गये। देखते-देखते उन्होंने कई सफे रंग दिए। बाद में उन्होंने उस पत्र की प्रतिलिपि तैयार की। पत्र को लिफाफे में डालकर लिफाफा बन्द किया, झोले से गोंद निकालकर, अश्कजी ने पत्र मेरे हवाले किया और कहा सुबह दफ्तर पहुँचते ही पत्र भारतीजी को दे दूँ। मैंने एक मूर्ख की तरह सहर्ष यह काम अपने जिम्मे ले लिया। लिफाफा वजनी था, मैंने सुबह पहली फुर्सत में लिफाफा भारतीजी को सौंप दिया। अश्कजी ने कहा था कि भारती कोई जवाब दें तो मैं राजेन्द्र सिंह बेदी के यहाँ पहुँचा दूँ। मगर भारतीजी ने शाम पाँच बजे तक कोई जवाब न दिया।

बात आयी-गयी हो गयी। अश्कजी इलाहाबाद लौट गये। अश्कजी के प्रस्थान के कुछ दिन बाद एक दिन भारतीजी ने मुझे बुलाया और पूछा, ''तुम्हें यहाँ क्या कष्ट है?''

कष्ट तो बहुत थे, मगर मैंने कहा, ''कोई कष्ट नहीं है।''

''तुम नौकरी क्यों छोड़ना चाहते हो?''

''फिलहाल तो ऐसा कोई इरादा नहीं है।''

"ऐसा है तो तुम लोगों से यह कहते क्यों घूम रहे हो कि तुम सिर्फ फ्रिज की किस्तें चुकाने तक 'धर्मयुग' में हो?"

मैं स्तब्ध रह गया। मुझे लगा, भारतीजी के पास कोई ऐसा यन्त्र है, जिससे दिल की बातें भी जानी जा सकती हैं। उस दमघोंटू वातावरण में मैं एक दिन भी न रहा होता, अगर 'कन्फर्म' होते ही सोसायटी से तीन हजार रुपये का ऋण न ले लिया होता। उन दिनों 'गोदरेज' का बड़ा रेफ्रिजिरेटर चौबीस सौ रुपयों में आता था। नन्दनजी, चौधरी तथा मैंने एक साथ फ्रिज खरीद लिये। मेरे पास जो रुपये बचे, उनसे बियर पी, मगर कर्ज बवाले जान हो गया। अकसर अपनी बेवकूफी पर पछताया करता कि कर्ज लेकर अपनी स्वाधीनता गिरवी रख दी। मैं ऐसा सोचता जरूर था, मगर याद नहीं पड़ रहा, मैंने यह बात किसी से कही होगी। उन दिनों उर्दू के अफसानानिगार मित्र सुरेन्द्र प्रकाश भी हमारे यहाँ ठहरे थे। हो सकता है किसी रौ में उनसे जिक्र कर दिया हो। बाद में, इलाहाबाद आकर मुझे मालूम हुआ यह बात अश्कजी ने ही मेरे हाथ भेजे गये पत्र में भारती को लिख दी थी कि कालिया भी तुम्हारे यहाँ नौकरी नहीं करना चाहता, वह तो मजबूरी में पड़ा है। मैं आज तक नहीं समझ पाया कि अश्क जी के लिए ऐसी क्या अनिवार्यता थी कि भारती को यह सब लिखते। वे जानते रहे होंगे, इसका मेरे दफ्तरी जीवन पर क्या प्रभाव पड़ेगा। यह उन दिनों की घटना है, जब अश्कजी के प्रति मन में कोई भाव था तो केवल आदर का।

वास्तव में अश्कजी के भीतर कहीं एक लड़ाकू (बुली) छिपा है। उन्हें भिड़ने के लिए कोई-न-कोई बहाना चाहिए। अश्कजी परेशान हो जाते हैं अगर देखते हैं सब कुछ हस्बेमामूल चल रहा है। कौशल्याजी पोतों को नहला रही हैं, बहुएँ रसोई के काम में जुटी हैं, लड़के दफ्तर चले गये हैं, माली घास छील रहा है, टाइपिस्ट वक्त पर आ गया है, नदी चुपचाप बह रही है। अश्कजी नदी में ढेला फेंक देंगे। कौशल्या जी को बैंक का काम बता देंगे, माली को चिट्ठी देकर दूधनाथ के यहाँ रवाना कर देंगे, टाइपिस्ट से पंकज बिष्ट का उपन्यास सुनेंगे, बहुओं को टूटे हुए बटन टाँकने का काम दे देंगे। अगर मैदान में कोई पहलवान न उतर रहा होगा तो डायरी के पन्ने पलटेंगे और पचास साल पहले के किसी पहलवान को ललकार देंगे। जिसने सन् बयालीस में उन्हें पटखनी दी थी। देखते ही देखते वे कोई ऐसा प्रसंग ढूँढ़ लेंगे, जिसके बहाने आज इतने वर्ष बाद उस जीवित या मृत व्यक्ति को अखाड़े में आमन्त्रित किया जा सके। अश्कजी युद्ध जारी रखना चाहते हैं, युद्ध विराम से उन्हें अरुचि है। शायद यही कारण है कि उनके कैम्प से प्राय: बिना किसी बाह्य उत्तेजना के गोलीबारी होती रहती है। बहुत से लेखक इस गोलाबारी का शिकार होते रहे हैं। एक बार अश्कजी मोहन

राकेश के किसी पत्र से इतना आहत हो गये कि उन्होंने तय किया कि वे मोहन राकेश को रोज एक पत्र लिखा करेंगे। मोहन राकेश को पत्र लिखना उनके नित्यकर्म में शामिल हो गया। वे रोज एक पत्र लिखते, हम सब लोगों को सुनाते और शाम तक डाक में छोड़ देते। यह क्रम हफ्तों चलता रहा।

जिस प्रकार एक 'बुली' के भीतर कालांतर में 'परसीक्यूशन काम्पलेक्स' पैदा हो जाता है, अश्कजी भी इससे नहीं बच पाए। उन्हें लगता रहता है कि दुश्मन किसी भी समय आक्रमण कर सकता है। वे बेखबर नहीं पकड़ा जाना चाहते। शायद यही कारण है कि वे एक ओर चूहे के इन्तजार में घात लगाकर बैठी बिल्ली की तरह एकदम चौकन्ना रहते हैं, दूसरी ओर समझदार कबूतर की तरह अपने बचाव की तरकीबें भी खोजते रहते हैं। जिन्दगी उनके लिए कबूतर-बिल्ली का खेल है।

कुछ वर्ष पहले की बात है। एक दिन मैं सुबह-सुबह अश्कजी से मिलने गया। अश्कजी उस समय छत पर कच्छा पहने योगाभ्यास कर रहे थे। उनके पास ही मुंडेर पर कुडुवे तेल की शीशी और उनका चशमा पड़ा था। मैं उनके पास ही बैठ गया और अश्कजी को कवायद करते देखता रहा। मुझे बहुत ग्लानि हो रही थी कि मेरा जीवन कसरत के बिना निरर्थक बीता जा रहा है। सन्तोष था तो केवल यह देखकर कि इस घोर श्रम के बावजूद अश्कजी के शरीर की एक-एक हड्डी गिनी जा सकती थी। वे एकदम सींकिया पहलवान लग रहे थे।

योगाभ्यास करते-करते अश्कजी की सांस फूल गयी थी, वे मेरे पास बैठकर विश्राम करने लगे। अश्कजी ने बैठे-बैठे जीवन में योगाभ्यास के महत्त्व पर एक भाषण दे डाला और मुझे सलाह दी कि मैं भी योग के कठिन मार्ग पर चल पड़ूँ। मुझे पता भी न चला कि कब वे योग से भोग पर उतर आये और बताने लगे कि कैसे उन्होंने एक प्रेस वाले को चेक पर हिन्दी के स्थान पर अंग्रेजी में दस्तखत करके छकाया था। कैसे वह उमेश (बड़े पुत्र) को बम्बई से इलाहाबाद लाने में सफल हुए। कैसे उन्होंने राकेश को तलाक दिलवाया था और कैसे बाबा नागार्जुन इलाहाबाद में एक बाला के प्रेमपाश में बँध गये थे, आदि-आदि। अश्कजी की बातें सुनते-सुनते दोपहर हो गयी। कौशल्याजी ने मुझ पर रहम खाकर भोजन कराया और मैं घर चला आया।

मैंने अभी घर में कदम रखा ही था कि अश्कजी के यहाँ से फोन आ गया कि उनका चशमा लौटा दूँ, अश्कजी को बहुत तकलीफ हो रही है। बात मेरी समझ में नहीं आयी, अश्कजी के चश्मे का मैं क्या करूँगा? मैं अभी ममता को बता ही रहा था मैंने मुँडेर पर चशमा देखा था, पास में कड़ुए तेल की शीशी पड़ी

थी कि किसी ने दरवाजा खटखटाया। अश्कजी का पौत्र सेतु दरवाजे पर खड़ा था। सेतु ने बताया, पापा बहुत नाराज हो रहे हैं, उन्होंने कहलावाया है कि मैं मजाक छोड़कर चश्मा लौटा दूँ। इस प्रकार के बालसुलभ मजाक में मेरी दिलचस्पी थी, न है, मैंने सेतु को लौटा दिया। सेतु के घर पहुँचते ही अश्कजी ने स्वयं फोन किया, ''बिल्ली, यह मजाक अच्छा नहीं। बगैर चश्मे के मैं काम नहीं कर सकता, तुम अच्छी तरह जानते हो। मैं जहीर को भेज रहा हूँ, उसे चश्मा दे देना।''

'अश्कजी, मैं खुद चश्मा पहनता हूँ और आपके कष्ट का अनुमान लगा सकता हूँ, मगर चश्मा मेरे पास नहीं है।'

अश्कजी को पूरा विश्वास था कि चश्मा मैं ही उठा लाया हूँ। वे किसी भी तरह यह मानने को तैयार नहीं हो रहे थे कि मेरे पास चश्मा नहीं है। मैंने उन्हें बताया कि मैंने उनका चश्मा और कड़ुए तेल की शीशी मुंडेर पर देखी थी, मैं भला चश्मा क्यों उठाऊँगा?

''मैं तुम्हें अच्छी तरह जानता हूँ।'' अश्कजी बोले, ''चश्मा तो मैं दूसरा बनवा लूँगा, मगर तुम्हारी यह हरकत ठीक नहीं।''

मैं अजीब स्थिति में आ गया और अपने को कोसता रहा कि क्यों चला गया अश्कजी के यहाँ। वे अकारण मुझ पर शक कर रहे थे। यह सोचकर कष्ट हो रहा था कि अश्कजी के मन में मेरी यह छवि है।

अश्कजी ने गुस्से से फोन रख दिया। मैं दिनभर परेशान रहा। मालूम नहीं किसने अश्क जी और मेरे साथ यह क्रूर मजाक किया था। हो सकता है कोई बन्दर अश्कजी का चश्मा उठाकर ले गया हो या किसी चील को अश्कजी का नम्बर सही बैठ गया हो।

शाम को फिर अश्कजी के यहाँ से फोन आया। मैं जानता था, अश्कजी किस हद तक तंग कर सकते हैं। मैंने डरते डरते रिसीवर पकड़ा। अश्कजी खुद बोले रहे थे। उन्होंने बताया, चश्मा मिल गया है, उनका छोटा पौत्र छत पर से उठा लाया था।

एक बार इसी तरह अश्कजी से तंग आकर ज्ञानरंजन ने कहा था कि अश्कजी हिन्दी साहित्य की सास हैं। न जाने ज्ञानरंजन को अश्कजी ने क्या अनुभव दिया होगा कि वह इस नतीजे पर पहुँचा। मैंने एक जमाना वह भी देखा था कि ज्ञान का काफी समय अश्कजी के यहाँ बीतता था, गुड्डे (नीलाभ) से उसकी गहरी दोस्ती थी। मेरी तरह ज्ञान भी अश्कजी के परिवार के सदस्य की तरह था। उन दिनों ज्ञान, नीलाभ और मैं साथ-साथ खाते-पीते, उठते-बैठते और सोते थे। विवाह के बाद नीलाभ और उसकी पत्नी को ज्ञानरंजन रिक्शे में बैठाकर लाया

था। मैंने भी उस दिन पहली और और आखिरी बार ज्ञान के साथ रिक्शा चलाया था। मेरे रिक्शे में भी दो सवारियाँ थीं—श्रीमती राजेन्द्रसिंह बेदी और कौशल्याजी। मगर कुछ वर्ष बाद अचानक ज्ञान का अश्कजी के यहाँ आना-जाना बन्द हो गया और शायद आज तक बन्द है। मैंने अनेक बार ज्ञान से जानना चाहा कि वह अश्कजी के प्रति इतना उदासीन क्यों हो गया है, मगर सास से डरने वाली बहू की तरह वह हमेशा हँसकर बात टाल गया। अश्कजी से पूछा तो उन्होंने बताया कि वह ज्ञान से इसलिए नाराज हैं कि पन्द्रह बरसों में ज्ञान ने 'पहल' में उनकी एक भी रचना प्रकाशित नहीं की और ज्ञान उनसे इसलिए नाराज है, अश्कजी ने मुझसे राजदाराना अंदाज में कहा, ''सुनो छोटी बहू! जब मैंने ज्ञान की दो कहानियों—'बहिर्गमन' और 'घंटा' की तुलना तुम्हारी कहानियों—'चाल' और 'काला रजिस्टर' से कर दी, वह उसी दिन से नाराज है, तब से घर में कदम नहीं रखा।''

अश्क जी बात मेरे हलक के नीचे न उतरी। ज्ञान ने कभी ऐसा संकेत न दिया था। मैं ज्ञान को अश्कजी से ज्यादा जानने का दावा कर सकता हूँ। जबकि दूधनाथ के बारे में आज भी यह दावा नहीं कर सकता। दूधनाथ घुन्ना है। इधर आत्मसुझाव (ऑटो सजेशन) देना भी सीख गया है।

हमारे यहाँ अश्कजी का खूब आना-जाना था। आने से पूर्व वे फोन करवा दिया करते हैं। उस बार भी वे तय करके ही आये थे। नीलाभ था उनके साथ। इसे संयोग ही कहा जाएगा कि अश्कजी से भी पहले अकस्मात सतीश जमाली चला आया। बातों ही बातों में अश्कजी ने कहा कि तुम लोग न लिखकर अपना समय नष्ट कर रहे हो।

जमाली ने सिगरेट का एक लम्बा कश खींचा और बोला, ''अश्कजी, कुछ लोग लिखकर भी तो समय नष्ट कर रहे हैं।''

जमाली का यह कहना था कि कमरे में तूफान बरपा हो गया। नीलाभ जूते के फीते खोलने लगा। यह तो अच्छा हुआ वह चप्पल नहीं पहने थे। नीलाभ गुस्से से तमतमा रहा था, उसने कहा कि जमाली ने अश्कजी का अपमान किया है और अब वह जमाली को जूते से पीटकर इस अपमान का बदला लेगा। मेरी स्थिति बहुत नाजुक हो गयी। दोनों मेरे मेहमान थे। मैंने नीलाभ से कहा, 'अतिथि देवता के समान होता है, मैं अपने घर में अपने अतिथि को पिटने नहीं दूँगा।'

मेरी बात सुनकर अश्कजी भड़क गये, उन्होंने कहा, वे चूँकि समय लेकर आये हैं, इसलिए वे असली मेहमान हैं। जमाली घुसपैठिया है, इसने अनधिकार प्रवेश किया है। यह कमीना है, कमजर्फ है, चोर है। नीलाभ ने हाँ में हाँ मिलाई, ''हाँ यह चोर है। एक बार यह अश्कजी की फाइल चुरा कर भाग था। मैं आज इसे नहीं छोड़ूँगा।''

मुझे समझते देर न लगी कि बाप-बेटा जमाली से क्यों इस कदर खफा हैं। वे दरअसल एक मुद्दत से जमाली की तलाश में थे और आज वह अनायास गिरफ्त में आ गया था। वह हक्का-बक्का दोनों की बातें सुनता रहा। उसने निहायत सादगी और मासूमियत से एक जुमला छोड़ दिया था, जो अब उसे भारी पड़ रहा था। मेरे प्रतिरोध करने पर अश्कजी मेरे भी खिलाफ हो गये। उन्होंने एक नयी परिकल्पना प्रस्तुत कर दी। उन्होंने कहा, 'हमारे आने की खबर सुनकर इसने जमाली को बुलावा भेजा होगा। मैं इसकी नस-नस पहचानता हूँ। है तो यह मेरा हमवतनी।' इसके बाद अश्कजी ने दुर्वासा का रूप धारण कर लिया और शाप पर शाप देने लगे। अश्कजी ने अन्तिम शाप दिया, "मैं चाणक्य हूँ, मैं परशुराम हूँ, मैं ही दुर्वासा हूँ, मैं तुम्हें शाप देता हूँ, अब तुम इलाहाबाद में न रह सकोगे। मैंने इलाहाबाद से भारती को निकाल दिया, कमलेश्वर को निकाल दिया, ओमप्रकाश को निकाल दिया। अब तुम्हारी बारी है, अपना बोरिया-विस्तार बाँध लो।"

मैंने अश्क जी से प्रार्थना की कि हे प्रभो! मुझे कोई और दंड दीजिए। यह आपका शाप नहीं, वरदान है। आपने जिस किसी को इलाहाबाद से बाहर निकाला, वह और ऊँचा उठ गया। भारती इलाहाबाद से निष्कासित होकर 'धर्मयुग' के सम्पादक हो गये। कमलेश्वर बादशाही मंडी और सिविल लाइंस के बीच चप्पल चटखाते हुए घूमा करते थे, आपके शाप की बदौलत 'नयी कहानियाँ' और 'सारिका' के सम्पादक ही नहीं हुए, दूरदर्शन के अतिरिक्त महानिदेशक भी हो गये। यह आपके शाप का ही कमाल था कि ओमप्रकाश जी ने इलाहाबाद से निकलकर राजकमल प्रकाशन खड़ा कर लिया।

वास्तव में, अश्कजी को भ्रम है कि उनके भीतर चाणक्य की आत्मा वास करती है। सच्चाई यह है कि उनके भीतर एक दुर्वासा आलथी-पालथी मारकर बैठा हुआ है। वे कलियुग के दुर्वासा हैं। यही कारण है कि उनके शाप वरदान की तरह फलते हैं। अब तो उनकी इतनी ख्याति हो गयी है कि उनसे शाप लेने दूर-दराज से साहित्यप्रेमी आने लगे हैं। कभी-कभार कोई भूला-भटका विदेशी भी दिखाई दे जाता है। यदि ख्याति इसी प्रकार बढ़ती रही तो वह दिन दूर नहीं जब लोग अश्कजी के यहाँ पुत्र की कामना की फरियाद लेकर पहुँचने लगेंगे। यह विचारणीय है कि अश्कजी के दो बेटे हैं। दोनों बेटों के यहाँ भी दो-दो बेटे ही हैं। पाठकों के लिए यह नयी जानकारी होगी कि अश्कजी थोड़ी बहुत हिकमत भी जानते हैं। जले का इलाज करने का उनके पास अचूक नुस्खा है। अनेक गुप्त रोगों के वे विशेषज्ञ हैं, मगर इस क्षेत्र में वे आचार्य चतुरसेन शास्त्री और गुरुदत्त से कहीं पीछे हैं।

मेरी तरह आप भी आश्चर्य कर रहे होंगे कि अश्कजी समान्तर कथा

आन्दोलन के शीर्षस्थ कथाकार और 'कहानी', 'नयी कहानी' के भूतपूर्व सम्पादक सतीश जमाली से फकत एक जुमले की खातिर इतना नाराज क्यों हो गये? क्या अश्क जी में 'सेंस आफ ह्यूमर' नहीं है या वे अपने पर कोई मजाक नहीं सुन सकते? जो लोग अश्कजी से परिचित हैं, वे कहेंगे, ऐसा नहीं है। मैंने खुद अश्कजी को कई बार अपने पर कसी गयी फब्तियों का आनन्द लेते हुए देखा है। मैं उन्हीं से कई बार सुन चुका हूँ कि जब उन्हें संगीत नाटक अकादमी का पुरस्कार मिला तो उन्होंने आश्चर्य प्रकट करते हुए डॉ. रामस्वरूप चतुर्वेदी से कहा कि 'अब जब उन्होंने दस बरस से कोई नाटक नहीं लिखा, संगीत नाटक अकादमी ने उन्हें पुरस्कृत किया है।' या यह कि अब अश्क जो एक विदेशी प्रशंसक को यह समझाने की कोशिश कर रहे थे कि वह एक ग्रीब (गरीब) लेखक हैं और वह समझ नहीं पा रहा था तो पास बैठे नरेश मेहता ने यह कहकर अश्कजी का काम आसान कर दिया कि, 'ही वांट्स टु से दैट ही इज ए पुअर ऑथर।'

फिर जमाली के जुमले में ऐसा क्या था कि अश्कजी यों भड़के उठे, नीलाभ ने जूता उतार लिया। वास्तव में, अश्कजी सतीश जमाली से बेहद नाराज चल रहे थे। इसके पीछे भी एक दिलचस्प किस्सा है।

अश्कजी की लेखन के अलावा अगर किन्हीं अन्य चीजों में रुचि है तो वे हैं—इंटरव्यू देना, मुकदमा लड़ना, यौन समस्याओं पर सलाह देना, दुःखी साहित्यिक दम्पतियों के तलाक की व्यवस्था करना, पैदल चलना, बचत करना, अपनी बीमारी का बखान करना, फोटो खिंचवाना, सम्पादकों को कोसना, पत्र लिखना, वधुओं को सताना (पुत्र वधुओं को नहीं) आदि-आदि। एक बार जाने किस मनहूस घड़ी में अश्कजी और जमाली ने तय कर लिया कि एक इंटरव्यू हो ही जाय। सतीश जमाली ने प्रश्नावली तैयार की और दो-चार बैठकों में इंटरव्यू हो गया। जब इलाहाबाद के नुक्कड़ समाज को भनक लगी कि जमाली ने अश्क का इंटरव्यू लिया है तो उसने जमाली का घेराव कर लिया। उसे अश्कजी का इंटरव्यू लेने के दुष्परिणाम बताये गये। एक वरिष्ठ लेखक ने कहा, 'तुमने अश्कजी का इंटरव्यू लिया, तुम अब बिरादरी से बाहर।' दूसरे ने डराया, 'देखना बच्चू, अब तुम्हारा क्या हश्र होता है। अश्कजी अपनी तरफ से मनचाहे प्रश्न जोड़ देंगे, उनका मनमाना उत्तर देंगे, तुम नष्ट हो जाओगे।' इस प्रकार की अनेक चेतावनियाँ जमाली को मिलने लगीं। यह सब सुन-सुनकर जमाली बेचैन रहने लगा। उसने शहर में निकलना बन्द कर दिया। लोग-बाग घर जाकर उसका घेराव करने लगे। उसे बताया गया कि उसके बचाव का कोई रास्ता नहीं बचा, उसका पतन अवश्यम्भावी है।

यह सब सुनकर जमाली दहशत में रहने लगा। एक दिन तो वह इतना

परिचालित हो गया कि उसने चौक से ढाई रुपये की एक खिलौना पिस्तौल खरीदी और दोपहर को, जब अश्कजी के विश्राम का समय होता है। अश्कजी के बँगले पर जा पहुँचा। उन दिनों प्रमोद सिन्हा अश्क जी के सहायक थे। अश्कजी की फाइलें उन्हीं के कब्जे में रहती थीं। जमाली ने जेब से पिस्तौल निकाली और अश्कजी के कमरे में घुस गया। संयोग से प्रमोद उस समय इंटरव्यू की उसी फाइल पर काम कर रहे थे। जमाली ने खट से पिस्तौल प्रमोद सिन्हा के सीने पर तान दी और निहायत पेशेवर लहजे में कहा, 'सीधे-सीधे इंटरव्यू वाली फाइल मेरे हवाले कर दो, वरना गोली दाग दूँगा।' प्रमोद सिन्हा के पसीने छूट गये, वह इस आकस्मिक आक्रमण के लिए तैयार नहीं थे। पिस्तौल उनके सीने को छू रही थी। उसने चुपचाप सतीश जमाली को फाइल सौंप दी। जमाली पिस्तौल ताने हुए 'रिवर्स गियर' में चलने लगा और गेट के बारह पहुँचकर भाग निकला।

अश्कजी विश्राम के बाद कमरे में आये तो उन्होंने देखा, प्रमोद सिन्हा अर्द्धचेतनावस्था में दीवार पर पड़े थे। उनके मुँह से झाग निकल रही थे। अश्कजी ने ठंडे पानी के छींटे दिए तो प्रमोद सिन्हा ने आँखें खोलीं। होश आने पर उन्होंने बताया कि कैसे जमाली के रूप में अभी-अभी यमराज ने दर्शन दिए थे। फाइल की डकैती की बात सुनकर अश्कजी आपे से बाहर हो गये। आदत के मुताबिक अश्कजी ने सोचा, हो न हो इस षड्यन्त्र में प्रमोद सिन्हा भी शरीक है, मगर जल्द ही उन्होंने अपनी गलती सुधार ली और बोले, 'इस फाइल डकैती के पीछे मुझे रवीन्द्र कालिया के अदृश्य हाथ दिखाई दे रहे हैं, वरना सतीश जमाली की क्या हिम्मत कि वह इस तरह डकैती करके चला जाय।'

प्रिय पाठको, मेरे गुरु ने पहला पाठ यही पढ़ाया था कि पाठकों से कभी झूठ मत बोलना। सच यह है कि उन दिनों जमाली से मेरा सिर्फ दुआ-सलाम का रिश्ता था। मेरी जानकारी में यह भी न था कि उसने अश्कजी का कोई इंटरव्यू लिया है। इसके बावजूद अश्कजी ने अपना पूरा बल (फोर्स) मेरे ऊपर तैनात कर दिया।

गोधूलि का समय था कि अचानक एक जावा (मोटर साइकिल) मेरे घर के सामने रुकी। उस पर एक नौजवान सवार था, उसकी बड़ी-बड़ी मूँछें थीं, गुस्से से उसकी आँखों में खून उतर आया था, मगर उसने निहायत अदब से कहा, ''सतीश जमाली को हमारे हवाले कर दो वरना अंजाम बुरा होगा।''

''जमाली यहाँ नहीं है।'' मैंने कहा।

''हमारी जानकारी में वह आपके यहाँ छिपा है।'' उसने कहा।

''मुआफ कीजिए, आपकी जानकारी गलत है। हफ्तों से मेरी उससे भेंट

नहीं हुई।''

''हमारी जानकारी गलत नहीं हो सकती। रुस्तमजी गलत नहीं हो सकते।''

''आज वे भी गलत साबित हुए।''

नवयुवक ने बहुत अविश्वास और क्रोध से मेरी ओर देखा और एक झटके से मोटर साइकिल चालू करके चलता बना।

आधी रात तक जमाली की तलाश जारी रही।

बताया जाता है कि आधी रात के बाद अश्कजी भाड़े का एक सिपाही लेकर पूरे दल-बल के साथ सतीश जमाली के यहाँ पहुँचे। पूरे क्षेत्र को संवेदनशील घोषित कर दिया गया। जमाली के पड़ोसी गवाह हैं कि थोड़ी देर बाद कुछ इस प्रकार की आवाजें सुनाई देने लगीं—अपने बाप की औलाद हो तो बाहर आओ। काकरोच बाहर आओ, झींगुर बाहर आओ, गीदड़ बाहर आओ, वगैरह-वगैरह। जब देर तक कोई बाहर नहीं आया तो अश्कजी का इशारा पाकर सिपाही ने डंडे से जमाली का दरवाजा खटखटाया। जमाली शायद इस आवाज को पहचानता था। उसने खट से दरवाजा खोल दिया। बाहर पूरे दल-बल के साथ अश्कजी खड़े थे। सिपाही ने आगे बढ़कर डंडा घुमाते हुए जमाली से कहा, 'तुम चोरी करके भागे हो, तुम्हें थाने चलना होगा।'

जमाली अन्दर गया, लौटकर उसने सिपाही को एक कार्ड दिखाया। कार्ड देखते ही सिपाही के पसीने छूट गये। वह एकदम अटेंशन की मुद्रा में आ गया और उसने दोनों पैर जोड़कर जमाली को खट से सेल्यूट मारते हुए कहा, 'जयहिन्द सर' और बगैर अश्कजी और उनके दल-बल की ओर देखे अँधेरे का फायदा उठाकर भाग निकला। अश्कजी जमाली को भूल गये और रात देर तक दल-बल सहित उस सिपाही को ढूँढ़ते रहे, जो पचास रुपये लेकर रफूचक्कर हो गया था।

आज तक उस फाइल का अता-पता नहीं चल सका, जानकार सूत्रों का कहना है कि तैरते-तैरते वह बंगाल की खाड़ी तक पहुँच चुकी होगी।

वास्तव में अश्कजी एक ऐसे राम हैं जिन्होंने अपनी रामायण खुद ही लिख डाली है। वे किसी तुलसीदास के मुखापेक्षी नहीं रहना चाहते। अश्कजी की रामायण के भी कई कांड हैं—बालकांड (जालन्धर), लाहौर कांड (युवावस्था), अरण्यकांड (इलाहाबाद), संकेत कांड, माफिया कांड आदि-आदि। यह काम अश्कजी ने इसलिए कर डाला कि उन्हें किसी दूसरे पर भरोसा ही नहीं है। अश्कजी की रामायण का नाम है—'चेहरे अनेक' और इसके अब तक पाँच खंड प्रकाशित हो चुके हैं। अश्कजी यह मानते होंगे कि इस धरती पर कलियुग में अश्क का अवतार तो हो सकता है, तुलसी का नहीं। कलियुग के तुलसी को लेकर अनेक प्रकार की शंकाएँ उठ सकती हैं। हो सकता है वह धर्मवीर भारती

या कमलेश्वर का एजेंट हो या कथा लेखिकाएँ बदला चुकाने की गर्ज से उसे अश्कजी के पीछे लगा दें। इस सबके बावजूद अश्कजी का दृढ़ विश्वास है कि जो लोग उनके जीते जी उनकी अवहेलना करते रहे, वे सब उनके बाद उनका सही मूल्यांकन अवश्य करेंगे। ऐसे लोगों में भी जो शरारती तत्व हो सकते हैं, अश्कजी उनकी शिनाख्त कर चुके हैं और उनकी सम्भावित टिप्पणियों का उत्तर पहले ही लिखकर फाइल के हवाले कर चुके हैं।

अश्कजी ने अपने बारे में जमकर लिखा है। अगर भूले-भटके मंटो, बेदी, बलवंत सिंह पर संस्मरण लिखना ही पड़ गया है तो उसमें भी नायक अश्कजी हैं, बेदी, मंटो, बलवंत सिंह खलनायक। अनायास ही दूसरों के बहाने अपने पर लिखने की एक नयी विधा का आविष्कार हो गया है।

समाज ने अश्कजी के साथ बहुत नाइंसाफी की है। उन्हें अभी तक साहित्य अकादमी ने पुरस्कृत नहीं किया है। लगता है, साहित्य अकादमी उन्हें पुरस्कृत कर गौरवान्वित नहीं होना चाहती। अश्कजी के अनेक समकालीन, पूर्ववर्ती और परवर्ती रचनाकार इस पुरस्कार से गौरवान्वित हो चुके हैं। साहित्य अकादमी की इस बेरुखी से आजिज आकर अश्कजी ने बीच में किराने की दुकान खोल ली थी। बाद में उनके शुभचिन्तकों ने उन्हें यह समझाकर दुकान बन्द करके पुनः साहित्यसेवा करते रहने के लिए राजी कर लिया कि 'वो सुबह कभी तो आएगी।' ज्ञान ने ठीक लिखा है कि हिन्दी में मनहूसों का ही राज है। हिन्दी की त्रासदी यह है कि हिन्दी के मनहूस ताकतवर हैं, जातिवादी हैं, भाई भतीजावादी हैं, संगठित हैं, अश्कजी के खिलाफ उन्होंने मोर्चा बाँध रखा है।

अश्कजी के अनुसार उनके अनेक रूप हैं, जैसे, विज्ञापनबाज, बातूनी, विद्वेषी, प्रतिशोधी, सितमजरीफ, नक्काल, चुहलबाज, प्रैक्टिकल, जोकर आदि-आदि। जिस आदमी के इतने रूप हों और जो अपने को चाणक्य का अवतार मानता हो, वह एक अदना से पुरस्कार की व्यवस्था नहीं कर पाया, यह अश्कजी के प्रशंसकों के लिए चिन्ता का विषय है। वैसे पुरस्कारों के बारे में अश्कजी की निजी धारणा है। उनका मानना है कि उन्हें अब तक जितने पुरस्कार मिले, उनकी योग्यता के कारण नहीं, उनके मित्रों के कारण मिले। सोवियत लैंड नेहरू पुरस्कार हो अथवा संगीत नाटक अकादमी का पुरस्कार। पता नहीं, उनका कोई मित्र कब साहित्य अकादमी पर हावी होगा। अश्कजी इतने स्पष्टवादी हैं कि वह उन मित्रों का नाम खोलने में भी संकोच न करेंगे, जिनकी वजह से उन्हें पुरस्कार प्राप्त हुआ। अश्कजी के तमाम शुभचिन्तक समय-समय पर अश्कजी को दिलासा देते रहते हैं कि अकादमी के घर में देर है, अँधेर नहीं। राजेन्द्रसिंह बेदी ने, जिन पर अश्कजी ने उनकी मौत के बाद लम्बा संस्मरण लिख कर उन्हें साहित्यकार की बजाय

अव्वल दर्जे का वेश्यागामी सिद्ध कर डाला, वर्षों पहले पुरस्कारों की निरर्थकता पर रोशनी डालते हुए अश्कजी को लिखा था कि 'इन अकादमियों के इनामात से लेकर नोबेल प्राइज तक—सब ऐसे ही हैं।'

आकाशवाणी अभिलेखागार के लिए अश्कजी का इंटरव्यू करने का काम मुझे सौंपा गया तो एक प्रश्न के उत्तर में अश्कजी ने कहा था, 'पुरस्कार वगैरह कम ही मैरिट पर मिला करते हैं। नोबेल पुरस्कार बूनिन को मिला, मगर टॉलस्टॉय, गोर्की, दास्तावयस्की, चेख़व और तुर्गनेब को नहीं मिला। लेकिन, बूनिन को कोई नहीं जानता, जबकि रूस के वे महान उपन्यासकार आज अमर हो गये हैं। मुझे भी जब-जब पुरस्कार मिले, यारों ने दिला दिए वरना आधी सदी लिखते हुए बीत गयी। दुनिया भर में मेरे साहित्य की चर्चा होने लगी और साहित्य अकादमी का टुच्चा पुरस्कार ही मुझे न मिला।'

आकाशवाणी के जिस इंटरव्यू का मैंने जिक्र किया है, उसका भी एक दिलचस्प पहलू है। इंटरव्यू हुआ और प्रसारित हो गया। उसका टेप अभिलेखागार में चला गया। अश्कजी ने अलग से टेप करके उसका लिप्यांतरण तैयार किया। मनमाफिक बहुत से प्रश्न जोड़ दिए। उन प्रश्नों का उत्तर भी दे डाला और एक दिन लगभग डेढ़ सौ पृष्ठों की पांडुलिपि मेरे आगे रख दी कि जो चाहूँ काट दूँ या बढ़ा दूँ। पांडुलिपि कई दिनों तक मेरे पास रखी रही। मैंने कोई विरोध भी प्रकट नहीं किया। मेरे बहाने से वे कुछ कहना चाहते हैं तो मेरा क्या जाता है। मैंने पुस्तक रूप में प्रकाशित करने की अनुमति दे दी, जो बाद में 'विवादों के घेरे' के नाम से प्रकाशित हुई। इंटरव्यू की एक झलक देखिए।

** अश्क जी आप कहा करते हैं कि बीमारी आपको फलती है।*

बीमारी फलती है, यह नहीं कहता। बीमारी से लाभ उठाता हूँ, यह कहता हूँ।

** लोग कहते हैं कि आप इसलिए बीमार पड़ते हैं कि कुछ लाभ उठा लें।*

लाभ की बात समझो। यह बहुत गहरी बात है। मीर का एक शेर है—

*बड़े सलीके से मेरी निभी मुहब्बत में*
*तमाम उम्र में नाकामियों से काम लिया*

नाकामियों से काम लेना, बीमारियों और विपत्तियों से लाभ उठाना जीवन की एक कला है। मैत्री का लाभ सभी उठाते हैं, पर जो इस जीवन पद्धति में विश्वास रखता है, वह शत्रुता से भी लाभ उठा लेता है....कोई निर्मम सर्जक ही अपनी

विफलताओं और बीमारियों से लाभ उठा सकता है।

** तब लोग गलत तो नहीं कहते...*

जब लोग ऐसा कहते हैं तो उसके मतलब दूसरा होता है। वे कहना चाहते हैं कि मैंने अपनी बीमारियों का रोना रोकर सरकार से अनुदान प्राप्त किया। मेरी पत्नी ने कर्ज लिया, पुस्तकें बेचीं अथवा पाठ्यक्रमों में लगवाईं, जबकि मैं दूसरी तरह से बीमारी का लाभ उठाता हूँ। अपनी लम्बी बीमारियों में मैंने कई क्लासिक लेखकों को पढ़ा है...कुछ महत्त्वपूर्ण कविताएँ लिखी हैं। 1947 में जब पंचगनी के सैनेटोरियम में जर्मन डॉक्टर ने मुझे महीना भर तक चुपचाप बिस्तर पर लेटे रहने के लिए कहा और हिलने-डुलने की मनाही कर दी तो मैंने मन-ही-मन अपना खंड काव्य 'बरगद की बेटी' पूरा कर डाला। 1950 में जब मैं पीलिया से तीन महीने तक बिस्तर पर पड़ा रहा तो अपना खंड काव्य 'चाँदनी रात और अजगर' लिखा।

** तभी किसी आलोचक ने लिखा था कि अश्क की कविता बीमार मनःस्थिति की कविता है।*

हिन्दी के अधिकांश आलोचक, अध्यापक कुंठित हैं।

अश्कजी अपने पत्रों, टिप्पणियों में किसी-न-किसी बीमारी का जिक्र अवश्य करते हैं। अश्कजी की खामियों पर तो हिन्दी में खूब लिखा गया है, अश्कजी के गुणों पर बहुत कम। लक्ष्मीकांत वर्मा का एक सकारात्मक संस्मरण है, मगर उसकी खामी यह है कि वह प्रायोजित लगता है, प्रतिशब्द पारिश्रमिक तय करके लिखा गया। अश्कजी का सबसे बड़ा गुण यह है कि वह अपना समय नष्ट नहीं करते। अगर समय नष्ट हो भी गया है तो उसे भी भुना लेते हैं, खोटे सिक्के की तरह। उस पर संस्मरण लिखकर या पत्र लिखकर। यह अश्कजी की ही प्रतिभा है, जो रेडियो के इंटरव्यू को पुस्तक में तब्दील कर सकती है। बहुत से लेखकों के पास आये दिन शोधार्थियों की प्रश्नावलियाँ आती रहती हैं। यशःप्रार्थी लेखक बड़े मनोयोग से एक-एक प्रश्न का उत्तर लिखने बैठ जाते हैं। कुछ लेखक आलस्यवश उसके ऊपर सोए रहते हैं, कुछ पढ़कर फेंक देते हैं, मगर अश्कजी इस बीमारी से भी लाभ उठाना जानते हैं। इधर उन्होंने पाँच रुपये प्रतिप्रश्न वसूल करना शुरू कर दिया है। दिनभर में वह कम-से-कम बीस-पच्चीस प्रश्नों का उत्तर दे सकते हैं। यह पूछे जाने पर कि बेचारे छात्र धन कहाँ से लाएँगे? अश्कजी का उत्तर था, छात्रवृत्तियाँ इसीलिए दी जाती हैं। जिन शोधार्थियों को छात्रवृत्ति नहीं मिलती, उनको अश्कजी दो रुपये फी प्रश्न के हिसाब से उत्तर भेज देते हैं।

इसी प्रकार लेखकों का शोषण करने के लिए प्रकाशकों ने और पद्धति विकसित की है। वे किसी लेखक की पाँच सौ या हजार रुपये देकर एक प्रतिनिधि संकलन तैयार करा लेते हैं। और प्रत्येक संकलित रचनाकार को सौ रुपये पारिश्रामिक स्वरूप दे कर पुस्तकें प्रकाशित कर लेते हैं। उसे किसी विश्वविद्यालय के पाठ्यक्रम में निर्धारित करवाकर उसकी हजारों प्रतियाँ बेच लेंगे लेकिन लेखक के हिस्से वही सौ रुपये आएँगे। अनेक राज्य सरकारों के शिक्षा विभागों ने भी इस पद्धति का अनुसरण करना शुरू कर दिया था। लेखक को सौ-दो सौ रुपये देकर लाखों की संख्या में पुस्तकें बेची जा रही थीं। अश्कजी से यह शोषण बरदाश्त न हुआ और उन्होंने लेखकों को 'प्रो रेटा' रायल्टी दिलवाने के लिए कमर कस ली। वे शिक्षा मन्त्री से मिले, राजीव गाँधी से इस सिलसिले में भेंट की और जोरदार तरीके से लेखकों का पक्ष उनके सामने रखा। अश्कजी ने तब तक अपना संघर्ष जारी रखा जब तक सरकार लेखकों को रायल्टी देने के प्रश्न पर सहमत नहीं हो गयी। यह अश्कजी के प्रयत्नों का ही परिणाम है कि आज लेखकों को अपनी कहानी या कविता के पारिश्रमिक स्वरूप प्रतिवर्ष दो-चार हजार रुपये मिल जाते हैं। अश्कजी ने अकेले दम पर यह लड़ाई लड़ी, न उन्होंने किसी लेखक से सहायता माँगी और न कोई खुद उनकी मदद के लिए आया।

मगर अश्कजी के कुछ शौक भी हैं। 'जब आतिश जवाँ था' तो अश्कजी कैरम, पिंगपांग, बैंडमिंटन और हाकी खेला करते थे। एक जमाने में लाठी भी भाँजा करते थे। साहित्य में तो आज भी लाठी भाँजते हैं। एक जमाना था, जीवन में भी इसका कौशल दिखाते थे। एक वाकया उन्हीं की जुबान से सुनिए, 'एक बार इलाहाबाद में किराएदार लाठियाँ ले आये तो न मैं सिर्फ बच गया, बल्कि लाठी छीनकर और उसी प्रक्रिया में पैंतरा बदलकर मैंने एक बार प्रतिद्वन्द्वी की पिंडली के पिछले हिस्से पर कस भी दिया। थाने में जाकर ही छुट्टी हुई। वह भी इसलिए कि मुझे हल्का बुखार था। और मेरी पतली छरहरी सींकिया काया को देखकर थानेदार को विश्वास हो गया कि लाठी चलाना तो दूर, मैं उसे उठा भी नहीं सकता। मगर इधर वर्षों से सब कुछ छूट गया है। जैसे चेतन रूप से बहुत सी यारियाँ छोड़ दीं, ये शौक भी छोड़ दिए।'

लाठी भाँजने के अलावा अश्कजी का एक और शौक है, बड़ा विचित्र शौक। गरीब कहलाने का शौक। यह शौक भी रोग की सरहदें छूने लगता है। अश्कजी बाग-बाग हो जाते हैं अगर आप उनकी यह बात मान लें कि वह एक 'ग्रीब' लेखक हैं। मुझे लगता है, अश्कजी का अमीरी का पैमाना धीरूबाई अंबानी हैं। इस दृष्टि से तो अमिताभ बच्चन और गावस्कर को भी गरीब ही कहा जाएगा। एक बार अश्कजी पर लिखते हुए मुझसे उन्हें गैर गरीब लेखक कहने की भूल

हो गयी थी, जिसके लिए अश्कजी ने मुझे आज तक क्षमा नहीं किया। मैंने अश्कजी की चल-अचल संपत्ति की एक हल्की-सी झलक दिखाने की मूर्खता कर दी थी। अश्कजी ने कहा, वह लिखकर मैंने उनका लाखों का नुकसान कर दिया। मैं अश्कजी की नजरों में गिरना नहीं चाहता, इसलिए यही लिखकर सन्तोष कर लेना चाहता हूँ कि अश्कजी के पास कुछ भी नहीं है, जो कुछ भी है, सब कौशल्याजी का है। मैं इस प्रसंग को यहीं समाप्त करना चाहता हूँ, क्योंकि इधर अश्कजी बहुत छोटी-सी बात पर चिढ़ जाते हैं, अधीर हो जाते हैं। शायद यह उम्र का तकाजा है।

अभी हाल में एक दिन रात को अचानक अश्कजी नमूदार हुए। साँस फूल रही थी। मालूम हुआ, घर में किसी बच्चे को रिक्शा लाने के लिए कहा था। दस-पन्द्रह मिनट तक रिक्शा नहीं आया तो अश्कजी रूठ गये, छाता उठाया और पैदल ही चल दिए। उन्होंने इच्छा प्रकट की कि खाना भी यहीं खाएँगे। मीनू भी बता दिया। मूँग की दाल और हींग का तड़का (छौंक), सिर्फ दो छोटी अच्छी तरह से सिंकी चपातियाँ। अब इधर अश्कजी भोजन कर रहे हैं और उधर घर में हड़कंप मचा हुआ है। घर भर अश्कजी की खोज में परेशान है। बेटे भाग रहे हैं, पोते भाग रहे हैं, बहुएँ फोन के पास दुबकी खड़ी हैं और कौशल्याजी टकटकी लगाकर सड़क की तरफ देख रही हैं, मगर अश्कजी हैं कि उनका कुछ पता नहीं। अश्कजी इत्मीनान से बैठे किस्सा सुना रहे हैं कि कैसे एक बार गाड़ी में नीचे के बर्थ मिलने पर उन्होंने डींग हाँकी कि जरूर आरक्षण क्लर्क उपेन्द्रनाथ अश्क का पाठक होगा, नाम पढ़ते ही उसने नीचे की बर्थ दे दी होगी और जब कंडक्टर ने आकर चार्ट पढ़ते हुए पूछा, आप ही फूकेन्द्रनाथ आशिक हैं तो, वे झेंप कर रहे गये। अश्कजी किस्सा सुना ही रहे थे कि फोन की घंटी बजी, अश्कजी ने यह भी न पूछा कि किसका फोन है, किसके लिए है, उन्होंने रिसीवर उठाया और अत्यन्त सादगी से कहा, 'अभी आता हूँ मेरी जान! नाराज मत हो, दुनिया फानी है।'

अश्कजी जितने अच्छे मेहमानबाज हैं, उतने ही टेढ़े मेहमान। अश्कजी को चाय पिलाने में ही आपका धैर्य जवाब दे जाएगा। कल्पना कीजिए, आपकी पत्नी चाय बनाकर लाई है। अश्कजी कहेंगे, प्याले गर्म पानी से धोकर लाइए। जब तक प्याले गर्म पानी से धुलकर आएँगे, चाय ठंडी हो जाएगी। टी-कोजी इस्तेमाल करनी चाहिए। चाय का रंग देखकर अश्कजी भड़क जाएँगे। पत्ती ज्यादा है, मैं इतनी कड़क चाय नहीं पीता। चाय दोबारा बनायी जाएगी। इस बार पत्ती कम है, बहरहाल चलेगी, अरे, अरे यह क्या किया, दूध ज्यादा मिला दिया। गृहिणी पर दया करके अश्कजी ने चाय जरूर पी ली, मगर उसका आनन्द नहीं आया।

औसत हिन्दुस्तानी घरों में जैसी चाय पी जाती है, वह अश्कजी के हलक से नीचे नहीं उतर सकती। अगर वह किसी मामले में अत्यन्त सुसंस्कृत हैं तो वह चाय का ही मामला है। वह एक उम्दा चायनोश हैं।

अश्कजी मुझसे प्रसन्न नहीं रहते, मैं भी ज्यादा प्रसन्न नहीं रहता, मगर इसके बावजूद रिश्ते कायम हैं। अकसर मौका मिलने पर एक-दूसरे के खिलाफ ही लिखते रहते हैं। अश्कजी को हक था, मेरे बारे में कुछ भी लिखने का, मगर यह हक भी अश्क जी ने ही दिया है कि मैं उन पर लिखने का दुःसाहस कर सकूँ। अपनी तरफ से उन्होंने कभी मेरी कलम पर अंकुश लगाने की कोशिश नहीं की, जबकि वह जानते हैं, उनका एक बार डाँट भर देना काफी था। 83 वर्ष की उम्र में वह आज भी चर्चा में हैं तो सिर्फ इसलिए कि नयी-से-नयी पीढ़ी से उन्होंने संवाद जारी रखा है। मुझे कभी ऐसा नहीं लगा कि वह मुझसे नाराज हैं, क्योंकि मैंने पाया है कि वह मुझ से ही नहीं, सम्पूर्ण हिन्दी जगत से नाराज हैं। इलाहाबाद से तो खासकर, जिसका अन्दाजा उन्हीं के एक शेर से लगाया जा सकता है।

*इलाहाबाद वालो याद रखो,*
*करोगे याद हमको, हम न होंगे।*

# मोहन राकेश

लेखक के लिए पहला सम्पादक पहले प्यार की तरह होता है। ताउम्र याद रहने वाला। मोहन राकेश से मेरा सम्बन्ध छात्र जीवन से था, मगर तब यह नहीं सोचा था कि वह मेरे प्रथम सम्पादक भी साबित होंगे।

राकेशजी से मेरा परिचय पचपन-छप्पन के आस-पास हुआ था। उन दिनों उपेन्द्रनाथ अश्क के छोटे भाई नरेन्द्र शर्मा कम्युनिस्ट पार्टी की जालन्धर शाखा के सचिव थे। बड़े भाई के साथ उनका हमारे यहाँ आना-जाना था। नरेन्द्र जी ने एक दिन बताया कि उनके बड़े भाई उपेन्द्रनाथ अश्क कश्मीर से लौटते हुए कुछ रोज मोहन राकेश के यहाँ रुकेंगे। मोहन राकेश से मेरा एक गायबाना-सा परिचय था, पत्रिकाओं के माध्यम से। उन दिनों जालन्धर में भारत सरकार का सूचना केन्द्र था। शमशेर सिंह नरूला सूचना अधिकारी थे। सूचना केन्द्र ही एकमात्र ऐसा था स्थान था, जहाँ हिन्दी की कुछ साहित्यिक पत्रिकाएँ पढ़ने को मिल जाती थीं। कल्पना के किसी अंक में मैंने 'कहानी' के वृहत् विशेषांक की समीक्षा पढ़ी और उस अंक को हासिल करने में जुट गया। सर्वप्रथम मोहन राकेश का नाम मैंने उसी अंक में देखा था और उनकी कहानी 'मवाली' पढ़ी थी। मोहन राकेश की कहानी के नीचे जालन्धर का पता देखा, तो दुबारा कहानी पढ़ गया। कहानी मुझे बहुत अच्छी लगी।

जिस गाड़ी से अश्क जी पहुँचने वाले थे, वह आधी रात को जालन्धर पहुँचती थी। स्टेशन पर नरेन्द्र पहले से मौजूद थे और चाय की एक स्टाल पर एक खूबसूरत, गोरे, मोटे फ्रेम का चशमा और ढीले पांयचों की पतलून पहने 'स्कॉलर' दिखने वाले आदमी के साथ बातचीत में मशगूल थे। नरेन्द्र ने परिचय करवाया कि ये मोहन राकेश हैं। मैं तो पहले से ही राकेशजी की तलाश में था, छूटते ही कहा, "आप की 'मवाली' मुझे बहुत अच्छी लगी।"

राकेश जी ने अपने मोटे चशमे के अन्दर से बहुत गहरी निगाह से मेरी तरफ देखा और बोले, "मवाली तुम्हें कहाँ पढ़ने को मिल गयी?"

"बहुत कोशिश करने पर कहानी का अंक मिल पाया।" मैंने बताया।

"कौन-सी क्लास में पढ़ते हो?"

"इंटर में।"

"किस कालेज में?"

"डी.ए.वी. कालेज में।"

"डी.ए.वी. में?" राकेश जी ने उत्सुकता से पूछा, "मुझे कभी देखा है वहाँ?"

नया-नया सत्र शुरू हुआ था, मैंने कहा, 'न'। अगले रोज सुबह-सुबह मैं माडल टाउन राकेश जी के यहाँ गया। अश्क जी डॉ. मदान से मिलने जा चुके थे और मैं राकेश जी से बातचीत करता रहा। अम्मा ने बहुत अच्छा खाना खिलाया। राकेशजी के पास बहुत अच्छी लाइब्रेरी थी। रैक पर उन्होंने एक स्टिकर चिपका रखा था—'कृपया पुस्तक माँग कर शर्मिन्दा न करें क्योंकि मैंने खुद माँग-माँगकर पुस्तकें इकट्ठी की हैं।'

लौटते समय राकेशजी ने एक पुस्तक खुद ही दे दी—ज्याँ क्रिस्तोफ। "यह मेरा अत्यन्त प्रिय उपन्यास है।" उन्होंने कहा, "पहले भेंट की निशानी के तौर पर अपने पास रखना।" बाद में मेरी शादी पर भी उन्होंने 'ज्याँ क्रिस्तोफ' ही भेंट में दी थी।

मैंने इंटर की परीक्षा पास की तो एक दिन राकेश जी तांगे में बैठकर हमारे घर चले आये। मैं उस समय गली में पतंग उड़ा रहा था। मुझे पतंग उड़ाते देखकर वह बहुत हँसे। उन्होंने सुझाव दिया, बी.ए. में मुझे 'ऑनर्स' के साथ हिन्दी लेनी चाहिए। मैंने बताया कि हमारे घर में हिन्दी का कोई माहौल नहीं हैं। भाई ने राजनीतिशास्त्र में एम.ए. किया और और छोटी बहन भी यही सोच रही है। राकेशजी ने कहा कि "वही पढ़ना चाहिए जिसमें रुचि हो।"

बहरहाल, घर के विरोध के बावजूद मैंने हिन्दी में दाखिला ने लिया। ऑनर्स में मेरे अलावा कोई छात्र नहीं था। दो-एक ने मेरी देखा-देखी 'ऑनर्स' ले ली, मगर राकेश ने उन्हें डाँट-डपटकर भगा दिया। वास्तव में 'ऑनर्स' पढ़ाने में राकेश जी को सुविधा थी। ऑनर्स के चार लेक्चर सात माने जाते थे। देखते-देखते ऑनर्स में मैं उनका इकलौता छात्र रह गया।

राकेश उन दिनों बहुत परेशान थे। पत्नी से, कॉलेज से, शहर से, अध्यक्ष से। बाद में उनके निकट आने पर मैंने पाया कि वे एक बेचैन आत्मा हैं। हमारी क्लासें बीयर शॉप में लगने लगीं। एक-आध गिलास से शुरू करके कुछ ही दिनों में मैं पूरी बोतल पीने लगा। बाद में तो ऐसा भी हुआ कि वे क्लास में मेरी प्रतीक्षा करते रहते और मैं बीयर शॉप में। शाम को कॉफी हाउस में भेंट होती तो मैं उनसे कहता, "आप आज क्लास में नहीं आये?"

वे एक जोरदार ठहाका बुलन्द करते।

मैं उन दिनों खूब कहानियाँ पढ़ता। उस दौर की कहानियाँ मैंने मोहन राकेश के यहाँ ही पढ़ीं। उनके पास प्रत्येक महत्त्वपूर्ण पत्रिका आती थी। राकेश अपने समकालीन मित्रों यानी कमलेश्वर, अमरकांत, मार्कण्डेय आदि के बारे में कुछ बताते तो मुझे बहुत अच्छा लगता। पूरे सत्र में वे ऑनर्स की क्लास दो-चार दिन ही ले पाए होंगे। उन्हें मेरी पढ़ाई की चिन्ता होती तो रिक्शे में, बीयर शॉप में, किसी रेस्तराँ में, तुलसीदास या प्रेमचंद पर एक संक्षिप्त सा भाषण दे देते। कृष्ण काव्य के सौन्दर्य बोध पर वे अनुसन्धान कर रहे थे, मगर सूर पर उन्होंने कभी लेक्चर नहीं दिया। तिमाही-छमाही परीक्षा यों ही बीत गयी। वे क्या पेपर सेट करते और मैं क्या उत्तर लिखता। दोस्ती में ही परीक्षाएँ हो गयीं। राकेश के आश्चर्य का ठिकाना न रहा, जब मैंने प्रथम श्रेणी में 'ऑनर्स' किया।

उन दिनों राकेश जो भी लिखना चाहते या लिखते, मुझे, उसके बारे में बताते, मगर मैं चीजों को उतनी गहराई से न समझता था, समझने की कोशिश जरूर करता था। यहाँ तक कि 'आषाढ़ का एक दिन' सबसे पहले उन्होंने मुझे और नरेन्द्र शर्मा को ही सुनाया था। बल्कि रिहर्सल के समय हरिकृष्ण प्रेमी ने, जो उन दिनों आकाशवाणी जालन्धर में प्रोड्यूसर थे, नाटक पढ़ना शुरू किया तो राकेश ने कहा, 'अच्छा तो प्रेमी जी आप नाटक पढ़कर ही प्रसारित करेंगे।' प्रेमी जी ने अत्यन्त सरलता से कहा, 'भाई मैं तो यह देख रहा था कि तुम कितना अच्छा टाइप कर लेते हो।' बाद में वह नाटक जालन्धर केन्द्र द्वारा प्रसारित हुआ और मोहन राकेश ने उसमें स्वयं कालिदास की भूमिका निभाई थी।

उन दिनों मैं राकेशजी की तरह डायरी लिखा करता था। डायरी के कुछ अंश यहाँ उद्धृत करना अप्रासंगिक न होगा :

कल दोपहर को मोहन राकेश जी के साथ लुधियाना गया— सत्यपाल आनन्द की शादी थी। रास्ते में राकेशजी से मजे की बातें हुईं। उन्होंने मुझे सुझाव दिया कि मैं बी.ए. में हिन्दी जरूर लूँ और वह भी ऑनर्स। उन्होंने अपने आगे लिखी जाने वाली कहानियों के बारे में बताया तथा अपने साथी लेखकों के बारे में, रास्ता बहुत जल्दी कट गया। मगर रास्ते भर मुझे राकेश जी बहुत बेचैन और असन्तुष्ट लगे—घर से, कालेज से, जालन्धर से। मुझे यह जानकार बहुत धक्का लगा कि जालन्धर उन्हें पसन्द नहीं।

आनन्द की शादी में बहुत से लोग थे—एक हीरानन्द सोज भी थे। आनन्द के साथ मैं उससे मिल चुका था। फिर भी मैंने बड़ी सादगी से कहा, "आपकी शक्ल हीरानन्द सोज जैसी है।"

"शायद मुझे ही सोज कहते हैं।"

सोज चला गया तो मैंने राकेशजी को बताया कि मैं उसे अच्छी तरह

पहचानता था। राकेश बहुत जोर से हँसे, "भाई तू तो वक्त के आगे-आगे दौड़ रहा है। तेरा क्या इलाज करें?"

वहाँ दूसरा आदमी जो ध्यान आकर्षित करता था, वह था, प्रेम बारबरटनी। उर्दू का शायर। वह पी रहा था, जब हम लोग पहुँचे और जब हम लोग लौट रहे थे, उसके हाथ में गिलास काँप रहा था। उसने जबरदस्ती दो घूँट पिलाए। बाद में रात को 'मदर इंडिया' देखी।

9 अगस्त, 58

बी.ए. में हिन्दी ले ली। घर के लोग खुश नहीं। घर में मेरे अलावा किसी ने हिन्दी नहीं पढ़ी। मगर मैं खुश हूँ। ऑनर्स में अकेला विद्यार्थी हूँ और राकेश जैसे व्यक्ति से पढ़ने का सुख। वे अपने कमरे में ही क्लास लेते हैं। दो लड़कों ने और ऑनर्स ली थी, राकेशजी ने उन्हें भगा दिया। राकेश कई-कई दिन कॉलेज ही नहीं आते। कल आये तो बोले चलो बीयर-शॉप चलते हैं। बीयर-शॉप में बीयर पी। थोड़े से संकोच के बाद मैंने भी गिलास ले लिया। हम लोग शाम ढलने तक बैठे रहे। मुझे हल्का-हल्का सरूर आ गया। सब कुछ बहुत अच्छा लगा। ओपन एयर बीयर-शॉप, ठंडी बीयर, राकेशजी की बातें। उन्होंने कई किताबें पढ़ने की राय दी। दो ही किताबों के नाम याद रहे—एक रोमा रोलाँ का उपन्यास 'ज्याँ क्रिस्तोफ' और दूसरी राल्फ फाक्स का 'नावल एंड दी पीपुल'।

हम लोग उठ रहे थे हरिकृष्ण 'प्रेमी' टहलते हुए चले आये। बीयर का दूसरा दौर चलने लगा। मैं तो उन्हें पहचानता था, मगर वे मुझसे परिचित नहीं थे। राकेशजी ने परिचय करवाया। प्रेमीजी ने सिगरेट का पैकेट निकला कर मेज पर रखा। हम लोग सिगरेट पीने लगे। राकेशजी प्रेमीजी को बीच-बीच में खींच रहे थे। एशट्रे से एक सिगरेट उठाकर मुँह को लगाई तो गीली थी। जरूर प्रेमीजी की होगी। मैंने दोबारा ऐशट्रे पर रख दी और थोड़ी देर में नयी सुलगा ली।

15 अक्तूबर, 58

मन बेहद उदास है। शाम को राकेशजी के घर गया। सन्नाटा था। दरवाजे बन्द थे। दूसरे तरफ से अन्दर गया तो माँजी चुपचाप बैठी थीं। नमस्ते का हल्का सा जवाब दिया। अन्दर कमरे में गया तो काँप गया, राकेश जी तकिए में सिर दिए रो रहे थे। मैं अन्दर तक सिहर गया। लौटना चाहा मगर तब तक राकेशजी ने देख लिया। मैं बाहर माँजी के पास चुपचाप बैठा रहा। थोड़ी देर में राकेशजी कमरे से बाहर आये। मैं झेंपने लगा।

"आज तुम मेरे साथ खाना खाओगे!" उन्होंने कहा।

"मगर मेरे घर वाले बहुत नाराज होते हैं अगर देर हो जाए।"

"मैं तुम्हारे साथ पहले तुम्हारे घर जाऊँगा।"

थोड़ी देर बाद राकेश जी ने ताँगा किया और हम लोग घर पहुँचे। राकेश जी ने माँ से कहा, "आज यह मेरे साथ खाना खाएगा और उसके बाद मैं खुद छोड़ जाऊँगा।"

घर वाले मुझे अपने प्रोफेसर के साथ देखकर बहुत प्रभावित हुए। मुझे लगातार लगता रहा, राकेश जी बहुत अकेलापन अनुभव कर रहे हैं। उन्होंने बताया, वे जल्द ही जालन्धर छोड़ देंगे।

मगर इस बीच राकेश जी ने कई चीजें एक साथ छोड़ने का निर्णय ले लिया था—नौकरी, पत्नी, कॉलेज, मित्र, शहर। राकेश बहुत महत्त्वाकांक्षी व्यक्ति थे, उनकी महत्त्वाकांक्षाओं के लिए जालन्धर बहुत छोटा पड़ रहा था। जालन्धर से ही उन्होंने दिल्ली में देवनगर में एक मकान की व्यवस्था कर ली थी। और एक दिन रात को अम्मा को गाड़ी से भेज कर खुद सामान के साथ ट्रक से रवाना हुआ। रात को बारह बजे के करीब ट्रक रवाना हुआ और मैं उसी क्षण जालन्धर में निपट अकेला हो गया। मैं इतना उदास हो गया जैसे कोई प्रेयसी विदा हो गयी हो। उन दिनों राकेश जी के अलावा हिन्दी, उर्दू, पंजाबी लेखकों का एक मिला-जुला समुदाय था, जिसमें कुमार विकल, सुदर्शन फ़ाकिर, कृष्ण अदीब, सत्यपाल आनन्द, मीशा, सुरेश सेठ आदि लोग थे। बाद में इन लोगों के साथ मैंने जम कर आवारगी की। इसी आलम में एम.ए. कर लिया। कुछ महीने 'हिन्दी मिलाप' में उप सम्पादकी करने के बाद में गवर्नमेंट कालेज, कपूरथला से होता हुआ दयानन्द कॉलेज हिसार पहुँचा तो खबर मिली, राकेश 'सारिका' के सम्पादक होकर मुम्बई पहुँच गये हैं। जालन्धर से मैं अपने साथ एक कहानी लाया था—'सिर्फ एक दिन।'। मैंने राकेशजी के पास भेज दी। अगले ही सप्ताह स्वीकृति पत्र चला आया, चित्र और परिचय के अनुरोध के साथ। मैंने अपना परिचय इस प्रकार दिया था—रवीन्द्र कालिया, क़द छह फीट, चेन स्मोकर, अविवाहित।

'सारिका' में कहानी छपने के बाद अध्यापन और हिसार दोनों से मेरा मन उचट गया। उन दिनों हिसार से दिल्ली जाने में सिर्फ चार रुपये खर्च होते थे। मैं हर शनिवार को क्लास रूम से सीधा बस अड्डे पहुँचता। एक शनिवार को तो मैं ऐसा दिल्ली गया कि फिर कभी हिसार नहीं लौटा। मैंने गंगाप्रसाद विमल, प्रयाग शुक्ल और हमदम (दिवंगत कलाकार) के साथ मिलकर संतनगर, करोलबाग में एक 'फ्लैट' किराए पर ले लिया। बाद में इस जीवन पर भी मैंने एक कहानी लिखी : 'पचास सौ पचपन।' पचास सौ पचपन फ्लैट का नम्बर था। इससे पूर्व

कि राकेशजी को दूसरी कहानी भेजता, राकेशजी नौकरी छोड़कर दिल्ली लौट आये। उनके सामान में एक चीज की वृद्धि हो गयी थी—एयरकंडीशनर की।

राकेशजी से मेरा गुरु-शिष्य का सम्बन्ध था। उनके साथ अत्यन्त आत्मीय सम्बन्धों की लम्बी शृंखला थी। चंडीगढ़, दिल्ली, कलकत्ता, जालन्धर, मुम्बई आदि अनेक जगह गोष्ठियों में उनके साथ भाग लिया था। यहाँ तक कि इलाहाबाद में सर्वप्रथम सन् 64 में राकेशजी के साथ ही आया था। राकेश-कमलेश्वर के पास इलाहाबाद के परिमल कहानी सम्मेलन का निमन्त्रण आया तो उन्होंने तार दिया कि हमारा प्रतिनिधित्व एकदम नये लेखक रवीन्द्र कालिया करेंगे। मगर बाद में हम सब लोग अपर इंडिया में बैठकर एक साथ इलाहाबाद पहुँचे। पूरी रात हँसते-गाते गाड़ी में बीती थी। राकेश, कमलेश्वर, गंगाप्रसाद विमल, परेश और मैं पिकनिक के से माहौल में इलाहाबाद पहुँचे। कृष्णा सोबती भी उसी गाड़ी से जा रही थीं, मगर वे फर्स्ट क्लास में यात्रा कर रही थीं। हम लोग तब तक साहित्यिक राजनीति से वाकिफ न थे, मगर परिमल सम्मेलन में केवल राजनीति थी। कुछ चीजें समझ में आने लगीं। पहली तो यह कि कहानी के केन्द्रीय विधा के रूप में स्थापित हो जाने से परिमल के खेमे में बहुत खलबली थी। कहानी समय के मुहावरे, वास्तविकता के प्रामाणिक अंकन तथा सामाजिक परिवर्तन के संक्रमण की अभिव्यक्ति का सशक्त माध्यम हो गयी थी। 'परिमल' काव्य की ऐंद्रजालिक और व्यक्तिवादी रोमानी बौद्धिकता को कहानी पर आरोपित करके कुछ कवि कहानीकारों—कुँवर नारायण, रघुवीर सहाय, सर्वेश्वर तथा कुछ अन्य कहानीकारों को प्रतिष्ठित कराने के प्रयत्न में था। आज मुझे लगता है कि यह अकारण नहीं कि 'परिमल' एक भी सफल कथाकार उत्पन्न नहीं कर पाया। श्रीलाल शुक्ल केवल अपवाद हैं, जबकि वे भी बीच में परिमल के प्रभाव में आकर जीवन से कटे जासूसी उपन्यास लिखने लगे थे। 'परिमल' की पूरी मानसिकता व्यक्तिवादी थी, जो कहानी की समाजोन्मुख मुख्य धारा में एक नगण्य-सा द्वीप बनकर रह गयी थी। विजय देवनारायण साहीजी ने बगैर किसी तर्क के मोहन राकेश की कहानियों को संवेदना के धरातल पर नीरज के निकट ला पटका तो यह समझने में देर न लगी कि साही जी हिन्दी कथा साहित्य की परम्परा से निपट अपरिचित हैं और दो-एक फुटकर कहानियाँ पढ़कर अपनी धारणाओं को आरोपित कर रहे हैं।

हम लोग नये बटुकों की तरह यह सब नाटक देखते रहे और अपनी पहली फुर्सत में उन कहानीकारों से मिलते, जिनकी रचनाएँ हम लोग अत्यन्त चाव से पढ़ा करते थे। उन्हीं दिनों प्रथम बार अमरकांत, मार्कण्डेय, शेखर जोशी आदि

से परिचय हुआ। भैरवप्रसाद गुप्त ने तो मुझे अपनी पुस्तकों का पूरा सेट ही भेंट कर दिया। यह जानकर बड़ा सुखद आश्चर्य हुआ कि इलाहाबाद के लगभग समस्त रचनाकार हम लोगों के नाम से बखूबी परिचित हो चुके थे।

इस बीच राकेश ने डब्ल्यू. ई.ए. (करोलबाग, नयी दिल्ली) में एक मकान किराए पर ले लिया। बीच वाले फ्लैट में कमलेश्वर रहते थे और ऊपर बरसाती में एयरकंडीशनर लगा कर माँजी और राकेश। उन्हीं दिनों 'ज्ञानोदय' में मेरी एक कहानी प्रकाशित हुई : 'अकहानी'। राकेशजी कहानी के शीर्षक से ही भड़क गये। उन्होंने दफ्तर में मुझे फोन किया, जो मुझ तक नहीं पहुँचा। शाम को 'टी-हाउस' में मिले तो रात आठ बजे अत्यन्त जरूरी काम से घर पर मिलने के लिए कहा।

मैं साढ़े सात बजे ही राकेश जी के यहाँ पहुँच गया। उस शाम पहली बार मैंने अनिताजी को देखा था। मैंने यह महसूस किया कि अनिताजी के नैकट्य में राकेशजी बहुत प्रसन्न हैं। एक खास तरह का अकड़फूँ विश्वास और दर्प भी मैंने पहली बार महसूस किया। अनिताजी ने मुझे एक बहुत ही खूबसूरत प्याले में कॉफी दी और जब तक मैं प्याले को होठों तक ले जाता, राकेशजी ने लापरवाही से कहा, ''मैं कुछ बातें स्पष्ट कर लेना चाहता हूँ।''

मैंने प्याला तिपाई पर रख दिया और बदहवास-सा राकेशजी की ओर देखने लगा। अपने तईं मैंने कोई गलती नहीं की थी और राकेशजी को हमेशा प्रत्यक्ष और परोक्ष रूप से आदर ही दिया था। वास्तव में मैं राकेश जी से इतना जुड़ा था कि राकेशजी को लेकर प्रायः लोगों से भिड़ जाया करता था। उन दिनों एक नवोदित लेखक की एक लेख माला प्रकाशित हो रही थी, जिसका प्रथम लेख था—'मैं और मोहन राकेश।' उनका 'मैं और कमलेश्वर' शीर्षक लेख भी आनेवाला था। लेख पढ़कर टी-हाउस में मैंने उस लेखक से कहा कि वह अपनी लेख-माला का शीर्षक दे : 'मैं और मेरा बाप।' उसकी और राकेश की उम्र और उपलब्धियों में इतना अन्तर था कि उस लेख का कोई औचित्य मेरी समझ में नहीं आ रहा था। राकेशजी को लेकर मैं प्रायः किसी-न-किसी से उलझ जाया करता था। यहाँ तक कि उनकी झूठी प्रशंसा करने का दुर्गुण भी मेरे अन्दर उत्पन्न हो गया था। ऐसी स्थित में राकेशजी की बात मुझे बहुत नागवार गुजरी।

मैं अपने को इस स्थिति में नहीं पा रहा था कि राकेशजी मुझसे इस तरह का सवाल करें। मुझे लग रहा था, इस तरह के सवाल वे कमलेश्वर से कर सकते थे अथवा राजेन्द्र यादव से।

''तुम अपने को कुछ ज्याद ही स्मार्ट समझ रहे हो।'' राकेश जी ने अपने

चश्मे के मोटे शीशे के भीतर से बड़े रहस्यात्मक ढंग से झाँकते हुए कहा।

मैं केवल हतप्रभ हो सकता था। मैं घबराहट में काफी पीने लगा। ऐसे में मैं सिगरेट की तलब महसूस करता, जो राकेश जी ने पहले ही थमा दी थी।

"मैंने ऐसा कुछ भी नहीं किया, जो आपकी प्रतिष्ठा के अनुकूल न हो।" सादगी से भोला बन रहा था।

"मुझे तुमसे यह आशा न थी कि थोड़ी-सी लोकप्रियता मिलते ही हमारे खिलाफ एक षड्यन्त्र में शामिल हो जाओगे।" उन्होंने कहा।

मैं समझ नहीं पा रहा था कि मुझसे क्या भूल हो गयी है। राकेशजी की बेरुखी भी मुझसे बरदाश्त नहीं हो रही थी। मेरी आँखें भर आयीं। थोड़ी ही देर में मैं ऐसी स्थिति में आ गया कि जरा-सा भी हिलता-डुलता तो आँसू गिरने लगते। पूरी दिल्ली में यही एक ऐसा घर था, जहाँ मैं कभी भी बेरोकटोक आ सकता था और माँजी बिना खाना खिलाए नहीं भेजती थीं। अनिता के बारे में सुन जरूर रखा था मगर देखा उस दिन पहली बार था। देखा क्या था, उसकी उपस्थिति में लगातार डाँट खा रहा था। मुझे हल्का-सा यह आभास भी हुआ कि राकेशजी मुझे डाँट कर कहीं अनिता को प्रभावित भी कर रहे हैं।

"तुमने अपनी नयी कहानी का नाम 'अकहानी' क्यों रखा।" मैंने जेब से रूमाल निकाला और स्पंज की तरह आँखों पर रख लिया। मैं कल्पना नहीं कर सकता था कि कहानी के शीर्षक को लेकर राकेशजी इतने उत्तेजित हो जाएँगे। शीर्षक मैंने षड्यन्त्र के तहत नहीं रखा था। औसत हिन्दी कहानी का गद्य मुझे बहुत फीका और मानसिकता अत्यन्त भावुकतापूर्ण लगती थी।

'अकहानी' दो नवयुवकों की कहानी थी, जो छोटी-छोटी सुविधाओं से वंचित थे, जिन्होंने मुद्दत से फल नहीं खाया था, जिनकी जिन्दगी बस की लम्बी कतार होकर रह गयी थी, जो छुट्टी के दिन कनाट प्लेस की चकाचौंध में तफरीह की तलाश में निकल आये थे : पहला कुछ देर चुपचाप चलता रहा। अचानक उनकी बाँह एक औरत की बाँह से छू गयी। वह फुसफुसाया, 'औरतों की बाँह ठंडी होती है।'

"ठंडी होती है, बर्फ की तरह ठंडी?" दूसरे ने पूछा।

"नहीं, बर्फ ज्यादा ठंडी होती है, बाँह इतनी ठंडी नहीं होती।"

कुछ इसी प्रकार के संवादों से कहानी आगे बढ़ती थी। मुझे कहानी का शीर्षक 'अकहानी' उपयुक्त लगा। मैं इतना जरूर मानता था कि यह शीर्षक कई लोगों को चुनौतीपूर्ण लगेगा, मगर मुझे यह नहीं मालूम था कि इससे राकेश जी ही भड़क उठेंगे। आज की तरह उन दिनों भी अधिसंख्य लेखकों में आर्य समाजी मानसिकता का पुट जरूर था। शायद यही वजह थी कि हिन्दी कहानी में भाषा,

संवेदना, वस्तु के स्तर पर कहीं कोई परिवर्तन लक्षित होता, ये लोग आक्रामक हो उठते। निर्मल वर्मा ने उन दिनों युवा वर्ग की मानसिकता पर जो कुछ भी लिखा, नामवर सिंह के अलावा पूरा माहौल उनके विरुद्ध था। हमारे बन्द समाज में युवक-युवतियों के लिए जो प्रतिबन्ध हैं, कहानी में भी लोग आँसूवादी यथास्थिति बनाए रखना चाहते थे। मगर निर्मल वर्मा अपने प्रेमी-प्रेमिकाओं को सड़क पर ले आये। रेस्तराँ में ले आये थे। बन्द दरवाजों के बाहर खुली हवा का यह झोंका कहानी के लिए नया था।

हथौड़े की तरह राकेशजी के शब्द मेरे दिमाग में चल रहे थे, 'तुमने कहानी का नाम 'अकहानी' क्यों रखा?'

''मुझे अच्छा लगा इसलिए रखा।'' मैंने कहा।

मगर राकेशजी को और भी शिकायतें थीं। आज मैं तटस्थ होकर सोचता हूँ तो लगता है कुछ शिकायतें जायज भी थीं।

जैसे उन्हीं दिनों नयी कहानियों में मेरा आत्मकथ्य 'नयी कहानी: सम्भावनाओं की खोज' शीर्षक से छपा था। राकेश और कमलेश्वर दोनों उससे असन्तुष्ट थे। आज मुझे लगता है, मैंने बहुत-सी बातें फैशन में आकर लिखी थीं।

राकेशजी इस बात से भी खफा थे कि मैंने मार्कण्डेय द्वारा संपादित 'माया' के विशेषांक में कहानी क्यों दी? दरअसल इसके पीछे कोई राजनीति नहीं थी। मार्कण्डेय ने कहानी के लिए पत्र लिखा और मैंने कहानी भेज दी। भीतर ही भीतर खुशी भी हो रही थी कि मार्कण्डेय जैसे स्थापित कहानीकार ने कहानी के लिए आग्रहपूर्वक लिखा। मार्कण्डेय, राकेश और कमलेश्वर के सम्बन्ध कैसे थे, मुझे इसका एहसास भी नहीं था। मैं तो यह मानकर चल रहा था कि ये तमाम लोग नयी कहानी आन्दोलन के सशक्त रचनाकार हैं।

''मार्कण्डेय ने कहानी माँगी थी। और मैंने भेज दी। आपने संकेत भी किया होता तो मैं कहानी न भेजता।'' मैंने कहा।

मेरे उत्तर से वह सन्तुष्ट नहीं हुए। बहरहाल, उस रोज राकेशजी से मेरी भेंट मेरे लिए अत्यन्त कष्टदायी साबित हुई। मैं भारी कदमों और भरी आँखों से घर लौट आया। मन में यह सोचकर आया था कि रात वहीं पड़ा रहूँगा। और सुबह वहीं से दफ्तर चला जाऊँगा। मुझे याद है उस रोज मैं करोलबाग से पैदल माडल टाउन पहुँचा। जेब में एक पैसा न था। दूसरे दिन सुबह सत सोनी से पचीस रुपये उधार लेकर दफ्तर गया।

दफ्तर में मन नहीं लगा। कुछ देर गुमसुम-सा बैठा रहा। फाइल छूने तक की इच्छा न थी। दो-एक बार राकेशजी को फोन मिलाया मगर नहीं मिला। फाइलों से वैसे भी नफरत थी। दो वर्ष हो चले थे, मुझे फाइल निपटाना न आया था।

न ही मेरी इसमें दिलचस्पी थी। उन दिनों मैं श्रीमती तारा तिक्कू की यूनिट में था। वे बहुत प्यारी महिला थीं। कभी अनावश्यक रूप से परेशान न करती थीं। हम लोग 'भाषा' त्रैमासिक के सम्पादकीय विभाग में थे, मगर प्रेस की कठिनाइयों से एक बरस पहले के अंक छप रहे थे।

पहले सोचा मिसेज तिक्कू से बात करके मन हलका करूँ, मगर उस रोज मिसेज तिक्कू अपने से भी ज्यादा उदास नजर आयीं। मैं उनसे छुट्टी लेकर निकल गया और मन-ही-मन अंग्रेजी में एक वाक्य बनाता रहा, जो राकेशजी से मिलते ही उन पर बम की तरफ फेंकने का निश्चय कर चुका था। दिन भर कनाट प्लेस के कारीडोरों में निरुद्देश्य घूमता रहा। शाम को टी-हाउस गया तो संयोग से राकेशजी दिख गये।

उस समय वे अकेले नहीं थे। उनकी मेज पर कमलेश्वर, यादव, नेमिचन्द जैन, सुरेश अवस्थी आदि अनेक लोग बैठ थे। मैं राकेशजी के पीछे चुपचाप खड़ा हो गया और निहायत भर्राई आवाज में बोला—''राकेशजी, यू हैव हर्ट मी फार नो फाल्ट आफ माइन।''

मैंने किसी तरह वाक्य पूरा किया और दूसरी ओर मुँह कर लिया ताकि दूसरे लोग मेरी मनःस्थिति का अनुमान न लगा सकें। सब लोग परिचित थे और मैं सबके बीच नाटक नहीं करना चाहता था।

राकेशजी ने पलट कर मेरी तरफ देखा और तुरन्त खड़े हो गये। मुस्कराते हुए मेरे कन्धे पर उन्होंने अत्यन्त स्नेह से अपना हाथ टिका दिया। मैं इस पुचकार के लिए तैयार नहीं था। मैं राकेशजी के स्वभाव से परिचित था। उनके व्यक्तित्व में जहाँ बेपनाह गर्मजोशी थी, दूसरी ओर एक जानलेवा ठंडापन था। उन्होंने जिस गर्मजोशी से मेरे कन्धे पर हाथ रखा, मेरा गुस्सा पारे की तरह तल पर जा लगा।

राकेशजी मित्रों को वहीं छोड़कर मेरे साथ-साथ चलने लगे। थोड़ी दूर पर शायद राजस्थान एम्पोरियम था। एम्पोरियम बन्द हो चुका था। सामने छोटा-सा लॉन था। हम लोग वहीं बैठ गये।

मैं कुछ कहता, इससे पहले ही उनकी आँखें, नम हो गयीं। अचानक उन्होंने जेब से रूमाल निकाला और आँखें पोंछने लगे। मेरे लिए यह सब बहुत अप्रत्याशित था। वे खुद रो रहे थे और मुझे चुप करा रहे थे।

''मैं दरअसल तुम लोगों के प्रति जैलस हो गया था।'' राकेशजी ने छूटते ही कहा, ''मैंने तुम्हारे साथ गलत सुलूक किया।''

मैं एकदम उत्फुल्ल हो गया। फूल की तरह हल्का। मैं नहीं चाहता था, राकेश इस विषय पर और बात करें। राकेशजी ने एक स्कूटर रोका। रात देर तक राकेश जी मेरे साथ रहे। जब तक मैंने खाना नहीं खा लिया, उन्होंने मुझे अकेला

नहीं छोड़ा। वे जानते थे, मैंने पिछले चौबीस घंटों में कुछ नहीं खाया था।

इसके दूसरे-तीसरे दिन राकेशजी 'टी-हाउस' में मिले तो उन्होंने मिलते ही मेरा हाथ दबाया और पूछा, "मुम्बई जाओगे?" मैं उनकी बात नहीं समझा। उन्होंने अगले दिन घर बुलाया और मुझसे सादे कागज पर 'धर्मयुग' के लिए एक अर्जी लिखवाई और बाद में नौकरी भी दिलवा दी। 'धर्मयुग' का उत्साह जरूर था, मगर मैं मुम्बई नहीं जाना चाहता था। मेरी शामें ममता के साथ 'ला बोहीम' में बीत रही थीं। मुम्बई जाने की एक बचकाना-सी मध्यवर्गीय कुंठा यह जरूर थी कि ममता से अधिक वेतन पाने लगूँगा। बहरहाल, अपनी सरकारी नौकरी छोड़कर मुम्बई के लिए रवाना हो गया। सरकारी नौकरी इससे पहले मैं एक बार छोड़ चुका था—गर्वनमेंट कालेज के प्राध्यापक का पद।

इस प्रकार दिल्ली से नाता टूट गया। छुट्‌टी में दिल्ली जाता तो राकेश जी से भेंट होती। वैसे राकेशजी अकसर मुम्बई आया करते थे। उनसे भेंट होती तो वे मुम्बई घुमाते। कभी जुहू, कभी चौपाटी। उनके मुम्बई के मित्र मेरे भी मित्र हो गये थे।

नयी कहानी के कथाकारों और साठोत्तरी पीढ़ी में एक मूलभूत अन्तर था। नये कहानीकार भीषण रूप से प्रचाराकांक्षी थे। साठोत्तरी पीढ़ी प्रचार भीरु। यह आकस्मिक नहीं है कि नये कहानीकारों की अधिसंख्य रचनाएँ व्यावसायिक पत्रिकाओं में प्रकाशित हुईं, जबकि साठोत्तरी पीढ़ी की लघु पत्रिकाओं में। नये कथाकारों से मेरा अभिप्राय उन कथाकारों से है, जो उन दिनों नयी कहानी का झंडा उठाये हुए थे, यानी राकेश, कमलेश्वर और यादव। नयी कहानी आन्दोलन में, अब इतने वर्षों बाद पुनर्मूल्यांकन करने पर, इन कहानीकारों का क्या स्थान है, यह एक अलग विषय है। दोनों पीढ़ियों में एक और अन्तर दिखाई देता है, पचास की पीढ़ी सत्ता अथवा व्यवस्था के भीतर रहकर संघर्ष करने की बात करती थी और साठ की पीढ़ी व्यवस्था के बाहर रहकर। सच तो यह है साठ की पीढ़ी को व्यवस्था रास नहीं आयी—वे या तो स्वयं ही व्यवस्था से बाहर आ गये या बाहर धकेल दिए गये। राकेश थोड़ा दबंग थे, इसलिए ज्यादा समय व्यवस्था का अंग बनकर नहीं रह सके। उन्होंने स्कूल, कॉलिज, विश्वविद्यालय छोड़े, 'सारिका' से त्यागपत्र दिया। उसके बाद एक लम्बे अर्से तक कोई नौकरी नहीं की। अन्तिम वर्षों में नेहरू फैलोशिप अवश्य स्वीकार कर ली थी। इस सबके बावजूद मोहन राकेश को प्रचार से गुरेज नहीं था। कई बार जानने की कोशिश करता हूँ कि राकेश ने मुझे 'धर्मयुग' में क्यों झोंका? यह भी सच है कि दिल्ली में वे मेरे अभिभावक की तरह थे। हो सकता है, देख रहे हों दिल्ली में मेरी संगत खराब हो रही है। राजकमल चौधरी, मुद्राराक्षस, जगदीश चतुर्वेदी, श्रीकांत वर्मा आदि को वे घोर

आत्मकेन्द्रित व्यक्तिवादी लेखक मानते थे, जो एक हद तक सही भी था। यह भी हो सकता है कि आये दिन अपने मित्रों से मेरी शिकायतें सुनते-सुनते आजिज आ गये हों और मुझे दृश्य से हटाना चाहते हों। मेरी और ममता की दोस्ती से भी वे शुरू से ही नाखुश थे। एक कारण और मेरे जेहन में आता है, जिसका आभास मुझे बहुत बाद में हुआ, कलकत्ता कथा समारोह से लौटकर। मेरे 'धर्मयुग' में पहुँचने पर राकेश की मुझसे अपेक्षाएँ बढ़ गयी थीं।

कलकत्ता समारोह में मैं एक लेखक की हैसियत से आमन्त्रित था, पत्रकार की हैसियत से नहीं। दस दिन पहले ही शादी हुई थी, मैं और ममता पिकनिक के 'मूड' में अधिक थे। कई गोष्ठियाँ हो चुकी थीं, जब चन्द्रगुप्त विद्यालंकार ने मुझे बताया कि भारतीजी ने मुझे समारोह की रपट लेकर आने के लिए कहा है। मैंने कोई नोट्स भी नहीं लिये थे न इस दृष्टि से समारोह में भाग ही लिया था। सुधा अरोड़ा ने मेरी समस्या थोड़ी हल कर दी, जब उसने बताया कि उसकी छोटी बहन ने गोष्ठियों के नोट्स लिये हैं। कुछ याददाश्त और कुछ उन नोट्स की सहायता से मैंने कलकत्ता से बम्बई लौटते हुए एक तटस्थ 'राइट अप' तैयार कर लिया।

वास्तव में जिस प्रकार महाविशेषांक को कथा का सबसे बड़ा आयोजन कहा जा सकता है, कलकत्ता कथा समारोह कथा का सबसे बड़ा समारोह था। वृन्दावनलाल वर्मा, जैनेन्द्र कुमार, चन्द्रगुप्त विद्यालंकार, भगवतीचरण वर्मा, देवीशंकर अवस्थी, मोहन राकेश, श्रीकान्त वर्मा, लक्ष्मीनारायण लाल, शरद जोशी, सुदर्शन चोपड़ा, रमेश बक्षी, आज हमारे बीच नहीं हैं, मगर कथा समारोह में सम्मिलित हुए। कमलेश्वर, राजेन्द्र यादव, शिवप्रसाद सिंह, हरिशंकर परसाई, शैलेश मटियानी, भीष्म साहनी, गंगाप्रसासद विमल, राजेन्द्र अवस्थी, सुधा अरोड़ा, ममता आदि तमाम कथाकार एक मंच पर उपस्थित थे।

समारोह में मैंने देखा था, एक संघर्ष था, जो दो स्तरों पर चल रहा था। राकेश-कमलेश्वर नयी कहानी को भारतेन्दु, प्रेमचन्द और यशपाल की परम्परा से जोड़ रहे थे। डॉ. लक्ष्मीनारायण लाल अज्ञेय, जैनेन्द्र में नयी कहानी की पीठिका ढूँढ़ रहे थे। वृन्दावन वर्मा, भगवतीचरण वर्मा और जैनेन्द्र कहानी पर हो रही धुआँधार चर्चा से स्तब्ध थे, जैनेन्द्र जी ने कहा कहानी लेखन और पठन पर ध्यान देना चाहिए। चर्चा अधिक हुई तो अवरोध आ जाएगा। दूसरी ओर देवी शंकर अवस्थी थे, जो 'बिंदा महाराज' 'अर्द्रा', 'चीफ की दावत' को पुराने मूल्यों की कहानियाँ सिद्ध कर रहे थे। उनका मत था कि ये कहानियाँ आधुनिकता का बोझ नहीं सहन कर पातीं। यहीं उन्होंने पहली बार नयी कहानी और सन् साठ के बाद की कहानी के बीच एक स्पष्ट रेखा खींचते हुए कहा कि भाषा और संवेदना

के स्तर पर दोनों पीढ़ियाँ अलग हैं। श्रीकान्त वर्मा और गंगाप्रसाद विमल ने इस प्रसंग को आगे बढ़ाया। मैंने भी राकेशजी से डरते-डरते सन् साठ के बाद आने वाले परिवर्तनों को रेखांकित किया। साथी लेखकों में केवल दूधनाथ का दृष्टिकोण समझौतावादी था। उन्होंने जैनेंद्र पर कहानी बनाने का आरोप लगाया और सन् साठ के बाद की कहानी की संवेदना को पिछली पीढ़ी का ही विस्तार माना।

मैंने बगैर किसी का पक्ष लिए अत्यन्त वस्तुपरक शैली में रिपोर्टिंग की थी। समारोह में लेखकों के सैकड़ों चित्र खींचे गये थे। चित्रों का एक भारी अलबम भी मेरे पास था। राकेश, कमलेश्वर आदि को पूरा भरोसा था कि 'धर्मयुग' के अगले किसी अंक में उन पर भव्य सचित्र विशेषांक निकलने जा रहा है। मगर हुआ बिलकुल उल्टा।

बम्बई पहुँचकर मैंने सामग्री और चित्र भारतीजी को सौंप दिए। भारतीजी ने लेखकों के तमाम चित्र वापस लिफाफे में रख दिए और केवल आयोजकों के चित्र प्रकाशनार्थ मुझे थमा दिए। मैं कल्पना कर सकता हूँ कि सामग्री के साथ अपने चित्र न देखकर लेखकों में कितनी निराशा फैली होगी। मुझे विश्वास था कि राकेश कमलेश्वर इसे मेरी ही करामात मानेंगे। रिपोर्टिंग पढ़कर तो राकेश इतने तैश में आ गये कि उन्होंने भारतीजी को लिखा कि कमलेश्वर अपनी प्रतिक्रिया भेजना चाहते हैं। दफ्तर से तार गया कि कमलेश्वर अपना लेख अविलम्ब भिजवा दें। अगले ही रोज ऐयरबैग से कमलेश्वर का लेख चला आया। उस लेख में मेरा अच्छा खासा कार्टून खींचा गया था। भारतीजी को भी कुछ पंक्तियाँ उपयुक्त न लगीं। लेख कमलेश्वर का था, मगर तार देकर राकेश से पूछा गया कि कुछ पंक्तियों का सम्पादन करने के बाद ही लेख छप सकता है। राकेशजी ने तत्काल सूचित किया कि भारती स्वयं सम्पादन करें। बहरहाल भारतीजी ने वे तमाम पंक्तियाँ हटा दीं, जो उन्हें मेरी प्रतिष्ठा के अनुकूल न लगीं। कमलेश्वर पर लिखते समय इस प्रसंग पर और रोशनी डालूँगा। बहरहाल, इस प्रसंग के बाद राकेशजी से कोई आत्मीय किस्म की भेंट न हुई। हुई तो अत्यन्त औपचारिक। मेरे भीतर इस संवादहीनता को लेकर बहुत बेचैनी थी। बम्बई में राकेश के साथ बिताया पहला दिन बार-बार मेरी चेतना में कौंध जाता। बहुत सुहाना दिन था वह। मैं अपने मित्र स्वर्ण के साथ सुप्रसिद्ध फिल्मकार गुलजार के यहाँ जुहू तट पर ठहरा था। पूरा दिन राकेश, भारती, कृशन चंदर, सलमाजी के साथ बीता था और शाम को जुहू तट पर राकेशजी ने भेलपुरी खिलाई थी और अब यह अबोला था। कई बार इच्छा होती पत्र लिखने की, मगर लिखूँ तो क्या लिखूँ, यही कि सन् साठ के बाद की कहानी नयी कहानी का विस्तार है?

मैं 'धर्मयुग' से इस्तीफा देकर इलाहाबाद चला आया। सन् सत्तर के आसपास नीलाभ की शादी में राकेश जी इलाहाबाद आये थे। वास्तव में ज्ञान और मैं अत्यन्त

शिद्दत से उनका इन्तजार कर रहे थे। उन दिनों अश्क जी भीतर-ही-भीतर राकेश से खफा थे। दोनों के बीच काफी कटु पत्राचार चल चुका था। जाने इस बीच क्या हुआ कि राकेश अचानक लौट गये। बाद में अश्कजी ने प्रचारित कर दिया कि चूँकि कालिया और ज्ञान टिटहरी बजा रहे थे, इसलिए राकेश चले गये, जबकि सचाई यह थी कि मैं और ज्ञान साहस ही नहीं कर सकते थे कि कोई गुस्ताखी करें। बल्कि जब हम लोगों को सुबह-सुबह खबर लगी थी कि राकेश आ गये हैं तो हम रजाई से निकलकर बड़े चाव से उनसे मिलने बाहर आये थे। हम दोनों ने (ज्ञान और मैंने) अभिवादन किया तो राकेशजी ने हल्के से गर्दन हिलाकर स्वीकार किया। वे उस समय शेव बना रहे थे और जब तक हम लोग खड़े रहे, वे शेव बनाते रहे। अश्क जी पास ही कुर्सी पर बैठे थे और इस संवादहीनता की स्थिति का आनन्द ले रहे थे।

राकेशजी की बेरुखी देखकर हम लोग कुछ क्षण रुककर हट गये और सिविल लाइंस चले गये। उस रोज शायद क्रिसमिस थी। हम लोगों ने कुछ देर मटरगश्ती की और रंगीन टोपियाँ खरीदीं और पहनकर लौट आये। ज्ञान और मैं दोनों स्तब्ध थे कि राकेश ऐसा एकतरफा व्यवहार क्यों कर रहे हैं। हम जब घर में दाखिल हुए, राकेश नरेश मेहता के यहाँ जा रहे थे। उन्हें देखते ही हम लोगों ने बाअदब टोपियाँ भी उतार ली थीं, टिटहरी बजाने का तो प्रश्न ही नहीं उठता था। दूसरे, टिटहरी बजाना मुझे आज तक नहीं आया। इस घटना के बाद या बावजूद जब मेरा कथा संकलन 'काला रजिस्टर' प्रकाशित हुआ तो मैंने राकेश के नाम ही समर्पित किया। मगर उनके अवलोकनार्थ प्रति भेजने की प्रेरणा नहीं हुई।

जिन दिनों माँजी के देहान्त की खबर मिली, हम लोग मुम्बई गये हुए थे। मुझे मालूम था, राकेश बहुत दुखी होंगे। माँजी को उन्होंने हमेशा अपने साथ रखा था। शाम को नन्दनजी के साथ राकेश से मिलने गये। राकेश सचमुच बहुत उदास लग रहे थे और थके हुए। राकेश ने एक क्षण के लिए ममता और मेरी तरफ देखा और अन्नू को गोद में उठा लिया। हम लोग जितनी देर तक वहाँ रहे, वे सिर्फ बच्चे से प्यार करते रहे—निःशब्द। हम लोगों के बीच फैला कोहरा हट गया था, मगर यह छोटी-सी मुलाकात अन्तिम साबित होगी, इसका अहसास नहीं था। 4 दिसम्बर, 1972 का वह मनहूस दिन। मैं अभी सो ही रहा था कि सुबह-सुबह अश्कजी ने आकर सूचना दी, मोहन राकेश नहीं रहे। कल अचानक उनका देहान्त हो गया।

मुझे याद है, मैं ऊपर छत पर जाकर बहुत रोया था। जाड़े के दिन थे। चारों तरफ बुझी-बुझी-सी धूप फैली थी। वे क्षण मैंने इतनी शिद्दत से जिए थे राकेशजी को याद करते हुए कि आज भी वैसी धूप या वैसा आकाश अथवा आकाश में उड़ते वैसे परिन्दे देखता हूँ तो बरबस राकेशजी पूरी चेतना पर छा जाते हैं।

# कमलेश्वर

कमलेश्वर का ध्यान आते ही न जाने क्यों सुमित्रानन्दन पन्त की ये पंक्तियाँ दिमाग में कौंध जाती हैं :

*पावस ऋतु थी पर्वत प्रदेश*
*पल-पल परिवर्तित प्रकृति वेश*

पर्वत प्रदेश की पावस ऋतु में और कमलेश्वर की प्रकृति में अद्भुत साम्य है। इन्द्रधनुषी व्यक्तित्व है कमलेश्वर का। यह इन्द्रधनुष कभी साहित्य के आकाश को चार चाँद लगाता था, फिर अचानक सिने जगत पर खिंच गया, दूरदर्शन के क्षितिज पर दिखाई दिया, कहानी की शोभा बना रहा, गर्ज यह कि पल-पल परिवर्तित होता रहा, जड़ता का विलोम बना रहा यह इन्द्रधनुषी व्यक्तित्व। इस अतिरिक्त गतिशीलता के जो फायदे और नुकसान हो सकते थे, कमलेश्वर ने जी भर कर उठाए। दिल्ली के नाईवालान से लेकर बम्बई की पाँच सितारा संस्कृति तक की यात्रा अत्यन्त रोमांचक रही होगी।

हिन्दी कहानी के पर्वत प्रदेश में कमलेश्वर का उदय एक कथाकार के रूप में हुआ था। उन दिनों कहानी एक उपेक्षित विधा थी। उसे द्वितीय कोटि की विधा कहने में भी लोग संकोच न करते थे। राकेश, कमलेश्वर और यादव का हिन्दी कहानी में क्या योगदान और स्थान है, इसका विश्लेषण करना यहाँ अभिप्रेत नहीं, मगर इतना तय है कि राकेश-कमलेश्वर-यादव त्रिदेव की तरह हिन्दी कहानी पर छा गये थे। सन् 64 में त्रिदेव के बीच राजेन्द्र यादव का एक लतीफा चर्चा का विषय बना रहता था :

"...तो कहानीकार कुल तीन?"

उसने हाथ मिलाया।

"उपन्यासकार दो?"

उसने फिर हाथ मिलाया।

"और नाटककार सिर्फ एक?"

"उसने हाथ उठा लिया।"

यह सच है, कहानी नाम की उपेक्षिता को त्रिदेव झाड़-पोंछकर केन्द्र में ले आये थे। कलकत्ता कथा समारोह में मैंने जैनेन्द्र जी को कहानी पर हो रही धुआँधार चर्चा से बेहाल होते देखा था। जैनेन्द्र जी आधी सदी से लिख रहे थे, कभी कहानियों पर इतनी धारदार चर्चा न चुनी थी। वे स्तंभित थे।

'नयी कहानी' का झंडा बुलन्द किए-किए एक दिन कमलेश्वर सहसा कथाकार से सम्पादक हो गये। कहानी की सबसे चर्चित पत्रिका 'नयी कहानियाँ' के सम्पादक। बाद में उन्होंने 'सारिका' का भी सम्पादन किया। उसकी चर्चा बाद में करूँगा। फिलहाल 'नयी कहानी' के रूपहले दिन याद आ रहे हैं। कमलेश्वर ने अनेक कथाकारों को स्नेहपूर्ण प्रोत्साहन दिया। उन कथाकारों में ज्ञान, दूधनाथ के अलावा मैं भी था। से.रा. यात्री थे, गिरिराजकिशोर थे, मधुकर सिंह और कामतानाथ थे। कथाकारों की एक अच्छी-खासी टीम कमलेश्वर ने खड़ी कर दी थी। उन्हीं दिनों कमलेश्वर ने एक धमाके की तरह मेरी कहानी 'नौ साल छोटी पत्नी' प्रकाशित की थी। उसके बाद उन्होंने यके बाद दीगरे मेरी अनेक कहानियाँ प्रकाशित कीं-'बड़े शहर का आदमी', 'त्रास', 'एक प्रामाणिक झूठ' आदि। मैं कोई भी कहानी लिखता, कमलेश्वर के यहाँ छोड़ आता। कहानी कहीं और स्वीकृत हो जाती तो उठा लाता। भैरवप्रसाद गुप्त के परिदृश्य से हटते ही कहानियाँ लौटनी बन्द हो गयी थीं। शरद देवड़ा और रमेश बक्षी के सम्पादन में 'ज्ञानोदय' में कई कहानियाँ प्रकाशित हुईं। तमाम लघु पत्रिकाएँ कहानी की माँग करने लगीं। कमलेश्वर मौका मिलते ही कहानी प्रकाशित कर देते थे। कई बार तो कहानी का शीर्षक भी उन्होंने दिया। कई बार शीर्षक बदलकर कहानी में नये प्राण डाल दिए। जैसे मैंने अपनी एक कहानी का शीर्षक दिया था 'नियति', कमलेश्वर को कहानी पसन्द थी, शीर्षक बेहद नापसन्द। राकेश जी को भी यह शीर्षक बहुत नागवार गुजरा था। कमलेश्वर ने बहुत अच्छा शीर्षक दिया— 'बड़े शहर का आदमी'। शीर्षक से कहानी का अर्थ ही बदल गया। जो मैं कहना चाहता था शीर्षक ने कह दिया। वास्तव में मैं उन दिनों के चर्चित समीक्षक नामवर सिंह के प्रभाव में आकर मानव नियति के बुनियादी प्रश्नों से जूझने लगा था। बहरहाल, राकेश-कमलेश्वर ने मुझे नियति सम्बन्धी बुनियादी प्रश्नों की भूल-भुलैया से बहुत पहले उबार लिया था, जबकि अनेक समीक्षक विकास का मार्ग छोड़कर तीस वर्ष बाद आज भी उसी लीक पर कलम घिस रहे हैं। हो सकता है, यही उनकी 'नियति' हो। अब तो परिणति कहना अधिक उपयुक्त लगता है।

दिल्ली में मैंने कमलेश्वर के 'पल-पल परिवर्तित' अनेक रूप देखे। कमलेश्वर के जिस रूप की मैं छवि प्रस्तुत करने जा रहा हूँ, वह बहुत कम लोगों ने देखी होगी। 63 या 64 के नववर्ष की पूर्व मध्य की घटना है। उन दिनों नव वर्ष की

पूर्व सन्ध्या पर भोर तक अच्छा खासा उपद्रव रहता था। शराब की नदियाँ बहा करती थीं। हम लोग भी अपनी हैसियत के मुताबिक चन्दा करके इस महानदी में हाथ-मुँह धो लिया करते थे। एक जगह, कनॉट प्लेस के बीचोबीच भारी हुजूम दिखाई दिया। किसी मुंडेर के ऊपर खड़े होकर कुछ युवक गा रहे थे, भीड़ तालियाँ पीट रही थी। प्रसव पर आधारित कोई अश्लील लोकगीत था। अश्लील ही नहीं, घोर साम्प्रदायिक। अचानक भीड़ में से दो युवकों ने लोकगीत के प्रति विरोध प्रकट किया। विरोध प्रकट करने वाले चूँकि अल्पसंख्या में थे, भीड़ उन पर टूट पड़ी। लात-घूँसे चलने लगे, हवा में टोपियाँ उछलने लगीं। सहसा कमलेश्वर न जाने कहाँ से नमूदार हो गये और हाथों को चप्पू की तरह चलाते हुए भीड़ में घुस गये और पिटने वाले युवकों के बचाव में लग गये। हम लोग कमलेश्वर को 'बंक अप' करने लगे। देखते-देखते सौ पचास लोगों को कमलेश्वर ने अकेले दम पर नियन्त्रण में कर लिया। यही नहीं, उन लोगों के मंच पर कब्जा करके एक संक्षिप्त-सा सांप्रदायिकता विरोधी भाषण भी दे डाला। उस वर्ष नये वर्ष का उदय कुछ इस प्रकार से हुआ था। हम लोग कमलेश्वर के इस शौर्य प्रदर्शन के गवाह हैं। उस दिन हमारे मन में कमलेश्वर की एक नयी छवि उभर आयी। एक परिवर्तित छवि, पल-पल परिवर्तित प्रकृति वेश। पता चला, केवल पुस्तकों के पन्नों पर या साहित्य के स्तर पर ही कमलेश्वर गैर-साम्प्रदायिक नहीं हैं, अवसर आने पर रणक्षेत्र में भी कूद सकते हैं।

अब इतने वर्षों बाद कई बार मन में यह विचार उठता है कि कहीं यह शौर्य प्रेम ही तो कमलेश्वर को फिल्मों में नहीं ले गया। सम्पादक से वह यकायक फिल्मी लेखक बन गये। रूप परिवर्तित हो गया। ऐसा नहीं कि फिल्मों में यह एक नामालूम लेखक बनकर रह गये। कमलेश्वर ने यहाँ भी अपनी उपस्थिति का भरपूर आभास कराया। उनकी फिल्म 'आँधी' ने राजनीतिक हलकों में हलचल पैदा कर दी थी। उसके बाद उन्होंने कई 'हिट' और कई 'फ्लॉप' फिल्में लिखीं। जब तक वे फिल्म जगत में रहे, सुर्खियों में बने रहे। इससे उनकी साहित्यिक छवि को जरूर क्षति पहुँची। उन्हें 'गुजरे वक्तों का लेखक' कहा जाने लगा। कमलेश्वर ने रचनात्मक स्तर पर फिल्म जगत में प्राप्त अनुभवों पर अभी कुछ नहीं लिखा, लिखेंगे तो अवश्य ध्यान आकर्षित करेंगे। मौखिक रूप से उनके बहुत से संस्मरण सुने हैं, कुछ संस्मरण उन्होंने लिखे भी हैं। उन्हें दोहराना उपयुक्त नहीं होगा। अभी दिल्ली के कमलेश्वर की ही चर्चा जारी रखनी चाहिए।

दिल्ली में राकेश और कमलेश्वर का चौबीस घंटों का साथ था। मोहन राकेश की डायरी प्रकाशित हुई तो मैंने सोचा उसमें कमलेश्वर के बारे में जितनी जानकारी मिलनी चाहिए, नहीं मिलती। यह आश्चर्य की बात है। डायरी में सम्बन्धों के

अनुपात में जवाहर चौधरी, मन्नू, राजेन्द्र, ओम और सुधा शिवपुरी, अल्का जी, ओमप्रकाश, शीला संधू सबका जिक्र है, कमलेश्वर का जिक्र अनुपात से कम है। कहा नहीं जा सकता, कमलेश्वर से सम्बन्धित अंश संपादित कर दिए गये हैं या राकेशजी ने लिखा ही इतना। डायरी में कहीं-कहीं 'क' का जिक्र है। यह 'क' कौन है, कमलेश्वर को जरूर मालूम होगा। एक प्रसंग तो बहुत मजेदार है, जिसका मैं भी चश्मदीद गवाह हूँ। मगर इसका राकेशजी ने अत्यन्त आत्मीय वर्णन किया है।

13 अगस्त, 1964

उस दिन तीज थी। सावनी तीज। गायत्री भाभी ने नथ डाली। लाल साड़ी पहनी। मिट्टी की मूर्तियाँ बनाईं, पूजा की। तीज की कथा सुनाई : 'एक भाई की बहन थी, जिसे उसकी भावज ने मरवा दिया। मरवाकर एक पेड़ के नीचे दफन कर दिया। ननदोई अपनी पत्नी को विदा करवाने आया तो रास्ते में पेड़ के नीचे उसे अपनी पत्नी देवी बनकर बैठी मिली। उसने अपने पति को बता दिया कि कैसे उसकी भावज ने उसे मरवाया है। वह आदमी अपनी ससुराल पहुँचा। वहाँ पर उन लोगों ने कहा कि उसकी पत्नी तो न जाने किसके साथ निकलकर घर से गयी है। इस पर उस आदमी ने असल बात अपने साले को बता दी, कि उसकी बहन, उस आदमी की पत्नी को मरवाकर पेड़ के नीचे दफना दिया गया था और वह देवी बनकर वहाँ बैठी है। भाई-बहनोई को साथ लेकर वहाँ गया। जाकर देखा कि उसकी बहन तो सचमुच वहाँ पर है। इस पर बहन को तो अपने साथ वहाँ से ले आया और वापस आकर अपनी पत्नी को उसने घर से निकाल दिया...'

'और कमलेश्वर हैं कि कथा सुन रहे हैं और सामने बैठे सिगरेट फूँक रहे हैं। हँस रहे हैं, मजाक कर रहे हैं, लेकिन साथ ही पैर भी पुजवा रहे हैं। उस स्थिति के प्रति समर्पित हैं, लेकिन इससे बहुत ऊपर उठे हुए हैं। कह रहे हैं, 'तो इसका नतीजा यह निकला न कि पत्नियों को आखिर घर से निकाल देना चाहिए।'

'गायत्री भाभी की आँखों में अमंगल की छाया काँपती है, पर वे मुस्करा देती हैं। झुकी-झुकी आँखों से हल्का-सा विद्रोह करती हैं, 'तुम लोग तो मानते ही नहीं हो इन बातों को। हर बात, मजाक बनाकर उड़ाते हो। तुमसे कोई कहे तो क्या कहे।'

'अरे, एक तो तुम्हारी कथा से शिक्षा ले रहे हैं और ऊपर से तुम नाराज हुई जा रही हो।'

गायत्री भाभी अब कुछ नहीं कहतीं। पूजा की थाली समेटकर रख देती

हैं। पल्लू से सिर ढँककर उसके और मेरे पाँव छूती हैं। इस पर अनिता भी हँसती हुई सिर ढँक लेती है। भाभी के अनुकरण में मेरे और कमलेश्वर के पाँव छू देती है।

जब तक दिल्ली से बम्बई नहीं गया था, दिल्ली में कमलेश्वर से निकट का सम्बन्ध बना रहा। महसूस होता रहा, वे एक अत्यन्त निरभिमानी, यारों के यार, नेकदिल और रहमदिल इन्सान हैं। वे एक सम्पादक की तरह नहीं, एक साथी लेखक की तरह पेश आते हैं। मेरे पास पैसे खत्म हो जाते तो अनुवाद के लिए कोई कहानी दे देते। एक-दो बार तो ऐसा भी हुआ कि मैंने वहीं 'राजकमल' में बैठे-बैठे कहानी अनुवाद करके दे दी और कमलेश्वर ने तुरन्त पचास रुपये दिलवा दिए। कहाँ बस में जाने के लाले पड़े होते, कहाँ मैं टैक्सी लेकर टी-हाउस के लिए रवाना हो जाता। उन दिनों मैं केन्द्रीय हिन्दी निदेशालय की पत्रिका 'भाषा' के सम्पादकीय विभाग में था। दफ्तर वहीं 'राजकमजल' के बगल में दरियागंज में ही था। कमलेश्वर से मिलने देश भर से हिन्दी कथाकार आते थे। कमलेश्वर जी तुरन्त बुलावा भेजते। वहीं राजकमल में अनेक लेखकों से परिचय हुआ।

मैं राकेश जी का शिष्य था। राकेश-कमलेश्वर एक ही फ्लैट में ऊपर-नीचे रहते थे। बहुत खतरा था कि राकेश के साथ-साथ कमलेश्वर का भी शिष्य हो जाता। पर ऐसी कोशिश न राकेशजी ने की, न कमलेश्वर ने। फ्रेंड, फिलॉस्फर और गाइड किस्म के सम्बन्ध जरूर विकसित हो गये। मगर मेरे दिल्ली छोड़ते ही सम्बन्धों ने नयी करवट ले ली।

सम्बन्धों में आ रही तबदीली का अनुमान इस बात से लगाया जा सकता है कि जब मैं शादी के सिलसिले में बम्बई से दिल्ली आया तो विवाह पर जहाँ राकेशजी ने अपना प्रियतम उपन्यास 'ज्याँ क्रिस्तोफ' भेंट किया, कमलेश्वर ज्याँ क्रिस्तोफ से भी मोटी सजिल्द पुस्तक न जाने किस पटरी से उठा लाए। वह सांख्यिकी और उन्नत अर्थशास्त्र पर किसी विदेशी अर्थशास्त्री की थीसिस थी। कई बार सोचता हूँ कि कमलेश्वर ने वही पुस्तक भेंट में क्यों दी। हो सकता है, उस दिन वह कड़की में रहे हों। बात पुरानी हो चुकी है, हो सकता वे भूल भी गये हों।

जब तक कलकत्ता में कथा समारोह होता, मैं नामवर सिंह, देवीशंकर अवस्थी और कई युवा आलोचकों का चहेता कथाकार बनने की प्रक्रिया में था। इसका मेरी मानसिकता पर दबाव भी था। कलकत्ता में देवीशंकर अवस्थी से लेकर कल्याणमल लोढ़ा तक सभी दोनों पीढ़ियों के बीच विभाजन रेखा खींच रहे थे। इसका सम्बन्धों पर प्रभाव पड़ना लाजिमी था। 'धर्मयुग' में प्रकाशित कथा समारोह की मेरी रपट से राकेश-कमलेश्वर दोनों तिलमिला गये, जबकि मैंने कहीं उनकी

आलोचना नहीं की थी, सिर्फ तथ्यात्मक किस्म की रिपोर्टिंग कर दी थी। जवाब में कमलेश्वर ने जो प्रतिक्रिया भेजी और उसके जिन अंशों का धर्मवीर भारती ने सम्पादन किया था, वे बहुत मजेदार हैं। उन अंशों को उद्धृत करने से पूर्व मैं कलकत्ता में राकेश जी से हुई बातचीत का जिक्र करना चाहूँगा। राकेश जी ने पूछा, 'क्या तुम्हें सचमुख मेरी कहानियाँ पसन्द हैं?'

राकेशजी से मेरे भावनात्मक सम्बन्ध थे। वे जो कुछ भी लिखते मुझे अच्छा लगता। सच कहा जाय तो मुझे उनकी प्रत्येक रचना अच्छी लगती थी।

'आप हॉल में इतनी जल्दी क्यों लौट आये?' मैंने कहा, 'जितनी बार आपसे निगाह मिलती, आपकी कहानियाँ और अच्छी लगतीं।'

इस घटना को कमलेश्वर ने अपने लेख में इस प्रकार प्रस्तुत किया था—

'वृन्दावन लाल वर्मा और रवीन्द्र कालिया की हालत लगभग एक-सी थी। एक को अपने पुराने होने का गर्व था तो दूसरे को एकदम नौसिखिया होने का। मैं बहुत कोशिश के बाद भी यह नहीं समझ पाया कि रवीन्द्र कालिया क्या कहना चाह रहे थे। वे कुछ बोल रहे थे। शायद मृत्यु, संत्रास, नियति जैसे शब्दों का प्रयोग कर रहे थे और सामने की पंक्ति में बैठे राकेश को देखकर उनकी कहानियों का जिक्र करने लगते थे। यह सिलसिला बेहद मनोरंजक था। रवीन्द्र कालिया ने शायद जैसा कि उन्होंने स्वयं लिखित रिपोर्ट में लिखा है—'उनके निकट देश-काल का वह महत्त्व नहीं रहा, जहाँ देश-काल महत्त्वपूर्ण रहता है और उसमें प्रवाहित होने वाली संवेदनाएँ गौण (इस समय उनकी दृष्टि मोहन राकेश पर पड़ती है और वे एकाएक कहते हैं) जैसे कि मैं मोहन राकेश की 'फटा हुआ जूता' कहानी को लेना चाहूँगा...इस कहानी में बड़ी ताजगी है, मैं उनकी इस कहानी को बहुत महत्त्वपूर्ण मानता हूँ।...तो जहाँ तक मृत्यु, संत्रास, भय, अनास्था का सवाल है, कोई उनसे मुक्त नहीं है (उनकी दृष्टि फिर मोहन राकेश पर पड़ती है ओर वे झटके से कहते हैं) जैसे कि मोहन राकेश की कहानी 'जख्म' है...इस कहानी में राकेश अपनी पिछली कहानियों से बहुत अलग हैं...तो आज की कहानी में...'

भारतीजी भीतर-ही-भीतर राकेश-कमलेश्वर से बहुत प्रसन्न नहीं रहते थे, वरना मुझे खूब परेशान करते। इसे संयोग ही कहा जाएगा, ठीक उसी दिन श्रीमती रमा जैन बम्बई आ गयीं और उन्होंने भारतीजी से मेरी रपट की तारीफ कर दी। संयोजकों की ओर से श्री परमानन्द चूड़ीवाल ने भी पत्र लिखकर मेरे ऊपर मँडरा रही विपदा को हटा दिया कि प्रस्तुतीकरण काफी विशद तथा बड़े सुन्दर ढंग से हुआ है। कथा-समारोह की सभी गोष्ठियों का विश्लेषण पर्याप्त तटस्थता के साथ किया गया है, आदि-आदि।

कलकत्ता में एक और घटना घटी थी, जो आज तक याद है। श्रीमती रमा

जैन लगातार सम्मेलन में आती थीं। उन्होंने मेरी कुछ कहानियाँ भी पढ़ रखी थीं, मैं मंच से उतरा तो उन्होंने बुलावा भेजा और पूछा, यदि मैं 'धर्मयुग' में जाना चाहूँ तो वे भारती से बात करें। मेरे यह बताने पर कि मैं वहीं 'धर्मयुग' में ही काम करता हूँ, वे बहुत देर तक हँसती रहीं। बाद में भारतीजी को भी उन्होंने यह किस्सा सुनाया।

कलकत्ता से लौटकर मैंने ही भारतीजी को यह सूचना दी थी कि शीघ्र ही कमलेश्वर 'सारिका' के सम्पादक होकर बम्बई आ रहे हैं। भारतीजी को कुछ क्षण तक विश्वास नहीं हुआ था। कलकत्ता में मैंने देखा था, साहू परिवार के बड़े लॉन पर कमलेश्वर पान की तश्तरी लिये अत्यन्त आग्रहपूर्वक श्रीमती रमा जैन को पान ऑफर कर रहे थे। उन्होंने तश्तरी दोनों हाथों से थाम रखी थी। रमाजी ने पान का बीड़ा उठा लिया तो कमलेश्वर कृतकृत्य हो गये। राकेश एक कुशल निर्देशक की तरह लॉन के दूसरे कोने में बैठे कमलेश्वर की तरफ देखकर मन्द-मन्द मुस्करा रहे थे। मैंने राकेशजी को मुस्कराते देखा तो जाकर पूछ ही लिया कि क्या 'जार्ज पंचम की नाक' के लेखक कमलेश्वर 'सारिका' में जा रहे हैं? उस दिन खबर थी कि चन्द्रगुप्त विद्यालंकार अवकाश ग्रहण करने जा रहे हैं। राकेश जी ने मेरी तरफ बहुत शरारत से देखा और बोले, 'तुम्हें अब भी शक है?'

राकेशजी की बात सही निकली। कमलेश्वर 'सारिका' के सम्पादक हो गये। कमलेश्वर अभी बम्बई नहीं आये थे कि आरा में उन से फिर भेंट हो गयी। कथा समारोह की रपट को लेकर जो बावेला मचा था, वह एक हद तक शान्त हो चुका था। आरा कथा गोष्ठी का आयोजन सन् साठ के बाद की कहानी के झंडाबरदार विजयमोहन सिंह ने किया था। तब तक साठोत्तर कहानी के प्रवक्ता के रूप में उनकी पहचान बन चुकी थी।

बम्बई से चलने के पूर्व एक ऐसी घटना घट गयी थी कि मैं अनायास ही कमलेश्वर के प्रति बहुत सतर्क हो गया। गाड़ी पकड़ने से कुछ घंटे पहले भारतीजी ने मुझे विश्वास में लेते हुए समझाया, 'आरा में एक बात का खास ध्यान रखना।'

'अगर कमलेश्वर तुम से कहें कि भारती ने तुम्हारे बारे में कुछ लिखा है, तो तुम मानना नहीं। कहना, पत्र दिखाइए।'

एक अमूर्त सी बात थी, मगर इसने मेरे भीतर अजीब हलचल पैदा कर दी थी। कलकत्ता समारोह की रपट को लेकर राकेश कमलेश्वर से मनमुटाव हो ही चुका था। मुझे लग रहा था, अब कोई और गुल खिलने वाला है। मैंने भारतीजी से बहुत अनुरोध किया था कि वे पूरी बात बता दें मगर वे यही कहते रहे, 'तुम विस्तार में क्यों जाते हो। मुझ पर भरोसा रखो। पत्र की बात उठे तो कहना पत्र दिखाइए।'

मैं सोचने लगा, जरूर कोई जरूरी खत होगा जो कमलेश्वर जेब में लिये घूमते हैं।

आरा में कमलेश्वर अत्यन्त सहज भाव से मिले। वे अत्यन्त स्नेह एवं अधिकारपूर्वक दूसरे लेखकों से परिचय करवा रहे थे।

शाम को गोविन्द मिश्र के यहाँ अनौपचारिक बातचीत के दौरान अपना स्नेह व्यक्त करते हुए कमलेश्वर ने कहा कि रवीन्द्र कालिया जानता है, उन्होंने साठ के लेखकों को कितना प्रोत्साहन दिया है।

एक लिहाज से कमलेश्वर की बात सही थी। ज्ञान, दूधनाथ, महेन्द्र भल्ला, विमल, से. रा. यात्री, गिरिराज किशोर यानी हम सब लोगों की प्रारम्भिक कहानियाँ कमलेश्वर ने ही प्रकाशित की थीं। कमलेश्वर सन् साठ के बाद के लेखकों से अपना नाता जोड़ रहे थे और मेरे दिमाग में भारती के शब्द हथौड़े की तरह चल रहे थे। मैंने कहा, 'मैं सब जानता हूँ, आपने हमारे लिए क्या किया और क्या-क्या कर रहे हैं।'

कमलेश्वर एकदम हतप्रभ रह गये। कमलेश्वर मेरी बात नहीं समझे, मैं समझाना भी नहीं चाहता था। विजयमोहन, विमल, मधुकर सिंह, गोविन्द मिश्र सभी स्तम्भित रहे गये। शाम की गोष्ठी में जब कमलेश्वर ने पुनः अधिकारपूर्वक मेरी चर्चा की तो मैं सोच में पड़ गया। भारतीजी ने ऐसी गाँठ डाल दी थी, जिसे मैं सुलझा ही न सका। बाद में कई बरस बाद, कमलेश्वर ने मेरे पूछने पर बताया कि भारतीजी ने उन्हें मेरे सम्बन्ध में कभी कोई पत्र नहीं लिखा था और न ही कोई ऐसी बात थी, जिसे वह मुझसे कहने में संकोच करते। कमलेश्वर ने हँसते हुए कहा, 'भारतीजी इस तरह के करिश्मे करते रहते हैं।'

इस घटना से कुछ माह बाद कमलेश्वर 'सारिका' के सम्पादक हो कर बम्बई आ गये। भारतीजी ने मन में ऐसी गाँठ डाल दी थी कि मेरी कमलेश्वर को बधाई देने तक की इच्छा न हुई। कमलेश्वरजी ने भी मुझसे मिलने की कोई दिलचस्पी नहीं दिखाई। दफ्तर में हम दोनों के बीच कुछ फीट का फासला सात-आठ बरसों से भी बड़ा हो गया। 'नयी कहानियाँ' का संपादन करते समय कमलेश्वर का लेखकों के प्रति जो एक दोस्ताना रुख था, 'सारिका' के वातानुकूलित केबिन में यकायक गायब हो गया।

दफ्तर में कमलेश्वर से पहली भेंट बहुत दिलचस्प रही। कमलेश्वर लिफ्ट का इन्तजार कर रहे थे कि अचानक मैं पहुँच गया। लिफ्ट नीचे आयी तो उसमें लिफ्टमैन नहीं था। कमलेश्वर ने कनखियों से मेरी तरफ देखा और पतलून की जेब में हाथ ठूँस लिये। वह शायद अपेक्षा कर रहे थे कि मैं आगे बढ़कर उनके लिए लिफ्ट का दरवाजा खोलूँगा। मैं चुपचाप कमलेश्वर के पीछे खड़ा रहा। वे मात्र एक लेखक-मित्र होते तो मैं खुशी-खुशी उन्हें ऊपर तक ले जाता, मगर

मुझे लगा, कमलेश्वर इस वक्त सिर्फ सम्पादक हैं। इतने में एक तीसरा आदमी आया और जल्दी से दरवाजा खोलकर लिफ्ट में दाखिल हो गया। अफसरों की तरह नपे-तुले कदमों से कमलेश्वर भी लिफ्ट में दाखिल हो गये और उनके पीछे-पीछे मैं। उस व्यक्ति को तीसरी मंजिल तक जाना था, कमलेश्वर और मुझे चौथी मंजिल पर। वह व्यक्ति लिफ्ट से निकला और दरवाजा बन्द करके चलता बना। अब लिफ्ट में सिर्फ कमलेश्वर और मैं रह गये। वही संकट फिर खड़ा हो गया। मैं लिफ्ट में लगे आदमकद आईने में देखते हुए अपने बाल सँवारने लगा। आईने में मुझे कमलेश्वर की पीठ दिखाई दे रही थी। अचानक कमलेश्वर ने बटन दबाया और चौथे माले पर पहुँचकर दरवाजा खोल कर मुझ से आगे-आगे चल दिए। मैं 'रंग लाएगी हमारी फाकामस्ती एक दिन' गुनगुनाता हुआ अपनी सीट पर जा बैठा। उम्मीद थी, कमलेश्वर कोई-न-कोई सबक जरूर सिखाएँगे। मैं इस नतीजे पर पहुँच चुका था, लेखक को लेखक के अधीन नौकरी नहीं करनी चाहिए। ये लोग सास की तरह लेखकों को सताते हैं। दिल्ली में एक सुरेश अवस्थी थे, केन्द्रीय हिन्दी निदेशालय में, उनका भी लेखकों के प्रति ऐसा ही रवैया था।

उन दिनों मैं 'धर्मयुग' में कहानी के पृष्ठ देखा करता था। सामग्री का चयन भारतीजी स्वयं करते थे। अगर कोई सहयोगी कभी किसी सामग्री की सिफारिश करता तो वे उसे लौटाना अपना परम कर्तव्य समझते थे। आरा में मुझे गोविन्द मिश्र ने एक कहानी दी थी, कहानी मुझे पसन्द आयी, मगर भारतीजी ने कहानी तुरन्त लौटा दी। सम्पादकीय विभाग की हैसियत प्रूफ संशोधन और 'ले आउट' तक सीमित थी। कहानियों के प्रस्तुतीकरण में नवीनता लाने के इरादे से मैंने नलिनी मलानी (तब वह जे.जे. स्कूल ऑफ आर्ट्स में छात्रा थीं) तथा कुछ अन्य महिला चित्रकारों का सहयोग लिया। नलिनी से मैने दूधनाथ सिंह की एक कहानी (शायद 'प्रतिशोध') इलस्ट्रेट करवाई। भारती जी को यह परिवर्तन अच्छा लगा। एक दिन उन्होंने मुझे बुलवाया, 'ऐसा करो इन कलाकारों को कमलेश्वर से भी मिला लाओ। 'सारिका' में वह भी इनका सहयोग लेना चाहते हैं।'

कमलेश्वर से मेरा कोई संवाद नहीं था, भारतीजी को मालूम था। लिफ्ट या गलियारे में ही दो-चार बार उनकी सूरत देखी थी! गलियारे में सामने पड़ने पर कमलेश्वर भारती से कुछ कहते हुए ठहाका भी लगाया करते थे। मुझे समझते देर न लगी कि भारतीजी मुझे कमलेश्वर के कमरे में क्यों भेजना चाहते हैं। बहरहाल, मैं कुढ़ते हुए कलाकारों को कमलेश्वर से मिलाने ले गया।

मुझे देखते ही कमलेश्वर के चेहरे पर विजेता का भाव दपदप करने लगा। महसूस किया कि कमलेश्वर का जीवन सार्थक हो गया। मेरे लिए यह समझना बहुत आसान हो गया कि कमलेश्वर लगातार लेखकों से क्यों कटते जा रहे हैं। वास्तव में कमलेश्वर साठोत्तरी पीढ़ी की खोपड़ी में 'भुस' भरने की पुण्य प्रतिज्ञा

के साथ 'सारिका' के सम्पादक हुए थे। अपनी इस पुण्य प्रतिज्ञा में उन्हें कहाँ तक सफलता मिली, यह कमलेश्वर बखूबी जानते हैं। ज्ञान, दूधनाथ, महेन्द्र भल्ला, विमल, विजयमोहन आदि लेखक 'सारिका' से विमुख हो गये। यहाँ तक कि पारिश्रमिक के प्रश्न पर राकेश भी 'सारिका' से उदासीन हो गये। राकेश की डायरी में यह प्रसंग कुछ इस प्रकार आता है :

30 सितम्बर, 1967

'भारती और कमलेश्वर के पत्रों में पारिश्रमिक की बात थी। 'धर्मयुग' से 150 रुपये का चैक आया था। हालाँकि छह महीने पहले इन्हें लिख दिया था कि आगे से प्रकाशित होने वाली रचनाओं के लिए 250 रुपये से कम पारिश्रमिक मुझे स्वीकार नहीं होगा। चैक भारती को पत्र के साथ लौटा दिया। दोनों को लिख दिया कि कम्पनी की आज की स्थिति में यदि इस प्रकरण को लेकर कुछ कर सकना उनके लिए सम्भव नहीं है, तो मेरा इतना प्रोटेस्ट तो रहेगा ही कि 'सारिका' और 'धर्मयुग' में इन दिनों प्रकाशित चारों रचनाओं के चैक लौटा दूँ।...समझ में नहीं आता कि छह साल पहले की पारिश्रमिक की दरों को आज दोहरवा सकने के लिए ये लोग मिलकर स्टैंड क्यों नहीं ले सकते। खैर, नहीं ले सकते यह इनकी मजबूरी है। स्थिति को स्वीकार न कर सकना मेरी मजबूरी है। कम्पनी उचित पारिश्रमिक देना 'एफोर्ड' नहीं कर सकती पर एक लेखक तो पारिश्रमिक न लेना 'एफोर्ड' कर ही सकता है।' (मोहन राकेश की डायरी, पृ. 302)

सम्पादक के रूप में कमलेश्वर की विचित्र स्थिति हो गयी थी। कमलेश्वर कुछ समर्थ लेखकों का सहयोग लेना नहीं चाहते थे और कुछ लेखक किसी न किसी कारण से सहयोग देना बन्द करते जा रहे थे। 'धर्मयुग' में कमलेश्वर ने साठोत्तरी पीढ़ी पर 'एय्याश प्रेतों का विद्रोह' शीर्षक से एक लेख लिखा। लेख पढ़ कर लगा जैसे कोई पेशेवर आर्य समाजी समाज-सुधारक कहानी के बारे में प्रवचन दे रहा हो। कमलेश्वर ने साठोत्तरी कहानी को मृत्यु, भय, सन्त्रास, अनास्था की कहानी सिद्ध करते हुए असामाजिक करार दिया था। वास्तव में समान्तर कहानी का बीजारोपरण करने से पूर्व कहानी की जमीन पर हल चलाना कमलेश्वर की विवशता थी। हिन्दी कहानी का यह इकलौता आन्दोलन था, जिसने एक भी समर्थ कथाकार पैदा नहीं किया। जो प्रतिभावान लेखक इस आन्दोलन से जुड़े, उनका लेखन भी चौपट हो गया। 'सारिका' से हटने के बाद समान्तर कहानी को जीवित रखने के लिए कमलेश्वर ने 'कथायात्रा' का प्रकाशन आरम्भ किया, मगर 'कथायात्रा' भी इस आन्दोलन का भार न सहन कर सकी, असमय ही काल-कवलित हो गयी। कमलेश्वर समान्तर आन्दोलन से जुड़े लेखकों को बेसहारा छोड़कर फिल्म जगत की ओर मुड़ गये।

अपने तमाम यश, कीर्ति, प्रसिद्धि, समृद्धि के बावजूद कमलेश्वर का नाता इलाहाबाद से बना रहा। कमलेश्वर के बड़े भाई इलाहाबाद में थे। वे कमलेश्वर से कुछ इस प्रकार जुड़े हुए थे कि कोई पिता भी पुत्र से इस प्रकार न जुड़ा होगा। उन्हीं से कमलेश्वर के समाचार मिलते रहते। बाद में जब उनके पड़ोस में मेरे नाम एक मकान एलाट हो गया तो मैंने भाई को ही घर की चाबियाँ सौंप दीं। कभी-कभी सप्ताहान्त में गंगा किनारे की हवा लेने का मन होता तो हम शनिवार इतवार वहीं बिताते। एक-दो बार कमलेश्वरजी से भी वहाँ भेंट हो गयी। वे दिल्ली की तरह तपाक से मिले। कटुता क कोई चिह्न नहीं। कमलेश्वर इतने सामान्य कि लगा दूसरे जन्म में भेंट हो रहो है, जैसे उन्हें पिछले जन्म की बातें याद न रही हों। उनके इस सरल व्यवहार से प्रभावित होकर मैंने अपने घर पर एक गोष्ठी में उन्हें मुख्य अतिथि के रूप में आमन्त्रित किया। पचीस-तीस लेखकों को आमन्त्रित किया गया था। एक पत्रकार मित्र ने इसकी सूचना समाचार-पत्र में प्रकाशित कर दी। गोष्ठी शुरू होने से पूर्व डेढ़-दो सौ लोग आ गये। घर के सामने स्कूटरों की कतार लग गयी। कमलेश्वर की लोकप्रियता देखकर तमाम लेखक बन्धु एहसासे कमतरी में मुब्तिला हो गये। ये लोग कथाकार कमलेश्वर को सुनने आये थे अथवा फिल्मी लेखक कमलेश्वर को देखने, यह तय कर पाना मुश्किल था। कमलेश्वर पधारें, इससे पूर्व एक घटना हो गयी।

घर के पास ही एक धर्मशाल में सुन्दर सुसज्जित हाल था। सोचा, गोष्ठी की व्यवस्था वहाँ कर दी जाए, क्योंकि भीड़ को देखते हुए लग रहा था घर में गोष्ठी करा पाना सम्भव न होगा। अभी थोड़ी दूर ही गया था कि एक छोटा-सा बच्चा न जाने कहाँ से भागते हुए स्कूटर के सामने आ गया। जब तक मैं ब्रेक लगाता, वह गिर पड़ा। सिर से खून बहने लगा। समय ऐसा था कि क्लिनिक बन्द मिले। बच्चे और उसकी माँ को स्कूटर पर लाद कर अपने फैमिली डॉक्टर के यहाँ ले गया। उन्होंने दवाओं के लिए दौड़ा दिया। गर्ज यह कि मरहम-पट्टी कराने में पूरा डेढ़ घंटा निकल गया। बहरहाल, मेरी अनुपस्थिति में ममता ने मोर्चा सँभाल लिया था और गोष्ठी निर्विघ्न रूप से चल रही थी। अन्नूजी (मेरा पुत्र) मुख्य अतिथि की गोद में बैठे थे। अमरकांत जी का भाषण चल रहा था। सीढ़ियों तक में लोग खड़े थे। बहुत लोग थे कमलेश्वर को चाहने वाले उन दिनों।

इसके बाद भी कमलेश्वर कई बार इलाहाबाद आये। साथी लेखकों से मिलना-जुलना क्रमशः कम होता गया। अचानक सतीश जमाली से पता चलता कि कल कमलेश्वर उसके यहाँ आये हुए थे या लोकभारती में वह अचानक नमूदार होते। लेखन ही नहीं, लेखकों के प्रति भी वह ठंडे होते गये। इससे पूर्व उनके बड़े भाई साहब से सूचना मिल जाया करती थी, उनके निधन के बाद यह सिलसिला भी समाप्त हो गया।

सिने जगत में कीर्ति पताकाएँ लहराने के बाद सुनने में आया, कमलेश्वर दूरदर्शन के अतिरिक्त निदेशक होकर दिल्ली आ गये हैं। दूरदर्शन से साहित्यकारों की अपेक्षा बढ़ गयी, मगर कोई विशेष सुधार लक्षित नहीं हो रहा था। एक नया परिवर्तित रूप सामने आया कमलेश्वर का—ब्यूरोक्रेट कमलेश्वर। दिमाग में इस प्रकार की छवि उभरी—स्याह बाल, सफेद सूट, टाई-रूमाल, बिखरी जुल्फें, पाँच सौ पचपन, दोनों तरफ फाइलों का ढेर, सामने गोपिकाओं की कतार। कमलेश्वर ने कार्यक्रमों में सुधार लाने का प्रयत्न अवश्य किया होगा, मगर नौकरशाही के हाथी खरामा-खरामा ही चला करते हैं। कमलेश्वर की रफ्तार तेज थी, एक सम्पादक की रफ्तार। एक दिन कमलेश्वर ने पाया, वे हाथियों को बहुत पीछे छोड़ आये हैं, मंडी हाउस में सड़ने के लिए और कमलेश्वर बाहर हैं, सड़क पर, खुली हवा में, हमेशा की तरह धुआँ और मिश्रित हिन्दी अंग्रेजी उगलते, 'मैंने योग के नाम पर हस्तमैथुन पर कार्यक्रम नहीं होने दिया।' इसी कार्यक्रम के क्रम में वे धीरेन्द्र ब्रह्मचारी से भिड़ गये थे। एक लेखक का, चाहे वह अतिरिक्त महानिदेशक ही क्यों न हो, राजनीतिक संरक्षण प्राप्त योगी से क्या मुकाबला?

उन्हीं दिनों मैं मिलने गया था कमलेश्वरजी से, उनके सरकारी फ्लैट में। वे पत्रकारों से घिरे थे। उत्तेजित थे। प्रतिष्ठान ने एक बार फिर उन्हें झटका दिया था। कमलेश्वर प्रतिष्ठान के भीतर रहकर संघर्ष करने के हामी थे—संघर्ष का एक ही अन्जाम होता है, बाहर से कीजिए या भीतर रह कर, जब तक कि संगठित प्रयास न हो। कमलेश्वर पर इस झटके का गहरा असर हुआ था। शन्नो (नन्दन जी की बड़ी बेटी) के विवाह के अवसर पर कमलेश्वर से भेंट हुई तो लगा कि वह अभी तक दूरदर्शन के 'हैंगओवर' से मुक्त नहीं हो पाए हैं। वहाँ भारती जी भी थे। उन्होंने पूरा जीवन एक ही प्रतिष्ठान में बिता दिया था। कितना सन्तोष था उनके चेहरे पर और एक कमलेश्वर थे, उत्तेजित, उद्वेलित, आन्दोलित! मैं उस समय कहना चाहता था, साहित्य से भागे हुए सिद्धार्थ घर लौट आओ, अपनी बिरादरी में। निर्वाण की मरीचिका के पीछे कब तक भटकते रहोगे। यहाँ रक्तचाप सामान्य रहता है और दिल दुरुस्त। मगर कमलेश्वर ने लौटना नहीं सीखा, वह बन्द गली के आखिरी मकान से टकराने के बाद किसी दूसरी अँधेरी गुफा की ओर चल देता है।

# मार्कण्डेय

मिंटो रोड से प्राय: दो रिक्शे शाम के समय निकला करते हैं। दोनों ही रिक्शों पर झकाझक डिटर्जेंट छाप सफेद कुर्तों में अलग-अलग दो सवारियाँ बैठती हैं। एक पर ओंकार शरद, दूसरे पर मार्कण्डेय। दोनों का गंतव्य अलग-अलग है। शरदजी का रिक्शा बिजलीघर से होता हुआ जीरो रोड की तरफ निकल जाता है। और मार्कण्डेय का सिविल लाइन्स की तरफ, जहाँ इलाहाबाद का कॉफी हाऊस आबाद है, कुछ प्रकाशन संस्थान हैं। मार्कण्डेय रिक्शा पर कुछ इस प्रकार तनकर बैठते हैं कि छोटे-मोटे झटके का उन पर असर नहीं होता। लगता है रिक्शा में जैसे 'शॉक आब्जर्वर' लगा है। उनकी मुद्रा से लगता है, वह रिक्शा पर नहीं 'तख्ते ताऊस' पर बैठे हैं।

सच पूछा जाय तो रिक्शा ही मार्कण्डेय की राजगद्दी है। बीच में उन्होंने मोपेड खरीदी थी, मगर वह उन्हें रास नहीं आयी। वे मोपेड को इतनी होशियारी, तन्मयता और एकाग्रता से चलाते थे कि लगता था, मोपेड नहीं, कोई विमान चला रहे हों। मोपेड पर सवार होने से पूर्व वह पान की पीक थूक कर कुल्ला कर लेते थे कि कहीं ड्राइविंग करते-करते पान का आनन्द न उठाने लगें और दुर्घटना हो जाय। उनके जीवन का मोटो है : 'दुर्घटना से देर भली।' शायद यही कारण है कि आकाशवाणी में जब रिकार्डिंग रखी जाती है तो उन्हें दो बजे के स्थान पर बारह बजे का समय दिया जाता है।

मोपेड से मुक्ति पाकर अब उन्होंने दुबारा रिक्शा पर चलने का मन बना लिया है। उन्हें रिक्शा में बैठे देखकर लगता है कि कोई बिगड़ा हुआ रईस या विलासी ठाकुर है, घर में एकाध बग्घी भी रखे होगा, मगर मार्कण्डेय जी रिक्शे के अलावा किसी दूसरी सवारी को पास ही नहीं कर सकते, क्योंकि रिक्शा की 'स्पीड' उनके जीवन की आदर्श 'स्पीड' है।

आप मार्कण्डेय को स्कूटर पर बैठा लीजिए तो वे पीछे बैठे-बैठे एक तूफान बरपा कर देंगे : 'देखो भाई, गड्ढा है,' 'रुको-रुको, बच्चे को सड़क पार करने दो,' 'जरा होशियार रहो,' 'दोनों तरफ से ट्रक आ रहे हैं,' 'बात मत करो, चुपचाप

स्कूटर चलाते रहो' वगैरह-वगैरह। जिन दिनों सतीश जमाली मार्कण्डेय का दरबारी था, उसने भी गुरुदेव की देखा-देखी अपनी साइकिल नीलाम करके रिक्शा पर चलने का निर्णय ले लिया था। यह तो लोगों ने उसे वक्त पर आगाह कर दिया जो उसने मोपेड ले ली, कि मार्कण्डेय का पन्थ अत्यन्त कंटकाकीर्ण है, उसका अनुसरण करोगे तो कुछ दिनों के बाद पाओगे कि तुम तो रिक्शे के बजाय स्ट्रेचर पर चल रहे हो और मार्कण्डेय उसी पुराने रिक्शा पर।

मार्कण्डेय मूलतः एक राजनीतिक व्यक्ति हैं। राजनीति हो या साहित्य की राजनीति, विश्वविद्यालय की राजनीति हो या नगर महापालिका की राजनीति मार्कण्डेय के यहाँ विभिन्न क्षेत्रों के लोग सलाह-मशविरे के लिए आते रहते हैं वे ऐसी रणनीति बना देंगे कि दुश्मन धूल चाटने लगेगा। अपने तख्त पर बैठे-बैठे मार्कण्डेय अपने दिव्य नेत्रों से भूत, वर्तमान और भविष्य का जायजा लेते रहते हैं। कई बार तो यहाँ तक लगता है कि सरकार आम चुनावों पर यों ही करोड़ों रुपये बर्बाद कर रही है। मार्कण्डेय पर 'बरम बाबा' की कुछ ऐसी कृपा है कि वे बगैर आँख बन्द किए बता सकते हैं कि अगली संसद में किस दल को कितनी सीटें मिलेंगी। एक आराम पसन्द ठाकुर की तरह मार्कण्डेय जी को वे तमाम काम पसन्द हैं जो तख्त पर बैठे-बैठे किए जा सकते हैं। कई बार दिमाग में उनकी इस प्रकार की छवि भी उभरती है : 'मार्कण्डेय तख्त पर बैठे हैं...आँगन में औरतों का एक झुंड धान कूट रहा है, दूसरी तरफ औरतें गेहूँ पीस रही हैं। एक तरफ कुछ मजदूर मवेशियों का चारा तैयार कर रहे हैं तो दूसरी तरफ 'चौथी चमार' ठाकुर बच्चों को समता का पाठ पढ़ा रहे हैं। मार्कण्डेय हैं कि बीच-बीच में हुक्का गुड़गुड़ाते हैं और टकटकी लगाकर धान कूटती औरतों को देखने लगते हैं। अचानक वे चौथीराम को आवाज देते हैं, 'चौथी राम इधर आओ। तुम क्या पढ़ाओगे, मैं पढ़ाता हूँ। सुनो, सुनो सब लोग सुनो :

*'जल्द-जल्द पैर बढ़ाओ, आओ-आओ*
*आज अमीरों की हवेली*
*किसानों की होगी पाठशाला,*
*धोबी, पासी, चमार, तेली*
*खोलेंगे अँधेरे का ताला,*
*एक पाठ पढ़ेंगे, टाट बिछाओ।'*

मुगल बादशाहों की तरह मार्कण्डेय का दो प्रकार के दरबारों में विश्वास है—दीवाने आम और दीवाने खास। दीवाने आम से ही विश्वास प्राप्त करके लोग दीवाने खास तक पहुँचते हैं। दीवाने आम में न केवल प्रतिष्ठित, नवोदित और

सम्भावित लेखकों को देखा जा सकता है, बल्कि ऐसे चेहरे भी दिखाई पड़ते हैं जो भविष्य के साहित्यप्रेमी, आई.ए.एस, आई.पी.एस., पी.सी.एस हैं। ये वे अफसर हैं, जो अच्छी पोस्टिंग मिलते ही साहित्यिक पत्रिकाओं के लिए विज्ञापन दिलाते देखे जा सकते हैं। 'कथा' के प्रकाशन में विलम्ब होने लगता है तो शंका होती है कि साहित्यप्रेमी अफसरों को किसी बंजर विभाग में डाल दिया गया है।

मार्कण्डेय के दीवाने खास में पहुँचने का श्रेय केवल एक लेखक को है। वह हैं—शैलेश मटियानी। प्रवेश पाने के बाद वे बिदक कर कुछ ऐसे भागे कि दुबारा उस ओर झाँकने की कोशिश भी नहीं की। इतने बरस बीत गये हैं...शेखर जोशी, सतीश जमाली, सत्यप्रकाश मिश्र अभी दीवाने आम में ही नजर आते हैं। इधर दूधनाथ सिंह दीवाने खास में प्रवेश पाने के लिए कलम और चप्पल दोनों घिस रहे हैं। जानकार सूत्रों का अनुमान है कि वे प्रवेश पाने में सफल हो जाएँगे और उनका अनुभव शैलश मटियानी के अनुभव से भिन्न होगा। यह अकारण नहीं है कि इलाहाबाद के लेखकों के बीच मार्कण्डेय 'गुरु' के रूप में जाने जाते हैं। गुरु को तख्त पर बैठे-बैठे खबर रहती है कि कौन कहाँ लिख रहा है। अमुक लेखक की अमुक कहानी पर अमुक संघ की क्या प्रतिक्रिया होगी, आदि-आदि।

मार्कण्डेय से मेरा गायबाना परिचय लगभग तीस बरस पहले हुआ था—एक लेखक के रूप में उन दिनों साहित्य के आकश पर जो नाम उभर रहे थे, मार्कण्डेय उनमें प्रमुख थे। 'हंसा जाई अकेला,' 'पानफूल', 'महुए का पेड़' आदि रचनाएँ चर्चा के केन्द्र में थीं। 1963 या 64 की बात है, एक दिन अचानक उनका पत्र प्राप्त हुआ कि वे 'माया' का विशेषांक संपादित करने जा रहे हैं। विशेषांक के लिए उन्होंने कहानी भेजने का आग्रह किया था। मार्कण्डेय के पत्र से मैं बहुत उत्साहित हुआ। मैंने कहानी लिखी और भिजवा दी। यह दूसरी बात है कि जब कहानी छपकर आयी तो एक अरसे तक गले की फाँस बनी रही, क्योंकि मेरे दिल्ली के अभिभावक मोहन राकेश, मार्कण्डेय को सहयोग देने से बेहद खफा हो गये। इसका कारण शायद मार्कण्डेय का संपादकीय था। शायद तख्त पर बैठे-बैठे ही मार्कण्डेय ने भाषा और संवेदना के स्तर पर नयी कहानी और साठोत्तरी कहानी के बीच विभाजन रेखा खींच दी थी। यही काम दिल्ली में 'मनीषा' की गोष्ठी में डॉ. देवीशंकर अवस्थी ने किया था। नामवरजी ने भी हम लोगों की कहानियों को हिन्दी कहानी की एक नयी शुरुआत के रूप में प्रस्तुत किया था। मार्कण्डेय ने संपादकीय में मेरी और श्रीकांत वर्मा की कहानियों के सन्दर्भ में यथार्थ के परिवर्तित स्वरूप की व्याख्या करते हुए लिखा : 'इसलिए हम जब 'शवयात्रा' और 'ठंड' जैसी कहानियों के बाद श्रीकांत वर्मा की 'घर' जैसी कहानी पढ़ते हैं। अथवा 'नौ साल छोटी पत्नी' और 'पत्नी' के बाद रवीन्द्र कालिया की

'अकाहनी' पढ़ते हैं तो सहसा लगता है जैसे हम अपने आज के सही सामाजिक सन्दर्भ के बीच आ खड़े हुए हों।'

मार्कण्डेय के इस सम्पादकीय की एक-एक पंक्ति की मुझे भारी कीमत चुकानी पड़ी। मैंने मार्कण्डेय का पत्र राकेश जी को दिखाया था। उन्होंने इसका उल्लेख अपनी डायरी (7-8-64) में भी किया है : 'रवीन्द्र कालिया ने मार्कण्डेय का पत्र दिखाया। पत्र से लगा कि वह आदमी अस्तित्व के लिए छटपटा रहा है। अपने पर ओढ़े एक बोझ के नीचे स्वयं दब गया है जैसे-तैसे अपने को जस्टीफाई करना चाहता है। पत्र कमलेश्वर ने भी पढ़ा। मजाक होता रहा, जैसे कि पत्र की जगह स्वयं पत्र लेखक सामने खड़ा हो।'

'मोहन राकेश की डायरी' (पृ. 258-259)

मार्कण्डेय को लेखकीय सहयोग देने का राकेश-कमलेश्वर ने क्या अर्थ लगाया, यह भी मोहन राकेश की 15-8-64 की डायरी से स्पष्ट हो जाता है। राकेश लिखते हैं : 'रवीन्द्र कालिया घर पर। यहाँ 8ए/54, डब्ल्यू.ई.ए. में...काम करते-करते हाथ रोककर उससे बात करने के लिए उठा...कमलेश्वर कहता हैकि यह लड़का बहुत 'चालाकी' दे रहा है। हर ग्रुप में 'हाबनाब' करता है और हर जगह दूसरों के खिलाफ बात करता है। मजाक उड़ाता है। लिखते वक्त 'प्रिटेंशंज' ओढ़ लेता है।

उससे यह सब कह भी दिया। वह रुआँसी शक्ल बनाए बात करता रहा। कहता रहा, 'मेरा ऐसा मकसद कभी नहीं होता। मैं ईमानदारी से जो महसूस करता हूँ, वही कह देता हूँ।'

कहा कि उसे ईमानदारी से और खुलकर बात करनी चाहिए। समझौता नहीं करना चाहिए। न मेरे, न किसी और के साथ।

जाते वक्त वह डिस्टर्ब्ड था। मगर जो मन में था, न कहता तो मैं डिस्टर्ब्ड रहता' (पृ. 265)।

'हाबनाब' के नाम पर मैंने मार्कण्डेय को सिर्फ कहानी दी थी। ले-देकर तब तक कुल जमा चार-छह कहानियाँ छपी थीं। मुझे अहसास भी नहीं था कि मार्कण्डेय को अपना सहयोग देने से उनका पलड़ा भारी हो जाएगा। शायद असल बात मार्कण्डेय का संपादकीय था, जिसमें नये कथाकारों को नयी कहानी से काट कर अलग पंक्ति में खड़ा कर दिया गया था।

बहरहाल, मेरे गुरु तो मोहन राकेश थे, मगर एक सबक मैंने मार्कण्डेय से भी सीखा कि नये-से-नये लेखकों को प्रोत्साहन देना चाहिए। यही कारण था कि जब विभूतिनारायण राय ने मुझे महाविषेशांक का संपादन करने का दायित्व सौंपा तो मैंने सबसे ज्यादा ध्यान नये लेखकों पर ही दिया। नये लेखकों के पते

प्राप्त करने में सत्येन कुमार ने बहुत सहयोग दिया। यह अकारण नहीं है कि महाविशेषांक में दिग्गज कथाकारों के साथ-साथ लगभग तीस नये कथाकारों की कहानियों को भी स्थान दिया गया।

'माया' के कहानी विशेषांक के बाद भी मार्कण्डेय ने अनेक पत्रिकाओं का संपादन किया, हर बार, उन्होंने मेरी कहानी प्रकाशित की। यहाँ तक कि 'कथा' के प्रवेशांक में भी उन्होंने मेरी कहानी 'तफरीह' प्रकाशित की थी।

इधर मार्कण्डेय ने वर्षों से कहानी नहीं लिखी थी। मगर जब मैंने उनसे महाविशेषांक के लिए कहानी माँगी तो उन्होंने आश्वासन दिया कि वे कहानी अवश्य लिखेंगे। इलाहाबाद के तमाम लेखक कह रहे थे, हथेली पर सरसों जमाने की कोशिश मत करो, मार्कण्डेय क्या खाकर कहानी लिखेंगे। मुझे मालूम था कि अगर मार्कण्डेय कहानी नहीं देंगे तो दूसरे कई लेखकों की कहानियों से भी वंचित रहना पड़ेगा, क्योंकि मैंने पाया है कि लेखकों में खरबूजे के तमाम गुण होते हैं, यानी कि लेखक को देखकर लेखक रंग बदलता है। मार्कण्डेय कहानी जरूर लिख रहे थे, मगर प्रगति सन्तोषजनक नहीं थी। यह भी तय था, वह कहानी उस सूरत में देंगे, जब उससे पूरी तरह सन्तुष्ट होंगे। डेड लाइन पास आ रही थी, मैंने प्रत्येक मिलने वाले लेखक से कहना शुरू किया कि दूधनाथ और शेखर जोशी तब तक कहानी नहीं देंगे जब तक मार्कण्डेय कहानी नहीं दे देते। दूधनाथ ने इस बीच एक कहानी लिखी और अन्यत्र भेज दी। मार्कण्डेय वाली बात का इतना प्रचार हो गया कि आजिज आकर शेखर जोशी और दूधनाथ दोनों ने कहानियाँ दे दीं, और साथी लेखकों के आश्चर्य का ठिकाना न रहा जब उन्हें पता चला कि मार्कण्डेय भी कहानी दे चुके हैं। कई लेखकों ने घर आकर पांडुलिपि देखी और मुतमइयन हुए। मेरा कहने का अभिप्राय यह है कि मार्कण्डेय जी ने सहयोग का जवाब सहयोग से दिया।

आरक्षण के प्रश्न पर महाविषेशांक में अनेक कहानियाँ प्रकाशित हुई हैं, मार्कण्डेय की 'हलयोग' अंक प्रकाशित होते ही चर्चा में आ गयी। शुकदेव सिंह का मत था, मार्कण्डेय प्रेमचंद की सद्‌गति से ऊपर नहीं उठ पाए। सुधीश पचौरी ने लिखा कि यह मंडल कमीशन की रिपोर्ट से निकली हुई कहानी है। मार्कण्डेय पर प्रकट रूप से इन प्रतिक्रियाओं का कोई असर नहीं होता। मन्द-मन्द मुस्कराते रहते हैं। इस दृष्टि से वे मृदुला गर्ग के विलोम हैं। शुकदेव सिंह के अत्यन्त आक्रामक पत्र पर उनकी प्रतिक्रिया केवल इतनी थी कि यह पत्र अवश्य प्रकाशित होना चाहिए। वास्तव में जो लेखक अपनी कहानी के प्रति पूर्ण आश्वस्त होता है, वही ऐसा रवैया अपना सकता है।

मार्कण्डेय सामाजिक और जातिगत विद्वेष के दुष्परिणाम से परिचित हैं,

सामाजिक विकास के रुख को पहचानते हैं यहाँ ध्यान देने की बात है कि सवर्णों ने चौथी चमार को बेजुबान करने की साजिश न रची होती तो मंडल कमीशन की कोई प्रासंगिकता न रह जाती। मैं तो यह कहना चाहूँगा कि 'हलयोग' मंडल कमीशन से नहीं निकली, मंडल कमीशन 'हलयोग' से निकला है। किसी नासमझ पाठक को ही यह कहानी बीते हुए कल की लग सकती है।

बहुत कम लोग जानते हैं कि नीलकांत मार्कण्डेय के छोटे भाई हैं, उनके ब्रांटी। शायद ही किसी लेख में मार्कण्डेय ने नीलकांत की कहानियों का उल्लेख किया होगा। नीलकांत पर न लिखने की कसम किसी इंटरव्यू में दसियों पन्ने रंग कर भी न तोड़ी होगी, अपने अधीनस्थ समीक्षकों अथवा साथी लेखकों, संपादकों, शोधछात्रों को नीलकांत पर लिखने या न लिखने को प्रोत्साहित नहीं किया होगा। आज नीलकांत की जो स्थिति है, अपने बलबूते पर है। विभूति शायद इसीलिए मार्कण्डेय का प्रसंग आते ही कहा करते हैं, 'भाई हो तो ऐसा।' मार्कण्डेय इसलिए भी याद किए जाएँगे कि उन्होंने प्रत्यक्ष अथवा परोक्ष रूप से साहित्य में भाई-भतीजावाद का प्रदूषण नहीं फैलाया।

समृद्ध ठाकुर परिवार में जन्म लेकर भी मार्कण्डेयजी ने वामपंथ का मार्ग अपनाया। साहित्य में वामपंथी विचारों के प्रचार-प्रसार के लिए न केवल जनवादी लेखक संघ में सक्रिय रहे, 'कथा' के माध्यम से भी वामपंथी रुझान की रचनाओं और प्रवृत्तियों को रेखांकित किया। बी.टी.आर. उन्हें बहुत मानते थे। वे वस्तुगत सन्दर्भों और यथार्थ के पक्षधर हैं, 'कहानी की बात' पुस्तक कथा-समीक्षा पर छाए कोहरे को किसी हद तक साफ करती है।

मार्कण्डेय के व्यक्तित्व का एक दूसरा पहलू भी है। किसी रविवार को वे सफेद चोगा पहने हुए पादरियों के बीच चर्च में प्रार्थना करते नजर आ जाएँ तो आपको आश्चर्य नहीं करना चाहिए। कांग्रेस का कोई मंत्री भी उनके तख्त पर पालथी मारे बैठा दिखाई दे सकता है। बीच में जब विश्वनाथ प्रताप सिंह प्रधानमंत्री थे तो मार्कण्डेय अपने नाम के आगे 'सिंह' भी लिखने लगे थे। भाजपा का प्रसंग थोड़ा विस्तार माँगता है।

इलाहाबाद के सोहबतिया बाग मुहल्ले में साहित्यिक अफवाहों का एक कारखाना है। कर्नलगंज तक से चलकर लोग उस कारखाने में काम करने आते हैं। यह कारखाना पूरे साहित्यिक जगत को अफवाहें सप्लाई करता है। इसमें अफवाहों की 'प्रोसेसिंग' भी होती है। इसी कारखाने के एक विश्लेषण के अनुसार हिन्दी के साहित्यकारों में सबसे अधिक सोना भैरवप्रसाद गुप्त के पास है। बताया जाता है कि मार्कण्डेय के पास भी एक ऐसी चीज है जो सोने से भी महँगी है। सोहबतिया बाग में कई वर्षों तक इस धातु को जानने का अनवरत प्रयास चलता

रहा। अभी हाल में कारखाने की रिपोर्ट प्रकाशित हुई है कि वह धातु नहीं, 'पेपर करंसी' है। यानी मार्कण्डेय के नाम गुरु गोलवलकर का पत्र। गुरु के नाम गुरु का पत्र। बताया जाता है कि पत्र इतना बहुमूल्य है कि उसे बैंक के लॉकर में रखा हुआ है।

पाठक क्षमा करें, भाजपा का जमाना है, अफवाहें तो फैलेंगी ही। उसकी लपेट में मार्कण्डेय जैसे समर्पित भी आ जाएँ तो आश्चर्य नहीं करना चाहिए। सच्चाई तो यह है कि 'माया' का कुम्भ विशेषांक सम्पादित करते समय मार्कण्डेय का गुरु गोलवलकर से पत्राचार हुआ था। मगर अफवाह तो ऐसी चीज है कि है तो है।

# श्रीलाल शुक्ल–1

लखनऊ में मेरे एक आई.ए.एस. मित्र हैं, एक बार उनसे मिलने उनके निवास स्थान पर गया। बाहर एक चौकीदार तैनात था। मैंने उससे पूछा, "साहब हैं?"

"हाँ हैं।"

"क्या कर रहे हैं?"

"शराब पी रहे हैं।" उसने निहायत सादगी से जवाब दिया। श्रीलाल शुक्ल जब इलाहाबाद नगर निगम के प्रशासक थे, तो अकसर उनसे भेंट होती थी, उनका चौकीदार भी कुछ-कुछ लखनऊ के मित्र के चौकीदार जैसा था। एक बार उनसे मिलने गया और चौकीदार से यह पूछने पर कि श्रीलाल जी घर पर हैं या नहीं उसने बताया, "साहब हैं।"

"क्या कर रहे हैं?" मैंने पूछा।

"बाहर बागीचे में बैठे हैं और टकटकी लगाकर चाँद की तरफ देख रहे हैं।" उसने बागीचे की ओर संकेत करते हुए कहा।

इसी प्रकार लखनऊ में श्रीलाल जी के एक अन्य पड़ोसी से भेंट हुई थी। वे भी वरिष्ठ प्रशासनिक अधिकारी थे। श्रीलाल जी की तरह ही मस्त मलंग। शाम को छह-सात बजे घर से गाड़ी लेकर निकले और रात बारह बजे तक न लौटे। परिवार के तमाम लोग परेशान हो उठे। उनके मित्रों के यहाँ फोन किए गये लेकिन उनका अता-पता नहीं मिल रहा था। तमाम रेस्तराँ और 'बार' देख डाले, निराशा ही हाथ लगी। आखिर पुलिस को सूचना दी गयी। पुलिस भी सक्रिय हो गयी। वायरलेस से तमाम थानों को इसकी सूचना प्रेषित कर दी गयी। खबर मिलते ही कुछ पत्रकार भी उनके निवास पर पहुँच गये। रातभर अटकलों का बाजार गर्म रहा। कुछ लोग किसी माफिया सरगना का नाम ले रहे थे कि जब वे गृहमन्त्रालय से सम्बद्ध थे तो एक माफिया सरगना को पकड़वाने में अहम भूमिका निभाई थी, कुछ लोग इसे किसी प्रेम-प्रसंग से जोड़ रहे थे। भोर होने पर लोगों ने पाया कि उनका गैरेज खुला है। गैरेज में कार भी है और कार में वे भी हैं। स्टीयरिंग पर माथा टेके इत्मीनान से सो रहे हैं।

जब-जब श्रीलालजी का खयाल आता है, उनका चौकीदार और उनका पड़ोसी दोनों जेहन मे कौंध जाते हैं। वैसे श्रीलाल जी का व्यक्तित्व बहुत पेचीदा नहीं है, अफसरी की बू भी उनमें बहुत कम है, नहीं के बराबर, जबकि उनके ही मित्र कई बार यह कहते सुनाई देते हैं कि श्रीलाल जी अफसरों के बीच साहित्यकार और साहित्यकारों के बीच अफसरों का-सा व्यवहार करते हैं। मेरी धारणा इसके ठीक विपरीत है और मैंने उन्हें साहित्यकारों के बीच अपनी अफसरी का छिड़काव करते भी नहीं देखा। उनकी वेशभूषा से कुछ साहित्यकारों को ऐसा भ्रम हो सकता है। कोट, पतलून और टाई, चमचमाते जूते। लेकिन मैंने उन्हें कभी-कभी धोती-कुर्ते में भी देखा है, तब उनकी छटा ही निराली होती है।

श्रीलालजी का कई भाषाओं पर अधिकार है—अवधी, हिन्दी, उर्दू, संस्कृत और अँग्रेजी। इनमें से किसी भी भाषा में वे फर्राटे से बातचीत कर सकते हैं। उनका गद्य विशुद्ध हिन्दी का गद्य है, मजाल है उसमें अँग्रेजी अथवा उर्दू के किसी शब्द की घुसपैठ हो सके। महादेवी जी के बाद इस प्रकार हिन्दी का विशुद्ध गद्य शायद ही बाद की पीढ़ी के किसी लेखक में मिले। कई बार श्रीलालजी से मिलने पर आभास होता है कि वे दुनियावी मोहमाया से असम्पृक्त फ़कीराना अन्दाज में जीने वाले व्यक्ति हैं, लेकिन अगली ही भेंट में वे एकदम भिन्न नजर आएँगे। इसकी वजह यह हो सकती है कि दफ्तर भी कहीं न कहीं अपना 'हैंग ओवर' जरूर छोड़ जाता है। अभी तक ऐसे किसी आविष्कार की जानकारी नहीं मिली है कि बटन दबाते ही व्यक्ति अचानक अफसर से साहित्यकार अथवा साहित्यकार से अफसर हो जाय। श्रीलालजी अपने कार्यकाल में उत्तर प्रदेश के सूचना निदेशक ही नहीं, एक से एक ऊँचे पदों पर रहे हैं। बहरहाल, अब तो श्रीलालजी सेवा से अवकाश ग्रहण कर चुके हैं और पूर्ण रूप से लेखन को समर्पित हैं। अवकाश ग्रहण करने के पश्चात उनके लेखन में तेजी ही आयी है। वे पहले से कहीं ज्यादा लिख रहे हैं लेकिन वे जाने जाएँगे हमेशा 'राग दरबारी' के लेखक के रूप में ही। हिन्दी की यही परिपाटी है। लेखक की कोई एक रचना दायमी रोग की तरह गले मढ़ दी जाती है। वह लाख उससे बेहतर लिख ले। कृष्णा सोबती की तरह बहुत कम लेखक होते हैं। वह भाग्यशाली हैं कि 'ऐ लड़की' ने उन्हें 'मित्रो मरजानी' से मुक्ति दिला दी।

श्रीलालजी से मेरी प्रथम भेंट आज से बीस-बाइस वर्ष पहले इलाहाबाद में हुई थी। उन दिनों 'राग दरबारी' प्रकाशित हुआ ही था, उस पर तरह-तरह की प्रतिक्रियाएँ आ रही थीं। कुछ समीक्षकों ने उसे उपन्यास मानने से ही इनकार कर दिया था। मार्कण्डेय ने 'कथा' में श्रीपतराय की समीक्षा प्रकाशित की, जिसका शीर्षक था 'बहुत बड़ी ऊब का महाग्रन्थ'। श्रीपतजी ने उपन्यास के परखच्चे उड़ा

दिए थे। मैं उन दिनों अश्कजी के यहाँ रहता था। अश्कजी को उपन्यास बहुत पसन्द आया था और उन्होंने आग्रहपूर्वक वह उपन्यास पढ़ने के लिए मुझे दिया। मैं रातभर जगकर पूरा उपन्यास पढ़ गया। बदलते हुए भारतीय गाँव का ऐसा सटीक चित्रण इससे पूर्व न हुआ था। लंगड़ की त्रासदी देर तक मन को सालती रही। मैंने छूटते ही श्रीलालजी से उपन्यास की भूरि-भूरि प्रशंसा की। वे आश्चर्यचकित से मेरी तरफ देख रहे थे, क्योंकि उनके मित्रों और 'परिमल' की राय अधिक महत्त्वपूर्ण थी। वस्तुतः 'परिमल' मूल रूप से कवियों की संस्था थी, जहाँ गद्य लेखन को दूसरी कोटि का साहित्यकर्म माना जाता था। शायद यह 'परिमल' के मित्रों का ही परामर्श था कि बीच में श्रीलालजी जिन्दगी से कटे हुए जासूसी उपन्यास भी लिखने लगे थे। जहाँ तक 'राग दरबारी' का प्रश्न है, वह समकालीन यथार्थ से कुछ इस प्रकार सम्बद्ध था और ऐसी सफाई से उतरा था कि 'परिमल' के गले से नीचे नहीं उतर रहा था।

श्रीलाल जी मेरी राय जानकर बोले, "क्या तुम सचमुच ऐसा महसूस करते हो?"

"मेरा तो आपसे परिचय भी नहीं था न कोई स्वार्थ है, जो मैं झूठमूठ आपकी तारीफ करूँ।"

बाद में देखा गया, ज्यों-ज्यों उपन्यास के खिलाफ समीक्षाएँ प्रकाशित होती गयीं, उपन्यास स्थापित होता गया। यह एक नयी तरह का विरोधाभास था। श्रीलालजी आलोचकों के बल पर आगे नहीं बढ़े, पाठकों ने उन्हें पहले मान्यता दे दी। आलोचकों-समीक्षकों द्वारा प्रक्षेपित बहुत से लेखक अपने समीक्षकों की साहित्यिक मौत के साथ मर जाते हैं। पाठकों का प्रिय लेखक एक लम्बे अरसे तक पारी खेलता है। अभी हाल में लखनऊ की एक गोष्ठी में मैंने इसकी ओर संकेत किया था कि यथार्थपरक दृष्टि के बावजूद तथाकथित प्रगतिशील समीक्षकों ने 'राग दरबारी' का सही मूल्यांकन नहीं किया। समीक्षकों को तो नहीं, श्रीलालजी को मेरी बात खल गयी। उन्होंने कहा, "रवीन्द्र कालिया मुझे जितना उपेक्षित लेखक मान रहे हैं, उतना उपेक्षित मैं नहीं हूँ।" बहरहाल, मुझे आज भी लगता है कि श्रीलालजी का कृतित्व अधिक प्रौढ़ मूल्यांकन की माँग करता है। 'राग दरबारी' में ही नहीं अन्य उपन्यासों में भी उन्होंने एकदम अछूते विषय उठाए हैं। उनका उपन्यास 'पहला पड़ाव' राज-मजदूरों, ठेकेदारों और शिक्षित बेरोजगारों का जिन्दगीनामा है। इलाहाबाद में मुझे श्रीलालजी से उपन्यास का एक अध्याय सुनने का अवसर मिला था। कम ही उपन्यासों में गद्य का ऐसा लालित्य देखने को मिलेगा। श्रीलालजी का पढ़ने का ढंग भी प्रभावित करता है। कवि की तरह अदायगी करते हैं। इस कला में शरद जोशी का कोई सानी नहीं था। कवि सम्मेलनों

में उनका गद्य बाजी मार ले जाता था। श्रीलालजी देर तक आपको एकाग्रचित्त रख सकते हैं।

श्रीलालजी पाठक भी बहुत अच्छे हैं। आज तक कभी ऐसा नहीं हुआ कि मैंने या ममता ने कोई पुस्तक भेंट की हो और उन्होंने न पढ़ी हो। इस दृष्टि से उनकी पत्नी उनसे भी आगे हैं। एक बार मेरा एक कथा संकलन पढ़कर उन्होंने लखनऊ से फोन किया था और देर तक उस पर बातचीत की थी। मेरे उपन्यास पर भी अपनी प्रतिक्रिया दी थी। बहुत कम वरिष्ठ लेखक बाद की पीढ़ी के लेखकों की कृतियाँ इतने मनोयोग से पढ़ते होंगे। नये से नये लेखकों की कृतियाँ वे खोज-खोजकर पढ़ते हैं। मेरा खयाल है कि गिरिराज किशोर की उतनी पुस्तकें मैंने भी न पढ़ी होंगी, जितनी श्रीलालजी ने पढ़ रखी हैं। वे उसके अधिसंख्य उपन्यासों पर चर्चा कर सकते हैं। पुस्तक का नाम ही नहीं, पात्रों के नाम भी उन्हें याद रहते हैं।

उत्तर प्रदेश शासन के वरिष्ठ अधिकारी होने के नाते अनेक मुख्य मन्त्रियों, विधायकों से उनका निकट का परिचय रहा है। राजनीतिज्ञों के जीवन की विडम्बनाओं, उनकी योग्यताओं-अयोग्यताओं, उनके अन्तर्विरोधों की उन्हें गहरी जानकारी है। उनके पास इन लोगों के एक-से-एक दिलचस्प किस्से हैं। प्रशासन तन्त्र का कच्चा-चिट्ठा भी उनके पास है। यह अकारण नहीं है कि 'राग दरबारी' पर उन्हें साहित्य अकादमी का पुरस्कार मिला, लेकिन प्रशासन ने कई वर्ष तक उन्हें 'राग दरबारी' के प्रकाशन की अनुमति नहीं दी थी। चूँकि श्रीलालजी साहित्य और प्रशासन दोनों के प्रति गहन निष्ठावान हैं, वे हर काम को विधिवत करने के अभ्यस्त हैं, उन्होंने स्वयं ही उपन्यास की पांडुलिपि प्रशासन को प्रस्तुत की होगी। आज जब कि मैं देखता हूँ कि सरकारी अफसरों और कर्मचारियों की व्यवस्था विरोधी कृतियाँ बगैर किसी रोक-टोक और अनुमति के प्रकाशित होती हैं। हो सकता है, तब नियम दूसरे रहे हों।

श्रीलालजी के घर का माहौल भी बहुत खुला और आत्मीय रहा है। लड़कियाँ पापा से बेतकल्लुफी से बात कर सकती थीं, लेकिन लड़के आशु ने बेतकल्लुफी सीखी ही नहीं थी। अत्यन्त संकोचशील। जहाँ तक याद पड़ता है मधु और विनीता दोनों ने प्रेम-विवाह किए। श्रीलालजी ने लड़का-लड़की के बीच समाज की दीवार बनने की कोशिश नहीं की और धूमधाम से विवाह सम्पन्न किए। विवाहोत्सव में मैं और ममता भी शामिल हुए थे। श्रीलालजी इतनी बेफिक्री से बातें कर रहे थे कि कोई कह ही नहीं सकता था कि वे बधू के पिता हैं। मेरी बाँह पकड़कर बोले, "शादी तो हो ही जाएगी, आओ जरा गेस्ट हाउस तक हो आएँ।" आशु के विवाह का एक दृश्य भुलाए नहीं भूलता। लड़का शादी की वेदी पर बैठा था और श्रीलालजी उससे बार-बार कह रहे थे, "ऐसे संकोच से क्यों बैठे हो, जरा तनकर

बैठो, मर्द की औलाद हो।'' बेटियाँ हों, दामाद हों, बहू हो, बेटा अथवा पत्नी—श्रीलालजी के सबसे दोस्ताना सम्बन्ध ही रहे हैं। पिता या पति होने का रुआब कभी नहीं दिखाया।

जब श्रीलालजी प्रशासक होकर इलाहाबाद आ गये तो मुझे सत्संग के अवसर मिलने लगे। मौका मिलते ही हम एक-दूसरे के यहाँ आया-जाया करते थे। और लेखकों से उनका औपचारिक सम्बन्ध ही बना रहा। हम लोग और उनके बाल सखा केशवचन्द्र वर्मा अपवाद थे। जबकि मुझे केशवजी और श्रीलालजी एक-दूसरे के विलोम ही लगते हैं। हाँ, संगीत में दोनों की समान रुचि है। श्रीलालजी ने इलाहाबाद में लेखकों से बेशक ज्यादा मेलजोल नहीं बढ़ाया लेकिन किसी लेखक ने कोई तकलीफ बताई, तो सहायता अवश्य की। उन्हीं दिनों हिन्दी के एक बहुचर्चित कथाकार की बिटिया की शादी थी। अपने समस्त स्रोतों को जुटाने के बाद भी वे असमर्थ अनुभव कर रहे थे। मैंने श्रीलालजी से इसकी चर्चा की। उन्होंने तुरन्त सहायता का आश्वासन दिया और कहा, ''देखो, उनसे इसका भूल से भी जिक्र न करना कि मैंने कुछ सहायता की है।''

''आपका जिक्र क्यों न करूँ?'' मुझे जिज्ञासा हुई।

''अव्वल तो जरूरत नहीं है। दूसरे मैं नहीं चाहता कि अकारण किसी को अपने एक टुच्चे एहसान से लाद दूँ।''

मुझे एक से अधिक बार 'दूरदर्शन' लखनऊ की परिचर्चाओं में श्रीलालजी के साथ भाग लेने का अवसर मिला है। 'दूरदर्शन' लखनऊ की यह परम्परा है कि अगर रिकॉर्डिंग ग्यारह बजे निश्चित हुई है, तो कोई न कोई ऐसा व्यवधान आ जाएगा कि रिकॉर्डिंग तीन-चार बजे से पूर्व सम्पन्न न होगी। वे लोग पहला काम यह करते हैं कि ग्यारह बजे आपका मेकअप जरूर कर देंगे। अब आप मुँह पर उबटन का लेप किए बैठे रहिए। अकसर ही श्रीलालजी ऊबकर मुँह धो लेंगे और कहेंगे, ''चलिए जरा तर ही हो जाएँ। थोड़ा मिष्ठान्न का सेवन कर लिया जाय।'' उस समय बीस बरस पहले के ज्ञानरंजन की याद आना स्वाभाविक है। एक जमाने में ज्ञान का मन इसी प्रकार गर्भवती महिलाओं की तरह खट्टी-मिट्ठी चीजों पर मचला करता था। एकाध घंटे के बाद लौटने पर पता चलेगा कि अभी कैमरे तैयार हो रहे हैं और इस बीच दो-एक लेखक और आ गये हैं और उबटन मलकर बैठे हुए हैं।

परिचर्चा में भाग लेने के लिए श्रीलालजी पूरी तैयारी के साथ आते हैं। छोटी-छोटी पर्चियों पर बिन्दु लिखे रहते हैं। किसी भी चर्चा को भक्तिकाल और रीतियुग की ओर मोड़ने में उन्हें ज्यादा समय नहीं लगता। वे अपनी बात की पुष्टि में एक के बाद एक उद्धरण प्रस्तुत करते जाएँगे। एक बार चर्चा के दौरान मैंने दाद देने की

गुस्ताखी की। गुस्ताखी इसलिए कहूँगा कि हिन्दी के कथाकार दाद के आदी नहीं हैं, वे सोचते हैं कि दाद देकर उसकी टाँग खींची जा रही है। वैसे कई बार दाद इसलिए दी भी जाती है कि विषय से भटका हुआ वक्ता विषय की तरफ लौट आये। श्रीलालजी दाद से खिन्न हो जाते हैं। वे नोट्स पर से आँख उठाकर असहमति में आपकी ओर कुछ इस प्रकार देखेंगे जैसे कह रहे हों, नहीं चाहिए आपकी दाद, क्या आप कृपापूर्वक चुप रह सकते हैं? वैसे मैंने प्राय: अनुभव किया कि वे घर से होमवर्क करके नहीं आते, तो अधिक उन्मुक्त होकर बातचीत करते हैं, वरना बातचीत की गुंजाइश कम होती है। आप चुपचाप उन्हें सुनते जाएँ और उनकी पूरी बात समाप्त होने पर जो चाहें कहें।

वास्तव में मूलरूप से श्रीलालजी एक रसिक व्यक्ति हैं। कई बार तो श्रीलालजी से बात करके उस भौंरे की याद आ जाती है, जो किसी पुष्प वाटिका में उन्मुक्त विहार कर रहा हो। पिछले दिनों लखनऊ दूरदर्शन पर हिन्दी उपन्यास पर आयोजित एक परिचर्चा में डॉ. शिवप्रसाद सिंह, कामतानाथ, गिरिराज और मैं भाग ले रहे थे। हस्बेमामूल हम लोग चेहरों पर उबटन मलकर सहायक केन्द्र निदेशक उदयभानु मिश्र के कमरे में बैठे थे। उदयभानु मेरे पुराने मित्र हैं। कभी दिल्ली में हम लोग साथ थे और रोज रात को रीगल से अन्तिम बस में साथ-साथ घर लौटा करते थे। उस समय मिश्रजी के कमरे में देश की राजनीति पर धुआँधार चर्चा चल रही थी। इसी बीच मुद्राराक्षस भी आ गये। वे साम्प्रदायिकता के प्रश्नों को लेकर उत्तेजित थे। मैंने लक्षित किया, श्रीलालजी किसी चर्चा में भाग नहीं ले रहे हैं और शायद ऊब रहे हैं। मैं सोच ही रहा था कि श्रीलालजी अभी कहीं चलकर मिष्ठान्न सेवन करने का प्रस्ताव रखेंगे लेकिन उन्होंने अचानक प्रस्ताव रखा कि कुछ नहीं रखा इन फिजूल की चर्चाओं में अगर बात ही करनी है तो नायिका भेद पर बात कीजिए। बहुत हो चुका मंडल-कमंडल। श्रीलालजी अगर मूड में होंगे तो अँग्रेजी, हिन्दी, उर्दू, संस्कृत साहित्य के बीसियों रोमांटिक पद सुना सकते हैं। गीत गोविन्द सुना सकते हैं, कालिदास का कोई अत्यन्त रागात्मक उद्धरण प्रस्तुत कर सकते हैं। कई बार तो लगता है उनके जीवन में अगर कोई अभाव है तो केवल एक ठो प्रेमिका का। उसके बगैर जीवन अधूरा है, निष्प्रयोजन है। कई बार तो वे इस हद तक उदार हो जाएँगे कि कहेंगे, "प्रत्येक लेखक को एक मिस्ट्रेस रखनी चाहिए, किसी पर्वतीय क्षेत्र में लेखन की सुविधा होनी चाहिए। यह क्या कि पसीना बहे जा रहा है और आप झक मार रहे हैं।"

श्रीलालजी कई बार लेखन और एकान्तवास के लिए पहाड़ पर जाया भी करते हैं। पिछली बार तो बरेली से लौट आये। पूछने पर पता चला कि वे इसलिए लौट आये कि यह एक महँगा सौदा है। उन्होंने बताया—रास्ते भर मैं सोचता रहा कि

नैनीताल तक आने-जाने और दो-एक महीने रहने में चार-छह हजार रुपये खर्च हो जाएँगे। अब अगर उपन्यास लिखने में सफल हो गया तो जानते हैं रॉयल्टी में क्या मिलेगा, वही चार-छह हजार। बँधुआ मजदूर की तरह जो परिश्रम किया, वह बेगार में बदल जाएगा। मैंने बरेली उतरकर वापस लखनऊ की गाड़ी पकड़ ली। आराम से अपने घर में रहेंगे, जी चाहा लिखेंगे, नहीं जी चाहा, नहीं लिखेंगे, लेकिन लेखन का एक और पक्ष भी है। श्रीलालजी को लेखन से उतनी रॉयल्टी न मिली होगी, जितनी राशि के पुरस्कार मिल चुके हैं। साहित्य अकादमी का पुरस्कार उन्हें बहुत पहले मिल गया था, अभी हाल में गोरखपुर में भी उन्हें पुरस्कृत किया गया था। पिछले दिनों जब श्रीलालजी से बात कराने के लिए रात को गिरिराज से फोन मिलाया (उन दिनों श्रीलालजी आई.आई.टी. कानपुर में अतिथि साहित्यकार थे) तो मालूम हुआ कि वे एक नूतन पुरस्कार ग्रहण करने हरियाणा गये हुए हैं। नूतन इस मायने में कि एक लाख का यह पुरस्कार उन्हें दस वार्षिक किस्तों में मिलेगा। इस पुरस्कार की परिकल्पना शायद किसी अप्रवासी भारतीय ने की है। 'राग दरबारी' के फिल्मांकन से भी उन्हें अच्छा खासा पारिश्रमिक मिला होगा। मेरा कहने का अभिप्राय यह है कि पहाड़ पर जाकर लिखने का प्रस्ताव बुरा नहीं है।

श्रीलालजी वय में भी मुझसे लगभग पन्द्रह बरस बड़े हैं लेकिन उनसे बात करते हुए हमेशा यही महसूस हुआ है जैसे किसी हमउम्र दोस्त से बात कर रहा हूँ। उनकी बातों में लाग-लपेट नहीं रहती, एक खुलापन रहता है। उनसे प्रेम-प्रसंग पर ही नहीं, काम सम्बन्धों पर भी चर्चा की जा सकती है। कई बार तो एक शिशु-सा भोलापन भी महसूस होता है। पिछली बार मैं लखनऊ गया था तो उस रोज गिरिजाजी बाहर से लौटने वाली थीं। गिरिजाजी ने घर में प्रवेश किया तो श्रीलालजी ने एक शिशु की तरह चहकते हुए उन्हें बताया, "गिरिजा, नैनीताल से हम लोग जो पौधा लाए थे, उसमें अंकुर निकल रहे हैं।" और पति-पत्नी पौधे के पास बैठकर देर तक उस अंकुरित पौधे को निहारते हुए प्रसन्न होते रहे।

श्रीलालजी नियम-धर्म का भी बहुत विचार करते हैं। उन्हें कुँवारी कन्याओं और विधवा स्त्रियों से भी अधिक व्रत करते हुए देखा जा सकता है। नवरात्रि में वे और कुछ तो क्या पानी भी पीते होंगे या नहीं, यह बताना मुश्किल है।

# श्रीलाल शुक्ल–2

मैं हिन्दी के उन ख़ुशनसीब लेखकों में हूँ, जिसने श्रीलालजी के साथ जम कर दारू पी है, डाँट खायी है और उस से कहीं ज़्यादा स्नेह पाया है। जाने मुझ पर क्या भूत सवार होता था कि दूसरे पेग के बाद ही मैं 'परिमल' का प्रसंग छेड़ देता। मेरी मान्यता है कि 'परिमल' ने हमेशा कथा साहित्य को द्वितीय श्रेणी की विधा माना है। 'परिमल' के कहानी सम्मेलन में यह बात स्पष्ट भी हो गयी थी। मेरे यह कहते ही कि श्रीलालजी पर परिमल का गहरा प्रभाव रहा है, उनके तमाम मित्र पमिलियन थे, वे उन्हें हमेशा जीवन से कटे हुए जासूसी उपन्यास लिखने को प्रेरित करते रहे और जब 'राग दरबारी' प्रकाशित हुआ तो तमाम परिमलियनों ने उपन्यास को ख़ारिज कर दिया। श्रीलालजी के तन–बदन में आग लग जाती। उनके हाथ में डंडा नहीं होता था, वरना मुझे पीट देते। इसी क्रम में वह मुझसे बहुत बुरा–भला भी कहा जाते। श्रीलालजी में मुक्त कंठ से जितनी प्रशंसा करने की उदारता है उससे कहीं अधिक फटकारने की भी। हम दोनों कुतर्कों पर उतर आते। एक सीमा के बाद मैं सिर्फ़ चुप रह सकता था, श्रीलालजी के प्रति मन में एक सराहना का भाव भी था, उर्दू का सहारा लिया जाए तो कहा जा सकता है कि मैं उनका मुद्दाह था। दारू के नशे में मैंने कभी छोटे बड़े की भी परवाह नहीं की थी, मगर श्रीलालजी की भोली उत्तेजित सूरत के आगे मेरी बोलती बन्द हो जाती। शराब के नशे में शायद ही कभी ऐसा हुआ हो कि मैं चुप रह जाऊँ। एक बार तो नरेश सक्सेना के यहाँ उन्होंने जी भर कर फटकारा और बग़ैर खाना खाये विदा हो गये। नशे में हुई तकरार अकसर मुझे सुबह तक याद नहीं रहते थे। सुबह तक मैं सामान्य हो जाता और सोचता श्रीलालजी भी इस प्रसंग को दुःस्वप्न की तरह भूल चुके होंगे। मगर ऐसा नहीं होता था। मेरे इलाहाबाद लौटते ही कुछ दिनों बाद श्रीलालजी का स्नेह भरा पत्र प्राप्त होता कि उम्मीद है मैंने उनकी बात का बुरा न माना होगा, वग़ैरह–वग़ैरह।

मगर यह नोक झोंक कभी हमारे सम्बन्धों में आड़े नहीं आयी। हम लोग जब–जब मिले, सामान्य रूप से ही। 'विश्रामपुर का सन्त' उपन्यास के कुछ अध्याय श्रीलालजी ने इलाहाबाद में लिखे, हमारे घर के पास ही आवास विकास के एक गेस्ट हाउस में श्रीलालजी के माध्यम से मेरा परिचय उनके मित्र एस.एन. वाजपेयी

से हुआ। उन्हें रागदरबारी जैसे आज भी कंठस्थ है। वह एक उच्च अधिकारी हैं, मगर अपने को रंगनाथ से कम नहीं समझते। उन्हें श्रीलालजी की कोई बात पसन्द न आती तो कहते, मुझे आशा नहीं थी कि रंगनाथ का सर्जक ऐसा व्यवहार करेगा। वाजपेयी जी आज भी श्रीलालजी के मित्र हैं, रंगनाथ आज भी उनकी नस-नस में प्रवाहित है और रंगनाथ अपने सर्जक से प्रायः खफा भी हो जाता है। रंगनाथ कभी ऐसा समझौता न करता, या रंगनाथ से ऐसी उम्मीद नहीं की जा सकती थी, अपनी बात यह रंगनाथ के चरित्र के माध्यम से ही स्पष्ट करते। इलाहाबाद से श्रीलालजी वाजपेयी जी के मेहमान थे। गिरिजा जी भी उनके साथ आयी हुई थीं। लखनऊ में किसी पारिवारिक उलझन से क्षुब्ध होकर मियाँ-बीवी इलाहाबाद चले आये थे। गिरिजा जी पक्षाघात के हल्के से झटके से उन्हीं दिनों उबरी थीं। वह दिनभर विश्राम करतीं और श्रीलालजी उपन्यास में जुटे रहते। शाम को गिरिजाजी को सहारा देते हुए वह टहलने निकलते तो प्रायः हमारे यहाँ भी चले आते। श्रीलालजी एक शिशु की तरह गिरिजा जी की देखभाल करते। कभी कभार ममता, मैं वसु, यश आदि गेस्ट हाउस में चले जाते। श्रीलालजी के सान्निध्य का आनन्द उठाते और साहित्य, जीवन, जगत, नौकरशाही, राजनीति पर उनकी बेबाक टिप्पणियाँ सुनने को मिलतीं। श्रीलालजी अपने 'फार्म' में हों तो उनसे बेहतर साहचर्य की कल्पना नहीं की जा सकती।

'सृजन के सहयात्री' में मेरा श्रीलालजी पर भी एक संस्मरण प्रकाशित हुआ है। उस संस्करण की शुरुआत कुछ इस प्रकार होती है :

"लखनऊ में मेरे एक आई.ए.मित्र हैं, एक बार उनसे मिलने उनके निवास स्थान पर गया। बाहर एक चौकीदार तैनान था। मैंने उससे पूछा, "साहब हैं?"

"हाँ हैं।"

"क्या कर रहे हैं?"

"शराब पी रहे हैं।" उसने निहायत सादगी से जवाब दिया। श्रीलाल शुक्ल जब इलाहाबाद नगर निगम के प्रकाशक थे, तो अकसर उनसे भेंट होती थी, उनका चौकीदार भी कुछ-कुछ लखनऊ के मित्र के चौकीदार जैसा था। एक बार उनसे मिलने गया और चौकीदार से यह पूछने पर भी श्रीलालजी घर पर हैं या नहीं, उसने बताया, "साहब है।"

"क्या कर रहे हैं?" मैंने पूछा।

"बाहर बाग़ीचे में बैठे हैं और टकटकी लगा कर चाँद की तरफ़ देख रहे हैं।" उसने बाग़ीचे की ओर संकेत करते हुए कहा।

इसी प्रकार लखनऊ में श्रीलालजी के एक अन्य पड़ोसी से भेंट हुई थी। वे भी वरिष्ठ प्रशासनिक अधिकारी थे श्रीलालजी  की तरह ही मस्त मलंग। शाम को

छह-सात बजे घर से गाड़ी लेकर निकले और रात बारह बजे तक न लौटे। परिवार के तमाम लोग परेशान हो उठे। उनके मित्रों के यहाँ फोन किये गये लेकिन उनका अता-पता नहीं मिल रहा था। तमाम रेस्तराँ और 'बार' देख डाले, निराशा ही हाथ लगी। आख़िर पुलिस को सूचना दी गयी। पुलिस भी सक्रिय हो गयी। वायरलेस से तमाम थानों को इसी सूचना प्रेषित कर दी गयी। ख़बर मिलते ही कुछ पत्रकार भी उनके निवास पर पहुँच गये। रातभर अटकलों का बाज़ार गर्म रहा। कुछ लोग किसी माफिया सरगना का नाम ले रहे थे जब वे गृह मन्त्रालय से सम्बद्ध थे तो एक माफिया सरगना को पकड़वाने में अहम भूमिका निभायी थी। कुछ लोग उसे किसी प्रेम प्रसंग से जोड़ रहे थे। रातभर प्रशासन परेशान रहा, पुलिस सक्रिय रही। भोर होने पर पाया गया कि उनका गैरेज खुला है। गैरेज में कार भी है और कार में वह भी हैं। स्टीयरिंग पर माथा टेके इत्मीनान से सो रहे हैं।

"जब जब श्रीलालजी का ख़्याल आता है, ये दोनों घटनाएँ जेहन में कौंध जाती हैं।"

संस्मरण प्रकाशित होते ही श्रीलालजी का एक पोस्टकार्ड मिला। मुझे हमेशा उनका पोस्टकार्ड ही मिलता है। लगता है हिन्दी के तमाम व्यंग्य लेखक पोस्टकार्ड का ज़्यादा इस्तेमाल करते हैं। रवीन्द्रनाथ त्यागी का पत्र भी हमेशा पोस्टकार्ड पर ही मिला है। और भी अनेक लेखकों की पोस्टकार्ड पर अनन्य अस्था है, उनकी लम्बी फेहरिस्त है। गनीमत यही है कि श्रीलालजी ने अपने नाम पते की रबर स्टैम्प नहीं बनवा रखी वरना कई लेखक तो अपठनीय रबर स्टैम्प चस्पां किये बग़ैर पत्राचार नहीं कर पाते। शायद वे थोक में पत्र लिखते हों। श्रीलालजी का उक्त पोस्टकार्ड मेरे आसपास नहीं है वरना मैं यहाँ उद्धृत करता। उस पोस्टकार्ड का लब्बोलुबाब यह था कि मैंने श्रीलालजी की शील रक्षा की कसरत अनावश्य ही की, अगर मैं उनके काल्पनिक मित्र की आड़ न लेकर सीधे-सीधे ये प्रसंग उनके नाम से लिख देता तो उनकी छवि पर कुई बट्टा न लग जाता।

वास्तव में श्रीलालजी हिन्दी के उन लेखकों में हैं, जिन्हें अपने प्रति कभी कोई ग़लतफहमी नहीं रही। इस दृष्टि से अपने प्रति उनका दृष्टिकोण अत्यन्त वस्तुपरक है। मैंने पाया है कि ज़रूरत से ज़्यादा तारीफ़ से भी वह क्षुब्ध हो जाते हैं और आलोचना से भी। वह ख़ुद ही अपना मूल्यांकन करते रहते हैं। लखनऊ में पहल सम्मान के अवसर पर मैंने इस बात को रोखांकित किया था कि उनकी यथार्थपरक गहरी समझ के बावजूद प्रगतिशील और रूपवादी दोनों खेमों के समीक्षकों ने 'राग दरबारी' के साथ न्याय नहीं किया था। श्रीलालजी को समीक्षकों का पूर्वाग्रह नहीं, मेरी बात खल गयी। उन्होंने अध्यक्षीय भाषण में कहा, "रवीन्द्र कालिया मुझे जितना उपेक्षित लेखक मान रहे हैं, उतना मैं हूँ नहीं।" मेरा कदापि आशय यह नहीं

था कि श्रीलालजी हिन्दी के इतने उपेक्षित लेखक हैं कि इन्हें 'पहल' सम्मान दिया जाना चाहिए।

वास्तव में जिन दिनों राग दरबारी प्रकाशित हुआ था, उन्हीं दिनों अनायास इलाहाबाद में खुसरोबाग के निकट मेरी उनसे प्रथम भेंट हुई थी। इस बात को भी तीस बरस हो चुके हैं। उन दिनों राग दरबारी चर्चा में आया ही था और उस पर तरह-तरह की विचित्र क़िस्म की समीक्षाएँ प्रकाशित हो रही थीं। मार्कण्डेय ने 'कथा' में श्रीपतराय की समीक्षा प्रकाशित की, जिसका शीर्षक था 'बहुत बड़ी ऊब का महाग्रन्थ'। श्रीपत जी ने उपन्यास के परखच्चे उड़ा दिये थे। मैं उन दिनों अश्क जी के यहाँ रहता था। अश्कजी को उपन्यास बहुत पसन्द आया था और उन्होंने आग्रहपूर्वक वह उपन्यास पढ़ने के लिए मुझे दिया। मैं रातभर जगकर पूरा उपन्यास पढ़ गया। बदलते हुए भारतीय गाँव का ऐसा सटीक चित्रण इससे पूर्व न हुआ था। लंगड़ की त्रासदी देर तक मन को सालती रही। मैंने छूटते ही श्रीलालजी से उपन्यास की भूरि-भूरि प्रशंसा की। वे आश्चर्यचकित से मेरी तरफ़ देख रहे थे, क्योंकि उनके मित्रों और 'परिमल' के सदस्यों की राय ठीक इसके विपरीत थी। उनके लिए शायद 'परिमल' की राय अधिक महत्त्वपूर्ण थी। वस्तुतः 'परिमल' मूल रूप से कवियों की संस्था थी, जहाँ गद्य लेखन को दूसरी कोटि का साहित्य कर्म माना जाता था। शायद यह 'परिमल' के मित्रों का ही परामर्श था कि बीच में श्रीलालजी ज़िन्दगी से कटे हुए जासूसी उपन्यास भी लिखने लगे थे। जहाँ तक 'रागदरबारी' का प्रश्न है, वह समकालीन यथार्थ से कुछ इस प्रकार सम्बद्ध था और ऐसी सफ़ाई से उतरा था कि 'परिमल' के गले से नीचे नहीं उतर रहा था।

श्रीलालजी मेरी राय जानकर बोले, "क्या तुम सचमुच ऐसा महसूस करते हो?"

"मेरा तो आपसे परिचय भी नहीं था न कोई स्वार्थ है, मैं झूठमूठ आपकी तारीफ़ करूँ।"

बाद में देखा गया, ज्यों-ज्यों उपन्यास के ख़िलाफ़ समीक्षाएँ प्रकाशित होती गयीं, उपन्यास स्थापित होता गया। यह एक नयी तरह का विरोधाभास था। श्रीलालजी आलोचकों के बल पर आगे नहीं बढ़े, पाठकों ने उन्हें पहले मान्यता दे दी। आलोचकों-समीक्षकों द्वारा प्रक्षेपित बहुत-से लेखक अपने समीक्षकों की साहित्यिक मौत के साथ मर जाते हैं। पाठकों का प्रिय लेखक एक लम्बे अरसे तक पारी खेलता है।

वास्तव में श्रीलालजी का व्यक्तित्व और लेखन बहुत पेचीदा नहीं है। उसका सान्दर्य सहजता और मौलिकता में है। श्रीलालजी में अफसरी बू भी बहुत कम है, नहीं के बराबर, अवकाश प्राप्ति के बाद तो एकदम नहीं है। यह दूसरी बात है कि

उनके ही मित्र कई बार यह कहते सुनाई देते हैं कि श्रीलालजी अफसरों के बीच साहित्यकार और साहित्यकारों के बीच अफसरों का-सा व्यवहार करते हैं। यह आरोप गोविन्द मिश्र, आशोक वाजपेयी, गिरिराज किशोर वग़ैरह पर भी लगते रहे हैं। अधीनस्थ कर्मचारी (पाठक वर्ग?) उन पर ऐसे बेबुनियाद आरोप लगा कर प्रायः अपनी कुंठा को ही उजागर करते हैं। श्रीलालजी और गिरिराज की वेशभूषा से ऐसा भ्रम फैल सकता है; कोट, पतलून, टाई और चमचमाते जूते। मैंने श्रीलालजी को धोती कुर्ते में भी देखा है, तब उनकी छटा ही निराली होती है। इस लिबास में भी वह साहित्यकार कम बिगड़े हुए नवाब अधिक लगते हैं।

श्रीलालजी का कई भाषाओं पर अधिकार है—अवधी, हिन्दी, संस्कृत, उर्दू, अँग्रेजी आदि पर। इनमें से किसी भी भाषा में वे फर्राटे से बातचीत कर सकते हैं। मगर उनका गद्य विशुद्ध गद्य है, उसमें उर्दू अथवा अँग्रेजी की घुसपैठ नहीं हो सकती। महादेवी जी और नरेश मेहता के गद्य की यह विशेषता थी, मगर श्रीलालजी के बाद इस प्रक़ार का विशुद्ध हिन्दी गद्य शायद ही बाद की किसी पीढ़ी के किसी लेखक में मिले। विशुद्ध भाषा में व्यंग्य लेखन करना टेढ़ी खीर है। वह जीवन की विसंगतियों और यथार्थ की विडम्बनाओं और परस्पर विरोधी स्थितियों की परतें उघाड़ते जाते हैं जबकि परसाई, शरद जोशी और रवीन्द्रनाथ त्यागी बीच-बीच में उर्दू का तेवर अख्तियार कर अभिव्यिक्त को पैना करते दिखायी पड़ते हैं। भाषा शैली की भाँति उनका व्यक्तित्व भी 'क्लासिकी' है, कभी-कभी ठीक इसके विपरीत बज़्र 'देहाती' भी। अवकाश प्राप्ति के बाद साहित्य पर पिल जाती है। ऐच्छिक अवकाश ग्रहण कर पूर्ण रूप से लेखन को समर्पित एक लेखक की कहानी पढ़कर भैरवप्रसाद गुप्त ने टिप्पणी की थी कि आप लेखन की बजाय नौकरी करते रहते तो साहित्य और समाज का अधिक कल्याण कर सकते थे। श्रीलालजी पर यह जुमला चस्पां नहीं किया जा सकता। श्रीलालजी पहले से कही अधिक लिख रहे हैं, प्रासंगिक लेखन कर रहे हैं, मगर यह उनकी त्रासदी है कि वह जाने सिर्फ़ रागदरबारी से जाते हैं। श्रीलालजी की ही नहीं तमाम लेखकों की कोई न कोई रचना उनका ट्रेड मार्क बन जाती है, चाहे वह लाख उससे बेहतर लिख लें। कृष्णा सोबती की तरह बहुत कम लेखक होते हैं, जिनका ट्रेड मार्क बदलता रहता है। 'ऐ लड़की' ने उन्हें 'मित्रो परजानी' के शाप से मुक्त कर दिया। 'ज़िन्दगीनामा' से 'दिलो दानिश' तक उनका अभूतपूर्व सफरनामा है। ज्ञानरंजन आज तब 'बहिर्गमन' की कारा से मुक्त नहीं हो पाये। इस चक्कर में उनका कहानी से ही बहिर्गमन हो गया। श्रीलालजी ने 'राग दरबारी' के बाद 'मकान', 'पहला पड़ाव' और 'विश्रामपुर का सन्त' तीन उपन्यास और लिखे। प्रत्येक उपन्यास अलग मनोभूमि पर खड़ा है। प्रत्येक उपन्यास में वे अलग, एकदम अछूते विषय उठाते हैं, मगर उनके कालर पर

आज भी 'राग दरबारी' का तमगा झिलमिला रहा है। मुझे अनेक बार श्रीलालजी की नयी कृतियों के अंश सुनने का अवसर मिला है। हिन्दी के कम उपन्यासों में ही गद्य का ऐसा लालित्य देखने को मिलेगा। वह अपनी रचनाओं का पाठ भी अद्भुत करते हैं। बीच-बीच में शेर की तर्ज पर दाद देने की इच्छा होती है। इस कला में शरद जोशी का कोई सानी नहीं था। कवि सम्मेलनों में उनका गद्य बाजी मार ले जाता। श्रीलालजी भी काव्य की तरह गद्य की अदायगी करते हैं। वह देर तक आपको एकाग्रचित रख सकते हैं। अपनी बात कहने का उनका निराजा अन्दाज़ है। 'राग दरबारी' की रचना प्रक्रिया पर वह कुछ इस अन्दाज़ में अपने विचार प्रकट करते हैं :

"किताब लिखना दिमाग़ के लिए कठोर और शरीर के लिए कष्टप्रद कार्य है। इससे तम्बाकू की लत पड़ जाती है। काफीन और डेक्सेड्रीन की ज़रूरत से ज़्यादा सहारा लेना पड़ता है। बवासीर, बदहजमी, अनवरत दुश्चिन्ता और नामर्दी पैदा होती है। फिर राग दरबारी, इसने मुझे लगभग छह साल बीमारी की हालत में रखा। उन गंवार चरित्रों के साथ दिन रात रहते हुए मेरी जबान ख़राब हो गयी। भद्र महिलाएँ खाने की मेज़ पर कभी-कभी मुझे भौंहें उठाकर देखने लगीं, मैं परिवार से परिवार मुझसे कतराने लगा। मेरी मुसीबत यह है कि किताब लिखने के लिए कोई जगह वाजिब ही नहीं जान पड़ती। अतः अपना मकान, बीवी, बच्चों, रिश्तेदारों, कृपाकांक्षियों आदि के लिए छोड़ कर अलग से दूसरा फ़्लैट दिया। वीराने में मोटर खड़ी करके उसकी सीट का महीनों इस्तेमाल किया, दूर-दूर के डाकबंगलों के चक्कर काटे (यानी वह सब किया जो ज़िम्मेदार गृहस्थ कोई प्रेमिका रखकर उसके लिए करते हैं)।"

श्रीलालजी का व्यक्तित्व अत्यन्त पारदर्शी है। कोष्ठक वाले 'ज़िम्मेदार गृहस्थ' की भूमिका निभाने की उनकी इच्छा होती है तो वह इसे छिपाते नहीं, अपने आत्मीय जनों के बीच इसका खुला इजहार कर सकते हैं। एक ज़माने में तो उनकी दृढ़ धारणा थी कि जिस लेखक की 'मिस्ट्रेट' में आस्था नहीं है वह अच्छा लेखक हो ही नहीं सकता। बात करते-करते वह अचानक पूछ सकते हैं, "अमुक महिला को मिस्ट्रेट रख लिया जाए तो कैसा रहे?" वह अपने अधीनस्थ डॉक्टर को तलब करके यौन समस्याओं का खुलासा कर सकते हैं। कोई लेवेंस्की उनको ब्लैकमेल करने का प्रयत्न करती तो वह बिल क्लिंटन की तरह क्षमाचायक न हो जाते, कोई आश्चर्य नहीं, विवाद छिड़ने से पूर्व ही वह इस्तीफ़ा देकर अलग हो जाते और उनके पेपर्स लेवेंस्की से अधिक विस्फोटक और रोचक होते। मगर वह उन्हें प्रकाशित न कराते। सच उनके यश की गंगा में समानान्तर अपयश की गटर गंगा कभी प्रवाहित नहीं हुई। उनके भीतर एक पुरातनपन्थी धर्मगुरु ब्राह्मण की आलथी-

पालथी लगाकर विराजमान रहते। जब तक वह सरकारी सेवा में रहे, सरकारी कायदे क़ानून का उन्होंने निष्ठापर्वूक पालन किया। वह हर काम को विधि संगत रूप में करने के पक्षधर हैं, वरना 'राग दरबारी' के प्रकाशन की सरकार से अनुमति लेने की कोई विशेष अनिवार्यता नहीं थी। उन्होंनें स्वयं ही उपन्यास की पाडुंलिपि प्रशासन को प्रस्तुत कर दी। यह एक दिलचस्प विरोधाभास है कि सरकार ने उन्हें वर्षों तक 'रागदरबारी' के प्रकाशन की अनुमति नहीं दी और वह प्रकाशित हुआ तो सर्वप्रथम प्रतिष्ठान की प्रमुख एजेंसी साहित्य अकादमी ने ही उसे पुरस्कृत किया। आज सरकारी अधिकारियों की व्यवस्था विरोधी कृतियाँ बग़ैर किसी रोक-टोक और अनुमति के प्रकाशित होती हैं। हो सकता है तब दूसरे नियम रहे हों।

बहरहाल, श्रीलालजी ने अपनी सरकारी सेवा से भी बहुत अनोखे अनुभव प्राप्त किये और उन्होंने कच्चे माल की तरह इस अनुभव सम्पदा का उपयोग किया। शासन के वरिष्ठ अधिकारी होने के नाते अनेक मुख्यमन्त्रियों, विधायकों और उनके दलालों का अध्ययन करने का उन्हें अवसर मिला। यही कारण है कि एक से एक दिग्गज राजनेताओं की जन्मपत्री उनके पास है। उनकी योग्यताओं, अयोग्यताओं, आशाओं, आकांक्षाओं और उनके अन्तर्विरोधों को वह बखूबी समझते हैं। 'राग दरबारी' में ही नहीं, उनके नवीनतम उपन्यास 'विश्रामपुर का सन्त' में भी उनके अनुभव झलकते हैं। ये रचनाएँ सिविल सेवा से ही सम्भव हो सकती थीं। आज के रजनीतिक माहौल और प्रशासन तन्त्र का भी कच्चा चिट्ठा उनके पास है। तन्त्र की भृगुसंहिता उन्हीं के पास है।

श्रीलालजी पाठक भी बहुत अच्छे हैं। एक बार ममता के यह पूछने पर कि वह ख़ाली समय कैसे बिताते हैं, श्रीलालजी ने कहा, "उनके पास कोई ख़ाली समय नहीं होता (तभी पुत्री विनीता कह उठती है कि पापा पढ़ते बहुत हैं।)। तालस्ताय, टामसमान, सौल बैलो उनके प्रिय लेखक हैं वह नये से नये लखेकों की कृतियाँ पढ़ने की फिराक में रहते हैं। आज तक कभी ऐसा नहीं हुआ कि मैंने या ममता ने कोई पुस्तक भेंट की हो या भेंट न की हो, उन्होंने न पढ़ी हो। इस दृष्टि से गिरिजाजी भी उनसे पीछे नहीं थीं। वह आप की कोई पुस्तक पढ़कर अचानक लखनऊ से फोन घुमा सकते हैं और उस पर देर तक बातचीत कर सकते हैं। गिरिराज किशोर की उतनी पुस्तकें मैंने नहीं पढ़ी होंगी, जितनी श्रीलालजी ने पढ़ रखी हैं, जबकि गिरिराज मेरी पीढ़ी के रचनाकार हैं। उन्हें पुस्तक का नाम ही नहीं, पात्रों के नाम तक याद रहते हैं। अभी हाल में ममता ने अपना नया कथा संकलन श्रीलालजी के पास भिजवाया। पुस्तक प्राप्त होते ही उन्होंने फोन किया और पढ़ कर लिखा— "बच्चा कहानी नोबल प्राइज स्टफ है। वाह! वाह!! सुभान अल्लाह!!!" श्रीलालजी का पत्र पढ़कर ममता ने बड़ी मासूमियत से मुझसे पूछा, "श्रीलालजी

दाद दे रहे हैं या मज़ाक उड़ा रहे हैं?''

यह श्रीलालजी का अन्दाज है। अश्कजी के बाद श्रीलालजी ही इतने मुक्त भाव से प्रशंसा कर सकते हैं। रचना पसन्द न आये तो वह यह भी कह सकते हैं कि यह दो कौड़ी की रचना है और चूल्हे में फेंकने लायक है।

श्रीलालजी प्रशासक होकर इलाहाबाद आ गये तो मुझे सत्संग के अवसर मिलने लगे। मदिरापान हम दोनों का मिलन बिन्दु था। उनके पुराने मित्रों में विजय देव नारायण साही का निधन हो चुका था, केशवजी ने दाढ़ी बढ़ा ली थी और सूफिया अन्दाज़ में जीने लगे थे। भारती जी बहुत पहले शहर से बहिर्गमन कर चुके थे। हर मदिरा प्रेमी की तरह हमप्याला दोस्तों के अनौपचारिक रिश्ते सहज ही क़ायम हो जाते हैं। इलाहाबाद के अधिसंख्यक कथाकारों को इससे परहेज नहीं था। गर्ज यह कि पहली फ़ुर्सत में हम एक-दूसरे के यहाँ आया जाया करते थे। अन्य लेखकों से उनका औपचारिक सम्बन्ध ही बना रहा। केशवजी उनके बाल सखा रहे हैं, जबकि मुझे केशवजी और श्रीलालजी एक-दूसरे के विलोम ही लगते हैं। व्यंग्य और संगीत में दोनों की समान रुचि है। अफ़सरों के प्रति इलाहाबाद में केवल उन लेखकों की रुचि रहती है जो लघु पत्रिकाएँ प्रकाशित करते हैं और विज्ञापन पाने की जुगाड़ में रहते हैं। ऐसे सम्पादकों से भी उनकी दूरी बरकरार रही। वैसे ही इलाहाबाद के लेखकों में दिल्ली के लेखकों की तरह सुविधाओं के पीछे भागने की होड़ नहीं है। अधिसंख्य लेखक फ़कीरना अन्दाज़ में रहते हैं। बहुत से ऐसे लोग हैं जिन्होंने जीवन में कभी जम कर नौकरी नहीं की, अगर की भी तो किसी छोटी-मोटी नौकरी में ज़िन्दगी बिता दी। पारिवारिक ज़िम्मेदारियों का निर्वाह सबको करना पड़ता है। श्रीलालजी को किसी लेखक का मज़बूरी का एहसास होता तो वह नेपथ्य से सहायता अवश्य करते।

उन्हीं दिनों हिन्दी के एक बहुचर्चित कथाकार की बिटिया की शादी थी। अपने समस्त स्रोतों को जुटाने के बाद भी वे असमर्थ अनुभव कर रहे थे। मैंने श्रीलालजी से इसकी चर्चा की। उन्होंने तुरन्त सहायता का आश्वासन दिया और कहा, ''देखो उनसे इसका भूल से भी ज़िक्र न करना कि मैंने कुछ सहायता की है।''

''आपका ज़िक्र क्यों न करूँ?'' मुझे जिज्ञासा हुई।

''अव्वल तो ज़रूरत नहीं है। दूसरे मैं नहीं चाहता कि अकारण किसी को अपने एक टुच्चे एहसान से लाद दूँ।''

मुझे एक से अधिक बार 'दूरदर्शन' लखनऊ की परिचर्चाओं में श्रीलालजी के साथ भाग लेने का अवसर मिला है। 'दूरदर्शन' लखनऊ की यह परम्परा है कि अगर रिकार्डिंग ग्यारह बजे निश्चित हुई है, तो कोई-न-कोई ऐसा व्यवधान आ

जाएगा कि रिकार्डिंग तीन-चार बजे से पूर्व सम्पन्न न होगी। वे लोग पहला काम करते हैं कि ग्यारह बजे आपका मेकअप ज़रूर कर देंगे। अब आप मुँह पर उबटन का लेप किये बैठे रहिए। अकसर ही श्रीलालजी ऊबकर मुँह धो लेंगे और कहेंगे, "चलिए जरा तर ही हो जाएँ। थोड़ा मिष्ठान्न का सेवन कर लिया जाए।" उस समय बीस बरस पहले के ज्ञानरंजन की याद आना स्वाभाविक है। एक ज़माने में ज्ञान का मन इसी प्रकार गर्भवती महिलाओं की तरह खट्टी-मिट्ठी चीज़ों पर मचला करता था। एकाध घंटे के बाद लौटने पर पता चलेगा कि अभी कैमरे तैयार हो रहे हैं और इस बीच दो-एक लेखक और आ गये हैं और उबटन मलकर बैठे हुए हैं।

परिचर्चा में भाग लेने के लिए श्रीलालजी पूरी तैयारी के साथ आते हैं। छोटी-छोटी पर्चियों पर बिन्दु लिखे रहते हैं। किसी भी चर्चा को भक्तिकाल और रीतियुग की ओर मोड़ने में उन्हें ज़्यादा समय नहीं लगता। वे अपनी बात की पुष्टि में एक के बाद एक उद्धरण प्रस्तुत करते जाएँगे। एक बार चर्चा के दौरान मैंने दाद देने की गुस्ताखी की। गुस्ताखी इसलिए कहूँगा कि हिन्दी के कथाकार दाद के आदी नहीं हैं, वे सोचते हैं कि दाद देकर उनकी टाँग खींची जा रही है। वैसे कई बार दाद इसलिए दी भी जाती है कि विषय से भटका हुआ वक्ता विषय की तरफ़ लौट आये। श्रीलालजी बाद में खिन्न हो जाते हैं। वे नोट्स पर से आँख उठाकर असहमति में आपकी ओर कुछ इस प्रकार देखेंगे जैसे कह रहे हों, नहीं चाहिए आपकी दाद, क्या आप कृपापूर्वक चुप रह सकते हैं? वैसे मैंने प्रायः अनुभव किया कि वे घर से होमवर्क करके नहीं आते, तो अधिक उन्मुक्त होकर बातचीत करते हैं, वरना बातचीत की गुंजाइश कम होती है। आप चुपचाप उन्हें सुनते जाएँ और उनकी पूरी बात समाप्त होने पर जो चाहें कहें।

श्रीलालजी कई बार लेखन और एकान्तवास के लिए पहाड़ पर जाया भी करते हैं। पिछली बार तो बरेली से लौट आये। पूछने पर पला चला कि वे इसलिए लौट आये कि यह एक महँगा सौदा है। उन्होंने बताया—"रास्ते भर मैं सोचता रहा कि नैनीताल तक आने-जाने और दो-एक महीने रहने में चार-छह हज़ार रुपये खर्च हो जाएँगे। अब अगर उपन्यास लिखने में सफल हो गया तो जानते हैं रायल्टी में क्या मिलेगा, वही चार-छह हज़ार। बँधुआ मजदूर की तरह जो परिश्रम किया, वह बेगार में बदल जाएगा। मैंने बरेली उतरकर वापस लखनऊ की गाड़ी पकड़ ली। आराम से अपने घर में रहेंगे, जी चाहा लिखेंगे, नहीं जी चाहा, नहीं लिखेंगे।" लेखन का एक और पक्ष भी है। श्रीलालजी को लेखन से उतनी रायल्टी न मिली होगी, जितनी राशि के पुरस्कार मिल चुके हैं। साहित्य अकादमी का पुरस्कार उन्हें बहुत पहले मिल गया था। उसके बाद तो जैसे पुरस्कारों की झड़ी लग गयी। मुझे तो

लगता है कि हिन्दी में अगर कोई एकाध पुरस्कार उन्हें मिलने से रह गया है तो वह भी मिलने ही वाला होगा। हिन्दी में पुरस्कार प्राप्त करने वालों की एक अलग ही श्रेणी बनती जा रही है। आज श्रीलालजी उसी पंक्ति में खड़े हैं। लगातार पुरस्कार ग्रहण करते हुए धीरे-धीरे श्रीलालजी पुरस्कारों की चयन समितियों में भी शामिल हो चुके हैं। यश प्राप्ति लेखकों की जमात उनकी घेराबन्दी करने में जुट सकती है, मगर श्रीलालजी ने व्यूह में घिरना सीखा ही नहीं। लखनऊ ज़रूर उनकी कमजोरी है। अपनी सीमाओं का अतिक्रमण करना वह जानते हैं। ऐसा न होता तो श्रीलालजी अब तक उसी कोष्ठक वाले 'ज़िम्मेदार गृहस्थ' की ही भूमिका में सीमित हो कर रह जाते।

श्रीलालजी वय में भी मुझसे लगभग पन्द्रह बरस बड़े हैं। लेकिन उनसे बात करते हुए हमेशा यही महसूस हुआ है जैसे किसी हमउम्र दोस्त से बात कर रहा हूँ। उनकी बातों में लाग-लपेट नहीं रहती, एक खुलापन रहता है। उनसे प्रेम-प्रसंग पर ही नहीं, काम सम्बन्धों पर भी चर्चा की जा सकती है। कई बार तो एक शिशु-सा भोलापन भी महसूस होता है। एक बार मैं लखनऊ गया था तो उस रोज गिरिजाजी बाहर से लौटने वाली थीं। गिरिजाजी ने घर में प्रवेश किया तो श्रीलालजी ने एक शिशु की तरह चहकते हुए उन्हें बताया, ''गिरिजा, नैनीताल से हम लोग जो पौधा लाये थे, उसमें अंकुर निकल रहे हैं।'' और पति-पत्नी पौधे के पास बैठकर देर तक उस अंकुरित पौधे को निहारते हुए प्रसन्न होते रहे।

श्रीलालजी नियम-धर्म का भी बहुत विचार करते हैं। उन्हें कुँवारी कन्याओं और विधवा स्त्रियों से भी अधिक व्रत करते हुए देखा जा सकता है। नवरात्रि में वे और कुछ तो क्या पानी भी पीते होंगे या नहीं, यह बताना मुश्किल है।

श्रीलालजी के साथ बितायी एक दोपहर तो भुलाए नहीं भूलती गिरिजाजी एकदम असहाय, असमर्थ और चेतना शून्य हो चुकी थीं। श्रीलालजी पूर्ण समर्पण के साथ उनकी तीमारदारी में मशगूल थे। दिसम्बर का महीना था। अखिलेश, रमेश दीक्षित और मैं गिरिजाजी को देखने इन्दिरानगर गये। बाहर लान में गुनगुनी धूप के बीच गिरिजाजी का बिस्तर लगा था। सफेद शफ्फाक चादर बिछी थी। शायद स्पंज के बाद उनके कपड़े बदले गये थे। ऐसा लग रहा था, वह अभी-अभी नहा कर धूप में सुस्ता रही हैं। उनकी देखभाल के लिए दो नर्सें तैनात थीं। पास ही कुर्सी पर श्रीलालजी बैठे थे। बहुत उदास, बहुत अकेले। हमें देखकर अचानक उनका ध्यान टूटा। हमें पास पाकर उन्हें बहुत राहत मिली। चेहरा सामान्य हुआ। गिरिजाजी की चारपाई पर झुकते हुए बोले, ''गिरिजा देखो रवीन्द्र आया है इलाहाबाद से।''

गिरिजाजी जैसे गहरी नींद में थीं।

''गिरिजा रवीन्द्र आया है तुम्हें देखने।''

गिरिजाजी उसी प्रकार शान्त, मौन और निश्चल।

"गिरिजा तुम ने ममता का बेघर पढ़ा था। याद है वह प्रसंग? देखो वह कितनी दूर से चल कर आया है।"

गिरिजाजी अधखुली भावशून्य आँखों से जैसे इस नश्वर संसार का जायजा ले रही थीं।

"गिरिजाजी नमस्कार!" मैंने भर्रायी हुई आवाज़ में कहा।

"सुनो गिरिजा रवीन्द्र तुम्हें नमस्कार कह रहा है।" श्रीलालजी ने हम लोगों की ओर मुड़कर कहा, "देखो पहचान रही हैं, तुम देख रहे हो रवीन्द्र, हल्की-सी मुस्कराहट आ गयी है गिरिजा के चेहरे पर।" मैं देख रहा था, अखिलेश देख रहा था, रमेश देख रहा था। होंठों पर खिंची वह अदृश्य मुस्कराहट केवल श्रीलालजी देख पा रहे थे। मुझे लगा गिरिजाजी के चेहरे पर आयी उस मुस्कराहट को केवल श्रीलालजी जी देख पा रहे थे। वह मनोलिज़ा की दिव्य, मायावी और रहस्यमयी मुस्कराहट थी। त्यानादॉ के बाद की अनेक पीढ़ियाँ आज तक उस मुस्कराहट की व्याख्या से हज़ारों पन्ने स्याह कर चुके हैं।

हम लोग भीतर ड्राइंगरूम में चले गये। श्रीलालजी के बालसखा उपाध्यायजी पहले से विराजमान थे। इस कठिन समय में उनका साथ देने के लिए ही शायद वह फतेहपुर से आये हुए थे। उन्हें देख कर लग रहा था, वह चुपचाप जैसे विष्णु सहस्रनाम का पाठ कर रहे हैं। श्रीलालजी देर तक गिरिजाजी के स्वास्थ्य का ब्योरा देते रहे। वह एक बदलते हुए श्रीलालजी थे। आज मस्त, मलंग और बेफ़िक्र रहने वाले श्रीलाल उद्वेलित थे। गिरिजाजी की बीमारी ने उनकी दिनचर्या ही बदल डाली थी। महीनों से शराब नहीं छुई थी। नशे में नींद लग गयी तो गिरिजा को कौन देखेगा? वह कहते। इस समय उनकी एक ही मुराद थी कि किसी तरह गिरिजा जी स्वस्थ हो जाएँ गिरिजाजी को देखकर लगता था कि वह जैसे पहले ही विदा ले चुकी हैं। एक औपचारिकता शेष है। इस पर श्रीलालजी लेखक थे न आराम पसन्द अवकाश प्राप्त अधिकारी, वह मात्र पति थे, प्रेमी थे, दोस्त थे। पास ही मेज़ पर कई दिनों के समाचारपत्र और पत्र-पत्रिकाएँ पड़ी थीं। लगता था, समाचारपत्रों की तह भी नहीं खुली। एक कोने में लावारिस सी डाक पड़ी थी।

श्रीलालजी का समर्पण भाव मेरे लिए एकदम नया अनुभव था। मैं उन्हें मूल रूप से एक रसिक व्यक्ति ही मानता था। कई बार तो श्रीलालजी से बात करके उस भौंरे की याद आ जाती थी, जो किसी पुष्प पाटिका से उन्मुक्त विहार कर रहा हो। एक बार लखनऊ दूरदर्शन पर हिन्दी उपन्यास पर आयोजित एक परिचर्चा में डॉ. शिव प्रसाद सिंह, कामतानाथ, गिरिराज और मैं भाग ले रहे थे। हस्बेमामूल हम लोग चेहरों पर उबटन मल कर सहायक केन्द्र निदेशक उदयभानु मिश्र के कमरे में

बैठे थे। उदयभानु मेरे पुराने मित्र हैं। कभी दिल्ली में हम लोग साथ थे और रोज रात को रीगल से अन्तिम बस में साथ-साथ घर लौटा करते थे। उस समय मिश्रजी के कमरे में देश की राजनीति पर धुआँधार चर्चा चल रही थी। इसी बीच मुद्राराक्षस भी आ गये। वे साम्प्रदायिकता के प्रश्नों को लेकर उत्तेजित थे। मैंने लक्षित किया, श्रीलालजी किसी चर्चा में भाग नहीं ले रहे हैं और शायद ऊब रहे हैं। मैं सोच ही रहा था कि श्रीलालजी अभी कहीं चल कर मिष्ठान्न सेवन करने का प्रस्ताव रखेंगे लेकिन उन्होंने अचानक प्रस्ताव रखा कि कुछ नहीं रखा इन फिजूल की चर्चाओं में अगर बात ही करनी है तो नायिका भेद पर बात कीजिए। बहुत हो चुका मंडल-कमंडल। श्रीलालजी अगर मूड में होंगे तो अँग्रेजी, हिन्दी, उर्दू, संस्कृत साहित्य के बीसियों रोमांटिक पद सुना सकते हैं। गीत गोविन्द सुना सकते हैं, कालिदास का कोई अत्यन्त रागात्मक उद्धरण प्रस्तुत कर सकते हैं। कई बार तो लगता है उनके जीवन में अगर कोई अभाव है तो केवल एक ठो प्रेमिका का। उसके बग़ैर जीवन अधूरा है, निष्प्रयोजन है। कई बार तो वे इस हद तक उदार हो जाएँगे कि कहेंगे, ''प्रत्येक लेखक को एक मिस्ट्रेस रखनी चाहिए, किसी पर्वतीय क्षेत्र में लेखन की सुविधा होनी चहिए। यह क्या कि पसीना बहे जा रहा है और आप झक मार रहे हैं।''

आज रीतिकार से उतर कर श्रीलालजी वर्तमान के शुष्क वीरान टीले पर खड़े थे।

''रवीन्द्र तुमने बहुत अच्छा किया जो चले आये।'' वह कुछ देर रुककर बोले, ''तुम्हारे आने से बहुत राहत मिली है, कुछ हो जाना चाहिए।''

उन्होंने जेब से पर्स निकाला। सौ-सौ के कुछ नोट रमेश को देते हुए बोले, ''एक जिन ले आओ और अमुक रेस्तराँ से खाना पैक करा लाओ।''

रमेश पैसा लेने में संकोच कर रहे थे, ''मैं ले आता हूँ।''

''नहीं, नहीं।'' श्रीलालजी ने उसकी जेब में रुपये ठूँस दिये और खाने का मीनू बताने लगे। अखिलेश और रमेश रवाना हो गये। श्रीलालजी बाहर गिरिजाजी के पास जाकर बैठ गये। मैं उपाध्यायजी से बतियाता रहा।

''आज कुछ ज़्यादा ही परेशान हैं।'' उपाध्यायजी ने बताया, ''इधर महीनों से, जब से गिरिजाजी की यह हालत है, मदिरापान से परहेज ही रखते रहे। जाने आज क्या चक्कर हो रहा है।''

रमेश, अखिलेश लौटे तो श्रीलालजी उनके साथ ही भीतर आये। पानी, गिलास और बर्फ़ की व्यवस्था हुई। नींबू काटे गये। श्रीलालजी ने बोतल खोलकर रमेश को थमा दी, ''डालो।''

हमलोगों ने गिलास टकराये और सत्र शुरू हो गया, ''उपाध्याय कुछ सुनाओ।''

उपाधयाय जी अतीत में चले गये। पुराने संस्मरण सुनाने लगे। गाँव, देहात और श्रीलालजी से सम्बन्धों का एक सिलसिला। एक ताबील सफ़र। कोई भी बात जम नहीं रही थी—न साहित्य, न राजनीति, न नायिक भेद। श्रीलालजी बीच-बीच में उठकर बाहर जाते और गिरिजाजी को देखकर लौट आते। कमरे में जैसे गिरिजाजी की बीमारी के बादल घिर आये थे। य कोहरा छा गया था। सिवाय 'जिन' के कुछ भी आगे नहीं बढ़ रहा था। तूफ़ान से पहले की ख़ामोशी व्याप्त थी। जिन कब तले में लग गयी पता ही न चला।

अचानक जैसे हम लोग तूफ़ान में घिर गये। सहसा श्रीलालजी ने गिलास ख़ाली किया और फफक कर रोने लगे। मेज़ पर खाना लग चुका था। किसी की हिम्मन न हुई कि श्रीलालजी से मुख़ातिब होता। यह सम्भव ही न था। वह उठे और जाकर बेडरूम में लेट गये। मैं सहमा-सहमा पीछे गया। तब तक उन्होंने सर तक रजाई ओढ़ ली थी। लग रहा था तकिया तर हो रहा है।

मेज़ परखाना लगा था श्रीलालजी की पसन्द का मीनू। मगर एक भी कौर निगलना मुहाल था। महफिल उखड़ गयी थी। बाहर धूप में गिरिजाजी उसी करबट लेटी थीं। चेहरे पर कोई शिकवा, कोई शिकायत नहीं। एकदम जैसे कोई शिशु निर्विकार लेटा हो। दोनों नर्सें वैसे ही तैनात थीं। हम लोग उपाध्याय जी से विदा लेकर बस अड्डे की तरफ़ चल दिये। मुझे अब पहली उपलब्ध बस से इलाहाबाद लौटना था।

# कृष्णा सोबती

सन् साठ के आसपास मैंने जब साहित्य में आँखें खोलीं, कृष्णा सोबती कथा साहित्य में न केवल स्थापित हो चुकी थीं, बल्कि एक धाकड़ महिला के रूप में अपनी पहचान भी स्थापित कर चुकी थीं। यह तब की बात है जब कमलेश्वर, राकेश और यादव की त्रयी अपनी पहचान बनाने के लिए संघर्ष कर रही थी। कृष्णाजी के बारे में बहुत-सी किंवदन्तियाँ प्रचलित थीं। उन दिनों जब बड़े-बड़े कथाकार डीटीयू की बसों में धक्के खाते हुए संघर्ष कर रहे थे, कृष्णाजी टैक्सी में चलती थीं। यह भी कहा जाता था कि टैक्सी, टैक्सी ड्राइवर की सूरत देखकर ही वह टैक्सी का चुनाव करती थीं। वह टी-हाउस या काफी हाउस में भी दिखायी नहीं देती थीं, उनका अड्डा कनॉट प्लेस के महँगे रेस्तराँ थे, जिनकी देहरी बहुत कम हिन्दी लेखकों ने लाँघी थी। हम जैसे बहुत से नये रचनाकार केवल कृष्णाजी की झलक पाने के लिए ला बोहीम में झाँक आते थे। ला बोहीम में काफ़ी अँधेरा रहता था। बहुत कोशिश करने पर भी कृष्णाजी के संगमरमरी हाथ और चेहरा ही दिखाई देता था। उनकी पोशाक ही ऐसी होती थी। उन्हें देखकर केवल जिज्ञासाएँ पैदा हाती थीं। ज़्यादातर रचनाकार उनके व्यक्तित्व से आतंकित रहते थे। सन् चौसठ में जब हम लोग यानी मोहन राकेश, कमलेश्वर, विमल, परेश और मैं परिमल की कुख्यात कथा गोष्ठी में भाग लेने के लिए अपर इंडिया एक्सप्रेस से इलाहाबाद जा रहे थे तो अचानक हमारे कम्पार्टमेंट में अफ़वाह फैली कि इसी गाड़ी में कृष्णाजी भी जा रही हैं, हमारी तरह तृतीय श्रेणी के स्लीपर में नहीं प्रथम श्रेणी के कूपे में। अगले ही स्टेशन पर हम लोग यानी विमल, परेश और मैं फर्स्ट क्लास के कम्पार्टमेंट में ताक-झाँक करने लगे, कृष्णाजी की एक झलक पाने के लिए। वह जैसे हिन्दी कहानी की राजकुमारी थीं। हिन्दी साहित्य में उनके मूक प्रेमियों की एक पीढ़ी की पीढ़ी मौजूद थी। राजकुमारियों की यह नियति होती है। उनके चाहने वाले योगी बन जाते हैं, पागल हो जाते हैं, आत्महत्या कर बैठते हैं, कविता लिखने लगते हैं। कोई भी रचनाकार कृष्णाजी के नज़दीक होने का दावा नहीं कर सकता था। कहा—बताया जा रहा है कि हिन्दी के एक प्रतिष्ठित रचाकार के बारे में जब

कृष्णाजी को आभास हुआ कि वह रागात्मक रूप से उनसे जुड़ने की कोशिश कर रहे हैं तो कृष्णाजी उनके साथ संगम चल दीं। बाँध से नीचे उतरते ही वह अल्हड़ मुटियार की तरह दौड़ने लगीं—मुझे छुइए। रचनाकार महोदय एक टीनएजर की तरह कृष्णाजी को छूने के लिए उनके पीछे भागे और देर तक भागते ही चले गये। कृष्णाजी बालू में ऐसे दौड़ रही थीं जैसे सरसों के खेत में दौड़ रही हों। अचानक रचनाकार की साँस फूलने लगी, मगर कृष्णाजी ने पलट कर न देखा। जब देखा तो पाया वह रचनाकार संगम की रेत पर गिरे हुए थे और बुरी तरह से हाँफ रहे थे, उनके मुँह से सफ़ेद फेन निकल रहा था।

बहुत से वरिष्ठ लेखकों ने कृष्णाजी पर संस्मरण लिखने की हिम्मत जुटाई, जो लिखने में सफल हुए, बाद में क्षमा याचना करते ही नज़र आते। गरज यह है कि कृष्णाजी पर कुछ भी लिखना जोख़िम से ख़ाली नहीं होता। ऐसा अब तक लेखकों का अनुभव रहा है। वह नरेश मेहता हों अथवा अपने राजेन्द्र यादव। उन्हीं दिनों यह भी सुना गया कि देश की प्रख्यात प्रकाशन संस्था भारती भंडार ने उनके प्रथम उपन्यास को प्रकाशित करने का जोख़िम उठाया था, मगर कृष्णाजी पुस्तक के प्रस्तुतिकरण से इतनी क्षुब्ध हो गयीं कि उसका प्रकाशन रुकवा दिया। कई रिम काग़ज़ बर्बाद हो गया।

मैंने सबसे पहले कृष्णाजी की कहानी 'बादलों के घेरे में' पढ़ी थी। भुवाली का सेनिटोरियम तीसियों बरस बाद आज भी दिमाग़ में कौंध जाता है। वह लम्बी कहानी थी, मैं कई बार पढ़ गया। उसके बाद 'निकष' में उनकी लम्बी कहानी 'डार से बिछुड़ी' पढ़ी थी। कहानी का चित्रांकन कन्हैयालाल नन्दन ने किया था और डार का अर्थ लिया था पेड़ की डाल, जबकि पंजाबी में डार पंक्ति को कहते हैं। पंछियों के झुंड से जब कोई पक्षी भटक जाये तो कहा जाता है वह डार से बिछुड़ गया। मुझे डार का यह अर्थ मालूम था। बाद के वर्षों में नन्दनजी ने बताया था यह भूल उन्हीं से हुई थी। 'सिक्का बदल गया' शायद 'प्रतीक' में पढ़ी थी। 'मित्रो मरजानी' ने तो पूरे हिन्दी जगत को झकझोर दिया था। जिस दौर में स्त्रियों के लिए 'सेक्स' की बात करना सम्भव ही न था, कृष्णाजी ने ऐसी 'मित्रो' को रच दिया जो इस वर्जित प्रदेश में स्वच्छन्द विचरण करती थी। अपने आचरण के प्रति वह नितान्त निर्कुण्ठ थी।

मेरे जेहन में कृष्णाजी की एक सम्पन्न, संवेदनशील, ऐरिस्टोक्रेट, ज़िद्दी, झगड़ालू, तुनकमिज़ाज, पढ़ाकू, आज़ाद ख़्याल महिला की छवि थी। कभी उनसे सम्पर्क करने का साहस ही न हुआ था कि एक दिन अचानक उनका ख़त पाकर मैं चौंक गया। उन्हीं दिनों मेरी कहानी 'त्रास' प्रकाशित हुई थी और कृष्णाजी को वह कहानी बहुत पसन्द आयी थी, पसन्द ही नहीं आयी थी, उन्होंने उसकी तारीफ़ में

सहज भाव से मुझे एक पत्र लिखा था। वह पत्र मैंने कई बार पढ़ा। विश्वास ही नहीं हो रहा था कि कृष्णाजी को मेरी कहानी पसन्द आ सकती है और मुझे पत्र लिख सकती हैं। मैंने उसी समय तमाम साथियों को वह पत्र दिखाया और अगले रोज़ वह पत्र दफ़्तर भी ले गया। चतुर्वेदी, गौड़, गर्ग, कृष्णमोहन श्रीवास्तव, सुरेश अवस्थी, कुलभूषण, बदीउज्जमा—दफ़्तर के तमाम साहित्य प्रेमियों को वह पत्र पढ़ा डाला। मेरे पैर ज़मीन पर नहीं पड़ रहे थे। दोपहर को राजकमल जाकर कमलेश्वरजी को भी वह पत्र दिखा आया, शाम को राकेशजी को भी बताया। मुझे लगा अब कहानी में मेरी साख जम गयी है। मेरी समझ में नहीं आ रहा था, इस पत्र का क्या जवाब दूँ! कई पत्र लिखे और फाड़ डाले। आख़िर कुलभूषणजी के कमरे में गया। उन्हें अपनी समस्या बतायी। उन्होंने एक अधिकारी की तरह इसका उत्तर डिक्टेट कराया, निहायत औपचारिक और कार्यालीय भाषा में। मुझे उस पत्र का जवाब लिखना कहानी लिखने से कठिन लग रहा था। कुलभूषणजी कार्यालय के वरिष्ठ कथाकार थे, सबसे बड़ी बात थी, सुप्रसिद्ध कथाकार सुदर्शन के बेटे थे। मुझे लगा वही जवाब भेजना मुनासिब होगा। मैंने वह पत्र कृष्णाजी को डाक से भेज दिया और बाद में महसूस करता रहा कि अगर मुझे कोई इस तरह का जवाब देता तो मैं जीवन में उसे कभी दुबारा पत्र न लिखता, बल्कि पत्र लेखक की रचना पढ़ने में भी दिलचस्पी खो बैठता। एक जीवन्त पत्र का मृत उत्तर देकर मन ग्लानि से भर गया और तय किया कि किसी दिन जाकर कृष्णाजी से भेंट करूँगा।

कृष्णाजी उन दिनों प्रकाशन विभाग में काम करती थीं। पुराने सचिवालय में उनका कार्यालय था। मेरे मित्र 'दस कहानियाँ' के सम्पादक हरिवंश कश्यप को उनके दफ़्तर का ठिकाना मालूम था। वह ख़ुद भी शायद पुराने सचिवालय में काम करता था। बहुत विचार-विमर्श के बाद एक दिन मैं और कश्यप कृष्णाजी से मिलने उनके कार्यालय पहुँचे। एक छोटे से कमरे में बीचोबीच एक बड़ी-सी मेज़ थी। सामने कृष्णाजी बैठी थीं। उन्होंने न मेरे पत्र का ज़िक्र किया न कहानी का। न यह पूछा कि आजकल क्या लिख रहा हूँ या दिल्ली में क्या करता हूँ! उन्होंने चाय मँगवायी और पूछा कि मैं आजकल क्या पढ़ रहा हूँ। ऐसी किसी किताब का नाम याद न आया जो बताने लायक लगे, यह दूसरी बात है कि कृष्णाजी को प्रभावित करने के लिए यूएसआईएस के पुस्तकालय से एंटी थियेटर पर एक मोटी-सी पुस्तक अपने साथ ले गया था। मैं कृष्णाजी की ही कहानियों की चर्चा करता रहा।

कृष्णाजी से सम्पर्क हुए आधी सदी हो रही है, मगर पत्राचार का रिश्ता कम ही स्थापित हो पाया। जिन दिनों लोग पत्राचार किया करते थे, कृष्णाजी उन दिनों भी फोन पर ही वार्ता करती थीं। मेरे और कृष्णाजी के बीच फोन का रिश्ता लगातार क़ायम रहा। वह शिमला में थीं तो कई बार फोन पर याद कर लिया करती थीं। वहाँ

गोविन्दचन्द्र पांडेय से तकरार हो गयी तो उन्होंने अपनी व्यथा का मुझे साझीदार बनाया। फैक्स द्वारा एक लम्बा पत्र भेजा, जो मैंने अविकल रूप से 'गंगा यमुना' में प्रकाशित कर दिया। उन दिनों पांडेयजी इलाहाबाद में ही थे, छोटा-मोटा हंगामा बरपा हो गया। बाद में पता चला कि पांडयेजी ने शिमला में इंस्टीट्यूट की एक बैठक में कृष्णाजी को परिचय देने को कहा, जो कृष्णाजी को खल गया। बाद में दिल्ली के अँग्रेजी प्रेस ने इस मुद्दे को ख़ूब उछाला। पिछले पैंतालिस वर्षों में मेरे और कृष्णाजी के बीच नियमित पत्राचार कभी नहीं हुआ। आज मैं कृष्णाजी पर लिखने बैठा तो इसी रजिस्टर के बीच एक ख़त हाथ लग गया, जो शायद मैंने इसी इरादे से रखा होगा कि कभी काम आ जाए। यह एक ऐसा ख़त था कि जिसका मैंने जाने क्या उत्तर दिया था कि कृष्णाजी ख़फा हो गयीं। अव्वल तो कृष्णाजी ख़फा नहीं होतीं, अगर ख़ुदा न खास्ता हो गयीं, तो फिर सामने वाले की ख़ैर नहीं। पत्र की प्रतिलिपि इस समय मेरे पास नहीं है। मैं बहुत कम पत्र लिखता हूँ, प्रतिलिपि रखने का तो प्रश्न ही नहीं है। मगर इतना याद है कि मैंने अत्यन्त मासूमियत से उत्तर दिया था। शायद यही जानने की कोशिश की थी कि इतने बरसों बाद अचानक कृष्णाजी को मुझे पत्र लिखने का ख़्याल कैसे आ गया! बहरहाल कृष्णाजी का पत्र उद्धृत कर रहा हूँ।

8-N, RIVIERA, 45, The Mall, Delhi-7<br>24th Jan. 1979

*दोस्तो,*

*ख़त तो कई बार लिखा दिल ही दिल में पर काग़ज़ पर न लिखा।*

*अब बारात घर से रुख़सत हो चुकी। कमरा, मेज़ और मैं सभी कुछ वीरान है।*

*अब हर हफ़्ते ख़त लीजिए नकारा 'हशमत' से। इलाहाबाद दिल्ली में होता तो आज शाम हशमत आपके साथ पीने को पहुँच जाते— चाय!*

*दूसरी चीज़ों की मनाही है। हाँ, मुझे एक बहुत पुरानी शाम याद हो आयी है। 'ला बोहीम' के सामने जनाब रवीन्द्र साहब खड़े हैं इन्तज़ार में। आ रही हैं, आने वाली हैं। वह आयीं-आ गयीं।*

*दोनों अन्दर दाख़िल हुए। दुश्मनों ने सही किया रवीन्द्र और ममता! दोस्तो यह बड़ी अम्मी वाली ताकझाँक नहीं थी— हशमत ने दिल से दुआ दी थी कि साथ संग चल निकले तो अच्छा है।*

*ममता, ख़ैरियत है न, नज़र तो नहीं लगा दी।*

*अब 'सारिका' में से आपका पता ढूँढ़ना होगा। आजकल 'हशमत' आराम पर हैं। आराम का पेशा बना लो मज़ा ही ग़ायब हो जाता है। कहीं पहाड़ पर जाने के इरादे तो नहीं हैं। ऐसी कच्ची लिखाई के लिए माफ़ी— हशमत*

मैंने कृष्णाजी के साथ चाय ही नहीं पी, दूसरी अनेक चीज़ें भी पी हैं। इंडिया इंटरनेशनल सेंटर और हैबिटेट सेंटर में भी उनके साथ कुछ शामें बिताने का अवसर मिला है। एक बार हम कुछ दोस्त जनपथ होटल में महफ़िल जमाये थे कि अचानक दूसरी चीज़ें ख़त्म हो गयीं। आधी रात का समय था, तमाम दोस्त तश्नालब थे। जबकि मैं जानता था कि—

*उम्मीदें लुत्फ़ आपसे है इक ख़्याले खाम*
*कब तश्नालब की प्यास बुझी है शराब से।*

मगर मेज़बान की कुछ ज़िम्मेदारियाँ होती हैं। जहाँ तक याद पड़ रहा है, महफ़िल में डीपीटी, रमेश उपाध्याय, विभूतिनारायण राय वग़ैरह कई रचनाकार थे और ख़राबात पर ताले पड़ चुके थे। मैंने यह जानते हुए कृष्णाजी को फोन मिलाया कि दिल्ली की वही एक रचनाकार हैं जो रात को जगती हैं और सुबह जब चिड़िया चहकती हैं तो उनकी आँखों में नींद उतरती हैं। मैंने उनका नम्बर घुमा ही दिया। वही चिर-परिचित युवा आवाज़।

''कृष्णाजी, मेरे साथ कुछ दोस्त हैं और दूसरी चीज़ें कम पड़ गयीं। आपके पास कुछ रखा है?''

''आहो।''

''क्या आ जाएँ?''

''आ जाओ। कितने लोग हैं?''

''टैक्सी भर लेखक हैं।''

''कहाँ हो?''

''कनॉट प्लेस में।''

''आ जाओ।''

दोस्तों के चेहरे से नाउम्मीदी की मनहूसियत यकायक उतर गयी। हम लोगों ने नीचे उतर कर टैक्सी ली और पहुँच गये कृष्णाजी के दरबार में। उनके यहाँ दूसरी चीज़ों का अच्छा-ख़ासा जख़ीरा था। कॉफी, शिकंजी, लस्सी, स्क्वैश, शरबत, जूस, मट्ठा, नारियल पानी, कोका कोला, पेप्सी, यह वह, क्या नहीं था उनके यहाँ।

साहित्य चर्चा चल निकली। लग रहा था, जैसे हम लोग अपने ही घर में बैठे हैं। कृष्णाजी बीच-बीच में बावर्ची-ख़ाने में घुस जातीं और छौंक लगने की आवाज़ आती, धुआँ-सा उठता और कृष्णाजी पकवान लिये उपस्थित हो जातीं, एक कुशल गृहिणी की तरह। लगता है, व्यंजनों की कुछ नायाब विधियाँ उनके पास हैं। याद आता है, एक बार कृष्णाजी से मिलने गया तो वह पीढ़े पर सुई-धागे का पिटारा लिये बैठी थीं और कुछ सी रही थीं। इससे पहले अकसर उन्हें पढ़ते ही पाया था, पहली बार तल्लीनता से सिलाई करते हुए देखा। उन्हें कभी लिखते नहीं देखा—न

उन्हें साक्षात् न तस्वीर में—जैसा चित्र लेखक लोग अक्सर अपनी किताबों के रैपर पर छपाया करते हैं। कृष्णाजी सबसे अलग हैं।

मेरे सम्पादन में वह 'वर्तमान साहित्य' में कहानी विशेषांक में पहली बार छपीं। कहानी थी 'ऐ लड़की।' अचानक यही कहानी चर्चा के केन्द्र में आ गयी, जबकि अन्य अनेक श्रेष्ठ कहानियाँ उस अंक में प्रकाशित हुई थीं। तीन पीढ़ियों के बीसियों रचनाकारों की कहानियाँ थीं। निर्मल वर्मा, भीष्म साहनी, अमरकान्त, मार्कण्डेय, शेखर जोशी से लेकर गम्भीर सिंह पालनी जैसे नये से नये कथाकारों की कहानियाँ उसमें प्रकाशित हुई थीं। चारों ओर 'ऐ लड़की' की धूम मच गयी। लोगों ने आरोप लगाया के 'ऐ लड़की' को जानबूझ कर उछाला जा रहा है। महाविशेषांक दो खंडों में प्रकाशित हुआ था। 'ऐ लड़की' पहले खंड में प्रकाशित हुई। दूसरे खंड के प्रारम्भ में पहले खंड के बारे में उपेन्द्रनाथ अश्क, मार्कण्डेय और दूधनाथ सिंह के तीन लम्बे पत्र प्रकाशित हुए थे। तीनों पत्रों में केवल 'ऐ लड़की' की भूरि-भूरि प्रशंसा थी, तीनों कथाकारों ने अपने-अपने ढंग से कहानी को विश्लेषित किया था। लोगों ने 'स्पीड पोस्ट' नामक स्तम्भ में प्रकाशित पत्रों को प्रायोजित चर्चा के रूप में ग्रहण कर लिया था, जबकि सचाई यह है कि मैंने तीनों लेखकों को अलग-अलग कहानियों पर पत्र लिखने का सुझाव दिया था। दूधनाथ ने मार्कण्डेय की 'हलयोग' पर लिखने का आश्वासन दिया था कि अचानक क्या हुआ कि उसने भी अपना पत्र 'ऐ लड़की' पर केन्द्रित कर दिया। मार्कण्डेय ने भी 'ऐ लड़की' पर लिखना मुनासिब समझा। इन पत्रों पर घोर प्रतिक्रिया हुई। कथाकर सृंजय ने तो एक पत्रिका में सम्पादक की जी भर कर भर्त्सना की। बरसों बाद जब एक गोष्ठी में उनसे भेंट हुई तो वह आँखें चुरा रहे थे। मैंने उनके कन्धे पर हाथ रख दिया तो बोले—"आप उस प्रसंग को भुला चुके होंगे।" दरअसल सृंजय ने बहुत मेहनत से कहानी लिखी थी, मैं आज भी उस कहानी को 'कामरेड का कोट' से कहीं अधिक सार्थक कहानी मानता हूँ, मगर हिन्दी में कुछ चुनिन्दा कहानियों पर ही बार-बार चर्चा होती रहती है। शायद यही कारण था कि महाविशेषांक में प्रकाशित निर्मल वर्मा की कहानी भी चर्चा से बाहर ही रही। इसका ख़ामियाजा भी मुझे ही भुगतना पड़ा। उन्होंने नाराज़गी भरा एक पत्र लिखा। निर्मलजी हमारे बीच नहीं हैं। इस पत्र के बाद कई बार उनसे भेंट भी हुई, मगर उस पत्र का ज़िक्र नहीं आया। बहरहाल मैं उस पत्र को भी यहाँ उद्धृत करना चाहता था, पर वह इस समय मेरे पास नहीं है। यह भी हो सकता है कि मानदेय को लेकर उनके मन में कोई ग़लतफ़हमी हो। वास्तव में मानदेय स्वरूप उन्हें जो एक हज़ार का चैक दिया गया था, निर्मलजी ने उसे स्थानीय चैक की स्लिप पर बैंक में जमा करा दिया और वह लौट आया था। बाद में ग़ाज़ियाबाद से उनका चैक कैश हो गया था, मगर उन्हें एक अनावश्यक परेशानी से

दो-चार होना पड़ा था।

यहाँ मानदेय की बात हो रही है तो एक बात सहसा दिमाग़ में कौंध गयी। कृष्णाजी के मानदेय की चिन्ता कृष्णाजी को कम उनकी प्रकाशक राजकमल की मालकिन मिसेज शीला सन्धू को ज़्यादा थी। उन्होंने मुझे एक से अधिक बार चेताया कि कृष्णाजी का मानदेय क्यों नहीं भेजा जा रहा है। कितने सुनहरे दिन थे कि लेखकों के पारिश्रमिक की चिन्ता प्रकाशक को ज़्यादा रहती थी। 'ऐ लड़की' की सफलता का अनुमान इससे भी लगाया जा सकता है कि वह न केवल कहानी के रूप में चर्चित हुई, बल्कि मंचन में भी उसने कई कीर्तिमान स्थापित किये। देवेन्द्र राज अंकुर के निर्देशन में उसका मंचन विदेशों में भी अनेक स्थानों पर हो चुका है। मैंने कृष्णाजी से पूछा था कि 'ऐ लड़की' की सफलता कैसे सेलिब्रेट कर रही हैं? उन्होंने हँसते हुए बताया, वैंगर्स गयी थी, वहाँ काफ़ी पी और संगीत का आनन्द लिया—माय शूज कीप ऑन वाकिंग आर प्लीज़्ड विद युअरसेल्फ। उन्हीं दिनों जब 'ऐ लड़की' की चर्चा गति पकड़ रही थी, एक दिन शाम को कृष्णाजी का फोन आया कि वह अपने सम्पादक के सम्मान में एक पार्टी फेंकना चाहती हैं।

"किस सम्पादक के सम्मान में?"

"लाओ दस्सो। वर्तमान सम्पादक के सम्मान में।" उन्होंने कहा, और जब मैं निर्धारित शाम को कृष्णाजी के यहाँ पहुँचा तो महफ़िल सजी हुई थी। कौन नहीं था उस महफ़िल में? निर्मल वर्मा, नेमिचन्द्र जैन (जिन्होंने कुछ रोज़ पहले ही महाविशेषांक की प्रति मँगवायी थी, यह कहकर कि वह 'ऐ लड़की' पढ़ना चाहते हैं। यहाँ हर कोई उसकी चर्चा कर रहा है।), नामवर सिंह, केदारनाथ सिंह, गगन गिल, कमलेश्वर, अशोक वाजपेयी, निर्मला जैन, सत्येन कुमार (साकी बने बैठे थे जनाब) वग़ैरह वग़ैरह। मुझे उस महफ़िल से जल्दी निकलना पड़ा, क्योंकि उसी रोज़ मेरे मित्र गंगा प्रसाद विमल की बिटिया की शादी थी। मैं बहुत-सी पार्टियों में शामिल हुआ हूँ, मगर कृष्णाजी की वह दावत डिज़िटल रूप में मेरे ज़ेहन में क़ायम हो चुकी है।

'पूस की एक रात' तो भुलाये नहीं भूलती। मैं देर से सोने का अभ्यस्त हूँ। इसका मतलब हुआ कि रात ग्यारह के बाद का समय होगा कि अचानक फोन की घंटी घनघनायी। मैंने रजाई से हाथ बाहर निकालकर टेलीफोन का चोंगा उठाया। दूसरी तरफ़ कृष्णाजी थीं।

"मैं इलाहाबाद से बोल रही हूँ।"

कृष्णाजी इलाहाबाद में? मैं रजाई से उठकर बैठ गया। ममता को जगाया और कृष्णाजी से पूछा, "कब आयीं?"

"आज ही आयी थी।"

"कहाँ पर हैं?"

"शहर के सबसे निकम्मे होटल में।"

"वहाँ कैसे पहुँच गयीं?"

"आयोजक लोगों ने यहीं ठहराया।"

"कौन आयोजक लोग?"

कृष्णाजी ने बताया। अखिल भारतीय स्तर की संस्था थी। आयोजक भी साहित्यप्रेमी थे, मगर इतना विवेक नहीं था कि होटल कृष्णाजी की हैसियत के अनुकूल हो। मैंने आश्चर्य प्रकट किया। कृष्णाजी ने होटल का नाम बताया। औसत हिन्दुस्तानी होटल था, खिड़कीविहीन कमरे, मैले तकिये, दाग-धब्बे वाली चादरें।

"तुम आओ और मुझे यहाँ से फ़ौरन ले जाओ। मैं बैग लेकर होटल के बाहर खड़ी मिलूँगी।"

कृष्णाजी का आदेश हो और मैं न जाऊँ, यह सम्भव ही न था। उन दिनों मेरे पास ऐसा स्कूटर था जो बेचारा जवानी में ही बूढ़ा हो गया था। कुछ दिन पहले तो चलते-चलते उसका पीछे का पहिया ही निकल गया था। मैकेनिक के पास मैं तभी स्कूटर ले जाता था जब इस तरह की अपरिहार्य क़िस्म की स्थिति पैदा हो जाये। वरना स्कूटर चलाने का मुझे इतना लम्बा अनुभव था कि मैं बग़ैर हार्न और ब्रेक के भी स्कूटर चला लिया करता था। यह तो कृष्णाजी का भाग्य अच्छा था कि ममता ने कुछ रोज़ पहले स्कूटर की हालत देखकर बेटे के हाथ उसे कम्पनी के वर्कशॉप में भिजवा दिया था। अब वह वहाँ से सजधज कर निकला था। उसकी लाइट्स जलने लगी थीं, ब्रेक काम करने लगे थे। स्टेपनी यथास्थान स्थापित हो गयी थी। पहिया नया लग गया था। गोया कि स्कूटर इस हालत में था कि ममता ने मुझे स्कूटर पर कृष्णाजी को लाने की इजाज़त दे दी। देर इतनी हो चुकी थी कि किसी मित्र से गाड़ी भी नहीं माँगी जा सकती थी।

मैं कोई आधे घंटे में चौक पहुँचा। कृष्णाजी होटल के बाहर तैनात थीं।

"तुम्हें देख कर जान में जान आयी।" कृष्णाजी बोलीं। मैंने स्कूटर स्टार्ट किया। अरे वाह वह बटन दबाने से स्टार्ट हो गया। मैं तो इस उपकरण को भूल ही चुका था। कृष्णाजी स्कूटर पर सवार हुईं। अपना बैग उन्होंने गोद में रख लिया। रास्ते में कृष्णाजी होटल का कैरीकेचर खींचती रहीं। तभी हम डाट के पुल से बाहर निकल आये। इलाहाबाद का चौक इलाक़ा रात में भी थोड़ा-बहुत गुलज़ार रहता है। मगर डाट का पुल पार करने पर माहौल एकदम बदल जाता है, जैसे शहर से अचानक सिविल लाइन्स के एकान्त में आ जायें। अब तो सिविल लाइन्स भी चौक बनता जा रहा है। एक अभिजात्य क़िस्म का सन्नाटा। चौड़ी सड़कें, दोनों तरफ़ पेड़। चाँदनी रात में एक जादुई क़िस्म का यथार्थ सड़क पर पसरने लगता है। मुझे अब यह

तो याद नहीं कि वह रात अमावस्या की थी या पूनम की, मगर इतना याद है कि उस समय सड़कों पर गहना सन्नाटा था। ज्यों-ज्यों छावनी क्षेत्र आ रहा था, सड़क किनारे की बत्तियाँ भी ग़ायब होने लगीं। कण्टोनमेण्ट एरिया में सड़कों पर बत्तियाँ लगायी ही नहीं जाती थीं, दुश्मन से बचने के लिए। अब सेटेलाइट के दौर में भी यह व्यवस्था द्वितीय विश्वयुद्ध की तरह क़ायम है कि यहाँ फोटो खींचना वर्जित है। जबकि अब आकाश से सेटेलाइट की मदद से कहीं की भी तस्वीर उतार लीजिए। इतना ढेर सारा सन्नाटा देखकर कृष्णाजी सशंकित हो गयीं।

"रविन्दर।"

"जी।"

"मुझे तो डर लग रहा है।"

"क्यों, मैं हूँ न।"

"मुझे लग रहा है तुम मुझे अपने घर नहीं, भगा कर कहीं और ले जा रहे हो। मैंने तो सुना था तुम शहर के बीचोबीच रहते हो।"

"चिन्ता न कीजिए। मुझ पर भरोसा रखिए। मैं आपको भगा कर अपने घर ही ले जा रहा हूँ।"

यह हमारा नया घर था। पुराना रानीमंडी वाला घर तो होटल के बिलकुल पास था। शायद कृष्णाजी ने सुन रखा था। नया घर एकदम गंगा किनारे शहर के अन्तिम छोर पर था। छत पर से गंगा दिखायी देती थी—बालू के बीच लेटी हुई क्षीण कटि की राजकुमारी की तरह। दोपहर में पानी बालू की तरह चमकता था।

घर पहुँचते-पहुँचते काफ़ी देर हो गयी। उन दिनों मेरी माँ जीवित थीं, वह अपने कमरे में न सोकर डाइनिंग रूम में दीवान पर सोती थीं। वह कोना उन्हें शायद इसलिए भा गया था, कि वहाँ से सड़क की ओर दो खिड़कियाँ खुलती थीं। बाहर के जवीन से उनका सम्पर्क बना रहता था। उनके कमरे में कृष्णाजी के ठहरने की व्यवस्था की गयी।

कृष्णाजी को लिवाने से पूर्व मैं यश और वासु मालवीय को फोन पर सूचना दे गया था कि कृष्णाजी को लेने जा रहा हूँ। तभी वसु का फोन आया। मेरे बताने पर कि कृष्णाजी आ गयी हैं, दोनों भाई आधी रात को चले आये। रात भर महफ़िल जमी रही। वसु अब हमारे बीच नहीं रहे, उसने उसी समय आधी रात को कृष्णाजी का लम्बा इंटरव्यू किया। वह बाद में 'गंगा यमुना' में प्रकाशित हुआ था।

कृष्णाजी बहुत अच्छी श्रोता तो हैं ही, क़िस्सागो भी कम नहीं। उनकी दिनचर्या भी अलग है। लोगबाग जब मुर्गे की बाँग सुनकर सोकर नींद से जागते हैं, कृष्णाजी के सोने का वक़्त होता है। ऐसी नवाबी क़िस्म की बहुत-सी आदतें हैं उनकी। भोर में वह सोने चली गयीं।

वह दो-एक दिन हमारे यहाँ रहीं। उनका सान्निध्य अत्यन्त ऊर्जा प्रदान करता था। दीन-दुनिया-जहान-साहित्य की जम कर बातें हुईं। मेरे बहुत-से दोस्त उनसे मिलने आते। जिस दिन उन्हें जाना था, स्टेशन पर उन्हें विदा देने बहुत से मित्र आये थे। वह बोगी के दरवाज़े के बीचोबीच खड़ी थीं कि एकाएक हाँफते हुए अचानक अपने दलबल के साथ वह आयोजक महोदय प्रकट हुए जिनके निमन्त्रण पर कृष्णाजी इलाहाबाद आयी थीं। वह एक दुःस्वप्न की तरह इस प्रसंग को भूल चुकी थीं। उनके आयोजन में भी नहीं गयीं। आयोजक महोदय ने अत्यन्त आदरपूर्वक रेलभाड़ा और मानदेय का लिफ़ाफ़ा उनकी ओर बढ़ाया। कृष्णाजी का मिजाज़ एकदम बदल गया। चेहरे पर ऐसा कठोर भाव आया कि तमाम लोग सकते में आ गये। कृष्णाजी ने आयोजक के हाथ से लिफ़ाफ़ा लिया और प्लेटफार्म पर फेंक दिया। छन्न की आवाज़ हुई। लगा कि लिफ़ाफ़े में कुछ रेजगारी भी रही होगी। प्लेटफार्म पर नोट फरफराने लगे। लिफ़ाफ़ा फेंकते ही गाड़ी सरकने लगी, जैसे सब कुछ पहले से तय हो और किसी निर्देशक की देखरेख में शूटिंग चल रही हो। कृष्णाजी ओझल हो गयीं। प्लेटफार्म पर सब एक-दूसरे का मुँह ताक रहे थे। आयोजक महोदय खिसियाये-से वहाँ खड़े रहे। उनके साथियों ने प्लेटाफार्म से नोट बटोरे और आयोजक को सौंप दिये। बाद में मित्रों ने बताया कृष्णाजी के लिए यह कोई नयी बात नहीं है। पहले भी वह खिन्न होकर सम्मान राशि तक ठुकरा चुकी हैं। एक स्थान पर कृष्णाजी का सम्मान हो रहा था, उन्हें पुरस्कार प्रदान करने की शैली बहुत बेतुकी लगी। वह बग़ैर कुछ बोले सम्मान में मिला अंगवस्त्र, नारियल और पाँच-दस हज़ार की थैली वहीं मंच पर छोड़ आयीं। 'लग रहा था, वे लोग सम्मान नहीं, सामूहिक श्राद्ध कर रहे हैं।' कृष्णाजी ने बताया था। इससे यह अर्थ भी निकलता है कि उन्हें सम्मानित करना आसान नहीं है। अपने सम्मान के ख़िलाफ़ वह कोई समझौता नहीं कर सकतीं। एक बार एक प्रकाशन ने उन्हें किसी पुस्तक के लिए अनुबन्धित किया (अवध नारायण मुद्गल को यह क़िस्सा मालूम है)। प्रकाशन ने कुछ राशि अग्रिम रूप में देने का वादा किया था। बहुत दिनों बाद प्रकाशक ने यह लिखते हुए चैक भिजवाया कि इस समय वह उतनी राशि की व्यवस्था नहीं कर पाया, जितनी वह देना चाहता था। पाँच सौ रुपये का चैक था। कृष्णाजी को प्रकाशक का व्यवहार बहुत ओछा लगा। उन्होंने कैंची ली और चैक को काटना शुरू कर दिया। तब तक काटती रहीं जब तक उनका ग़ुस्सा न उतर गया। कृष्णाजी ने यह चिन्दा चिन्दा चैक यह कह कर प्रकाशक को लौटा दिया कि आप डिस्काउंट पर पुस्तकें बेचते होंगे, मैं डिस्काउंट पर नहीं लिखती।

कृष्णाजी अपने चित्रों के प्रति बहुत सतर्क रहती हैं। याद आ रहा है कि आज से दसेक वर्ष पूर्व लेखकों का एक कैलेंडर वर्तमान साहित्य ने प्रकाशित किया था।

प्रत्येक पृष्ठ पर लेखक का बड़ा-सा चित्र था। उसमें कृष्णाजी भी शामिल थीं। वर्तमान साहित्य का प्रतिनिधि कृष्णाजी को कैलेंडर देने गया। देखते ही वह भड़क उठीं, "क्या आपमें कोई सौन्दर्यबोध नहीं है। ये मेरा कैसा चित्र आपने छाप दिया है।" वर्तमान साहित्य का प्रतिनिधि बहुत चाव से कैलेंडर देने गया था। उसे आशा थी कि कैलेंडर देख कर कृष्णाजी काफ़ी ख़ुश होंगी, पर उन्होंने अपना चित्र देखकर कैलेंडर एक तरफ़ सरका दिया और बोलीं, "आपके पास मेरा कोई अच्छा चित्र नहीं था? नहीं था तो मत छापते, इस प्रकार भद्दा चित्र छाप कर लेखकों की छवि ख़राब न किया करें।"

बाद में पता चला, यह चित्र उस रोज़ का था जब कृष्णाजी सिर में बहुत-सा तेल लगा कर सिर पर कोई कपड़ा बाँधे हुए थीं, और उनके बहुत मना करने पर भी छायाकार ने उनका चित्र ले लिया था।

कृष्णाजी का मत है कि पुस्तकों के रैपर पर भी लेखकों के अच्छे चित्र छपने चाहिए। प्रकाशक लोग इस तरफ़ ध्यान नहीं देते। इससे बिक्री प्रभावित हो सकती है।

मुझे याद आ रहा है, भोपाल का एक हाल। भारत भवन द्वारा जैनेन्द्र के साहित्य पर एक गोष्ठी का आयोजन किया गया था। श्रीकान्त वर्मा को अन्तिम बार उसी गोष्ठी में सुना था। नाश्ते की मेज़ पर लेखक और प्रतिष्ठान मुद्दे पर उनका निर्मल वर्मा से तकरार हो गया था जिसमें काफ़ी तल्ख़ी आ गयी थी। जैनेन्द्रजी स्वयं उस गोष्ठी में उपस्थित थे। उन्हें भी कदाचित् अन्तिम बार इसी गोष्ठी में देखा था। उन दिनों भारत भवन अशोक वाजपेयी के नियन्त्रण में था। लेखकों को सुविधाजनक थ्री या फाइव स्टार होटलों में ठहराने की पहल भी अशोक वाजपेयी ने ही की थी। शायद यही वजह है कि लेखक का भाव बढ़ गया। कई लेखक तो अब ट्रेन यात्रा से ऊब चुके हैं। हमारे समय के नामी लेखक आज विमान से ही यात्रा करना चाहते हैं। वे उत्तर प्रदेश के जोकहरा जैसे गाँव में भी पर्यटन विभाग के होटल में रुकना पसन्द करेंगे, चाहे टूटी-फूटी सड़कों पर हिचकोले खाते हुए स्लिप डिस्क हो जाए।

भोपाल में ही भारत भवन की गोष्ठी में भाषण देते हुए डॉ. नावमर सिंह बार-बार घड़ी की तरफ़ देख रहे थे। कृष्णाजी ने तुरन्त एक काग़ज़ पर लिखा—एक रास्ता यहाँ से जहाँनुमा की ओर भी जाता है (यानी ख़राबा की तरफ़)। नामवर जी ने चिट देखी और मुस्करा दिये।

एक मेज़ पर कृष्णाजी नज़र आयीं। निर्मल वर्मा और वह बहस में उलझे थे। निर्मलजी का स्वभाव था कि वह किसी न किसी को निशाने पर रखते थे। आज कृष्णाजी उनके निशाने पर थीं। पहले उन्होंने कृष्णाजी से पूछा, "कृष्णाजी ये बताइये कि आदमी बड़ा हो और लड़की छोटी हो तो सम्बन्धों में क्या प्राब्लम आ

सकती है?" कृष्णाजी यकायक खड़ी हो गयीं और यह कहते हुए चल दीं कि निर्मल ये आदमी की नहीं, लड़की की प्राब्लम है। मैंने देखा कि ऐसे मौक़ों पर कृष्णाजी गाँधीजी के बन्दरों की तरह व्यवहार करती हैं कि बुरा देखो, बोलो और सुनो मत। कृष्णाजी के महफ़िल से बहिर्गमन करने का यही अर्थ निकलता था कि ऐसे विषयों में उनकी कोई दिलचस्पी नहीं है। दरअसल वे वहीं बैठती हैं जहाँ बैठना उन्हें अच्छा लगता है। वे वहीं जाती हैं जहाँ जाना पसन्द करती हैं। इस समय अचानक नये कवि सौमित्र सक्सेना की कुछ पंक्तियाँ मेरे दिमाग़ में कौंध गयी हैं—

*उसे हर पेड़*
*बुलाना चाहता है पास*
*पर*
*यह चिड़िया*
*जिस पर बैठती है*
*बस*
*उस पर बैठती है*

निर्मलजी को लगा कि शायद कृष्णाजी बुरा मान कर उठ गयी हैं। वे लपकते हुए गये और उन्हें मनाकर ले आये। क्योंकि उनके निशाने पर कृष्णाजी थीं, बात घूमफिर कर कृष्णाजी के उपन्यास 'ज़िन्दगीनामा' की भाषा पर आ गयी। निर्मल 'मैला आँचल' और 'ज़िन्दगीनामा' में प्रयुक्त दुरूह आंचलिक शब्दों के प्रयोग को नामंजूर कर रहे थे। कृष्णाजी उनसे सहमत नहीं थीं और वह आंचलिक शब्दों के प्रयोग की अनिवार्यता सिद्ध कर रही थीं। उनका तर्क था कि लोकभाषा में कुछ एक शब्द होते हैं जिनका किसी अन्य भाषा में विकल्प नहीं होता। ऐसे शब्दों का अनुवाद हो ही नहीं सकता और ऐसे शब्दों के प्रयोग से कोई भी भाषा समृद्ध होगी—यह कहकर कृष्णाजी फिर उठ गयीं और निर्मलजी भी उनके साथ हो लिये। कुछ देर बाद मैं उधर से गुज़रा तो देखा कि बहस जारी थी।

"आप लोग अभी तक 'ज़िन्दगीनामा' की भाषा पर बहस कर रहे हैं?" मैंने पूछा।

"हाँ ये बहस जारी रखना चाहते हैं और मुझे अपने साथ कमरे में चलने के लिए कह रहे हैं।"

"तो चली जाएँ।" मैंने कहा।

"नहीं, मैं जाना नहीं चाहती। इनका एक प्रशंसक इन्हें एक तोहफ़ा दे गया है। ये कमरे में जाकर उसे सेलिब्रेट करना चाहते हैं।"

"तो इसमें हर्ज क्या है, चली जाइए।"

"नहीं। लस्सी पीकर अशालीन हो जाते हैं। ये और बाल की खाल उधेड़ने

लगते हैं।"

"आप चलिए, कृष्णाजी।" मैंने कहा, "मैं आपके बॉडीगार्ड के रूप में आपके साथ चलूँगा।"

कृष्णाजी चलने को तैयार हो गयीं। कमरे में पहुँच कर निर्मलजी ने बहुत लस्सी अपने गिलास में उड़ेल ली। मेज़ पर मिनरल वाटर की नयी बोतल रखी थी। कृष्णाजी ने मुझे थमा दी कि खोल दूँ। मैंने बोतल खोलकर निर्मलजी के सामने रख दी। उन्होंने बहुत हिकारत से पहले मेरी तरफ़ फिर पानी की बोतल की तरफ़ देखा। और एक भरपूर घूँट पीकर ठक्-से गिलास मेज़ पर रख दिया। कृष्णाजी उठीं और अपने कमरे से एक प्लेट में काजू, किशमिश, अखरोट और पिस्ता ले आयीं। निर्मलजी ने कुछ काजू उठाये और शरमाते हुए मुस्करा दिये, "यू आर ग्रेट कृष्णाजी।"

बादल छँट गये थे। सब कुछ सामान्य हो गया। वे लोग ऐसे बातें करने लगे, जैसे बीच में कोई अप्रिय बात हुई ही न हो। मेरे प्रति भी वह सामान्य हो गये। दुनियाभर की बातें होने लगीं।

कृष्णाजी के व्यक्तित्व का कमाल मैंने कई जगह देखा है। वह अनूठे परिधान के कारण भी ध्यान खींचती हैं। वह अपने शरीर को कुछ इस प्रकार ढँक कर रखती हैं जैसे सद्यःजात शिशुओं को रखा जाता है। उनकी सिर्फ़ आँखें दिखायी देती हैं। मगर ये आँखें भी ऐसी हैं, अगर आप पर बिंध जाएँ तो झेल पाना असह्य हो जाये।

अभी हाल में वह कथा कुम्भ में कोलकाता आयीं तो अपने प्रशंसकों से घिरी रहती थीं। एक युवती ने मुझे बताया कि कृष्णाजी का व्यक्तित्व इतना महकता है कि उनकी कृष्णाजी से सटकर बैठने की इच्छा हो रही थी। वह कृष्णाजी के प्यार में पड़ गयी थी। जिधर कृष्णाजी जातीं, कच्चे धागे से बँधी वह पीछे-पीछे चल देती और इस फ़िराक़ में रहती कि कृष्णाजी ऐसी जगह बैठें जहाँ उनके साथ सटकर बैठना सम्भव हो। "वह बिल्ली की तरह साफ़ रहती हैं।" उस लड़की ने बताया, "शाम को जब मैं नहाकर घर से निकली तो माँ ने टोक दिया, क्या डेट पर जा रही हो?"

"हाँ, कृष्णा सोबती से मुलाक़ात है।" उसने माँ को बताया था।

इस प्रसंग पर लिखते-लिखते अशोक सेकसरिया और शर्मिला बोहरा का ध्यान आ गया। अभी हाल में मैंने शर्मिला बोहरा से अशोक सेकसरिया पर एक संस्मरण लिखवाया है। इससे पहले मैंने अलका सरावगी से भी उन पर संस्मरण लिखने को कहा था, अलका हिम्मत नहीं जुटा पायीं, बोलीं, "लिख तो सकती हूँ, पर लोग उसे पढ़ेंगे। कैसा लगेगा?" शर्मिला झट तैयार हो गयीं और समय पर लिखकर दे भी दिया। उस संस्मरण में शर्मिला ने सोबतीजी को भी याद किया है। वह एक

जगह लिखती हैं—"पहले दिन जब मैंने सोबतीजी को देखा, उनके पास खड़ी हुई और उन्होंने मेरा हाथ पकड़ा तो मुझे बहुत अच्छा लगा। मेरा मन हुआ, मैं उनसे चिपक कर बैठ जाऊँ। 28 जनवरी (1999) को मौक़ा मिला, मैं उनके बहुत पास बैठी, सिर्फ़ दस मिनट ही बैठ पायी।"

सोबतीजी का यह कैसा चुम्बकीय व्यक्तित्व है, जो लड़कियों को सटकर बैठने को प्रेरित करता है, यह वही बता पायेंगी।

प्रसंग तो अनेक हैं, मगर मेरे सारे काग़ज़ात इलाहाबाद में हैं। जैसे दो-तीन वर्ष पहले जब हम लोगों ने कृष्णाजी को हैबिटैट सेंटर में आमन्त्रित किया, तो उन्होंने मुझे और ममता को अँग्रेजी की दो अलग-अलग पुस्तकें भेंट की थीं। यहाँ मैं उन शब्दों को उद्धृत करना चाहता था, जो उन्होंने 'ऐ लड़की' के सन्दर्भ में प्रथम पृष्ठ पर लिखे थे, शिकवे-शिक़ायतों के साथ। शायद वे शब्द परोक्ष रूप से विभूतिनारायण राय को सम्बोधित थे, 'हंस' में प्रकाशित उनकी कृष्णाजी पर टिप्पणी के सन्दर्भ में।

मैं अपनी बात शर्मिला बोहरा के अशोक सेकसरिया पर लिखे संस्मरण से एक पत्र का अंश उद्धृत करके समाप्त करता हूँ, जो उन्होंने अशोकजी के मित्र प्रबोध कुमार को लिखा था— "कृष्णा सोबती कलकत्ते आयी हुई हैं। कल 26 जनवरी की शाम (1999) भारतीय भाषा परिषद में उन्होंने अपना आलेख 'मैं और मेरा समय' पढ़ा। सोबतीजी मुझे बहुत अच्छी लगीं, जब मैं उनसे बहुत पास जाकर मिली तो उनमें से किसी परफ्यूम की मोहक सुगन्ध आ रही थी। उन्होंने गरारा पहन रखा था और सवा घंटे व्याख्यान दिया।

"बात यह है कि जब हम 16, लार्ड सिन्हा रोड से कृष्णाजी से मिलने के लिए निकल रहे थे, अशोकजी ने दोनों हाथों से अपना कुर्ता पकड़कर पूछा, 'ठीक है न यह कुर्ता?' जब हम सोबतीजी के कमरे में पहुँचे तो पता है अशोकजी को देखते ही वह झट से खड़ी हो गयीं, दोनों गले मिले। इतना ही नहीं, अशोकजी ने उनके साथ बैठ कर एक अकेली तस्वीर भी उतरवायी। अलौकिक दृश्य था वह, मेरे लिए अद्‌भुत आनन्द का पल। पर जो भी हो, बताइए क्या यह सब ठीक है—आपकी शर्मिला।"

यहाँ प्रबोध कुमार का उत्तर भी पढ़ने से ताल्लुक रखता है, "अशोक यदि अपना सबसे अच्छा कुर्ता और कुर्ते में कान्ता (जिसकी मोहक सुगन्ध तुमने इसलिए महसूस नहीं की, क्योंकि तुम स्वयं भी सुवासित थी उस समय) लगा कर तुम्हारी कृष्णा सोबती से मिलने गये तो इसमें आश्चर्य क्या? दोनों के आपसी सम्बन्ध तुम्हारे जन्म से भी बहुत पहले के हैं। उन्हीं सम्बन्धों के चलते यदि दोनों गले से जुड़कर मिले और साथ-साथ फोटो खिंचवाया तो इसमें भी किसी को आपत्ति नहीं होनी चाहिए। मैं उस अलौकिक दृश्य से वंचित रह गया जब एक अविवाहित पुरुष

अपनी सखी से गले मिला। मेरे लिए भी वह 'अद्भुत आनन्द' का पल होता।—प्रबोध कुमार।''

अशोकजी को मैं पिछले चालीस वर्षों से जानता हूँ। आज भी उन्हें उसी धजा में देखता हूँ। खादी का बग़ैर इस्तिरी किया कुर्ता पायजामा (वह मैला भी हो सकता है), बढ़ी हुई दाढ़ी (जो अब ऋषियों की दाढ़ी की तरह लगती है) और पैरों में स्लीपर। मुझे लगता है वह राष्ट्रपति के निमन्त्रण पर जाएँ तो इसी शैली में जाएँगे। ऐसे शख़्स को सोबतीजी से मिलने से पहले अपनी पोशाक को लेकर आश्वस्त होना पड़ा। वास्तव में सोबतीजी की नफ़ासत पसन्दगी से सब वाकिफ़ हैं। वह ऐसे परिवार से आयी हैं, जिसने दिल्ली के हौजख़ास इलाके के दो प्लाट महज़ इसलिए बेच दिये, कि वहाँ से दो-ढाई किलोमीटर पर टीवी का अस्पताल था। आज की तारीख़ में उन प्लाटों का दाम एक करोड़ रुपये से भी अधिक है।

# अमरकान्त

यह संस्मरण जिस स्वनामधन्य लेखक पर लिखने जा रहा हूँ, यशपाल जी उसे अपना गोर्की मानते थे। मेरा संकेत अमरकान्त की ओर है। सोवियत रूस में केवल एक गोर्की पैदा हुए थे। हिन्दी में आज की तारीख में अनेक गोर्की हैं। जैनेन्द्र कुमार, प्रेमचन्द के गोर्की थे। नागार्जुन के गोर्की शैलेश मटियानी थे, अंचल के भगवतीप्रसाद वाजपेयी। अश्कजी का दावा है, वे शिवदान सिंह चौहान के गोर्की के साथ-साथ हेमिंग्वे और चेख़व भी हैं, राजेन्द्र यादव को अमकरकान्त की कहानियाँ पढ़कर हेमिंग्वे की याद आती है, उपेन्द्रनाथ अश्क, शेखर जोशी और ममता को चेख़व की। कई लेखकों का मत है कि देशी लेखकों की विदेशी लेखकों से तुलना करके हम अपनी मानसिक गुलामी का इजहार करते हैं। वास्तव में इतने शोर-शराबे के बावजूद कथा समीक्षा के मानक उपकरण अभी तक विकसित नहीं हो पाए हैं। शायद यही कारण है कि किसी कथाकार का मूल्यांकन करने के लिए विदेशी लेखकों के नाम का सहारा लेना पड़ता है। यशपाल जी का निम्न उद्धरण इसका प्रमाण है, यशपाल जी ने लिखा था—''क्या केवल आयु कम होने या हिन्दी में प्रकाशित होने के कारण ही अमरकान्त गोर्की की तुलना में कम संगत मान लिए जाएँ। जब मैंने अमरकान्त को गोर्की कहा था, उस समय मेरी स्मृति में गोर्की की कहानी 'शरद की रात' थी। उस कहानी ने एक साधनहीन व्यक्ति की परिस्थितियाँ और उन्हें पैदा करने वाले कारणों के प्रति जिस आक्रोश का अनुभव मुझे दिया था, उसके मिलते-जुलते रूप मुझे अमरकान्त की कहानियों में दिखाई दिए।''

'देश के लोग और वह' शीर्षक आत्मकथा में अमरकान्त ने अपने नाम और जन्म स्थान का जीवन्त चित्रण किया है, ''उत्तर प्रदेश बलिया जिले के छोटे-से गाँव भगमलपुर के एक कायस्थ परिवार में आषाढ़ के किसी बरसाती दिन को उसका जन्म हुआ। मिट्टी का बड़ा मकान था, जिसमें दो आँगन थे। रात में कमरे की धरन से गेहुंअन साँप लटककर ती ती बोला करते... उसके दो नाम थे। एक श्रीराम और दूसरा अमरनाथ, लेकिन उसका पहला नाम ही चल पाया। अमरनाथ किसी साधु का रखा हुआ नाम था। कभी कभी कोई दादी स्नेह से भरकर पुकार उठती थीं—

'ए अमरनाथ' और इसके बाद किसी दूसरे को देखकर खिलखिलाकर हँस पड़ती थीं।'' लगता है, उस साधु का मन रखने के लिए श्रीराम वर्मा अमरनाथ से अमरकान्त हो गये। वैसे भी कायस्थ समाज में श्रीराम वर्माओं की भरमार थी। कुछ श्रीराम वर्मा लेखन के क्षेत्र में भी उतर आये थे। अमरकान्त ने जीवन में टकराना तो सीखा ही नहीं, चुपचाप नाम बदल लिया और अमरकान्त नाम से लिखने लगे।

अमरकान्त से मेरी प्रथम भेंट सन् 64 में हुई थी, जब हम लोग 'परिमल कथा समारोह' में भाग लेने दिल्ली से इलाहाबाद आये थे। करेला बाग कॉलोनी का वह छोटा-सा मकान मुझे आज भी याद है, जिसमें उन दिनों अमरकान्त रहते थे। अमरकान्त जी अत्यन्त आत्मीयता से मिले थे। वे दिल्ली के बड़े लेखकों से एकदम भिन्न थे, बल्कि इलाहाबाद के लेखकों से भी एकदम भिन्न। लेखक होने का कोई दम्भ नहीं। एक साधारण कुर्सी पर उससे भी साधारण आदमी बैठा हो जैसे। कुछ ही देर में हम लोगों से ऐसे घुलमिल गये जैसे युगों-युगों से परिचित हों। हम लोगों ने सबसे अधिक समय अमरकान्त जी के यहाँ बिताया, कुछ उनके सहज-स्नेहपूर्ण व्यवहार के कारण और कुछ चाय तैयार होने में हो रही देर के कारण। 'डिप्टी कलेक्टरी', 'दोपहर का भोजन' और 'मूस' का लेखक इतना सहज होगा, इसकी हम लोगों ने कल्पना न की थी। यह सोचकर बहुत शर्म महसूस हुई कि अमरकान्त से ज्यादा हेकड़ी तो हममें आ चुकी थी, जबकि जुम्मा-जुम्मा एक-दो कहानियाँ प्रकाशित हुई थीं।

पाँच-छह वर्ष बाद जब मैं स्थायी रूप में इलाहाबाद चला आया तो अमरकान्त जी से गहरी दोस्ती हो गयी। कुछ दिन बाद तो यह सिलसिला शुरू हुआ कि हम लोग नियमित रूप से मिलने लगे। अमरकान्त जी दफ्तर से सीधे हमारे यहाँ आ जाते और चार-पाँच घंटे की बैठक होती। दुनिया जहान की बातें होतीं, राजनीति से लेकर साहित्य, संस्कृति और कला की बातें। इन्हीं बैठकों में मुझे अमरकान्त जी को समझने का अवसर मिला। यह कहना भी गलत न होगा कि मुझे अमरकान्त से बहुत कुछ सीखने का अवसर मिला। उन दिनों मैं दिल्ली-मुम्बई से ज्याँ जेने, बैकेट, कामू, सार्त्र के साहित्य से प्रभावित होकर आया था। अमरकान्त मुझे वापस स्वदेश ले आये और प्रेमचन्द की ऐतिहासिक दृष्टिसम्पन्नता और प्रगतिशीलता से अवगत कराया। शाम को रोज जैसे वह मेरी क्लास लिया करते थे। यह अमरकान्त जी के सान्निध्य का ही परिणाम था कि मैं एकदम दूसरी तरह की कहानियाँ लिखने लगा—'काला रजिस्टर', 'गरीबी हटाओ' मेरी उस दौर की कहानियाँ हैं। 'खुदा सही सलामत है' लिखने की दृष्टि भी अमरकान्त से ही मिली। अमरकान्त मेरे शिक्षक भी थे और मित्र भी। मेरी कोई बात कभी उन्हें गलत लगी तो उन्होंने हमेशा असहमति प्रकट की। शायद अमरकान्त जी ही मेरे एकमात्र अग्रज मित्र हैं, जिनसे

मेरा कभी तकरार नहीं हुआ। उनका असहमति प्रकट करने का तरीका भी बहुत मौलिक है। आज तक जस का तस है। पहले वह कुछ इस ढंग से आपकी खिंचाई करेंगे कि आप समझ ही न पाएँगे कि वे आपकी तारीफ कर रहे हैं या आलोचना। हाल की एक घटना का हवाला देता हूँ। अभी 16 नवम्बर, 92 की बात है। अमरकान्त, मार्कण्डेय, दूधनाथ, शेखर जोशी और मैं साथ-साथ 'पहल' सम्मान में भाग लेने इलाहाबाद से लखनऊ गये। 'पहल' के ताजा अंक में दूधनाथ सिंह की एक टिप्पणी छपी थी : 'यथार्थवाद का विरोध बनाम बौद्धिक 'मैनोपॉज'।' दूधनाथ की टिप्पणी अत्यन्त तर्कपूर्ण शैली में लिखी गयी थी, मगर उत्तेजना में कही-कहीं कुछ इस प्रकार भाषा का प्रयोग हो गया था—"ऐसे ही एक महान आलोचक इधर शुकदेव सिंह भी पैदा हुए हैं। उनका भी एक लेख 'वर्तमान साहित्य' के इसी महाविशेषांक में छपा है, यह आदमी जब तक कबीरदास की लेंडी की फाँक लगाता था तब तक इसका हाजमा दुरुस्त था। इधर यह भी सुधीर पचौरी जैसे लोगों के साथ हिन्दी कहानी पत्रिकाओं पत्रों पर आबदस्त लेने लगा है।" टैक्सी अभी इलाहाबाद के बाहर निकली ही थी कि अचानक अमरकान्त जी ने दूधनाथ को बधाई दी, "भई वाह! तुमने हिन्दी आलोचना को ऐसी नयी शब्दावली दी है कि सम्पूर्ण हिन्दी जगत तुम्हारा कृतज्ञ रहेगा।"

दूधनाथ अत्यन्त उत्साहित हुआ, बोला, "पचौरी कहते हैं कि नये कथाकार गहमरी, देवकीनन्दन खत्री की परम्परा में ही फूल-फल सकते हैं। उसने यथार्थवाद पर आक्रमण किया है।"

"मैंने कहा न, सम्पूर्ण हिन्दी संसार तुम्हारा कृतज्ञ रहेगा।" अमरकान्त बोले। दूधनाथ ने उत्साहित होकर अपनी बात जारी रखी। अमरकान्त मन्द-मन्द मुस्कराते रहे। यही हाल मार्कण्डेय का था। अचानक अमरकान्त जी ने कहा, "साठोत्तरी पीढ़ी कहानी पर छा गयी है। हम लोग तो एल.के.डी. हो गये।" (एल.के.डी. का अर्थ जानने के लिए पाठकों से निवेदन है कि वे 'हंस' के नवम्बर, 1991 अंक में प्रकाशित काशीनाथ सिंह के संस्मरण 'देखे तमाशा लकड़ी का' के तीसरे पृष्ठ के बीच के कॉलम की 12वीं पंक्ति का अवलोकन करने की जहमत उठाएँ।) अमरकान्त मार्कण्डेय रास्ते भर बातचीत में एल.के.डी., मैनोपॉज़, लेंडी, आबदस्त आदि ऐसे अन्य अनेक शब्दों का वाक्यों में प्रयोग करते रहे। दूधनाथ इनको मजाक में लेता रहा। लखनऊ से लौटते समय ज्ञानरंजन और काशीनाथ सिंह भी साथ हो लिए। अचानक अमरकान्त जी अपने वास्तविक रूप में आ गये। लखनऊ से वह अत्यन्त दायित्वपूर्ण भूमिका निभाकर लौट रहे थे। कामतानाथ ने अमरकान्त जी से ही 'पहल' सम्मान प्राप्त किया था। अचानक अमरकान्त दूधनाथ से सम्बोधित हुए, "बाबू साब, आप लोग साहित्य में किस भाषा का प्रयोग कर रहे हैं? भाषा, साहित्य

और समाज के प्रति आपका क्या कोई दायित्व नहीं? अगर आप लेखक कहलाए जाना चाहते हैं तो कृपा करके सृजनशील भाषा का ही प्रयोग करें।''

काशी गाड़ी में ऊँघ रहा था, वह भी सतर्क हो गया। अमरकान्त ने भाषा के प्रति उनकी जिम्मेदारी के बारे में एक भाषण दे डाला। दूधनाथ-काशीनाथ दोनों सन्न रह गये। अमरकान्त की आवाज में इतने अधिकार का भाव था कि उन्हें बीच में टोकने का किसी में साहस नहीं था। दूधनाथ अब तक अमरकान्त जी की बात को बधाई के रूप में ले रहा था, अचानक काशी की तरह अहिल्या हो गया। यह अमरकान्त की खास शैली है। अगर कोई इशारा नहीं समझता तो वे समझाने का तरीका जानते हैं। मैं वर्षों अमरकान्त से जुड़ा रहा हूँ। मुझे आभास था, वह अपना उग्र रूप जरूर दिखाएँगे। वह उन्होंने कुछ इस प्रकार दिखाया कि ज्ञान चुप, मार्कण्डेय चुप, मैं चुप, काशीनाथ-दूधनाथ सन्न। कई किलोमीटर तक किसी ने किसी से बात न की। पेड़ भागते रहे, टैक्सी में सिगरेट का धुआँ भरता रहा। हर आदमी को एहसास था, अमरकान्त की अन्तरात्मा बोल रही है, वह राजनीति नहीं कर रहे हैं। वह सचमुच विक्षुब्ध हैं, चिन्तित हैं।

तनावपूर्ण माहौल को सहज बनाने की गरज से मार्कण्डेय सहगल का गीत गाने लगे—'दुख के दिन अब बीतत नाहीं।' चर्चा मार्कण्डेय-अमरकान्त के मित्र डी.एस. लाल पर उतर गयी, जिन्हें सहगल के दसियों गीत कंठस्थ हैं। हाल ही में डी.एस. लाल इलाहाबाद आये थे और एक पिकनिक के दौरान मार्कण्डेय, दूधनाथ और मैंने उनसे सहगल के कई गीत सुने थे। मेरी स्मृति में सहसा सहगल की शवयात्रा कौंध गयी। मैं शायद उन दिनों तीसरी कक्षा में पढ़ता था। हमारे स्कूल की बगल में ही सहगल का निवास स्थान था। उनके निधन का समाचार सुनते ही पूरा जालन्धर शहर बन्द हो गया। स्कूलों में छुट्टी हो गयी। बच्चे घर जाने की बजाय सहगल की शवयात्रा में शामिल हो गये। शहर भर के बच्चे, बूढ़े और नौजवान उनकी शवयात्रा के साथ 'राम नाम सत्य है' के स्थान पर 'जब दिल ही टूट गया, तो जी कर क्या करेंगे' गाते हुए चल रहे थे। अमरकान्त जी ने यह किस्सा सुना तो विह्वल हो गये। अचानक वे अपनी धीर-गम्भीर आवाज में बोले, ''मैं वसीयत करता हूँ कि मेरी शवयात्रा के साथ लोग, 'डिप्टी कलेक्टरी ही सत्य है' कहते हुए चलें।'' गर्ज यह कि अमरकान्त को सामान्य मन:स्थिति में लाने के लिए सब लोगों को प्रयास करना पड़ा। अव्वल तो अमरकान्त नाराज होते नहीं, अगर कहीं उनका पारा चढ़ गया तो सबके छक्के छूट जाते हैं। ऐसा ही एक और अनुभव मुझे उस समय हुआ, जब महाविशेषांक का विमोचन होने जा रहा था। मेरी हार्दिक इच्छा थी कि विमोचन अमरकान्त जी करें। उनके यहाँ गाड़ी भेजकर उन्हें बुलाया गया। तब तक अंक लेखकों में वितरित नहीं हुआ था, क्योंकि लेखकों को संयुक्त

अंक देने का निर्णय हुआ था। कुछ लेखकों ने बाजार से अंक खरीद लिये थे। जब मैंने अमरकान्त जी से अंक का विमोचन करने की प्रार्थना की तो उन्होंने इनकार कर दिया, ''आपने सबको अंक दिया, मुझे नहीं दिया, मैं विमोचन नहीं करूँगा।'' तुरन्त ही विमोचन का दायित्व मार्कण्डेयजी को सौंप दिया गया।

अमरकान्त नयी कहानी दौर के एक सशक्त रचनाकार हैं, बहुत अच्छी कहानियाँ लिखने के बावजूद एक अर्से तक हाशिए पर पड़े रहे। कहानी चर्चा के केन्द्र में राकेश, कमलेश्वर, यादव की त्रयी थी। अमरकान्त ने इन लेखकों की तरह अपनी कहानियों पर न लेख लिखे, न लिखवाए। आज भी अमरकान्त की इसमें दिलचस्पी नहीं है। अमरकान्त के गहन सम्पर्क में आने के बाद मैंने महसूस किया, अमरकान्त का सही मूल्यांकन नहीं हुआ है। अमरकान्त के व्यक्तित्व और कृतित्व की पड़ताल करने के इरादे से मैंने अमरकान्त पर एक विशाल ग्रन्थ का सम्पादन किया, जिससे साबित हुआ कि अमरकान्त ने बहुप्रचारित लेखकों से कहीं अच्छी और सशक्त कहानियाँ लिखी हैं। इसी बहाने उनके व्यक्तित्व की कई पर्तें खुलीं।

अमरकान्त अत्यन्त संकोची व्यक्ति हैं। अपना हक माँगने में भी संकोच कर जाते हैं। उनकी प्रारम्भिक पुस्तकें उनके दोस्तों ने ही प्रकाशित की थीं। एक बार उन्हें पैसे की सख्त जरूरत थी, पत्नी मरणासन्न पड़ी थीं। ऐसी विषम परिस्थिति में प्रकाशक से ही सहायता की अपेक्षा की जा सकती थी। बच्चे छोटे थे। अमरकान्त न सिर्फ बेकारी बल्कि अपनी और पत्नी की बीमारी से भी जूझ रहे थे। संघर्ष और सृजन का मार्ग भी उन्होंने स्वयं ही चुना था, वरना प्रयाग विश्वविद्यालय से बी.ए. करने के बाद उन दिनों उन्हें सरकारी नौकरी आसानी से मिल सकती थी। अमरकान्त ने अत्यन्त संकोच, मजबूरी और असमर्थता में मित्र प्रकाशक से रॉयल्टी के कुछ रुपये माँगे, मगर उन्हें दो टूक जवाब मिल गया, 'पैसे नहीं हैं।' अमरकान्त जी ने सब्र कर लिया और एक बेसहारा मनुष्य जितनी मुसीबतें झेल सकता था, चुपचाप झेल लीं। 'अमरकान्त' पुस्तक के लिए साक्षात्कार के दौरान जब डॉ. सत्यप्रकाश मिश्र ने अमरकान्त से मित्रों के बारे में राय जाननी चाही तो अमरकान्त ने अपने मित्रों की भूरि-भूरि प्रशंसा की। उन्होंने कहा, ''आप अच्छी तरह जानते हैं कि हमारी मैत्री किसी स्वार्थ की पूर्ति के लिए नहीं, बल्कि लेखन के प्रति प्रगतिशील दृष्टिकोण के कारण ही विकसित हुई थी। इन मित्रों से सदा मुझे लाभ हुआ है और कई मतभेदों के बावजूद इसकी मैंने कद्र की है।''

अमरकान्त को अगर कुछ मित्रों से नाइन्साफी और बेरुखी मिली तो अनेक मित्रों से अगाध स्नेह भी मिला। जब राकेशजी को खबर लगी कि अमरकान्त कष्ट में हैं तो उन्होंने अमरकान्त को 'सारिका' में सम्मानजनक स्थान दिलाने का आश्वासन दिया था और लिखा था—'मैं आशा करता हूँ कि अब तक परेशानियाँ

कुछ कम होंगी, मन पहले से सुस्थिर हो सका होगा। मेरे करने का कोई काम हो तो लिखें। यह बात मैं सिर्फ औपचारिक ढंग से ही नहीं लिख रहा।' वास्तव में सन् 1954 में अमरकान्त हृदय रोग के शिकार हो गये थे। तब से वह एक जबरदस्त अनुशासन में जीने लगे। अपनी लड़खड़ाती हुई जिन्दगी में अनियमितता नहीं आने दी। भरसक कोशिश की, तनाव से मुक्त रहें। महानगर का जीवन उन्हें रास न आता। उन्होंने मुम्बई जाने की बजाय इलाहाबाद के शान्त जीवन को तरजीह दी। घोर आर्थिक और शारीरिक कष्टों के बीच भी अपनी महत्त्वाकांक्षाओं को साहित्य तक सीमित रखा।

अमरकान्त का चेहरा सोनिया गाँधी के चेहरे की तरह एक भावशून्य चेहरा है। उन्हें देखकर आप बता नहीं सकते कि अमरकान्त जी प्रसन्न हैं या अप्रसन्न, दुखी हैं या सुखी, शान्त हैं या बेचैन। उनको भूख लगी है या प्यास। अमरकान्त जी को आप नोबेल पुरस्कार देकर देख लीजिए, उनके चेहरे पर उसकी दमक नहीं आएगी। किसी साधु-संन्यासी के चेहरे पर ही इस प्रकार का तटस्थ, निस्पृह और उदासीन भाव देखा जा सकता है। मुझे याद है, अमरकान्त जी को जब-जब कोई सम्मान या पुरस्कार मिला है, उसकी सूचना मुझे समाचारपत्र से ही प्राप्त हुई है, अमरकान्त जी से नहीं; चाहे उससे पिछली शाम वे मुझसे मिले हों। अकसर पुरस्कार पाकर अमरकान्त की परेशानियाँ कम होने के बजाय अकसर बढ़ ही जाती हैं। जब अमरकान्त जी को सोवियत लैंड नेहरू पुरस्कार प्राप्त हुआ तो सबसे पहले पासपोर्ट की समस्या उठी, जो उन्हें विमान उड़ने के कुछ घंटे पहले ही मिल सका। फिर गर्म कपड़ों की समस्या, अमरकान्त आखिर अपने 'फादरलैंड' जा रहे थे, मौजूदा कपड़े इस लायक न थे। गर्म कपड़े सिलवाने में काफी खर्च करना पड़ा। सोवियत रूस से वे अपने परिवार के लिए कुछ लाए हों या नहीं, मेरे लिए 'वोदका' जरूर लाए। अमरकान्त चूँकि इलाहाबाद से सीधे रूस पहुँच गये थे, बीच में दिल्ली की दो-चार यात्राएँ बेशक हुई होंगी, सोवियत रूस पहुँचकर चमत्कृत रह गये। इस यात्रा में उन्हें कई अनुभव प्राप्त हुए। प्रथम विमान यात्रा का अनुभव, सोवियत मेहमाननवाजी का अनुभव, सोवियत लेखकों से संवाद का अनुभव, सबसे दिलचस्प बात तो यह लगी, जब अमरकान्त ने बताया, "देखिये रूस कितना उन्नत देश है। जिस होटल में हम ठहराए गये थे, वहाँ बाथरूम के नल में हमेशा दो तरह का पानी आता था—गर्म और ठंडा। आप दोनों को मिलाकर अपने हिसाब से पानी गर्म कर सकते हैं और नहा सकते हैं।"

अब अमरकान्त जी की इस मासूमियत पर कौन न फिदा हो जाय। यह सुविधा तो अमरकान्त के मुहल्ले के ही कई घरों में रही होगी, मगर विज्ञान के इस अनूठे चमत्कार से अमरकान्त का प्रथम साक्षात्कार सोवियत रूस जाकर हुआ।

कुछ वर्ष पूर्व अमरकान्त को उत्तर प्रदेश संस्थान की ओर से एक पुरस्कार प्राप्त हुआ था। उस पुरस्कार के साथ भी एक मजाक हो गया। अमरकान्त जी ने बिटिया के विवाह के सिलसिले में एक प्रकाशक से चार-पाँच हजार रुपये अपनी पुस्तकों की अग्रिम रॉयल्टी के रूप में लिये थे। यह संयोग था या हिन्दी संस्थान तक प्रकाशक की पहुँच का नतीजा कि पुरस्कार का चैक प्रकाशक के पास पहुँच गया। अमरकान्त जी अपने संकोची स्वभाव के कारण बहुत दिन तक अपना चैक लेने नहीं गये। एक दिन जब गये तो प्रकाशक ने अग्रिम रॉयल्टी के रूप में दिया गया धन पुरस्कार के रूप में वसूल लिया। अमरकान्त जी चैक के पीछे दस्तखत कर खाली हाथ चले आये। इसी प्रकार जब एक बार ज्ञानरंजन ने उनके एक मित्र प्रकाशक के शोषण के खिलाफ आवाज बुलन्द की तो अमरकान्त ने बजाय ज्ञान को प्रोत्साहित करने के अत्यन्त जोरदार शब्दों में मुद्दा बदल दिया कि ज्ञान यदि शोषण के इतना ही खिलाफ हैं तो पहले पार्टी के प्रकाशन पीपुल्स पब्लिशिंग हाउस से उनकी रॉयल्टी दिलवा दें। गर्ज यह कि अमरकान्त दोस्ती निबाहना जानते हैं। उन्हें शोषण से भी परहेज नहीं, अगर दोस्त कर रहा हो। मैं भी उनसे दोस्ती का दावा कर सकता हूँ। ममता ने अपने संस्मरण में ठीक ही लिखा था—"कुछ वर्ष पूर्व मैं मरणासन्न स्थिति में अस्पताल में पड़ी थी। कई दिनों तक होश नहीं आया। बीच-बीच में जब भी होश आया, मैंने अमरकान्त जी को कष्ट की घड़ी में रवि के साथ देखा। रवि ने बताया कि जब अस्पताल में ब्लड ग्रुप का खून नहीं मिला तो अमरकान्त जी ने तमाम लेखकों के साथ आगे बढ़कर खून टेस्ट कराने की पेशकश की।"

कहानी में और जीवन में अमरकान्त जी व्यंग्य का मौलिक प्रयोग करते हैं। जैसे राजेन्द्र यादव की कहानी पढ़कर उन्होंने पत्र लिखा—"बहुत सोचने पर मैं इस निर्णय पर पहुँचा हूँ कि 'जहाँ लक्ष्मी कैद है' को सोचने में तेरी नाक जरूर हाथी के सूँड जैसी हो गयी होगी।" इसी प्रकार 'पहल' सम्मान में अध्यक्षीय भाषण देकर जब मार्कण्डेय मंच से नीचे आये तो अमरकान्त ने टिप्पणी की—"तुम्हारा चीत्कारपूर्ण भाषण बहुत अच्छा था।" एक बार किसी महिला के सन्दर्भ में मार्कण्डेय ने सफाई देते हुए कहा—"मैं और कुछ भी कर सकता हूँ, इतना नीच कभी नहीं हो सकता।" अमरकान्त ने धीरे से कहा, "हाँ, ये बड़े उच्च कोटि के नीच और नीच कोटि के उच्च हैं भई।" ऐसा नहीं है कि व्यंग्य का प्रयोग वह दूसरे पर ही करते हैं, मौका मिला तो अपने को भी नहीं बख्शते। उनकी आत्मकथ्य से एक उद्धरण देना अप्रासंगिक न होगा—"उन दिनों वह मच्छर रोड स्थित 'मच्छर भवन' में रहता था। सड़क और मकान का यह नूतन और मौलिक नामकरण उसकी एक बहन की शादी के निमन्त्रण पत्र पर छपा था। कह नहीं कह सकता कि उसका मुख्य उद्देश्य तत्कालीन म्युनिसिपैलिटी पर व्यंग्य करना था अथवा रिश्तेदारों को

मच्छरदानी के साथ आने का निमन्त्रण।'' अमरकान्त की कहानियों में उपमा के भी अनूठे प्रयोग मिलते हैं, जैसे, 'वह लंगूर की तरह कूद पड़ता', 'बहस में वह इस तरह भाग लेने लगा, जैसे भादों की अँधेरी रात में कुत्ते भौंकते हैं', 'उसने कौए की भाँति सिर घुमाकर शंका से दोनों ओर देखा।' 'आकाश एक स्वच्छ नीले तम्बू की तरह तना था।' 'लक्ष्मी का मुँह हमेशा एक कुल्हड़ की तरह फूला रहता है।' 'दिलीप का प्यार फागुन के अन्धड़ की तरह बह रहा था' आदि-आदि।

एक जमाना वह भी था, जब अमरकान्त तरन्नुम में गजलें और लोकगीत गाया करते थे। उन्होंने अपनी आत्मकथ्य में इसका जिक्र भी किया है—''फिर प्रगतिशील लेखक संघ में वह सर्वथा नये लोगों के सम्पर्क में आया। बेशक उसे लोगों ने पहले गम्भीरतापूर्वक नहीं लिया। मीटिंग के अन्त में उससे गजल गाने का आग्रह किया जाता। इस रूप में उसकी मान्यता थी।'' अमरकान्त की इस प्रतिभा की जानकारी मुझे बहुत बाद में हुई, जब भीष्म साहनी सपत्नीक इलाहाबाद आये हुए थे और हमारे यहाँ रुके थे। शाम को अचानक देवीप्रसाद त्रिपाठी चले आये। त्रिपाठीजी को अनेक भाषाओं के सैकड़ों लोकगीत याद हैं। मेज पर अँगुलियाँ थिरकाते हुए जब वे अवधी या भोजपुरी का कोई लोकगीत सुनाते हैं तो समाँ बँध जाता है। डी.पी.टी. ने उस शाम एक लोकगीत सुनाया। भीष्म जी ने भी अपनी पत्नी के संग पंजाबी का एक युगल गीत सुनाया। बहुत कम लोगों को जानकारी होगी कि भीष्म जी बहुत अच्छा गाते हैं। भीष्म जी के बाद अमरकान्त की बारी थी। उन्होंने एक लोकगीत सुनाकर सबको द्रवित कर दिया :

*सबका के देहलन शिवजी अन्न धन्न*
*सोनुवाँ,*
*हो हमरा के लरिका भतार*
*शिवजी लरिका भतार*
*लरिका भतार ले के सुतली ओसरवा*
*जरि गइले एड़ी से कपार...*

साहित्यकारों की यह गीतों भरी शाम मेरे एक कैसेट में बन्द थी। मित्रों के बीच यह कैसेट इतना लोकप्रिय हुआ कि लोग माँग-माँगकर ले जाने लगे। एक बार यह कैसेट ऐसा गया कि फिर लौट कर न आया। जाने मेरे किस बेवफा दोस्त के पास यह खजाना है। अमरकान्त के गजल प्रेम का उल्लेख राजेन्द्र यादव ने भी अपने एक लेख में किया है। आगरा के दिनों को याद करते हुए उन्होंने लिखा था—''हाँ, वर्मा गजल बहुत अच्छी गाता था और हर मीटिंग या बैठक में एक जरूरी प्रोग्राम उसकी गजल ही होता था :

*मुझसे न पूछ मेरा हाल*
*सुन मेरा हाल कुछ नहीं*
*मेरे लिए जहान में*
*माजी और हाल कुछ नहीं।''*

इधर ज्ञानरंजन और अमरकान्त के निर्णायक मंडल ने अखिलेश को एक छोटे से पुरस्कार के लिए क्या चुन लिया कि कुछ जातिवादी लेखक उन पर 'कायस्थवाद' फैलाने का आरोप लगाने लगे। ज्ञान ने तो जातिवाद को उसी दिन चुनौती दे दी थी, जब उसने कायस्थों की अनेक लड़कियों को रोते छोड़कर एक गुजराती ब्राह्मण लड़की से शादी की थी। अमरकान्त कोई नये प्रगतिशील नहीं हैं, वह उन दिनों भी प्रगतिशील थे, जब लेखकों में शायद ही कोई ऐसा कायस्थ बचा था, जो 'परिमल' के साथ नहीं था। अमरकान्त ने 'परिमल' की व्यक्तिवादी रूमानी बौद्धिकता का रचनात्मक स्तर पर ही नहीं, पत्रकारिता के माध्यम से भी विरोध किया था।

वास्तव में जवाहरलाल नेहरू अमरकान्त के हीरो रहे हैं। उनका मानना है कि नेहरू जी कई अर्थों में गाँधीजी के पूरक थे और पंडित नेहरू के प्रभाव के कारण ही काँग्रेस संगठन प्राचीनता और पुनरुत्थान आदि कई प्रवृतियों से बच सका। अमरकान्त ने नेहरू के बारे में एक रोचक प्रसंग का उल्लेख अपने आत्मकथ्य में किया है, जो पढ़ने से ताल्लुक रखता है :

'नेहरूजी को वह कई बार देख चुका था, पर उस दिन एक दुर्लभ मौका मिल गया। उसे ठीक से याद नहीं, शायद सन् 42 की पहली अगस्त की बात थी, जब पंडित नेहरू पुरुषोत्तमदास पार्क में भाषण करके बम्बई में अखिल भारतीय काँग्रेस समिति के अधिवेशन में भाग लेने के लिए जाने वाले थे। बहरहाल इलाहाबाद के चौक घंटाघर से एक छोटा-सा जुलूस पुरुषोत्तमदास पार्क के लिए रवाना हुआ।

वह बार-बार नेहरूजी को देखता था—शक्ति, उत्साह और ताजगी की मूर्ति। वह साहस करके उनकी बगल में आ गया और उसके आश्चर्य का ठिकाना नहीं रहा, जब उसने जानबूझ कर अपनी ऊँचाई को उनकी ऊँचाई से नापकर यह देखा कि वह उससे बहुत कम लम्बे हैं। उसकी बहुत-सी हीनता तो इसी से दूर हो गयी और उसका आत्मविश्वास बढ़ गया।''

अमरकान्त का यह आत्मविश्वास आज तक कायम है। जो कभी उनके व्यक्तित्व से झलकता है, कभी उनकी रचनाओं से।

# कुमार विकल

जालन्धर

12.12.59

*आज कुमार (कुमार विकल) मिला। उसने बताया, 'आज रेडियो पर उसकी कविताओं का पाठ होगा।' फिर ज़रा रुककर बोला, 'यार, घर बड़ी चीज़ होता है।'*

*'क्यों?' मैंने पूछा।*

*'देखो, आज मेरी कविताएँ रेडियो से प्रसारित होंगी। यह सुनकर मेरी माँ इतनी ख़ुश हो गयीं कि घर में कीर्तन रख लिया। आज मेरी माँ पाँच से सात बजे तक कीर्तन करेंगी। बाद में सभी औरतें रेडियो सुनेंगी।'*

*कुमार की आवाज़ ही उन औरतों के पल्ले पड़ी होगी। कामू-काफ़्का के अन्धभक्त कुमार की कविताएँ वे क्या समझेंगी!'*

मेरी डायरी का यह पृष्ठ उन दिनों की याद ताज़ा करता है, जब पहले-पहल कहानी का जुनून सिर पर सवार हुआ था। कुमार नया-नया जालन्धर आया था, तब तक हम लोग आकाशवाणी में स्थापित हो चुके थे। आकाशवाणी पर उन दिनों गीतकारों का प्रभुत्व था। हम लोगों ने तत्कालीन प्रोड्यूसर बटुकजी से अनुरोध कर कुमार के इस कार्यक्रम की व्यवस्था की थी। शायद आकाशवाणी के जालन्धर केन्द्र द्वारा प्रथम बार किसी नये कवि की कविताएँ प्रसारित हुई थीं। इसके पूर्व वह लुधियाना के एक प्रकाशक के यहाँ सहायक के रूप में काम करता था। वहाँ सत्यपाल आनन्द उसका सहयोगी था, जिसकी उन दिनों उर्दू के नये अफ़सानानिग़ारों में बहुत धूम थी। कुमार लुधियाना छोड़कर जालन्धर चला आया और उसे दीपक पब्लिशर्स के यहाँ काम मिल गया। सत्यपाल आनन्द कभी-कभार कुमार से भेंट करने जालन्धर आता था। पंजाब के उर्दू कथाकारों के बीच मोहन राकेश बहुत मकबूल थे। आनन्द जालन्धर आता तो हम लोग राकेशजी से मिलने जाते। राकेश की डायरी में आनन्द का अत्यन्त दिलचस्प वर्णन है। मैं उन दिनों इंटर का छात्र था, मगर राकेश को आनन्द में भी कैशोर्य की झलक

दिखाई देती थी।

8.7.57 की डायरी में वे लिखते हैं, *'दोपहर भर बैठकर टाक लिखी। प्रेमी और मोती आ गये। बियर शॉप के लिए निकले तो सत्यपाल आनन्द और रवीन्द्र कालिया रिक्शा में आते दिखाई दिए। वे अपनी तरफ़ ही आ रहे थे। प्रेमी एंड पार्टी को छोड़कर उनके साथ लौट आया। आनन्द के साथ रस्मी क़िस्म की साहित्यिक गुफ़्तगू हुई। उसे साथ बियर शॉप ले गये। राइटर्स कोआपरेटिव की चर्चा हुई। आनन्द और कालिया पाँच बजे तक रहे। आनन्द में अभी कैशोर्य बाकी है।*

*'मेरी सूरत कुछ-कुछ धर्मवीर भारती से मिलती है?' आपने एक सवाल पूछा।*

*'कदरे मिलती।' मैंने जवाब दिया।*

*'मुझे बहुत लोगों ने ऐसा कहा है।'*

*फिर वह अपनी पढ़ी हुई किताबों की फेहरिस्त सुनाता रहा। टैगोर ने 'ब्वॉय इन प्यूबर्टी' का जैसा जिक्र किया है, साहित्यिक दृष्टि से सत्यपाल आनन्द की कुछ वैसी ही स्थिति है।*

दरअसल, उन दिनों मैं सत्यपाल आनन्द की कहानियाँ उर्दू से अनूदित कर हिन्दी में छपवाया करता था, आनन्द मेरी कहानियों का उर्दू में अनुवाद करते थे। मेरी शुरू की तमाम कहानियाँ हिन्दी से पहले उर्दू की पत्रिकाओं में प्रकाशित हो चुकी थीं। हिन्दी में श्रीगणेश ही नहीं हो पा रहा था। कुमार की भी लगभग यही दशा थी। उसकी शैक्षिक योग्यता तो ज्यादा न थी, मगर वह एक साहित्यिक और बौद्धिक 'जायंट' के रूप में उभर रहा था। उसके हाथ में अंग्रेजी की कोई न कोई मोटी पुस्तक रहती थी। अस्तित्ववाद का नाम सबसे पहले उसी के श्रीमुख से सुना था। इलियट की 'वेस्टलैंड' उसे जुबानी याद थी। सार्त्र और कामू के साहित्य की उसे अधुनातन जानकारी थी! शाम को दुकान से उठकर वह आवारगी पर निकल जाता। उससे कभी सुदर्शन 'फ़ाकिर' के यहाँ, कभी हमदम के यहाँ या फिर कॉफी हाउस में मुलाकात हो जाती। वहाँ कुमार के अलावा राकेश, शमशेरसिंह नरूला, पृथ्वीराज, सुरेश सेठ, कपिल अग्निहोत्री आदि अनेक मित्र पहले से विद्यमान होते। उन दिनों कुमार की नहाने या शेव बनाने में ज्यादा दिलचस्पी नहीं थी। नहाता भी होगा तो उसके चेहरे से मालूम नहीं पड़ता था। चलते-चलते वह अचानक बीच रास्ते में रुक जाता और अपनी भर्राई हुई आवाज में कहता।

*हर शराबी देवदास*
*हर कवि कालिदास*
*तेरी खातिर*
*बीना दास!*

फिर वह खूँ खूँ करता हुआ आगे बढ़ जाता। वह सुबह से ही 'शाम' का इन्तजाम करने में जुट जाता। बाहर से कोई कवि-कथाकार आ जाता तो उसका संघर्ष कम हो जाता। आकाशवाणी का प्रमुख केन्द्र होने के नाते जालन्धर में आये दिन कोई न कोई कवि-कथाकार आता रहता था। बहुत-सी ऐसी शामों की स्मृति है जब टुन्न होकर कुमार गा रहा है:

*'फिर तेरा साँवलापन याद आया,*
*दूर महकता हुआ वन याद आया।'*

अगर मैं गलत नहीं हूँ तो यह शेर कृष्ण अदीब का था। वह भी एक चरित्र था। बम्बई वगैरह में फोटोग्राफी के क्षेत्र में भी आजमाइश कर चुका था। एक बार उसे कोकाकोला की ओर से एक मौलिक काम मिला, बहुत अच्छे पारिश्रमिक पर। पंडित जवाहरलाल को एक प्रदर्शनी में कोका-कोला पिलाए जाने का कार्यक्रम था। अदीब से कहा गया था कि वह पंडित जी की कोकोकोला पीते हुए तस्वीर खींचे। ज्यों ही अदीब ने नेहरू जी को फोकस में लिया, उनकी नजर अदीब पर पड़ गयी। नेहरू जी ने ताव में आकर बोतल अदीब के कैमरे पर फेंक दी। वह इस तरह के कई किस्से सुनाता। कुमार से उसकी बहुत पटती थी। अचानक अदीब बीमार पड़ गया। उसे टी.बी. हो गयी। वह महीनों अस्पताल में रहा, मगर जब स्वस्थ होकर अस्पताल से बाहर आया, उसकी नर्स उसके साथ थी। उसने तब तक अस्पताल नहीं छोड़ा जब तक नर्स से शादी न कर ली। कृष्ण अदीब आजकल लुधियाना में है। अभी हाल में उसका भटकता हुआ खत मिला है। पता गलत था, एकदम गलत, मगर खत मिल गया।

कृष्ण अदीब,
ई-89, किचलू नगर,
लुधियाना

प्यारे रवीन्द्र कालिया,

यह खत अगर मिल जाय तो जवाब जरूर देना, क्योंकि मैं पिछले तीस साल से तुम्हें देखने और मिलने को तरस रहा हूँ। जब कभी जालन्धर दूरदर्शन के प्रोग्रोमों के सिलसिले में जाता हूँ तो तुम्हारी कमी शिद्दत से महसूस करता हूँ। सच पूछो, दोस्तियाँ, यारियाँ और आवारगियाँ सब खोई हुई कहानियाँ बनकर रह गयी हैं। अब कोई यार पुराना नहीं मिलता। सुदर्शन फ़ाकिर मुम्बई, कपिल, कुमार चंडीगढ़ और मैं अपनी पहली और आखिरी मुलाजमत के बीस-बाइस साल

पूरे करने के बाद मुस्तल्नित रिहाइश पजीर होकर लुधियानवी बन गया हूँ और तुम अकबर इलाहाबादी के बाद रवीन्द्र कालिया इलाहाबादी हो गये। इस तवील अर्से में तुम्हारी खैर न खबर। सुना था कि तुमने एक मुमताज अफसानानिगार लड़की ममता से शादी कर ली है। माशा अल्लाह, अब तुम भी मेरी तरह साहिब-औलाद हो चुके होगे।

रवीन्द्र कालिया, यह एड्रेस मैंने कुमार विकल की किताब से हासिल किया है, क्योंकि इलाहाबाद में सिवाय तुम्हारे और कौन उसकी किताब शाया कर सकता है?

बहुत साल पहले तुमने कोई कहानी 'माया' में छपवाई थी, जिसका मरकजी किरदार कृष्ण अदीब था। हो सके तो मुझे भी पढ़वा दो। अब तो तुम्हारी ढेर सारी किताबें छप चुकी होंगी। क्या मुझे पढ़ने का मौका मिल सकता है?

देखो, मेरी जान, अगर वाकई, यह खत मिल जाये तो फौरन दो हर्फी जवाब दो। मैंने तुमहारी यह शर्त भी पूरी कर दी है, यानी तुलराम के जिक्र के बगैर खत लिखा है, अब तो खुश हो ना?'

तुम्हारा,<br>कृष्ण अदीब

कुमार विकल की जीवन शैली हिन्दी कवियों से एकदम भिन्न थी। मेरी तो समझ में आज तक नहीं आया कि अदीब और कुमार विकल ने इतने बरस नौकरी कैसे कर ली। कुमार की तबीयत फ़कीरों की तबीयत है और अन्दाज फ़कीराना। नशे में वह अक्सर गाया करता:

*ऐ मयगुसारो सवेरे सवेरे*<br>
*खराबात के गिर्द घेरे पे घेरे*<br>
*किसी दिन इधर से गुजर कर तो देखो*<br>
*बड़ी रौनकें हैं फकीरों के डेरे।*

पंजाब में उन दिनों गीतकारों की कमी न थी, अकेला कुमार था, जो छन्द से मुक्ति पा रहा था। बगैर छन्द और तुक सहायता के वह केवल कथ्य के बल पर कवि गोष्ठियों में हावी हो जाता। उन दिनों वह कविता छपवाता नहीं था, छपवाने का प्रयत्न ही नहीं करता था। कविता लिखकर जेब में रख लेता था। उसकी जेब उसका काव्य संकलन थी। कविताएँ पुर्जा-पुर्जा हो चुकी थीं। उसके शिष्य और मित्र कागज जोड़-जोड़कर कविता पढ़ते और उसकी प्रतिलिपि उसे दे देते। दैनिक पत्रों में रचना छपवाना हम लोग अपनी तौहीन समझते थे। इसी

बीच वह डॉ. इन्द्रनाथ मदान के संपर्क में आया और जब पंजाब विश्वविद्यालय का हिन्दी विभाग जालन्धर से चंडीगढ़ गया तो डॉ. मदान कुमार विकल को भी चंड़ीगढ़ ले गये और उसे विश्वविद्यालय के पब्लिकेशन ब्यूरो में काम दिलवा दिया। कुमार आज तक वहीं है। सुनते हैं, बीमार रहता है, बहुत दुबला-पतला हो गया है। जिस कुमार को मैं जानता हूँ, वह एकदम हष्ट-पुष्ट था। निराला की कद काठी, मगर चेहरे पर दाग-दाग उजाला। बिखरे बाल, भर्राई मगर भारी आवाज। जब गुस्सा आ जाय तो अचानक विस्फोट और घोषणा-

*ढोल के अन्दर पोल नहीं है*
*चेहरा तेरा गोल नहीं है।*

यह उसकी उस समय की मानसिकता पर निर्भर है कि वह 'चेहरा' शब्द का प्रयोग करेगा या शरीर के किसी अन्य अंग-प्रत्यंग का। यों तो भारत में सैकड़ों हजारों मूक प्रेमी होंगे, मगर कुमार अनोखा मूक प्रेमी है। कुमार को सरेराह कोई लड़की भा जाती थी तो वह उसके प्रेम में पड़ जाता था। वह अपनी सुधबुध भूल जाता, उसकी भूख-प्यास मिट जाती थी। आँखों में लाल डोरे ही नहीं पड़ जाते, उनमें मैल भी जम जाती थी, ब्रुश करना भूल जाता। एक दीवानापन जो कुमार में था, कम ही कवियों में देखा जा सकता था। कुमार जब प्रेम में पड़ता था, वह प्रेम का चलता-फिरता पुतला बन जाता था। हर मिलने-जुलने वाले को वह अपने घाव दिखाता, अपनी पीड़ा बताता। विरह का ऐसा वर्णन करता कि जायसी की याद आने लगती। चंडीगढ़ जाकर तो उसकी स्थिति और चिन्ताजनक हो गयी। वहाँ परिसर में एक-से-एक सुन्दर चेहरे दिखाई देते। कुमार को देखकर लगता कि अपनी किसी प्रेमिका को देखकर बेहोश न हो जाय। कई बार हम उसकी प्रेमिका के दर्शन की इच्छा प्रकट करते तो वह किसी भी विभाग में ले जाता। प्रेमिका दिखाई देती तो खुद पीठ करके खड़ा हो जाता, 'वही है गुलाबी लिबास में। जरा उसकी चाल तो देखो।'

'तुम उसकी तरफ देख क्यों नहीं रहे?'

उसका चेहरा सुर्ख हो जाता, 'बहस मत करो। बस, सिर्फ उसे देखो।'

वास्तव में चंडीगढ़ के वातावरण में ही ऐसा कुछ है कि वहाँ मूक प्रेमियों की भरमार है, अपने परेशजी चंडीगढ़ में ही हैं। महाविशेषांक में प्रकाशित परेश की कहानी 'सिल्वर, एक स्कूल टीचर' मूक प्रेम की अद्‌भुत कहानी है। नायक नायिका पर परम आसक्त है। उसका नाम मालूम है, न जात। सिल्वर नाम भी काल्पनिक है। परिचय तक को मोहताज है। बाल्कनी में खड़ा-खड़ा प्यार कर रहा है; उससे ही नहीं उसके बच्चे से भी। बच्चा आहत होता है तो वह बच्चे

से ज्यादा आहत हो जाता है। अन्य तमाम स्त्रियों से उसे वितृष्णा हो जाती है यानी तेरी आँखों के सिवा दुनिया में रखा ही क्या है। कहानी पढ़ने से ताल्लुक रखती है। मैं अपने मित्रों से कहा करता हूँ, कई लेखक मूल रूप से कवि होते हैं, कई कहानीकार, कई नाटककार, मगर कुमार और परेश मूलरूप से प्रेमी हैं। कवि-कथाकार बाद में।

चंडीगढ़ का एक और वाकया याद आ रहा है। उन दिनों आचार्य हजारीप्रसाद द्विवेदी जी के यहाँ एक गोष्ठी का आयोजन था। चंडीगढ़ के तमाम साहित्यिक बन्धु डॉ. मदान, डॉ. वीरेन्द्र मेंहदीरत्ता, यश गुलाटी आदि उपस्थित थे। अचानक कुमार कमरे में नमूदार हुआ। सब लोग दरी के ऊपर बिछी सफेद चादर पर बैठे थे और हैरत से कुमार की तरफ देख रहे थे। कमरे के बाहर जूतों का ढेर लगा था, हर आदमी जूता उतारकर आया था और एक यह कुमार विकल था कि जूतों समेत सफेद चादर के ऊपर बहुत असमंजस में खड़ा था। डॉक्टर मदान ने उससे पूछा, 'तुम जूते उतारकर क्यों नहीं आये?' 'दरअसल, बात यह है कि 'कुमार ने झेंपते हुए, जवाब दिया 'मेर पैर जूतों से ज्यादा गन्दे हैं।'

यह कोई इकलौता किस्सा नहीं है। कुमार के साथ इस तरह के बीसियों किस्से बावस्ता हैं। वह शुरू से ही आभिजात्य और व्यवस्था का दुश्मन था। अकसर वह हाथापाई और मार-पिटाई से भी परहेज नहीं करता था। उसने अगर किसी को चाहा है तो एवज में उसने उसकी पिटाई अवश्य कर दी है। इस लिहाज से उसने मुझसे भी मुहब्बत की थी। एक बार तो सत्यपाल आनन्द की नाक की हड्डी ही तोड़ दी। बिलकुल चप्पल की तरह है उसका मजबूत पंजा, जिसके एक ही वार से होश फाख्ता हो जाते हैं। उसका भुक्तभोगी मैं भी हूँ।

जिन दिनों कुमार का विवाह हुआ, मेरी कहानी 'नौ साल छोटी पत्नी' प्रकाशित हुई थी। किसी दिलजले दोस्त ने कुमार के मन में यह भ्रम पैदा कर दिया कि यह कहानी मैंने उसी पर लिखी है, जबकि मुझे आज तक नहीं मालूम कि कुमार की पत्नी उससे कितने साल छोटी है, कुमार ने आव देखा न ताव, दिल्ली की तरफ जाने वाली पहली बस में बैठ गया। दिल्ली में मुझे खोज निकालना बहुत आसान काम था, क्योंकि सब मित्रों को मालूम था कि दफ्तर से छूटते ही हम लोग—जगदीश चतुर्वेदी, रमेश गौड़, शेरजंग गर्ग—सीधे 'टी-हाउस' जाते थे। हम लोग 'टी-हाउस' में इत्मीनान से कॉफी पी रहे थे कि अचानक कुमार विकल प्रकट हुआ। हम सब लोगों ने उसे विवाह की शुभकामनाएँ दीं। कुछ देर बाद वह मुझे अलग ले गया और बोला, 'मेरी शादी हुई है, तुम्हारी कहानी छपी है, चलो आज जश्न हो जाय, मैंने बहुत अच्छा प्रबन्ध किया है।' उसके साथ नरेन्द्र धीर थे। मैं तुरन्त राजी हो गया। अभी हम लोग 'टी-हाउस'

के बाहर मैदान में पहुँचे ही थे कि अचानक उसने मेरे मुँह पर एक जानदार झापड़ रसीद किया। मैंने जीवन में पहली बार पहला और आखरी झापड़ खाया था, उसका आनन्द ही न्यारा था, यानी मेरी आँखों के सामने अँधेरा छा गया। एक ही झापड़ से कई काम हो गये। चश्मा टूटकर नीचे गिर गया, होंठ कई जगह से कट गया, नाक से खून बहने लगा।

'यह कहानी लिखने का मुआवजा है।' कुमार ने कहा।

मैं कुमार की आशंकाओं से बेखबर था। मेरे कपड़े खून से लथपथ हो गये। कुमार अपना काम करके चलता बना। मैं किसी तरह 'टी-हाउस' पहुँचा। बाहर उर्दू के अफसानानिगार सुरेन्द्र प्रकाश मिल गये। सुरेन्द्र प्रकाश को अभी दो-चार बरस पहले साहित्य अकादमी का पुरस्कार मिला है। उसने मेरी हालत देखी तो मुझे बलराज मेनरा के हवाले करके कुमार की तलाश में निकल गया। वह कुमार से इतना खफा था कि अगर कुमार मिल जाता तो गजब हो जाता। यह अच्छा ही हुआ कि उसे कुमार नहीं मिला। वह सब सम्भावित जगहों पर उसकी तलाश कर आया था। दोस्त लोगों ने अस्पताल में मेरी प्राथमिक चिकित्सा कराई। वहीं अस्पताल में टाइम्स ऑफ इण्डिया के क्राइम रिपोर्टर से भेंट हो गयी। उसने बहुत आग्रह किया कि मैं पुलिस में प्राथमिकी दर्ज कराऊँ और वह एक चटपटा समाचार जारी करे 'पात्र द्वारा लेखक की पिटाई, लेखक अस्पताल में'। मैंने मना कर दिया, क्योंकि मैं जानता था, कुमार ने किसी के उकसावे में आकर ही यह कार्रवाई की होगी। अगले रोज दोस्तों ने बताया, इस घटना के बाद वह रात भर फूट-फूटकर रोता रहा था। यह एक ऐसी घटना थी कि इसके बाद कुमार से मेरा सम्पर्क टूट गया। पत्र लिखने में वह मुझसे भी ज्यादा आलसी है। शायद ही मेरे पास या किसी अन्य मित्र के पास उसका कोई पत्र हो। उसे किसी की याद आती है तो वह सार्वजनिक घोषणा कर देता है कि वह अमुक मित्र को जल्दी ही पत्र लिखने वाला है, जैसे कोई महाकाव्य लिखने जा रहा हो। मेरा उपन्यास 'खुदा सही सलामत है' प्रकाशित हुआ तो चंडीगढ़ से आने वाला प्रत्येक मित्र यही खबर देता था कि कुमार को उपन्यास बहुत पसन्द आया है और वह मुझे एक लम्बा पत्र लिखने जा रहा है। उस पत्र की मुझे आज तक प्रतीक्षा है।

इस घटना के कोई दस-बारह बरस बाद कुमार से पटना के एक साहित्यिक समारोह में भेंट हुई। वह गले मिलकर देर तक रोता रहा, मगर उसके हुलिए और रंग-ढंग में ज्यादा तबदीली नहीं आयी थी। एक कवयित्री ने उसे अपने गीतों का संकलन भेंट किया। कुमार ने चार-छह गीत पढ़े, जो इतने घटिया लगे कि उसने गुस्से में पुस्तक की चिन्दी-चिन्दी कर दी। गीतों के टुकड़े खुश्क पत्तों की तरह सारी इमारत में फैल गये। साहित्यिक कार्यक्रमों के बाद रात को ज्ञान और

कुमार के बीच एक जवाबी कीर्तन का आयोजन हुआ, जिसमें हर पीढ़ी के कवि, कथाकार, साहित्यप्रेमी ताली पीट रहे थे, गा रहे थे। अजब समाँ बँध गया था। एक बार आकाशवाणी के कवि सम्मेलन के सिलसिले में कुमार इलाहाबाद भी आया। कवि सम्मेलन के बाद कवि मित्रों के साथ घर पर आया। उसने स्टीरियो पर एक बहुत पुराना रिकार्ड लगा दिया और हाथी की तरह कूदते हुए यही दो पंक्तियाँ गाता रहा—बचपन के दिन भुला न देना, आज मिले कल रुला न देना।

आज कुमार पंजाब का मूर्द्धन्य कवि है, जो पंजाब में हिन्दी की जोत जलाए हुए है। पंजाब में उसके इतने प्रशंसक न होंगे, जितने पंजाब की सीमाओं के बाहर। वह हिन्दी कविता की अधुनातन धारा से जुड़ा है। उसकी कविताओं में पंजाब की गन्ध है, पंजाब का तेवर है, पंजाब का स्वाद है, पंजाब की दहशत है। कुमार ने हमेशा अपनी कविताओं में साम्प्रदायिक शक्तियों को बेनकाब किया है। अपना स्वास्थ्य चौपट करने के बाद वह इस निष्कर्ष पर पहुँचा है:—

*बहुत पीछे छोड़ आया हूँ*
*अपने शरीर से घटिया शराब की गन्ध*
*जिससे उड़ गये हैं मेरे डर*
*तुच्छताएँ, कमीनापन।*

# ज्ञानरंजन

'अभी कल की ही बात है, अगर आप इस शहर की गली लोकनाथ में एक मझोले कद के, गहन दाढ़ी बढ़ाए, नीली कमीज की आस्तीनों को कोहनियों तक चढ़ाते, साँवले लेकिन सौम्य, अक्खड़ लेकिन अलमस्त से आदमी को एक जेब से गजक, दूसरी से मीठे परवल निकालकर खाते, नुक्कड़ के कुल्फीवाले की ओर टकटकी लगाकर निहारते देखते तो निश्चित ही वह ज्ञानरंजन होते। इलाहाबाद मिठाइयों का शहर है और ज्ञानरंजन मिठाई के पैदाइशी शौकीन। रेवड़ी से लेकर रबड़ी तक, ज्ञान इस शहर का तमाम स्वाद जानते पहचानते हैं।'

आज से बारह-तेरह बरस पहले ममता ने ज्ञान के व्यक्तित्व के इस पक्ष को उद्घाटित किया था। इन बारह बरसों में गंगा, जमुना और नर्मदा में बहुत-सा पानी बह चुका है। ज्ञान मिठाइयों से विरत हो चुका है, बल्कि यह कहना भी गलत न होगा कि मिठाइयों से मुहब्बत उसे बहुत महँगी पड़ी, वह मधुमेह की गिरफ्त में आ गया। दाढ़ी धूप की तरह उजली हो गयी। वह कथाकार से बड़ा संगठनकर्ता बन गया। इन वर्षों में 'पहल' की साख ही नहीं जमीं, बल्कि उसके कारण उसे सोवियत लैंड नेहरू पुरस्कार भी प्राप्त हुआ। बेटा कोल इंडिया में इंजीनियर हो गया, जो हम लोगों की गोद में खेला करता था। जबलपुर के गढ़ा रोड में दसियों वर्ष रहने के बाद रामनगर, आधारताल अपने मकान में चला गया। अगर अब ज्ञान की जेब की तलाशी ली जाय, तो जानते हैं क्या मिलेगा? अगर आप सोच रहे हैं, सिगरेट का पैकेट मिलेगा या पान पराग का पाउच अथवा च्यूंग्म तो आप धोखा खा जाएँगे। ज्ञान की जेब में मिलेगी एक निराली चीज : अनारदाना चूर्ण। बहुत से लेखक अपने दिल के कारण परेशान रहते हैं और हमारा यह ज्ञानरंजन अपने पेट के हाथों। पेट को दुरुस्त रखने के लिए कभी वह एलोपैथिक दवा खाता मिलेगा, और कभी होम्योपैथिक। एक नामी वैद्य की बिटिया से विवाह करने का एक फायदा यह हुआ कि आयुर्वेद के बारे में उसे काफी जानकारी हासिल हो गयी। अभी भोपाल जाकर एहसास हुआ कि मध्यप्रदेश में अच्छी-खासी ज्ञानरंजन फैंस एसोशिएशन है। ज्ञान के दीवाने उसके लिए अकसर दौड़ते रहते हैं, कोई एक्सरे

की रिपोर्ट ला रहा है, कोई ज्ञान के रक्त की जाँच कराके लौट रहा है। आजकल उसकी एक जेब में अगर अनारदाना चूर्ण रहता है तो दूसरी जेब में ये तमाम रिपोर्टें और डॉक्टरों के नुस्खे। लम्बी अस्वस्थता एक गहरा असर छोड़ गयी है—एक निजी किस्म का अकेलापन और अवसाद। दाढ़ी का आवरण भी उसकी उदासी को नहीं छिपा पाता। ज्ञान की तमाम सरगर्मियों और गतिविधियों के बीच आप पाते हैं—यह शख्स कहीं बहुत तन्हा है—चाँद की तरह। दोस्तों-प्रशंसकों से घिरा है, लेकिन अकेला है। यह अकेलापन रूहानी भी हो सकता है, प्रत्येक रचनाशील व्यक्ति इसकी चपेट में आता है, आप रचनाकार हैं तो इससे बच नहीं सकते। बचाव का जो रास्ता है वह ज्ञान ने छोड़ रखा है यानी लेखन। वह लिखने से कतराने लगा है। महाविशेषांक के सम्पादन के दौरान मैंने उसे बीसियों बार फोन किया, पत्र लिखे, प्रेरित किया लेकिन हासिल कुछ न कर पाया। इसी प्रकार ममता ने उसे उत्तर-मध्य क्षेत्र सांस्कृतिक केन्द्र की दिल्ली में आयोजित गोष्ठी में कहानी पाठ के लिए निमन्त्रित किया और अन्तिम दिन तक दबाव बनाए रखा। ज्ञान ने दिल्ली के लिए सीट भी सुरक्षित करा ली, लेकिन वह हमेशा की तरह दाँव दे गया। 'वर्तमान साहित्य' की योजना थी उसकी नयी कहानी के साथ ज्ञान पर केन्द्रित अंक प्रकाशित किया जाय, वह भी खटाई में पड़ गयी। वास्तव में ज्ञान ने कहानी में जो कीर्तिमान स्थापित किए हैं, वह उसके लिए अब चुनौती से बनते जा रहे हैं। उसकी स्पर्धा अपनी पीढ़ी के लेखकों से नहीं, अपने ही लेखन से है। ज्ञान ज्ञानरंजन से संघर्ष कर रहा है।

ज्ञान के लिए सबसे प्रिय चीज उसके दोस्त हैं। ज्ञान के यहाँ जाइए तो पहले से ही कोई मित्र विद्यमान होगा, अगला मित्र दोपहर की गाड़ी से आ रहा होगा। ज्ञान इलाहाबाद आता है तो दोस्तों के बीच अजीब सरगर्मी आ जाती है। जो लेखक घर में घुसे रहते हैं, वे भी सड़क पर उतर आते हैं। फोन की घंटियाँ टनटनाने लगती हैं—'सुनते हैं, ज्ञान शहर में है', 'ज्ञन इस समय कहाँ मिलेगा?', 'ज्ञान तो नहीं है आपके यहाँ?' वगैरह वगैरह। लेकिन ज्ञान है कि हजरते दाग की तरह जहाँ बैठ गये, बैठ गये। उसे चाहने वाले उसे साहित्यकारों के यहाँ ढूँढ़ रहे होंगे और वह पाया जाएगा अपने किसी बालसखा के साथ किसी 'पेट्रोला' में, किसी नवोदित लेखक या प्रकाशक के यहाँ। वह इलाहाबाद में होता है तो उसका पता-ठिकाना सुनयनाजी को भी मालूम नहीं रहता। जैसे लेखक बन्धु उसे ढूँढ़ते रहते हैं, वह भी उसकी 'लोकेशन' जानने की कोशिश करती रहती हैं। सन् सत्तर के आसपास मैं जब इलाहाबाद आया था तब तो स्थिति इससे भी खराब थी। सुनयनाजी का फोन आता कि तीन दिन से ज्ञान लापता है, आपको कुछ खबर है? उन्हें जब पता चलता कि वह तीन दिन से मेरे ही साथ है तो वह राहत की साँस लेतीं। दरअसल ज्ञान

की रुचियाँ बहुत स्पष्ट हैं। वह आपसे दोस्ती कर सकता है या दोस्ती नहीं कर सकता। वह उन लोगों में से नहीं है, जो दोस्ती का नाटक करते हुए हमेशा इस ताक में रहते हैं कि कब आपकी पीठ में छुरा भोंक दें।

ज्ञान से मेरी पहली मुलाकात दिल्ली में हुई थी। पहली मुलाकात ही अविस्मरणीय है। वह मुझे करोलबाग के किसी चौराहे पर मिला था। परिचय के बाद हम लोग साथ हो लिए। उसके बाद वह वहाँ गया ही नहीं, जहाँ ठहरा हुआ था। गाड़ी पकड़ने से पूर्व सामान उठाने जरूर गया होगा। अब सोचता हूँ तो लगता है इलाहाबाद में मेरी उसकी दाँतकाटी दोस्ती का राज यह भी हो सकता है कि मेरा घर मिठाइयों की गली लोकनाथ के निकट था और उन दिनों ज्ञान का पेट दुरुस्त रहता था। बात करते-करते वह अचानक कहता, चलो लोकनाथ जाकर थोड़ी मलाई खा आएँ या चलो तुम्हें आज ऐसी लस्सी पिलाते हैं कि पंजाब की लस्सी को भूल जाओगे या तुमने अमुक दुकान की गजक खाई है? नहीं खाई, फिर तुमने खाया ही क्या है, जल्दी चलो दुकान बन्द होने का समय हो रहा है। दूध की मलाई खाने का रिवाज मैंने इसी शहर में देखा था—मलाई की पर्तों को जमाकर बर्फी की मोटाई में व्यंजन तैयार किया जाता है और लोकनाथ में शाम घिरते ही जगह-जगह उसके थाल दिखाई देते हैं। ज्ञान एक दुकान से गजक और मलाई खिलाता, दूसरी से रबड़ी, तीसरी से इमरती चौथी से लस्सी पिलवाता। गर्मी का मौसम हुआ तो कुल्फी। हम लोकनाथ से तृप्त होकर निकलते। रास्ते के लिए वह रेवड़ी खरीद लेता। ममता अभी मुम्बई से आयी नहीं थी। हम लोगों का नाश्ता-भोजन कुछ इसी प्रकार से चल रहा था।

इन्हीं मुलाकातों के दौरान ज्ञान को समझने का मौका मिला। कोई-न-कोई योजना हमेशा उसके मन में रहती। 25-26 की उम्र में ही वगैर किसी दिग्गज का संरक्षण प्राप्त किए ज्ञान ने 'अरुण शलभ' नाम की एक साहित्यिक सांस्कृतिक संस्था का गठन किया था। ज्ञान के पिता रामनाथ जी सुमन का वरदहस्त संस्था को अवश्य प्राप्त था। जिस प्रकार ज्ञान आजकल 'पहल' के कार्यों में व्यस्त रहता है, उसी तन्मयता और लगन से 'अरुण शलभ' का काम सँभालता था। 'अरुण शलभ' नाम से ही आभास हो जाता है कि वह उन दिनों कविता लिखा करता था। उन्हीं दिनों उसने दाढ़ी बढ़ा ली थी। ज्ञान के बचपन के मित्र राजेन्द्र वर्मा (रज्जू) ने लिखा है, 'ज्ञान के दाढ़ी रखने की भी एक कहानी है। दाढ़ी वह यूनीवर्सिटी के समय से ही रखने लगा था। कुछ दोस्तों ने उसका मजाक उड़ाया और दाढ़ी कटवाने पर जबरदस्ती होने लगी। ज्ञान जिद पकड़ गया और तब से आज तक दाढ़ी उसके चेहरे से चिपकी हुई है। काफी अन्तराल के बाद ज्ञान ने दाढ़ी मुँड़ाने का इरादा भी किया लेकिन तब तक दाढ़ी उसके व्यक्तित्व का हिस्सा बन चुकी थी और अब शायद

बिना दाढ़ी के ज्ञान, ज्ञान नजर नहीं आएगा।''

देखते-देखते जब ज्ञानरंजन कहानी का बेताज बादशाह हो गया तो लोग उसकी शैली का ही नहीं, जीवन शैली का भी अनुरण करने लगे। दूधनाथ और काशी ने ही नहीं, तमाम यश:प्रार्थी कथाकारों ने दाढ़ी बढ़ाकर किस्मत की आजमाइश शुरू कर दी। दूधनाथ चूँकि अन्य विधाओं में भी हाथ-पैर मार रहा था, उसने दाढ़ी मुँड़वा दी। दाढ़ी-दौड़ में ज्ञान का बेटा भी शामिल हो लिया। उसने पिता से विरासत में दाढ़ी ही नहीं पाई, कई और बातें सीख गया। महात्मा ज्ञानरंजन की तरह उसने युवावस्था में ही अनेक चीजों का परित्याग कर दिया, जैसे जूते उतार कर खानदानी चप्पल ग्रहण कर ली, सूट तहाकर वार्डरोब के हवाले कर दिया, आस्तीन के बटन बन्द करना छोड़ दिया। सुनयना ने जिस तरह सूट-टाई, जूते पहनाकर ज्ञानरंजन को सोवियत रूस के लिए रवाना किया था, बहुत चिरौरी करने के बाद पाशा को इंटरव्यू भर के लिए सूट-टाई-जूते पहनने को राजी कर लिया। ज्ञानरंजन तो रोहतांग दर्रे तक अपनी प्रिय चप्पल में घूम आया था। इसे पिता के गाँधीवादी संस्कार कह लीजिए या ज्ञान की स्वेच्छा, वह हमेशा तड़क-भड़क से दूर रहा। इन्द्रमणि और राजेन्द्र दानी बताते हैं कि कैसे रूस जाने से पूर्व ज्ञान सूट-टाई और जूतों में लैस होकर नयी नवेली दुल्हन की तरह झेंप रहा था जैसे कह रहा हो, 'साला मैं तो साहब बन गया।' सुनयना सोच रही थीं कि ज्ञान रूस से सचमुच साहब बनकर लौटेगा। रूस से लौटकर जब उसने घर का दरवाजा खटखटाया तो सुनयना यह देखकर आश्चर्यचकित रह गयीं—सामने वही चिर-परिचित असली इलाहाबादी ज्ञान खड़ा था। सूट अथवा जूते उसके सामान से बरामद हुए या नहीं, यह कहना मुश्किल है।

वही ज्ञान, जो स्वयं साधु-संन्यासियों की तरह रहता है, सुनयना के कपड़ों पर बहुत ध्यान देता है। मैंने आज तक सुनयना को लापरवाह पोशाक में नहीं देखा। ज्ञान ने उन्हें हमेशा गुड़िया की तरह सजे रहना ही सिखाया है। उसने अपनी जुबान से चाहे कभी सुनयना की प्रशंसा या प्रेम का इजहार न किया हो, लेकिन वह जब-जब इलाहाबाद से जबलपुर लौटता है, उसके सूटकेस में सुनयना के लिए एक से एक महँगी साड़ियों के उपहार होते हैं। वह 'बात बोलेगी, हम नहीं' में विश्वास रखता है। मैंने किसी साथी लेखक को पत्नी के लिए इस प्रकार थोक में कीमती साड़ियाँ खरीदते नहीं देखा। मेरा केस तो बेहद खराब है, मैंने पत्नी के लिए क्या, कभी अपने लिए भी कपड़ा नहीं खरीदा, इस दृष्टि से ममता मेरी ज्ञान है।

ज्ञान का एक और रूप भी है—एंग्री यंग मैन का रूप। परसाई जी ने ठीक ही लिखा है कि ज्ञान तीव्र प्रतिक्रिया भी करते हैं। उत्तेजित भी होते हैं और बड़े उत्तेजित होकर कह भी देते हैं, परसाई जी ये लोग साले...नुकसान का ध्यान भी नहीं रखते।

समझौता कतई नहीं करते। अकसर खुद ही सोच-सोचकर फैसला ले लेंगे और उस पर डट जाएँगे। जो गलत है, उसका विरोध हर कीमत पर करने का दम है। इसी सन्दर्भ में आज से बीस साल पहले की एक घटना याद आ रही है। उन दिनों काफी हाउस में लेखकों का मेला लगा रहता था, जो लोग काफी हाउस में नहीं बैठते थे, वे भी काफी हाउस के आस-पास मँडराते रहते थे। उन दिनों साठोत्तरी पीढ़ी की पहचान बन रही थी। दूधनाथ सिंह भी आज का दूधनाथ सिंह नहीं था। मैं आज के दूधनाथ का जिक्र नहीं कर रहा जो याचक, हरामी, झूठा, पदयात्री कहे जाने पर भी विचलित नहीं होता, बल्कि उसे इन विशेषणों में मनुष्य के अन्तर्विरोधों और भावमय पवित्र क्षणों की कलावन्तता नजर आती है। मैं बीस बरस पहले के उस दूधनाथ सिंह का जिक्र कर रहा हूँ, जो सन् साठ की पीढ़ी को हरामियों की पीढ़ी कहे जाने पर आग-बबूला हो गया था। मैं और ज्ञान सिविल लाइन्स में टहल रहे थे कि अचानक दूधनाथ नमूदार हुआ। वह गुस्से में पत्ते की तरह काँप रहा था। उसने बताया कि अभी अमरकान्त, शेखर जोशी, मार्कण्डेय के साथ टहलते हुए भैरवप्रसाद गुप्त ने घोषणा की है कि सन् साठ की पीढ़ी हरामियों की पीढ़ी है। हम लोगों को फौरन से पेश्तर इसका माकूल जवाब देना चाहिए। पूरी पीढ़ी का स्वाभिमान और अस्मिता दाँव पर लग गयी है। मैं अकेला पड़ गया, वरना वहीं गिरेबान पकड़ लेता।

ज्ञान हँसा, उसने कहा, ''दूधनाथ तुम संघर्ष करो, हम तुम्हारे साथ हैं।''

दूधनाथ इस जवाब से सन्तुष्ट नहीं हुआ। उसने कहा, ''इसका मुँहतोड़ जवाब देना चाहिए। उस बात की गम्भीरता को समझिए।''

''क्या करना चाहिए?'' ज्ञान ने पूछा।

''फासिस्ट शक्तियों का डटकर मुकाबला करना चाहिए।'' दूधनाथ बोला, ''मेरा खून खौल रहा है।''

ज्ञान ने दूधनाथ की शोचनीय स्थिति देखी तो तुरन्त नेतृत्व सँभाल लिया और बोला, ''चलो ढूँढ़ते हैं, अभी निपट लेते हैं।''

हम लोगों ने सिविल लाइन्स की तमाम सड़कें छान मारीं, लेकिन भैरव एंड पार्टी कहीं नजर नहीं आयी।

''मैं तो रात भर सो न पाऊँगा,'' दूधनाथ बोला, ''अपमान की इस ज्वाला में जलकर राख हो जाऊँगा।''

''भैरव का घेराव करते हैं।'' ज्ञान ने अपना निर्णय सुनाया, ''उन्हें अपने शब्द वापस लेने होंगे।''

तय पाया गया कि यहीं सिविल लाइन्स में भोजन किया जाय, उसके बाद ज्ञानरंजन, दूधनाथ और रवीन्द्र कालिया—तीनों भैरव का घेराव करें। रात के लगभग

दस बज चुके थे, जब हम लोग लूकरगंज स्थित भैरवदादा के निवास स्थान पहुँचे। उन दिनों कथा जगत में भैरवप्रसाद गुप्त का बहुत रौबदाब था। वह अपने को हिन्दी कहानी का स्तालिन समझते थे। ज्ञान ने आगे बढ़कर भैरवप्रसाद गुप्त का दरवाजा खटखटाया। मालूम हुआ, भैरव सो गये हैं।

"उन्हें जगाओ, कुछ हरामी उनसे मिलने आये हैं।" ज्ञान ने कहा।

जवाब में घर की तमाम बत्तियाँ गुल हो गयीं। हम लोग बाहर घास पर बैठ गये और तय किया कि रातभर भैरवदादा को सोने नहीं देंगे। हम लोग चिल्लाते रहे— "भैरवप्रसाद गुप्त बाहर आओ, हिम्मत हो तो बाहर आओ।" लेकिन भैरवप्रसाद गुप्त बाहर नहीं निकले। सुबह जब पेड़ों पर चिड़ियाँ चहचहाने लगीं तो हम लोगों ने धरना उठा लिया।

ज्ञान का यह तेवर आज तक बरकरार है। समय के प्रवाह में बह नहीं गया।

ज्ञान ने यद्यपि अपने वृहत कथा संकलन का नाम 'सपना नहीं' रखा था लेकिन उसकी आँखें सपने देखने वाली आँखें हैं। यह स्वप्नशीलता ही उसे लेखन में ले गयी, प्रगतिशीलता लेखक संघ में ले गयी। उसने फूहड़ तरीके से वर्ग संघर्ष और शोषण पर कहानियाँ नहीं लिखीं मगर मानवीय ताप और सरोकार उसकी प्रत्येक रचना में विद्यमान है। अपने परिवेश के प्रति वही गरमाहट है, जो मित्रों के प्रति है। सपने की बात मैंने इसलिए शुरू की थी कि ज्ञान औसत आदमी की तरह श्याम-श्वेत सपने नहीं देखता, उसके सपने रंगीन होते हैं, यानी वह रंगीन सपने देखता है। उसका टी.वी. सेट प्रकृति ने कुछ इसी प्रकार का बनाया है। ज्ञान के सपनों में सुन्दर राजकुमारियाँ नहीं आतीं, जयाप्रदा, माधुरी दीक्षित, श्रीदेवी और मनीषा कोइराला का भी प्रवेश निषिद्ध है। वह सपने में कश्मीर की वादियों की तरफ भी नहीं जाता। उसके सपने अद्वितीय होते हैं, अन्तरराष्ट्रीय होते हैं। अभी हाल में उसने एक ऐसा सपना देखा कि पूरा 'व्हाइट हाउस' हिल गया। सपने ही सपने में वह न जाने कैसे नंगे पाँव 'व्हाइट हाउस' पहुँच गया और वहाँ उसकी अमरीका के राष्ट्रपति जार्ज बुश से तकरार हो गयी। हाथापाई की नौबत आ गयी। 'व्हाइट हाउस' के सुरक्षा गार्ड समय पर स्थिति को नियन्त्रण में न ले आते तो विश्वभर के समाचारपत्रों में तूफान बरपा हो जाता। सपने में गोर्बाचौव और येल्तिसिन दोनों ज्ञान से डाँट खा चुके हैं।

अम्पायरों की पक्षधरता से आजिज आकर ज्ञान ने सपने में एक दिवसीय क्रिकेट मैच की अम्पायरिंग भी कर डाली थी। वह अन्तरराष्ट्रीय सपना देखने वालों की टीम का कप्तान है। उसके सपनों से पता चलता है, वह अपने सन्दर्भों से गहरे जुड़ा हुआ है, उसकी चिन्ताएँ एक भारतीय बुद्धिजीवी की चिन्ताएँ हैं। अपनी चिन्ताओं को व्यक्त करने के उसके अपने तरीके हैं। शायद यही कारण है कि ज्ञान के जितने

मित्र-प्रशंसक हैं, उससे अधिक बड़ी जमात उसके शत्रुओं की है। उसकी लोकप्रियता आज भी साहित्य के तथाकथित मठाधीशों को सशंकित किए रहती है। आपातकाल में तो भाई लोगों ने कमर कस ली थी कि किसी प्रकार ज्ञान के बारे में कपटपूर्ण कहानियाँ प्रचारित करवाकर उसे 'मीसा' में बन्द करवा दिया जाय। साहित्य ही नहीं राजनीति के धुरन्धर भी इस कार्य में संलग्न थे। ज्ञान और 'पहल' के खिलाफ एक सुनियोजित अभियान चलाया गया। मुझे इसकी भनक लगी। उन दिनों श्रीकान्त वर्मा सत्ता के गलियारों के बहुत निकट थे। मैंने वस्तुस्थिति का जायजा लेने के लिए उन्हें फोन मिलाया। हिमांशु जोशी से मुझे श्रीकान्त का नम्बर मिला था और वे उस समय मेरे साथ ही थे। मैंने श्रीकान्त से इन अफवाहों का आधार जानना चाहा। श्रीकान्त जी ने बताया कि ज्ञान किसी भी दिन गिरफ्तार हो सकता है, उसके खिलाफ बहुत-सी शिकायतें हैं। रिपोर्ट भी ठीक नहीं है।

''कैसी रिपोर्ट?''

''ऐसी रिपोर्ट है कि वह किसी भी क्षण पकड़ा जा सकता है। सिर्फ अगले अंक की प्रतीक्षा की जा रही है।''

उन दिनों 'पहल' मेरी ही देखरेख में मुद्रित होता था। मैंने दिल्ली से लौटकर सामग्री का अध्ययन किया, उसमें कुछ भी आपत्तिजनक न था। इसके बावजूद मैंने मुद्रण कार्य स्थगित करा दिया। मैंने तय किया, स्थितियाँ सामान्य होने पर ही अंक प्रकाशित किया जाना चाहिए। उधर मुद्रण में हो रहे विलम्ब के कारण ज्ञान अधीर हो रहा था। उसने तैश में मुझे अनेक पत्र लिखे। लेकिन मैं टाल-मटोल करता रहा। बड़ा जालिम जमाना था आपातकाल का, कोई तर्क कारगर साबित नहीं हो सकता था। ज्ञान ने यके बाद दीगरे मुझे अनेक कड़े पत्र लिखे। पत्रों में ज्ञान कितना कठोर हो सकता है और कितना कोमल, यह उसके मित्र ही जान सकते हैं। अगर वह कठोर हो सकता है तो कोमल होना भी जानता है। कहानीकार ज्ञान से कम सशक्त नहीं है पत्र-लेखक ज्ञानरंजन। जो लोग कथालेखन में ज्ञान की चुप्पी की बात करते हैं, वे कभी उसके वे पत्र पढ़ेंगे, जो उसने अपनी रचनाहीनता के इस दौर में लिखे हैं, वे भी उसका लोहा मान लेंगे। किसको लिखे हैं ज्ञान ने इतने भावप्रवण पत्र? मैं अभी तय नहीं कर पा रहा कि इस प्रसंग को उठाऊँ अथवा नजरअन्दाज कर जाऊँ? ज्ञान के ही शब्दों में उससे इतना कहने का लोभ संवरण नहीं कर पा रहा कि 'राजा हो, तुमने बुढौती में चंचल प्यार कर मारा।' पत्र लिखते समय ज्ञान निधड़क हो जाता है, कुछ भी लिख सकता है। मन की बात कहे बगैर उसकी आत्मा कसमसाती रहती है। सम्पादन में उसका वही रोबदाब है, जो कभी महावीरप्रसाद द्विवेदी का हुआ करता था। एक बार हिन्दी के एक वरिष्ठ कथाकार ने ज्ञान के पास कहानी भेजी। ज्ञान ने शायद कहानी पढ़ी भी नहीं और लेखक महोदय को लिख दिया कि 'पहल'

में मैं आपकी कहानी इसलिए प्रकाशित नहीं कर पा रहा कि 'पहल' के पाठक आपकी कहानियों और आपकी विचारधारा को पसन्द नहीं करते। उसकी इस अदा और तेवर से नये लेखक भी खूब परिचित हो चुके हैं। अभी महेश कटारे ने संस्मरण पढ़कर पत्र भेजा है, जिसमें ज्ञान पर बड़ी सार्थक टिप्पणी है—"ज्ञानरंजन हमारे आदरणीय कथाकार ही नहीं प्रलेस के महत्त्वपूर्ण स्तम्भ भी हैं, खुश होने पर सल्तनत लुटा देने वाली अदा और नाराजगी धूमधड़ाके वाली। इतना जरूर है कि उन्हें कई कोने सँभालने पड़ते हैं, सो भारी भारी लोगों का खयाल रखना ही पड़ेगा। शृंगी ऋषि की तरह इधर से आये और हमारे बीच दो-चार चुनिंदा और ठोस जुमले फेंककर उधर निकल गये। अपने चाहने वालों के लिए उनके पास नपा-तुला पैमाना है, किसकी झोली कितनी मजबूत अथवा कमजोर है। सुना है कि आजकल उनकी कृपाओं का रुख राजेश जोशी जी और रामप्रकाश त्रिपाठी की ओर है। आप जैसे पुराने यारों के संस्मरणों, के बीच से गुजरते हुए कभी लगता है कि अग्रजों की ठिठोली चल रही है। कृपया दूसरे यारों के बारे में भी कुछ मजेदार जानकारियाँ दीजिए।" राजेश और रामप्रकाश ही नहीं, लीलाधर मंडलोई, हरि भटनागर, अखिलेश, बदरी नारायण, राजेन्द्र दानी, मुक्तिबोध के शिष्य मलय, इन्द्रमणि उपाध्याय, विनोद मिश्र, तेजिन्दर आदि लेखक ज्ञान को कितना चाहते हैं, यह उनसे मिलकर ही पता चल सकता है।

वास्तव में ज्ञान बहुत अच्छा मित्र ही नहीं पत्र-मित्र भी है। जब तक उसे पत्र नहीं मिलता, उसकी तसल्ली नहीं होती। हम लोगों की फोन पर अकसर बातचीत होती रहती है, लेकिन ज्ञान को हमेशा शिकायत रहती है कि मैं खत का जवाब नहीं देता। ज्ञान के पत्रों में गर्मजोशी रहती है, जैसे वह लिखेगा, "प्रिय रवि, तुम्हारा पत्र मिला। तुमको या जिसको हम जानते हैं, उनके बारे में कोई गड़बड़ नहीं सोचता दिमाग, तुम लोग मेरे हर दुख-सुख में हो। मैं अतीत को कभी विस्मृत नहीं करता। हमारे पिछले दिन बहुत मागदर्शक हैं। सुनयना भी बराबर कहती रही है कि तुम्हारा पत्र नहीं आया। आज जाकर उसे राहत मिली।" गर्ज यह कि ज्ञान पत्र के द्वारा आपको रुला सकता है, दुखी कर सकता है, प्रसन्न कर सकता है, एक के बाद दीगरे दोनों काम कर सकता है। ज्ञान के पत्रों का संकलन प्रकाशित होना चाहिए।

आपातकाल के दौरान ज्ञान मुझसे बहुत खफा था और काफी कठोर पत्र लिखता रहा था, लेकिन मैं उसकी सुरक्षा के प्रति अधिक सचेत था, इसलिए भड़क नहीं रहा था। मुझे ज्ञान का ही नहीं, पूरे परिवार का खयाल था और मैं नहीं चाहता था कि वह किसी आफत में पड़ जाय। इसी बीच सुनयना इलाहाबाद आयीं और ज्ञान की नाराजगी से अवगत कराया कि 'पहल' समय पर न आने से वह बहुत परेशान है। मैंने सुनयनाजी को उस षड्यन्त्र और विस्फोटक वस्तुस्थिति से अवगत कराया।

सुनयना ने लौटकर ज्ञान को 'पहल' न छपने का कारण बताया होगा, उत्तर में ज्ञान ने मुझे 'पहल' की इस जिम्मेदारी से मुक्त कर दिया। बहरहाल तमाम तिकड़मों और तरकीबों के बावजूद ज्ञान के विरोधी उसे 'मीसा' में फँसाने में सफल न हो पाए और एक सुनहरा मौका उनके हाथ से निकल गया।

पुरस्कारों के प्रति भी ज्ञानरंजन का दृष्टिकोण अत्यन्त स्पष्ट है। वह उन लेखकों में नहीं, जो पहले लिखते हैं, फिर पुस्तक का प्रकाशन ही नहीं, विधिवत विमोचन भी कराते हैं और उसके तुरन्त बाद पुरस्कारों की जोड़-तोड़ में लग जाते हैं। ज्ञान का व्यवहार इसके ठीक विपरीत है। वह मध्यप्रदेश शासन की कुछ नीतियों के खिलाफ था, विरोध-स्वरूप उसने मध्यप्रदेश शासन साहित्य परिषद का पुरस्कार ठुकरा दिया। पुरस्कार देकर उसे खरीदा नहीं जा सकता, जबकि अभी हाल में लखनऊ में भाजपा सरकार के घोर विरोधी कुछ जनवादी लेखकों ने भाजपा मन्त्री से हाथ जोड़कर पुरस्कार ग्रहण किया और कृतकृत्य हो गये।

वास्तव में ज्ञान की पुरस्कार लेने में कोई दिलचस्पी नहीं है, धीरे-धीरे उसकी रुचि पुरस्कार प्रदान करने में होती जा रही है। वह स्वयं एक संस्थान बनता जा रहा है। 'पहल' की ओर से उसने तीन वर्ष से 'पहल' सम्मान देना प्रारम्भ किया है। पिछली बार यह सम्मान कामतानाथ को लखनऊ में प्रदान किया गया। एक भव्य समारोह आयोजित किया गया। आश्चर्य हुआ कि जबलपुर में बैठे हुए उसने लखनऊ में इतना विराट आयोजन कैसे सम्पन्न कर लिया। देशभर से साहित्यकार आमन्त्रित थे, मध्यप्रदेश से तो पूरी बारात आयी थी। तमाम लेखकों के भोजन और आवास की व्यवस्था थी। यह ज्ञान के वश की ही बात थी। वह अत्यन्त निर्द्वन्द्वभाव से घूम रहा था, चेहरे पर कोई तनाव नहीं। इसी प्रकार कटनी और जबलपुर के आयोजनों में भी मैंने उसे बेफिक्र घूमते देखा था। लगता था, वह भी दूसरे लेखकों की तरह बाहर से सम्मेलन में भाग लेने आया है। अकसर वह मंच पर भी दिखाई नहीं देता। अन्दर हाल में गोष्ठी चल ही रही है और ज्ञान बाहर लेखकों के भोजन का प्रबन्ध कर रहा है, लेखकों की आवास व्यवस्था का निरीक्षण कर रहा है, उनकी वापसी का इन्तजाम कर रहा है। ज्ञान के आयोजनों में समय की पाबन्दी कानून की तरह लागू कर दी जाती है। अगर सुबह नौ बजे गोष्ठी का कार्यक्रम है तो नौ बजकर पाँच मिनट पर नहीं, ठीक नौ बजे गोष्ठी शुरू हो जाएगी। जाड़े में सुबह नौ बजे लखनऊ में तैयार होकर गोष्ठी में शामिल होना मुश्किल काम होता है लेकिन मैंने देखा लेखक बन्धु ठंड में सिकुड़ते हुए एक-एक कर गोष्ठी में पहुँच रहे थे। रात को ही ज्ञान ने तमाम लेखकों को समय की पाबन्दी के प्रति आग्रह कर दिया था। सुबह-सुबह मुझे ज्ञान के चेहरे पर गहरा अवसाद नजर आया। मैं उससे कुछ पूछूँ इससे पहले ही वह मुझे अलग ले गया और बोला, "कल शाम सुनयना के पिता

का अचानक रेलवे स्टेशन पर देहान्त हो गया।''

समाचार सुनकर मैं भी परेशान हो उठा। एक शाम पहले ही सुनयना जी अपनी माँ के साथ हमारे यहाँ आयी थीं। मैंने ज्ञान को सुझाव दिया, ''हम लोग लौट जाते हैं। गोष्ठी भी स्थगित की जा सकती है।'' ज्ञान कुछ देर दाढ़ी पर हाथ फेरते हुए कुछ सोचता रहा, फिर बोला, ''नहीं, गोष्ठी अपने निर्धारित समय पर होगी।''

बहरहाल पूर्वघोषित कार्यक्रम के अनुसार गोष्ठी शुरू हो गयी। शाम को पाँच बजे हम लोगों को फुर्सत मिली। ज्ञान को जबलपुर लौटना था लेकिन वह हम लोगों के साथ इलाहाबाद के लिए चल पड़ा। अमरकान्त, मार्कण्डेय, ज्ञान, दूधनाथ, काशी और मैं साथ-साथ लौटे। उस दिन अमरकान्त जी बहुत 'फार्म' में थे, रास्ते भर चुहल होती रही। ज्ञान चुपचाप अमरकान्त जी के साथ की सीट पर बैठा था। इलाहाबाद पहुँचते-पहुँचते अँधेरा हो गया और इलाहाबाद से तीस-पैंतीस किलोमीटर पूर्व एक दुर्घटना होते-होते बची। गाड़ी साठ-सत्तर की गति से चल रही थी कि अचानक एक गाँव के पास एक आदमी अँधेरे में गाड़ी के सामने आ गया। ड्राइवर ने ब्रेक लगाई और गाड़ी सड़क से उतर कर एक पेड़ से टकराते-टकराते बची। ड्राइवर भी बेहद घबरा गया था, उसने उतर कर तैश में उस आदमी का गिरेबान पकड़ लिया। वह शायद उस क्षेत्र का कोई सम्मानित व्यक्ति था। देखते-देखते गाँव वालों की भीड़ लग गयी। कुछ लोग लाठियाँ ले आये, हम लोग भी नीचे उतर आये थे और भीड़ को समझाने-बुझाने की कोशिश कर रहे थे। अचानक लाठीधारियों के उग्ररूप को देखकर वापस गाड़ी में बैठ गये। ड्राइवर ने भी समझ लिया कि अब खैर नहीं, उसने किसी तरह भीड़ में से गाड़ी निकाल ली और फिल्मी अन्दाज से गति बढ़ा दी। लग रहा था, पीछे ईंट-पत्थर चल रहे हैं। अभी हम लोग दो-तीन किलोमीटर ही गये होंगे तो पता चला ज्ञान गाड़ी में नहीं है। वह निहत्था भीड़ में छूट गया था। हम लोगों की जान साँसत में आ गयी। मालूम नहीं, ज्ञान के साथ उन लोगों ने क्या सुलूक किया होगा। गाड़ी लौटाई गयी। एक फर्लांग पहले गाड़ी रोक दी गयी। दूधनाथ और मैं ज्ञान की खोज पर निकले। कुछ दूर गये होंगे कि देखा ज्ञानरंजन पैदल चले आ रहे हैं।

''तुम कहाँ रह गये थे?'' सबने चिन्ता दिखाई।

''अच्छा हुआ तुम लोग निकल लिए, वे लोग उग्र हो रहे थे।'' ज्ञान ने बताया।

''तुम से तो कुछ नहीं कहा?''

''मैंने किसी तरह समझा-बुझाकर उन्हें शान्त किया। वह गाँव का मुखिया था, जिसका ड्राइवर ने गिरेबान पकड़ लिया था।''

हम लोगों की जान में जान आयी कि ज्ञान सुरक्षित है। ज्ञान के चेहरे पर कोई तनाव नहीं था, दहशत नहीं थी, अकेले दम पर वह कठिन से कठिन परिस्थितियों का मुकाबला कर सकता है। इस प्रकार की कई विशिष्टताएँ उसके व्यक्तित्व में हैं।

लोग अपना मकान बनवाते हैं तो अपनी पूरी शक्ति उसमें झोंक देते हैं। रात की नींद हराम कर बैठते हैं। ज्ञान ने भी जबलपुर में मकान बनवाया। मकान बनवाने का पूरा दायित्व ज्ञान ने अपने एक मित्र को सौंप रखा था। कब नींव पड़ी और कब छत, ज्ञान को कोई खबर नहीं। वह बीच में बार-बार देखने भी नहीं गया कि निर्माण की क्या प्रगति है? उसके मित्र ने बार-बार अनुरोध किया कि वह एक बार जाकर देख भर ले लेकिन ज्ञान के पास इसके लिए फुर्सत कहाँ? मकान बनकर तैयार हो गया तो एक सुहानी सुबह ज्ञान उसमें 'शिफ्ट' कर गया। मित्रों-सम्बन्धियों को एक पोस्ट कार्ड के जरिये नये पते की सूचना प्रेषित कर दी। दीपावली पर सुनयना ने दीपमाला करने की इच्छा प्रकट की तो ज्ञान ने स्पष्ट मना कर दिया कि क्या जरूरत है इस फिजूलखर्ची की? सुनयना प्रतिवाद नहीं करतीं, चुप रह गयीं। ज्ञान को लगा शायद आहत हो गयी हैं, उसने चुपचाप फोन करके पूरे घर में बत्तियाँ लगवा दीं कि सुनयना समेत पूरा घर जगमगा उठा और जानते हैं बिल कितना आया? सैकड़ों में नहीं, हजारों में। ज्ञान को फिजूलखर्ची पसन्द नहीं लेकिन मैंने देखा है, वह खुद काफी बड़ा फिजूलखर्च है। शर्त सिर्फ यह है कि चीज उसे पसन्द आनी चाहिए। यहीं मुझे शैलेश मटियानी की याद आ रही है। उनकी पत्नी बहुत दिनों से सिलाई मशीन के लिए आग्रह कर रही थीं, मटियानी जी खरीद नहीं पा रहे थे। एक बार उनके पास कुछ पैसे जमा हो गये, वे बाजार गये और एक साथ दो सिलाई मशीनें खरीद लाए। ज्ञान भी कुछ इसी तरह से खरीद किया करता है। मैंने उसे प्राय: थोक में खरीदारी करते पाया है। जेब साथ नहीं देती तो वह चैकबुक की मदद लेता है। आज तक उसने किसी चीज का दाम नहीं पूछा। सुनयना भी उसके साथ खरीदारी नहीं कर सकतीं, क्योंकि उनसे दाम पूछने की भूल हो जाती है। वैसे ज्ञान को फिजूलखर्च नहीं शाह खर्च कहना अधिक उपयुक्त होगा।

साठोत्तरी पीढ़ी के अधिसंख्य लेखकों ने मित्रों को ही नहीं, पत्नियों को भी सिर पर चढ़ा रखा है। इस पीढ़ी के लेखकों में पत्नी का पेटीकोट धोने वाले तो मिल ही जाएँगे लेकिन बटन टाँकने वाले भी अनेक हैं। ममता को तंग करना हो तो मैं सुई धागा लेकर बटन टाँकने बैठ जाऊँगा। विजय मोहन बिटिया से यह काम ज्यादा लेंगे, पत्नी से कम। ज्ञान को बटन टाँकने में आलस आता है और सुनयना से कहने में उससे भी ज्यादा। उसकी आस्तीन तो मैंने हमेशा झूलते ही पाई है। सीने पर का बटन टूट जाए तो उसे परेशानी होने लगती है, क्योंकि कमीज के नीचे बनियान पहनना तो उसने सीखा ही नहीं। वह चुपचाप बटन के स्थान पर स्टेपल कर लेगा

और कॉलेज चला जाएगा, भोपाल चला जाएगा।

ज्ञान के व्यक्तित्व का एक उजला पक्ष यह भी है कि वह झूठ नहीं बोलता। वह सत्यवादी है—सत्यवादी ज्ञानरंजन। अभी हाल में एक साथी का संस्मरण पढ़कर वह बहुत विक्षुब्ध था। उसने पत्र लिखकर अपना और साथियों का मलाल प्रकट किया। मुझे इसकी खबर थी। मार्कण्डेय, दूधनाथ, वी.एन. राय आदि मित्र मुझसे कह रहे थे कि ज्ञान ने ऐसा कोई पत्र नहीं लिखा, वह आपका मन रखने के लिए ऐसा कह रहा है। मैंने रात को फोन मिलाया, फोन पर यही टेप बजता रहा—'इस रूट की सभी लाइनें व्यस्त हैं।' इधर उसका फोन ही नहीं, फोन का रूट भी व्यस्त हो गया है। भोपाल में भेंट हुई तो मैंने ज्ञान से पत्र के बारे में पूछा। वह मुस्कराया, ''मैं तुम्हें उसकी प्रतिलिपि भेज दूँगा।'' ज्ञान इलाहाबाद आया तो मेरे मन से यह बात उतर चुकी थी लेकिन ज्ञान को याद थी। हम लोग घंटों बातचीत करते रहे, इस बात का प्रसंग न उठा। जाते-जाते ज्ञान ने अपना ब्रीफकेस खोला और पत्र की प्रतिलिपि मुझे पकड़ाकर सीढ़ियाँ उतर गया। मैं देर तक अफसोस करता रहा कि मित्रों की बात में आकर मैंने फिजूल ही उस पर सन्देह किया।

# गिरिराज किशोर

गिरिराज किशोर कई मायनों में अपनी पीढ़ी के तमाम रचनाकारों से एकदम भिन्न है। जितनी देर में दूधनाथ या मैं एक कहानी लिखते हैं, वह कहानी संग्रह लिख लेता है। अगर एक पलड़े में गिरिराज का साहित्य रखा जाय और दूसरे पलड़े में साठोत्तरी पीढ़ी का समस्त साहित्य, तो गिरिराज का पलड़ा भारी रहेगा। लेखन उसके नित्यकर्म का अविभाज्य अंग बन चुका है। आप कोई दैनिक, साप्ताहिक, मासिक, त्रैमासिक पत्रिका उठा लीजिए, किसी-न-किसी अंक के किसी-न-किसी पृष्ठ पर गिरिराज किशोर का नाम अवश्य अंकित होगा। एक जमाने में शैलेश मटियानी, मिथिलेश्वर और मनहर चौहान इसी रफ्तार से लिखा रकते थे। गिरिराज ने अति लेखन के तमाम फायदे और नुकसान उठाए हैं; वह मात्र पारिश्रमिक के लिए लिखता तो उसकी रचनाएँ उन पत्रिकाओं में नजर न आतीं, जो पारिश्रमिक तो नहीं मौका मिलने पर लेखकों को गालियाँ अवश्य देती-दिलवाती रहती हैं (सौजन्य : रमेश उपाध्याय)। इसमें गिरिराज का दोष नहीं है; वास्तव में वह एक जन्म-जात लेखक है। मुझे याद है, जिन दिनों हम लोगों ने लिखना शुरू किया था, वह पत्र बहुत लिखा करता था। मैं उन दिनों दिल्ली में था, गिरिराज उन दिनों भी लेखन के प्रति इतना उत्साहित रहता था कि हर सप्ताह उसका पत्र प्राप्त होता था। गिरिराज का और मधुकर सिंह का। धीरे-धीरे उसने पत्र लिखने कम कर दिए और अपनी पूरी ऊर्जा और प्रतिभा कथा साहित्य में झोंक दी।

यहीं मैं पाठकों का ध्यान एक हीन ग्रन्थि की ओर दिलाना चाहता हूँ। हिन्दी में एक ऐसी परम्परा बनती जा रही है कि जो लेखक 'चुक' जाते हैं, वे एक लम्बे अर्से तक अपनी रचनाहीनता को महिमामंडित करते रहते हैं। गिरिराज पर अतिलेखन का आरोप लगाने वाले लोग कुछ-कुछ इसी हीनता की भावना से कहीं-न-कहीं ग्रस्त हैं। मैं स्वयं भी इससे मुक्त होने का दावा नहीं कर रहा। सबसे रोचक और काफी हद तक बचकाना दृश्य तो तब उपस्थित हुआ, जब महाविशेषांक छपकर आया। इस अंक में हिन्दी कहानी पूर्ण रूप से पुष्पित नजर आती है। इस विशाल रचनात्मक यज्ञ के तुरन्त बाद कुछ 'चुके' हुए रचनाकारों द्वारा न लिखने

के कारणों पर गोष्ठी का आयोजन हुआ, जो गोष्ठी का कम, हिन्दी कहानी की तेरहीं का ज्यादा आभास दे गया। शायद हिन्दी कहानी की प्रेत मुक्ति के लिए यह आयोजन जरूरी भी था। अब गिरिराज के लिए मैदान साफ है, वह आजादी से लिखते चले जाने की मुहिम जारी रख सकता है।

साठोत्तरी पीढ़ी 'हरामियों' और 'कोहरामियों' की पीढ़ी ही कहलाती रहती अगर उसमें गिरिराज किशोर जैसे सरस्वती के मूक साधक पैदा न हुए होते। गिरिराज किशोर इस पीढ़ी के सोने पर सुहागा हैं। वह इस तरह कि एक समर्पित लेखक होने के साथ-साथ वह एक आला अफसर भी हैं। हमारी पीढ़ी में दो ही तो अफसर साहित्यकार पैदा हुए—गिरिराज किशोर और गोविन्द मिश्र। अपनी अफसरी से गिरिराज ने अपने साथी लेखकों को हमेशा फायदा ही पहुँचाया है। वह जब कानपुर विश्वविद्यालय में रजिस्ट्रार पद पर था, उसने अनेक प्रतिभाशाली लेखकों को नौकरियाँ दिलवाईं। अगर किसी योग्य किन्तु तंगहाल लेखक की बिटिया के विवाह का प्रश्न उठा, तो गिरिराज ने उसकी पुस्तक पाठ्यक्रम में निर्धारित करवाने में मदद करके उसे संकट से उबारा। मेरा अपना अनुभव भी बहुत सुखद है। ममता से जब मेरा विवाह हुआ तो वह दिल्ली विश्वविद्यालय के दौलतराम कॉलेज में अंग्रेजी की प्राध्यापिका थी। मैं मुम्बई चला गया तो ममता नौकरी से त्यागपत्र देकर चली आयी। वहाँ एस.एन.डी.टी. यूनिवर्सिटी में उसे लेक्चरारशिप मिल गयी। मैं इलाहाबाद आ गया तो ममता भी इलाहाबाद चली आयी। उन्हीं दिनों गिरिराज किसी काम से इलाहाबाद आया। ममता ने मजाक ही मजाक में बताया कि उसका अध्यापन का इतना अनुभव बेकार जा रहा है। गिरिराज तुरन्त सक्रिय हो गया और उसने बताया कि उसके विश्वविद्यालय से सम्बद्ध एक कॉलेज में स्थान रिक्त है। मैंने कहा, इतने अनुभव के बल पर तो ममता प्रिंसिपल हो सकती है। गिरिराज ने तुरन्त फोन मिला कॉलेज के प्रबन्धक से बात की कि उन्हें शीघ्र ही एक स्थायी प्रिंसिपल की नियुक्ति करनी चाहिए। बाद में पता चला कि ममता के पास लगभग एक वर्ष के अनुभव की कमी है, उमर भी कुछ कम थी। गिरिराज ने उपकुलपति से छूट दिलवा दी। यह आज से उन्नीस वर्ष पहले की बात है और ममता उन्नीस वर्ष से एक डिग्री कॉलिज की प्रिंसिपल है। यही नहीं, ममता को कॉलेज के सम्बन्ध में जब-जब किसी कठिनाई का सामना करना पड़ा, गिरिराज ने चुटकियों में समस्या हल कर दी। उसे पता भर लग जाना चाहिए कि कोई लेखक संकट में है, वह अपने सामर्थ्य के अनुसार सहायता पहुँचाने की भरसक कोशिश करेगा। मेरे एक साथी अपने भाई की नौकरी के लिए परेशान थे, आज वह भाई आई.आई.टी. में कार्यरत है। अभी हाल में उससे बात हुई तो मालूम हुआ, वह अवध नारायण मुद्गल को लेकर अत्यन्त चिन्तित हैं। 'सारिका' बन्द हो

जाने पर अवध सहसा संकट में आ गये। गिरिराज के लिए यह दोहरा नुकसान था। एक मित्र परेशानी में पड़ गया और लिखने के लिए एक पत्रिका कम हो गयी। दो वर्ष पूर्व ही अवध की 'ओपन हार्ट सर्जरी' हुई थी, जिसमें चित्रा और अवध ने मिलकर भारी खर्च उठाया था। गिरिराज अवध को आई.आई.टी. के रचनात्मक लेखन और प्रकाशन केन्द्र में छह महीने के लिए आमन्त्रित करना चाहता है, अच्छे मानदेय पर, आवास की व्यवस्था सहित। अवध के लिए इस बीच उसने न जाने कहाँ-कहाँ फोन किए। मुझे अपने इस मित्र पर नाज है। मुझे याद है, कुछ वर्ष पूर्व जब गिरिराज लगभग अवध की तरह गर्दिश में आ गया था, तो बहुत कम लेखक थे, जो उसकी मदद को आये। उसका वेतन रुक गया था और वह गम्भीर आर्थिक संकट में आ गया था। उसके साथ-साथ उसके परिवार के लोगों को भी भारी कष्ट झेलना पड़ा। गिरिराज की पत्नी मीराजी की भी दाद देनी पड़ेगी कि उन्होंने गिरिराज का हौसला बुलन्द रखा और गृहस्थी की कमान सँभाले रखी। श्रीकान्त वर्मा ने इस सिलसिले में तत्कालीन प्रधानमन्त्री श्रीमती इन्दिरा गाँधी से गिरिराज की भेंट करवाई। यह लम्बी लड़ाई थी, गिरिराज अन्त तक बहादुरी के साथ रणक्षेत्र में डटा रहा और अन्त में विजय उसकी ही हुई। संकट की इस घड़ी में भी गिरिराज लेखन के प्रति उतना ही समर्पित रहा, उसके आतिथ्य में भी कोई कमी न देखी गयी। उसके यहाँ अगर छह मेहमान भी पहुँच गये, उसके चेहरे पर शिकन न आयी। कई बार लगता है, लेखकों से वह अधिक सक्रिय हिस्सेदारी की अपेक्षा रखता था। इस घटना का एक गहरा असर गिरिराज की मानसिकता पर पड़ा। उसमें कुछ कटुता आ गयी और वह शिकवे-शिकायत करने लगा। मुझे हमेशा आशंका बनी रहती है कि भेंट होने पर गिरिराज कोई-न-कोई शिकायत अवश्य करेगा। बीच में तो उसे यह शिकायत हो गयी थी कि महाविशेषांक में उसकी कहानी इतना पीछे क्यों प्रकाशित हुई। गिरिराज साठोत्तरी पीढ़ी का एक समर्थ रचनाकार है और मैं उसे उसी पाँत में बैठा सकता था, जबकि एक सुनिश्चित षड्यन्त्र के तहत 'भाई लोगों' ने उसे हमेशा हाशिए की तरफ खदेड़ने की कोशिश की है। उसकी रचनाओं का सही मूल्यांकन नहीं होने दिया। अब तो निराश होकर उसने साथी लेखकों को पुस्तकें भेंट करना भी बन्द कर दिया है। मित्रों को गिरिराज के परिचय के साथ प्रकाशित उसकी पुस्तकों के नाम पढ़कर ही पता चलता है कि इस बीच उसका एक और उपन्यास प्रकाशित हो चुका है। और कोई लेखक होता तो उपेक्षा और उदासीनता से प्रभावित होकर लिखना ही छोड़ देता, लेकिन गिरिराज स्वयं उदासीनों के प्रति उदासीन हो गया है। शायद वह जानता है कि साहित्य में भाई-भतीजावाद एक लम्बे समय तक नहीं खिंच सकता।

अभी गिरिराज ने दूधनाथ पर मेरा संस्मरण पढ़ा तो उसे मुझसे एक शिकायत

और हो गयी। यहाँ मैं गिरिराज का पत्र उद्धृत करना चाहता हूँ, जो उसके व्यक्तित्व के कई पक्षों को उद्घाटित करता है :

प्रिय कालिया,

मैंने तुम्हारे इधर के संस्मरण पढ़े। दूधनाथ का भी संस्मरण पढ़ा। तुमने विजयदेव नारायण साही, जगदीश गुप्त आदि के साथ मुझे जोड़कर जो सवाल पूछा है कि गिरिराज किशोर तब कहाँ थे या क्या कर रहे थे जब दूधनाथ खून उगल रहा था। उस सवाल का जवाब या तो दूधनाथ स्वयं दे सकता है या वाचस्पति पाठक होते तो देते। कम-से-कम तुम को यह सवाल मुझसे नहीं पूछना चाहिए था। क्यों? मुझे यह बताने की जरूरत नहीं। राजनीति बहुत अच्छी चीज है, किन्तु ऐसे लोगों के साथ राजनीति करना, जिनको तुम जानते हो और जिन्होंने तुमसे किसी बात की कभी कोई आशा नहीं की, तुम्हें ठीक लगता होगा, मुझे नहीं। लिखने को मैं भी बहुत से लोगों के बारे में बहुत-सी बातें लिख सकता हूँ, किन्तु मैं सम्बन्धों का ध्यान रखता हूँ। उनके साथ भी जिन्होंने मेरे लिए कभी कुछ नहीं किया और मौका पड़ने पर अँगूठा ही दिखाया है। फिर भी...

मेरी इस बात को अन्यथा न लेना लेकिन मुझे लगा कि यह बात तुम्हें लिख देनी चाहिए। ममताजी को नमस्कार, बच्चों को प्यार। कब आ रहे हो?

सस्नेह

आपका

(गिरिराज किशोर)

पुनश्च: अगर तुम्हें ऐसा लगे कि मैंने तुम्हारी भावना को चोट पहुँचाई है तो मैं माफी चाहता हूँ।

गि. कि.

गिरिराज के पत्र से स्पष्ट झलकता है कि वह न आहत होना चाहता है न करना। दूसरों की भावनाओं की वह कद्र करता है। यह दूधनाथ और गिरिराज के बीच का मामला है। वही तय करेंगे। दरअसल दूधनाथ ने कभी नहीं बताया कि गिरिराज ने उसकी क्या मदद की थी। इसकी छोटी-सी जानकारी भी मुझे संस्मरण छपने के बाद से. रा. यात्री के माध्यम से प्राप्त हुई कि जब दूधनाथ सिंह का विवाह हुआ तो गिरिराज ने अपना पंखा दूधनाथ के यहाँ भिजवा दिया और स्वयं इलाहाबाद की लीचड़ गर्मी में बगैर पंखे के सोता रहा। एक बार दूधनाथ सिंह ने यह जरूर बताया था कि जब उसके यहाँ अनिमेष पैदा हुए तो उसके पास उस नन्ही जान को पहनाने के लिए गर्म कपड़े तक नहीं थे। यह गिरिराज की दीदी सत्याजी ही थीं,

जिन्होंने बेबी के लिए गर्म मोजे बुने और पहनाए। मोजे ही नहीं, एक गर्म शाल भी दे गयीं।

गिरिराज एक अत्यन्त धर्मपरायण, धर्मभीरू, शाकाहारी किस्म का संवेदनशील प्राणी है। कई दृष्टियों से मैं उसे अपना विलोम मानता हूँ। ऐसे शख्स रूखे स्वभाव के होते हैं और बात-बात पर रूठ जाते हैं। सीधे सच्चे और आदर्शवादी लोग कुछ 'बोर' भी होते हैं, बहुत जल्दी आहत हो जाते हैं। ऐसे लोगों से मित्रता करना अत्यन्त श्रमसाध्य काम होता है। वे आपसे बहुत-सी अपेक्षाएँ रखने लगते हैं और अकसर आप उनकी कसौटी पर खरे नहीं उतरते। किसी व्यक्ति पर संस्मरण लिखना अत्यन्त जोखिम का काम होता है। दोस्तों ने आग्रह किया कि गिरिराज पर लिखकर मैं अपने जीवन की सबसे बड़ी भूल करने जा रहा हूँ। ममता का भी आग्रह है कि कोई ऐसी बात न लिख दूँ कि गिरिराज आहत हो जाएँ। मुझे लगा कि गिरिराज ने अपने आस-पास अच्छा खासा आतंक खड़ा कर रखा है, इस लिहाज से वह आतंकवादी हैं। मैं उसके स्वभाव से परिचित हूँ और वह मेरे। गिरिराज ने स्वयं अनुभव किया होगा कि मैं किसी को आहत करने, किसी के मूल्य पर अपनी छवि निर्मित करने, कोई पुराना हिसाब चुकाने या अपने किसी 'भैया' की पसन्द नापसन्द को टटोलकर संस्मरण नहीं लिख रहा। यादों के कुछ चिराग हैं, जिन्हें रौशन करते जा रहा हूँ।

साहित्यकार के साथ-साथ अफसर होने के कुछ फायदे हैं तो नुकसान भी हैं। अफसर साहित्यकारों को अकसर अपने साथी लेखकों, सम्पादकों और प्रकाशकों को मातहत समझने का मुग़ालता हो जाता है। यहाँ तक कि कई बार ये लोग अपने पाठक को भी मातहत समझने की भूल कर बैठते हैं कि वे जो कुछ भी लिखें पाठक को पढ़ना पड़ेगा। इस गलतफहमी में उनकी रचनाओं में अनावश्यक विस्तार आ जाता है और व्यवहार में उद्दंडता। मैंने महसूस किया है गिरिराज किशोर अपने किसी प्रकाशक को 'बेईमान', अथवा 'मगरूर', किसी सम्पादक को 'गुटबाज', किसी लेखक को आसानी से 'तिकड़मबाज' कह सकता है। अभी पिछले वर्ष की बात है, मैं दिल्ली में अपने एक सम्पादक मित्र के यहाँ बैठा हुआ था कि उनके पास गिरिराज का फोन आया। उनके पत्र में कानपुर में हुई किसी गोष्ठी की रपट प्रकाशित हुई थी। गिरिराज उस रपट से अत्यन्त क्षुब्ध और असन्तुष्ट था। सम्पादक महोदय ने उसे बहुत समझाने की कोशिश की, कि गोष्ठी की रपट उनके स्टाफ के उसी व्यक्ति ने तैयार की थी, जिसे गिरिराज ने गोष्ठी में आमन्त्रित किया था, मगर गिरिराज तैश में था, वह यही कहता रहा, यह सब तुम जानबूझ कर कराते रहते हो।

गिरिराज की सम्पादक से जो अच्छी खासी दसियों वर्ष की मित्रता थी, उसने

ताक पर रख दी और तैश में फोन काट दिया। गिरिराज से न मैं, न सम्पादक महोदय ऐसे व्यवहार की अपेक्षा कर सकते थे। मुझे समझते देर न लगी कि इस समय गिरिराज के लेखक पर उसका अफसर सवार है।

गिरिराज एक अर्से तक इलाहाबाद रहा है, किन्तु तब मैं इलाहाबाद में नहीं था। मैं इलाहाबाद आया तो वह कानपुर जा चुका था। वह कानपुर तो चला गया; इलाहाबाद ने अपना सम्बन्ध और सम्पर्क कायम रखा। शुरू-शुरू में वह इलाहाबाद आता तो लगता तीर्थयात्रा पर आया है—साहित्यिक तीर्थयात्रा पर। इलाहाबाद में अपना काम निपटाने के बाद वह सबसे पहले वाचस्पति पाठकजी के यहाँ जाता, पाठकजी के यहाँ से उठकर श्रीनरेश मेहता के यहाँ, नरेश मेहता के यहाँ से शैलेश मटियानी के यहाँ। इसके बाद समय बचता तो दूधनाथ, ज्ञान या मुझसे सम्पर्क करता। अश्कजी के यहाँ उसे कम देखा गया। पाठकजी का स्वर्गवास हो गया, नरेशजी मध्यप्रदेश की तरफ कूच कर गये, शैलेश मटियानी प्रायः यात्रा पर रहते हैं, शायद यही कारण है कि गिरिराज बीच में इलाहाबाद से अधिक दिल्ली जाने लगा। वहाँ राजेन्द्र यादव से उसकी दोस्ती है। अगर दिल्ली जाने पर मुझे पता चला कि गिरिराज भी दिल्ली में है तो 'हंस' को फोन मिलाने पर वह कार्यालय में अवश्य मिल गया। जब वह इलाहाबाद आया करता था तो इलाहाबाद आने से कई दिन पहले उसका पत्र मिल जाता था कि वह अमुक तारीख को अमुक गाड़ी से इलाहाबाद पहुँच रहा है। पहली बार जब उसके आने का पत्र मिला, तो मैं उसे लेने स्टेशन पहुँचा। गाड़ी समय से पूर्व आ गयी। मैंने पूरा प्लेटफार्म छान मारा, लेकिन गिरिराज किशोर कहीं नजर नहीं आया। अव्वल तो मैं कभी किसी को स्टेशन लेने जाता ही नहीं, अगर जाना ही पड़ गया तो ऐसा शायद ही कभी हुआ हो कि मेरी मेहमान से प्लेटफार्म पर भेंट हो गयी हो। प्रायः मेहमान मुझसे पहले घर पहुँच जाते हैं। तंग आकर ममता ने भी मुझे स्टेशन बुलाना छोड़ दिया है। गिरिराज भी मुझसे पहले घर पहुँच गया था। संयोग से ममता घर पर थी। वरना वह इतने तैश में था कि लौट गया होता। वह मानने के लिए तैयार नहीं था कि मैं स्टेशन से लौट रहा हूँ। यह पूछने पर कि वह कहाँ था, उसने बताया, वह प्रथम श्रेणी के डिब्बे से उतरकर ठीक उसके सामने खड़ा था। मुझसे भयंकर भूल हो गयी थी। कम-से-कम मुझे उसे प्रथम श्रेणी के डिब्बे से उतरते हुए देख लेना चाहिए था। गिरिराज के उखड़े हुए मूड को देखकर लग रहा था, उसका प्रथम श्रेणी में यात्रा करना व्यर्थ चला गया। उसे सामान्य स्थिति में लाने में दोपहर हो गयी। दोपहर बाद वह हस्बेमामूल पाठकजी से भेंट करने के लिए रवाना हो गया।

पुरस्कारों के बारे में भी गिरिराज की अच्छी राय नहीं है, वह उन्हें हेय दृष्टि से देखता है, उसका मानना है कि पुरस्कारों के पीछे द्वितीय कोटि के लेखक भागा

करते हैं, सच्चा रचनाकार किसी दंग-फंद में नहीं पड़ता, मगर गिरिराज को पूरी खबर रहती है कि कौन लेखक किस पुरस्कार को गिद्ध की तरह टकटकी लगाए देख रहा है। किस किस विशेषज्ञ ने किस लेखक के सम्पर्क करने पर नैतिक आधार पर इस्तीफा दे दिया। इसे संयोग ही कहा जाएगा कि अपनी पीढ़ी के लेखकों में सबसे पहले साहित्य अकादमी का पुरस्कार उसे ही प्राप्त हुआ। पुरस्कार को अत्यन्त तुच्छ और नाचीज समझने वाले आदर्शवादी लेखक भी कभी-कभी प्रतिष्ठान के जाल में फँस ही जाया करते हैं। एक बार गिरिराज भी हिन्दी संस्थान के जाल में आ गया था। ईश्वर ने गिरिराज को चूहे जैसे तीखे दाँत दिए हैं, वह जाल को काटकर आजाद हो सकता था, मगर वह जाल में पसर कर बैठ गया। पुरस्कार वितरण समारोह में गिरिराज से भेंट हो गयी। उसी बरस मुझे भी 'खुदा सही सलामत है' पर प्रेमचन्द पुरस्कार मिला था। जहाँ तक याद पड़ता है, गिरिराज को अपने नाटक पर 'भारतेन्दु पुरस्कार' मिला था। गिरिराज अत्यन्त उत्साहित और उत्तेजित था। वह पुरस्कार प्राप्त करने सपरिवार आया था। पत्नी और बच्चों सहित। गिरिराज को बहुत आश्चर्य हुआ, जब उसे पता चला कि मैं अकेला आया हूँ। गिरिराज का बहुत प्यारा परिवार है। परिवार के प्रत्येक सदस्य के चेहरे पर पुरस्कार की दमक थी।

सायँ जब पुरस्कार वितरण समारोह प्रारम्भ हुआ तो मैंने देखा, गिरिराज किशोर आलथी-पालथी मारे मंच पर शोभायमान था और उसके परिवार के सदस्य और मित्र हाल के एक कोने में बैठे बेकरारी से गिरिराज की बारी की प्रतीक्षा कर रहे थे। ऐसे समारोहों में शुरू-शुरू में तो कुछ गरिमा बनी रहती है, बाद में स्थिति बहुत हास्यास्पद हो जाती है। पुरस्कार कुछ इस तरह बाँटे जाते हैं, जैसे मिल मजदूरों को एडवांस बाँटा जा रहा हो। चूँकि बीसियों लेखकों को एक निश्चित समयावधि में निपटाना होता है, ऐसा लगता है, जैसे भेड़-बकरियों को सम्मानित किया जा रहा हो। पूरा माहौल उबाऊ हो जाता है। तालियाँ पीटने वाले थक जाते हैं तो हाल में मनहूसियत छा जाती है। जब तक हम लोगों की बारी आयी, लगभग इसी तरह का मृत माहौल बन चुका था। पर जैसे ही गिरिराज का नाम पुकारा गया, हाल में एक नयी चेतना आ गयी। बहारें फूल बरसाने लगीं, देवतागण मुस्कराने लगे, अप्सराएँ न जाने कहाँ से अवतरित होकर मंच पर नृत्य करने लगीं, हाल तालियों की गड़गड़ाहट से गूँज उठा। लेकिन तालियाँ हाल के सिर्फ एक कोने से उठ रही थीं। पुरस्कार वितरण समारोह के बाद होटल में उससे भेंट हुई। उसकी पेशानी पर पसीने की बूँदें अभी तक चमक रही थीं। वह दलबल सहित कानपुर लौटने की तैयारी कर रहा था, जैसे 'ऑपरेशन पुरस्कार' के बाद अब लखनऊ में रुकना समय और धन का अपव्यय हो। मैंने बहुत इसरार किया कि सरकारी मेहमाननवाजी का

थोड़ा और आनन्द उठा ले, किन्तु उसके लिए रुकना सम्भव नहीं था। मालूम हुआ वह अपना पूजा का सामान साथ नहीं लाया था, अगर रुक गया तो पूजा कैसे करेगा। उसके व्यक्तित्व का एक वैष्णव पक्ष मेरे सामने उजागर हो गया। मैंने उसे विदा करना ही उपयुक्त समझा। वास्तव में गिरिराज एक सच्चा साधक है। उसके दामन पर कोई दाग नहीं है। मैं उसे लगभग तीन दशक से जानता हूँ, मैंने कभी उसके मुँह से किसी लड़की का नाम नहीं सुना, उसके किसी प्रेम-प्रसंग की मुझे जानकारी नहीं, किसी स्कैंडल में उसका नाम कभी नहीं आया। उसकी जुबान पर कभी कोई गाली नहीं आयी, उसकी साँस से शराब की गन्ध आने का प्रश्न ही नहीं उठता। सिगरेट, पान, तम्बाकू का उसने जन्म लेते ही परित्याग कर दिया था। चाय, कॉफी का सेवन भी करता होगा या नहीं, इसकी मुझे जानकारी नहीं। इस लिहाज से वह अभी दूध पीता लेखक है, उसके दाँत भी दूध के हैं और मुझे यह कहने में जरा भी संकोच नहीं कि वह दूधधुला लेखक है, पति है, पिता है, मित्र है। साहित्य अकादमी को सन् साठ की पीढ़ी में इससे बेहतर इनसान नहीं मिल सकता था।

# से. रा. यात्री

ऊँचा कद, गोरा रंग, काले बाल, चोगे की तरह लम्बा घुटनों से नीचे तक सफेद कुर्ता, ढीला पायजामा, कन्धे पर समाजवादी झोला, पीछे-पीछे कुत्तों की लम्बी कतार, गाजियाबाद की किसी सड़क पर लम्बे-लम्बे डग भरता हुआ ऐसा कोई आदमी दिखाई दे जाय तो समझ लीजिए, वह कहानीकार से. रा. यात्री है। से. रा. यात्री के झोले में कई रोटियाँ हैं, वह थोड़ी-थोड़ी देर में रोटी के टुकड़े कुत्तों की तरफ फेंकता जाएगा। मैंने कभी यात्री से पूछा नहीं कि उसे कुत्तों से इतना लगाव क्यों है, मगर इतना अवश्य जानता हूँ कि किसी भी यात्री के लिए कुत्ते सबसे बड़ी चुनौती होते हैं, खासकर उस यात्री के लिए, जिसके अभी लाठी टेककर चलने के दिन न आये हों। से. रा. यात्री ने गाजियाबाद भर के कुत्तों को पटा लिया है। वे उसे देखते ही दुम हिलाने लगते हैं। देखा जाय वो वह कुत्तों का हीरो है, अन्नदाता है, कुत्ते उसके इशारों पर नाचते हैं। उसने वानर सेना तो नहीं, गाजियाबाद में अच्छी-खासी श्वान सेना तैयार कर ली है। इसलिए मैं सम्पादक मित्रों से हमेशा कहा करता हूँ कि वे गाजियाबाद जाएँ तो यात्री से उलझने की कोशिश न करें। जहाँ तक हो सके, उसकी कहानियाँ छापते रहें, क्योंकि पेट में बीस सुइयाँ लगवाने से कहीं सस्ता और आसान है यात्री की कहानी छाप देना। यात्री गाजियाबाद से बाहर होता है तो लगातार कुत्तों के बारे में सोचता रहता है। उसका पालतू कुत्ता तो खाना छोड़ देता है, भूख हड़ताल कर देता है। से. रा. गाजियाबाद में रहता है तो कॉलिज से लौटकर रोटियों के जुगाड़ में लग जाता है। बीवी कुत्तों के लिए रोटियाँ सेंक कर नहीं देती तो किसी होटल से खरीद लाता है। वह जब तक कुत्तों को नहीं खिला लेता, खुद नहीं खा सकता। कई बार तो उसे देखकर लगता है वह सिर्फ कुत्तों का पेट पालने के लिए कहानियाँ लिखता है, क्योंकि अपना और परिवार का पेट पालने के लिए उसके पास स्थायी नौकरी है।

से. रा. यात्री का नाम मेरी 'गिनीज बुक' में दर्ज है। वह मेरी पहली कहानी का पहला प्रशंसक है। अपनी पहली कहानी पर मुझे पहला खत से. रा. का ही मिला था। पत्रिका के उसी अंक में से. रा. की कहानी भी प्रकाशित हुई थी, कहानी

मुझे अच्छी लगी, मैंने आज तक उसके बारे में यात्री को पत्र नहीं लिखा। अपनी कहानी पर अक्सर मुझे गुस्सा आता है। कई बार तो इच्छा होती है, सब कुछ छोड़-छाड़ कर सिर्फ पत्र लिखना शुरू कर दूँ—मेरी कहानी की प्रशंसा में जिसने मुझे दूसरा खत लिखा, उससे मैंने शादी कर ली। यह तो से.रा. का भाग्य अच्छा था कि वह लड़की नहीं हुआ, वरना वह आज श्रीमती से.रा. कालिया के नाम से कहानियाँ लिख रहा होता। अफसोस, यह सम्भव न हुआ, हो भी नहीं सकता था, क्योंकि मैंने पाया है वह मुझसे उम्र में पाँच-छह वर्ष बड़ा है और मुझे उन दिनों नौ साल छोटी पत्नी की तलाश थी। यह दूसरी बात है कि सिर्फ दो साल छोटी पत्नी ही नसीब हुई।

से.रा. से मेरी अच्छी-खासी दोस्ती है, मगर यारी नहीं हो पाई। उसके कुछ कारण हैं, से.रा. का उसूल है कि वह अपने हम उम्र दोस्तों से यारी नहीं करता। उसकी यारी अपने से बीस बरस बड़े आदमी से होती है या बीस बरस छोटे आदमी से। इसमें पाँच-दस साल इधर-उधर हो सकते हैं। से.रा. साठोत्तरी पीढ़ी का ही कथाकार है जिन दिनों मैं मोहन राकेश का शिष्य था, उसकी राकेश की पीढ़ी के राजेन्द्र यादव से यारी थी, मगर आज इतने बरस बाद मैं देखता हूँ, उसके पास राजेन्द्र यादव से सम्बन्धित कुछ लतीफे ही शेष रह गये हैं। एक जमाना था से.रा. के ड्राइंगरून में राजेन्द्र यादव की पोस्टरनुमा तस्वीर टँगी रहती थी। उस पर ठीक से कील नहीं लगी थी, वह हर समय झूलती रहती थी। वह तस्वीर कुछ इस प्रकार झूलती थी कि उसके लगातार झूलने से दीवार पर चौथ का चाँद-सा बन गया था। मैं उस चाँद को ढिलैया (पत्थर) चौथ का चाँद कहा करता था। आजकल वह तस्वीर यात्री के ड्राइंगरूम से नदारद है। उस स्थान पर यात्री ने अपना चित्र लगा लिया है। वह चित्र चूँकि यादव के चित्र से छोटा है, इसलिए यादव के चित्र के वृत्त के बीच हिलता रहता है, उससे आजाद नहीं हो पाता।

यात्री के जीवन में कई यार आये और चले गये, मगर उसका सिर्फ एक स्थायी यार है, उपेन्द्रनाथ अश्क। उम्र में उससे ड्योढ़े अश्कजी से उसकी ऐसी यारी है कि किसी मुम्बइया फिल्म में अभिताभ और धर्मेन्द्र की भी क्या यारी होगी। मैं दसियों वर्षों से देख रहा हूँ, वह साल में एक बार यात्रा पर अवश्य निकलता है और उस यात्रा का अन्तिम पड़ाव इलाहाबाद में होता है—अश्कजी के यहाँ। जुबान पर यात्री का नाम आते ही कुछ लोग कहते हैं कि वह तो अश्क का चमचा है, मगर मैं जानता हूँ वह अश्क जी का यार है और अगर इस यारी की व्याख्या कटलरी में ही करनी हो तो मैं कहूँगा यात्री अश्कजी का करछुल है। साहित्य जगत में ले-देकर सिर्फ एक यात्री बचा है, जो अश्कजी की बुराई नहीं सुन सकता, अश्कजी पर लतीफा न सुन सकता है न सुना सकता है। से. रा. का जो रा. है, यारी के

बावजूद अश्कजी उसके वही हैं।

से. रा. यात्री का असली नाम सेवाराम अग्रवाल है। लगता है उसे अपने नाम के तीनों टुकड़े रास नहीं आये—न सेवा, न राम, न अग्रवाल। हाईस्कूल का फार्म भरते समय उसने अचानक अपना नाम से.रा. यात्री भर दिया। यह दूसरी बात है कि परिणाम घोषित होने पर जब से.रा. के घर वालों को उत्तीर्ण छात्रों की सूची में सेवा राम अग्रवाल का नाम नहीं मिला तो घर में खाना नहीं बना। शाम को जब सीटी बजाते हुए घर में प्रवेश कर से.रा. ने घोषणा की, कि वह पास है और उसने अपना नाम बदल डाला है तो बगैर पूछे नाम बदलने पर उसकी पिटाई हुई थी कि नहीं, मुझे याद नहीं पड़ रहा।

से.रा. का जन्म मुजफ्फरनगर में हुआ था, मगर जब से मैं उसे जानता हूँ, वह गाजियाबाद में ही है। जब मैं दिल्ली में था तो वह हर दूसरे-चौथे दिन दिल्ली में नजर आता। कभी कमलेश्वर के यहाँ और कभी अक्षर प्रकाशन में उससे भेंट हो जाती। लगता कि वह सम्पादकों से सम्पर्क साधने ही दिल्ली आता है। अपनी हर यात्रा में वह दो-चार सम्पादकों को निपटा देता। उसे देखकर लगता नहीं था कि वह गाजियाबाद से आ रहा है, क्योंकि उसका कुर्ता उसी तरह लकदक करता था। मोरारजी भाई की तरह वह भी दिन में तीन-चार बार कुर्ता बदलता होगा। चेहरा भी एक ताजगी भरा, चिकना चुपड़ा जैसे अभी स्नान करके आया हो। यह तो हुई यात्री के वरिष्ठ यारों की कहानी यानी, बीस बरस बड़े दोस्तों की दास्तान। यात्री के बीस बरस छोटे मित्रों की संख्या भी कम नहीं। यात्री का एक ऐसा ही दोस्त था सुदर्शन महाजन। गाजियाबाद से ट्रान्सफर होकर इलाहाबाद आया था, यूनियन बैंक ऑफ इंडिया में। चूँकि वह यात्री से प्रशिक्षण लेकर आया था, इलाहाबाद के कथाकारों से मेलजोल बढ़ाने में उसे कोई दिक्कत न हुई। वह युवा कथाकारों के गले में बाँहें डाले सिविल लाइन्स में दिखाई देता। दूधनाथ से भी वह उम्र में छोटा था मगर बेतकुल्लफी से बात करता। जैसे—"कहो दूधनाथ इधर क्या लिख रहे हो?" जमाली वगैरह से तो वह और भी अनौपचारिक रूप से मिलता। बात यह थी कि से.रा. से जिस लेखक का जो रिश्ता था, सुदर्शन को उसकी जानकारी थी। से.रा. से जिस लेखक के सम्बन्ध तू-तड़ाक के थे, सुदर्शन ने बगैर अपनी उमर पर ध्यान दिए, वैसे ही सम्बन्ध स्थापित करने की भरपूर कोशिश की। चूँकि वह शहर में अकेला रहता था, उसके यहाँ लेखकों की महफिलें सजने लगीं। कोई न मिलता तो वह चिकेन पैक कराके मेरे यहाँ चला आता या दूधनाथ के यहाँ पहुँच जाता। जब वह इलाहाबाद आया था, तो कहानी वगैरह नहीं लिखता था, जानकारी खूब रखता था। यहाँ से विदा हुआ तो एक नवोदित कहानीकार के रूप में। इलाहाबाद से गया तो दुबारा दिखाई नहीं दिया, न कोई रचना पढ़ने को मिली।

उसका तबादला वापस गाजियाबाद हो गया था। ज्यादातर वह यात्री के पास ही रहता था। इलाहाबाद ने उसे इस तरह आसमान पर चढ़ाकर यात्री को लौटाया था कि यात्री के वश का न रहा। यात्री ने उसकी शादी करवा दी।

से.रा. के दूसरे बीस बरस छोटे दोस्त हैं, विभूतिनारायण राय। विभूति एक आला अफसर ही नहीं, एक आला दोस्त भी हैं। जैसे एक स्पूतनिक से.रा. ने इलाहाबाद भेजा था, उससे बड़ा उपग्रह विभूति के रूप में इलाहाबाद से उड़कर गाजियाबाद की धरती पर उतरा। इलाहाबाद वालों ने से.रा. को ईंट का जवाब पत्थर से दिया था। मगर से.रा. कभी क्रिकेट का अच्छा खिलाड़ी रहा होगा। उसने वह पत्थर 'कैच' कर लिया और पाया, वह पारस पत्थर था। इलाहाबाद वाले ही इसका सही मूल्यांकन नहीं कर पाए थे। मेरा कहने का अभिप्राय है कि विभूति की पोस्टिंग गाजियाबाद हो गयी तो 'वर्तमान साहित्य' भी उनके साथ गाजियाबाद चला गया और से.रा. उसका सम्पादक हो गया।

विभूति गाजियाबाद से दुबारा इलाहाबाद आ गये, मगर 'वर्तमान साहित्य' इलाहाबाद नहीं लाए, उसे से.रा. की देखरेख में वहीं छोड़ आये। यह वही 'वर्तमान साहित्य' है, जिसका कहानी महाविशेषांक आज भी चर्चा के केन्द्र में बना हुआ है। इस महाविशेषांक के अतिथि सम्पादक का दायित्व मुझे सौंपा गया था। सम्पादन के दौरान से.रा. से सम्पर्क बना रहा, उसके जितने पत्र प्राप्त हुए उनमें किसी न किसी लेखिका का पता जरूर होता था। मैं हैरान रह जाता कि से.रा. लेखिकाओं की इतनी चिन्ता क्यों कर रहा है। बाद में मैं इस निष्कर्ष पर पहुँचा कि हो न हो यह राजेन्द्र यादव से मित्रता की सहज परिणति है। एक और बात मेरी समझ के परे थी कि गिरिराज किशोर भी से.रा. की तरह मुजफ्फरनगर में पैदा हुआ था, उसकी जुबान पर कभी किसी लेखिका का नाम नहीं आया, अगर भूले-भटके आ भी गया तो उसने विष्णु सहस्रनाम का पाठ करके प्रायश्चित कर लिया और एक यह से.रा. यात्री था कि गाजियाबाद में बैठा केवल लेखिकाओं के नाम पते प्रेषित कर रहा था। वह शायद महिला लेखन के क्षेत्र में भी 'वर्तमान साहित्य' द्वारा 'हंस' को मात देना चाहता था। महिला कथा लेखन की महाविशेषांक द्वारा इतनी चर्चा हो गयी कि से.रा. बाग-बाग हो गया। जबकि से.रा. के मित्र राजेन्द्र यादव ने 'हंस' के सम्पादकीय में घोषणा कर दी—चलो स्यापा कटा।

महाविशेषांक जब छपकर आया तो इस बार भी सबसे पहला पत्र से.रा. का ही प्राप्त हुआ। ऐसा पत्र एक कुंठाहीन मित्र ही लिख सकता था, जबकि मेरे से.रा. से कहीं अधिक निकट और प्रिय मित्र झूठे संस्मरण लिखकर मेरे चरित्रहनन के शुभ कार्य में जुट गये। से.रा. ने अपने पत्र में लिखा था—

'प्रिय कालिया, सबसे पहले तो तुम्हें दिल से बधाई दूँ कि तुमने सच्ची लगन

से जुटकर 'वर्तमान साहित्य' का यह विराट अंक सम्पादित किया। तुम्हारी भागदौड़ और व्यक्तिगत घनिष्ठता ने कई असम्भव काम सम्भव कर दिए। कुछ ऐसे लेखकों से तुमने घेराबन्दी करके लिखवा ही लिया, जो कहने-सुनने या प्रार्थना करने से कुछ करने वाले नहीं थे। जिन प्रतिनिधि लेखकों की रचनाएँ इस अंक में नहीं जा पाईं, वह तो किसी भी तरह मिलनी या कि लिखी जानी ही नहीं थीं। तुमने उनके खत छापकर उनकी मुश्किल सामने रख भी दी है...मैं कह सकता हूँ कि मेरी स्मृति में ऐसा कोई महाविशेषांक गत पचास वर्षों में देखने में नहीं आया। 'वर्तमान साहित्य' जिस तरह धीरे-धीरे चर्चा के केन्द्र में पहुँचा है, निश्चय ही यह महाआयोजन उसे शिखर पर ले जाने का श्रेय प्राप्त करेगा...हम लोगों को 'वर्तमान साहित्य' महाविशेषांक को ढंग से 'सेलीब्रेट' करना चाहिए।'

से.रा. एक खुली किताब है। ऐसी किताब नहीं कि ज्ञानरंजन पढ़ें तो एक अर्थ निकले, दूधनाथ पढ़ें तो दूसरा। मैंने देखा है, जो जितना बड़ा लेखक है, उसके जीवन की किताब उतनी ही जटिल है, वह कहता कुछ है, करता कुछ है, मगर से.रा. के जो दिल में है, वह उसके लब पर है। इस लिहाज से वह बहुत बड़ा लेखक नहीं है। मैं उसे कोई बहुत बड़ा सिद्ध करने के लिए उस पर संस्मरण लिख भी नहीं रहा। वह उन लोगों में से है, जिन्हें अंग्रेजी में 'अनसंग हीरोज' कहते हैं। वह गत तीस बरसों से अनवरत लिख रहा है। उसकी त्रासदी यही है कि इन तीस बरसों में न वह खुद किसी विवाद में फँसा न उसकी कहानियाँ। 'वर्तमान साहित्य' के माध्यम से उसने न कोई अपना गुट बनाया न छवि। से.रा. ने सिर्फ अपनी कथा यात्रा से मतलब रखा है। किसी ने कभी भूले-भटके उसकी कहानी का उल्लेख कर दिया तो खुश न किया तो भी खुश। इस दृष्टि से वह मस्त कलन्दर है।

पिछले कुम्भ में वह इलाहाबाद आया था। हम सभी लोग संगम तट पर धूनी रमाए हुए थे। विभूति कुम्भ के एस.एस.पी. थे। उनके पास कई टैंट थे। मुख्य टैंट लेखकों का शिविर बना हुआ था—चित्रा थीं, मुद्गल था, यात्री, उसकी पत्नी के अलावा दूर-दूर से लेखक आये थे। से.रा. प्राय: रजाई में दुबका रहता, मगर कब कम्बल ओढ़कर अपार भीड़ में शामिल हो जाता, किन-किन शिविरों में घूम आता, इसकी जानकारी उसके लौटने के बाद ही मिलती। से.रा. में एक और खासियत है—वह कैम्प में कुछ इस कदर इत्मीनान और बेतकल्लुफ ढंग से रह रहा था कि लगता था, मेहमाननवाज वही है, बाकी सब मेहमान हैं। वह आपके घर में भी आएगा तो कुछ इस तरीके से बच्चों में घुल मिल जाएगा कि यह लगेगा ही नहीं कि घर में कोई मेहमान आया है बल्कि कुछ देर बाद वह आपको अपने ही घर में मेहमान बनाकर छोड़ देगा। मैंने आज तक से.रा. को अपने कष्टों का बखान करते नहीं सुना। अपनी पारिवारिक जिम्मेदारियों से भी उसे गाफिल ही पाया है। ऐसे

बेनयाज शख्स की नैया थपेड़े खाते हुए अपने आप तट पर जा लगती है। उसकी दोनों बेटियों का विवाह एक चमत्कार की तरह हो गया। बेटे ने पिता के नक्शे कदम पर चलते हुए पत्रकारिता का रास्ता चुना है।

गाजियाबाद में यात्री से मिलने का अनेक बार मौका मिला है। अगर कभी यात्री से मिले बगैर गाजियाबाद से लौट आया तो यात्री ने खत के जरिये खरी-खोटी सुनाने में कोई कसर नहीं छोड़ी। दिल्ली जाता हूँ तो गाजियाबाद भी हो लेता हूँ, क्योंकि ममता के पिता अवकाश ग्रहण करने के बाद वहीं बस गये हैं। वह चूँकि यात्री से लगभग पचीस तीस बरस बड़े हैं, यात्री की उनसे दोस्ती होनी स्वाभाविक थी। पापा शुरू से ही अलग-थलग रहने वाले व्यक्ति रहे हैं। गाजियाबाद में भी पुस्तकें ही उनकी साथी थीं या से.रा. और गोपालकृष्ण कौल जैसे दो-एक लेखक। ममता की मम्मी कई वर्षों से बीमार चल रही थीं। साल में दो-चार महीने वह नर्सिंगहोम में बितातीं। ऐसा कई बार हुआ कि ममता या मैं गाजियाबाद गये तो घर पर ताला मिला। बाद में तो हम पहले नर्सिंगहोम में झाँक लेते, घर बाद में जाते। नर्सिंग होम में प्रायः यात्री से भेंट हो जाती, वह सेवा-सुश्रूषा में लगा रहता। मम्मी की तबीयत ज्यादा खराब होती तो रात को रुक भी जाता। अभी इसी जून में उनका देहावसान हो गया। संयोग से ममता और मैं उसी रोज गाजियाबाद पहुँचे थे। कमरे में उनका पार्थिव शरीर पड़ा था और पापा अकेले गलियारे में टहल रहे थे। घर पहुँचने के थोड़ी देर बाद देखा, यात्री 'वर्तमान साहित्य' के पूरे सम्पादक मंडल के साथ चले आ रहे हैं। यात्री ने आते ही मोर्चा सँभाल लिया। साथियों के साथ मिलकर उसने मम्मी के पार्थिव शरीर को उठाकर अर्थी पर रखा, दूसरी तमाम तैयारियाँ कीं। उसने शायद जीवन में पहली बार किसी शव का स्पर्श किया था। उसकी आँखें नम थीं, चेहरे पर अवसाद की गहरी रेखाएँ खिंच आयी थीं। यह याद करते हुए तो वह रो ही पड़ा कि मम्मी कैसे उसकी आवभगत किया करती थीं। स्वस्थ होती थीं तो उसके कुत्तों के लिए भी रोटियाँ सेंक देती थीं। वह हम सबके दुख में बराबर का हिस्सेदार था। लग रहा था, वह मात्र रस्म निभाने नहीं आया था। वह आधी रात तक मेरे साथ रहा। वह दोस्ती निभाता नहीं, दोस्ती जीता है। उसके जीवन के सबसे सुखद क्षण वे होते हैं, जब वह दोस्तों से घिरा होता है। उसके कन्धे पर थैला होता है, थैले में रोटियाँ होती हैं। रोटियों के साथ-साथ 'वर्तमान साहित्य' का ताजा अंक भी हो तो क्या कहने। वह आपसे विदा लेकर लम्बे-लम्बे डग भरता हुआ कविनगर की ओर चल देगा और उसके पीछे-पीछे उसकी श्वान सेना।

# दूधनाथ सिंह

26 जुलाई, 1963 इलाहाबाद की रेलवे कॉलोनी का एक कमरा। बाहर झमाझम बारिश, सड़क पर घुटनों-घुटनों पानी, कमरे में एक कृशकाय युवक खाट पर लेटा है। सामने मोढ़े पर उसकी पत्नी बैठी है, अभी कुछ घंटे पहले उनका विवाह हुआ है। पति खाँसता है, कै करता है—खून की कै। पत्नी सहारा देती है, पत्नी ने घर से विद्रोह करके अन्तरजातीय विवाह किया है। वह सशंकित है, निरन्न है, उद्वेलित है, भयभीत है। कैसे कटेगी जिन्दगी? कहाँ ले आएगा भविष्य?

अचानक बारिश थम जाती है। पति समय पूछता है। रात के दस बज चुके हैं। पति जेब में हाथ डालकर अँगुलियों से पैसे गिनता है। कुल जमा पाँच-छह रुपये की पूँजी है, वह झेंपते हुए पत्नी की तरफ देखता है। पत्नी की आँखों में आँसू तैर रहे हैं।

पति-पत्नी भोजन की तलाश में निकलते हैं। रिक्शा वाला सिविल लाइन्स तक के दो रुपये माँगता है, दोनों पत्थर गिरजाघर तक पैदल चले जाते हैं, पति थककर गिरजाघर की मुँडेर पर बैठ जाता है। उसकी साँस फूल जाती है। मियाँ बीवी दोनों चुप हैं। झींगुर और पटबीजना ने आसमान सिर पर उठा रखा है। अँधेरे में घंटी बजाता हुआ एक रिक्शा पास से गुजरता है, सिविल लाइन्स की तरफ ही जा रहा है। बगैर मोलभाव किए एक रुपये में दोनों को बैठा लेता है।

सिविल लाइन्स में सन्नाटा है। तमाम होटल बन्द हैं, बारिश के बाद सड़कें चमचमा रही हैं, चुन्नीलाल के ढाबे के सामने एक गैया पसर कर बैठी है। एक शराबी डगमगाते हुए पास से गुजरता है, कुछ बुदबुदाता है, पत्नी पति से सट जाती है। नानकिंग के दरवाजे बन्द हैं, मगर अन्दर से आती रोशनी की लकीर गीली सड़क पर झिलमिला रही है। दोनों आगे बढ़ते हैं, नानकिंग पहुँच के बाहर है। पेशावरी होटल का दरवाजा खुला है, कुर्सियों के ऊपर कुर्सियाँ रखी जा रही हैं। भट्टी स्याह पड़ चुकी है। एक बड़ी मेज के चारों ओर बैठकर बैरा लोग भोजन कर रहे हैं। पति पत्नी को दरवाजे पर खड़ा देखकर चौंकते हैं। साफ दिखाई दे रहा है, खाना यहाँ भी नहीं है। कुछ शोरबा, चावल हैं और दाल है। पति जेब से सम्पूर्ण

पूँजी निकालकर मेज पर रख देता है। बैरा लोगों को जब मालूम होता है कि दोनों का आज ही विवाह हुआ है तो सद्यदम्पति के लिए एक तश्तरी सजाई जाती है। वही शाही मीनू : दाल-चावल, शोरबा। सब लोग इस मांगलिक भोज में सम्मिलित हो जाते हैं। वे पैसा लेने से इनकार कर देते हैं और रिक्शा मँगवाकर उल्लासपूर्वक दोनों को विदा करते हैं।

पाठकों के मन में जिज्ञासा हो रही होगी कि कौन थे ये निराले पति पत्नी? अब इन दोनों का परिचय देना जरूरी लग रहा है। पति थे दूधनाथ सिंह, जो अब इलाहाबाद विश्वविद्यालय के हिन्दी विभाग में प्रोफेसर ही नहीं हिन्दी के जाने-माने कथाकार, कवि, नाटककार और समीक्षक भी हैं और पत्नी थीं श्रीमती निर्मला ठाकुर, अब आकाशवाणी के इलाहाबाद केन्द्र में प्रोड्यूसर, भूली-बिसरी कवयित्री, दो योग्य पुत्रों और एक मेधावी पुत्री की गर्वीली माँ।

पाठक यह भी सोच रहे होंगे कि क्यों की दोनों ने शादी? जब पति न सिर्फ खून की कै कर रहा हो, उसमें पत्नी की जिम्मेदारी उठाने का सामर्थ्य भी न हो। बहुत जटिल प्रश्न है यह। जो लोग जवानी और दिल की मजबूरियों को समझते हैं, उनके लिए उतना जटिल भी नहीं है। दिल दा मामला है। साथ-साथ मर मिटने का संकल्प है, सुइसाइड पैक्ट है जैसे। कहाँ थे उस समय उपेन्द्रनाथ अश्क, गिरिराज किशोर, विजयदेव नारायण साही, जगदीश गुप्त, मार्कण्डेय? इसका उत्तर दूधनाथ ही दे सकता है, मैं तो तब तक दूधनाथ सिंह से परिचित भी न था।

दूधनाथ से मेरा प्रथम परिचय उसके विवाह के अगले वर्ष 1964 में हुआ था, इलाहाबाद रेलवे स्टेशन के प्लेटफार्म नम्बर तीन पर, जहाँ दिल्ली से आने वाली अपर इंडिया एक्सप्रेस रुकी थी और गाड़ी से राकेश, कमलेश्वर, कृष्णा सोबती, विमल, परेश और मैं उतरे थे। 'परिमल' ने द्विदिवसीय कहानी गोष्ठी का आयोजन किया था और हम लोग उसी में सम्मिलित होने आये थे। हिन्दी कहानी तेजी से साहित्य की केन्द्रीय विधा के रूप में उभर रही थी और 'परिमल' ने कहानी को द्वितीय कोटि की विधा साबित करने के लिए मजाक ही मजाक में इसका आयोजन कर डाला था। 'परिमल' के सदस्यों के साथ दूधनाथ सिंह भी स्टेशन पर दिल्ली से आये कथाकारों का स्वागत करने आये थे। जब दूधनाथ सिंह से मेरा परिचय कराया गया तो बेसाख्ता मेरे मुँह से निकल गया, 'यार तुम दूधनाथ नहीं दहीनाथ लग रहे हो।'

वास्तव में दूधनाथ उन दिनों अस्वस्थ था। एकदम कृशकाय, मगर आँखों में वही चमक, दाँत उसी तरह चमचमाते हुए कि हर बार पूछने का मन करता है, कौन-सा टूथपेस्ट इस्तेमाल करते हो? दूधनाथ को देखकर जो प्रथम पंक्ति दिमाग में उभरी थी, वह थी 'बोसीदा कपड़ों में मुख्तसर सा एक आदमी' मगर मुख्तसर

से इस आदमी में गजब की गर्मजोशी थी। वह देर तक अपने हाथ में मेरा हाथ लिये रहा। उसका हाथ गर्म था। हो सकता है उस समय भी बुखार में हो। थोड़ी देर बाद विमल, परेश और मैंने पाया कि हम लोग रिक्शे में बैठकर दूधनाथ सिंह के घर की ओर रवाना हो रहे हैं लूकरगंज। पहली मंजिल पर एक छोटा-सा कमरा, ढीली-ढाली खटिया पर अस्त-व्यस्त बिस्तर, बिस्तर पर बेतरतीब फैले कपड़े, पत्र-पत्रिकाएँ, पुस्तकें और इन सबके ऊपर दीवार से झरता चूना और प्लास्टर। बाहर एक बड़ा-सा आँगन, जालीदार मुँडेर, जाली से नीचे झाँककर देखो तो पड़ोस का पूरा कच्चा चिट्ठा मालूम पड़ जाय। जैसे नीचे कोई कहानी हो और ऊपर कहानीकार। दोपहर तक गिरिराज किशोर ने 'माया' से हम लोगों को सौ सौ रुपये अग्रिम पारिश्रमिक के रूप में दिला दिए। सम्मेलन के दौरान हम लोगों को एक-दूसरे को जानने का अवसर मिला। खाली समय में हम लोग लेखकों से मिलते और फुर्सत पाते ही 'गजधर' में चले जाते। उन दिनों सौ रुपये में बीयर की पचीस बोतलें मिल जाती थीं। हम लोगों ने खूब छककर कहानी पर चर्चा की और बीयर पी। परेश ने पैसों का दूसरी तरह से सदुपयोग किया। दूधनाथ ने अपने व्यक्तित्व की गहरी छाप छोड़ी थी। उसके बाद उसके दो एक पत्र भी मिले। उन दिनों सैद्धान्तिक चिन्तन में उसकी बहुत दिलचस्पी थी।

दूधनाथ सिंह से अगली मुलाकात दिल्ली में हुई। उसे मेरे विवाह का समाचार मिला और वह दिल्ली पहुँच गया। लेखकों का अच्छा-खासा जमावड़ा था। जैनेन्द्र जी से लेकर नयी पीढ़ी तक के कथाकार थे। चूँकि परम्परागत किस्म का आयोजन नहीं था, विवाह के स्थान पर कहानी केन्द्र में थी। दूधनाथ रच-बस गया था लेखकों की बिरादरी में। बेहिचक वह जैनेन्द्र जी से बतिया रहा था, ठहाके लगा रहा था। राकेश-कमलेश्वर से भी उसके आत्मीय सम्बन्ध हो चुके थे। इस बीच उसने काफी आत्मविश्वास अर्जित कर लिया था। ममता दहेज में कुछ पत्र और कुछ पुस्तकें ही लायी थी। उनमें दूधनाथ के पत्र भी थे। लगा, यह ममता की कहानियों का प्रशंसक है, पत्रों में उसने बहुत से सलाह-मशविरे दिए थे। उन दिनों दूधनाथ खूब पत्र लिखता था। गोल-गोल अक्षर, आज भी उसकी हैंडराइटिंग वैसी ही है।

बाद के दिनों में दूधनाथ में बहुत परिवर्तन हुए। विवाह के बाद निर्मला ने दूधनाथ सिंह की पान तम्बाकू खाने की आदत छुड़वाई तो महादेवी वर्मा ने खत लिखने की लत। एक दिन बातों ही बातों में महादेवी जी ने उसे समझाया—लेखकों को, खासतौर पर दो चीजों से बचना चाहिए—बेमतलब पत्राचार से और समीक्षकों की टिप्पणियों पर उत्तेजित होने से। लम्बे अर्से तक दूधनाथ ने इस शिक्षा का पालन किया। इधर जहाज के पंछी की तरह वह दुबारा उसी मुकाम पर पहुँच गया है, जहाँ से उड़ान भरी थी। आजकल फिर पत्र लिखने का जनून उस पर सवार है, दिन

भर पत्र लिखता है और पचौरी जैसे पेशेवर लिखाड़ तक के लेख का 'पोस्ट मार्टम' कर डालता है। रोकने पर वह उत्तेजित हो जाता है कि वह साहित्य में वैचारिक, व्यभिचार और भाषिक दुराचार बर्दाश्त नहीं करेगा। इस प्रदूषण को रोकना ही होगा।

भारतेन्दु हरिश्चन्द्र की तरह दूधनाथ बहुमुखी प्रतिभा का धनी है। कहानी कविता, नाटक, समीक्षा, साहित्य की कोई ऐसी विधा नहीं है, जिसको उसने बख्शा हो। रवीन्द्र कालिया और ज्ञान की तरह वह जीवन भर कहानी पर ही नहीं पिला रहा। 'यमगाथा' लिखकर उसने सिद्ध कर दिखाया कि साठोत्तरी पीढ़ी के पास एक नाटककार भी है। सुरेन्द्र वर्मा ने अवश्य कुछ सफल नाटक लिखे, मगर कहानी के क्षेत्र से अपनी पहचान समाप्त करके।

अगर मुझसे पूछा जाय कि दूधनाथ मूलरूप से क्या है—कथाकार, कवि, नाटककार अथवा समीक्षक तो मैं कहूँगा, मूलरूप से दूधनाथ पिता है, कवि-कथाकार सब बाद में। बहुत से लेखक बच्चों को स्कूल तक छोड़ आते होंगे, ले भी आते होंगे, मगर ऐसे कितने होंगे, जो बच्चों को विज्ञान पढ़ाने के लिए विज्ञान पढ़ेंगे, गणित पढ़ाने के लिए गणित। किसी बच्चे की परीक्षा होगी तो दूधनाथ कुछ इस तरह व्यस्त हो जाएगा, जैसे उसकी अपनी परीक्षा हो। वह दोस्तों से मिलना छोड़ देगा, कॉफी हाउस में दिखाई न देगा, विश्वविद्यालय से छुट्टी ले लेगा। जब तक बच्चा परीक्षा दे रहा होगा, दूधनाथ सिंह अगले पेपर के नोट्स तैयार कर रहा होगा। बड़े-बड़े लेखकों की सन्तान शिक्षा के स्तर पर निहायत फिसड्डी निकली है, मगर दूधनाथ सिंह की दाद देनी पड़ेगी कि उसने बच्चों की शिक्षा के प्रति इतना ध्यान दिया कि वे कीर्तिमान स्थापित करते चले गये। शायद यही कारण है कि बेबी (अनिमेष) आज आई.पी.सी.एल. में एक उच्च अधिकारी है और महज इक्कीस बरस की उमर में पिता के बराबर वेतन पा रहा है। दूधनाथ की बिटिया एम.बी.ए. का कोर्स करने के बाद वेतन में अपनी माँ से टक्कर ले रही है।

मुझे याद है, बच्चे जब छोटे थे, दूधनाथ बड़े प्यार से उन्हें नहलाता, उनके कपड़े पछाड़ता, फिर राजा बेटा बनाकर उन्हें स्कूल छोड़ आता। बच्चे बड़े हो गये तो वह अपने को बेकार महसूस करने लगा। मगर उसने जल्द ही एक रास्ता निकाल लिया। अनिमेष को जब आई.आई.टी. कानपुर में प्रवेश मिल गया तो वह हर सप्ताह कानपुर जाकर उसके कपड़े धोने लगा। गिरिराज किशोर उन दिनों आई.आई.टी. के रजिस्ट्रार थे। दूधनाथ को कपड़े पछाड़ते देख उन्हें बहुत तकलीफ होती। इतने लड़के पढ़ते हैं आई.आई.टी. में, ऐसा बाप मैंने नहीं देखा। हर सप्ताह चला आएगा बेटे के कपड़े धोने। अपने लड़के को बिगाड़कर ही मानेगा।

"ऐसी बात नहीं है।" मैंने गिरिराज को समझाया, "तुम लड़के की बात करते हो, वह अपनी बीवी के कपड़े भी पछाड़ता है। लगता है, पिछले जन्म में जरूर

धोबी रहा होगा।''

दरअसल यह दूधनाथ का प्यार करने का तरीका है। वह जिससे प्यार करता है, उसके कपड़े उतरवा लेता है—''तुम जब तक आराम करो, मैं कपड़े धोकर आता हूँ।''

हो सकता है, कामकाजी महिला से शादी करने के बाद उसे यह आदत पड़ी हो। वैसे दूधनाथ और मुझमें एक ही समानता है कि हम दोनों की पत्नियाँ कामकाजी हैं, शुरू-शुरू में दूधनाथ की देखा-देखी मैंने भी घरेलू काम में पत्नी का हाथ बँटाने की कोशिश की थी, मगर मैंने पाया, यह मेरे वश का काम नहीं है। रूमाल पर ही मैं इतना साबुन घिस देता था कि साबुन छुड़ाने में दो बाल्टी पानी खर्च हो जाता था। नतीजा यह हुआ कि घरेलू काम से हमेशा-हमेशा के लिए छुट्टी मिल गयी।

बच्चों के स्वास्थ्य के प्रति भी वह बहुत सावधान रहता था। बेबी को अगर छींक आ गयी तो दूधनाथ ने विश्वविद्यालय से छुट्टी ले ली। एक बार हम लोगों का साथ-साथ दिल्ली जाने का कार्यक्रम बना। ट्रेन चलने से एक घंटा पहले दूधनाथ हाँफता हुआ आया, ''बेबी को बुखार हो गया है, मैं न जा पाऊँगा।''

''कितना बुखार है?''

''नार्मल से थोड़ा ऊपर ही है। हो सकता है बढ़ जाय। मैं जानता हूँ, निर्मल देखभाल न कर पाएगी।''

''शटअप'', मैंने कहा, ''तुम्हें चलना होगा जरा-सी हरारत है, सुबह तक ठीक हो जाएगी।''

दूधनाथ हम लोगों के साथ चल तो पड़ा मगर दिल्ली से बराबर पत्नी को फोन मिलाता रहा, ''देखो, तुम छुट्टी ले लो, तुम्हें दफ्तर आना ही नहीं चाहिए था। उसकी साइकिल को ताला लगा आयी हो कि नहीं। आज डॉक्टर कपूर को जरूर दिखा देना।''

दिल्ली में उसका मन नहीं लगा, दूसरे ही दिन वह दिल्ली से भाग आया। लौटकर मैं बेबी का हाल पूछने दूधनाथ के यहाँ गया। देखा, बेबी तो घर में उछलकूद मचा रहे थे, दूधनाथ ने खटिया पकड़ ली थी। मालूम हुआ बिना आरक्षण के दिल्ली से बैठे-बैठे इलाहाबाद पहुँचा है और तब से अस्वस्थ है।

जितने बरस अनिमेष दूधनाथ से दूर आई.आई.टी. कानुपर में रहे, दूधनाथ से मिलने पर पता चलता, वह कानपुर से आ रहा है या कानपुर जा रहा है। इस बीच लेखन की तरफ भी उसने ध्यान नहीं दिया, अब जब बच्चे ठौर-ठिकाने लग गये हैं, उसे दुबारा साहित्य की सुधि आयी है।

काशीनाथ सिंह की बिटिया के लिए, दूधनाथ सिंह के बेटे का नाम मैंने ही सुझाया था। शादी तय हो गयी तो दूधनाथ की व्यस्तता देखने लायक थी। कभी

ज्वैलर के यहाँ दिखाई देता, कभी साड़ियों के शो रूम में। वह जैसे बेटे का दहेज तैयार कर रहा था। इलाहाबाद से जो संक्षिप्त-सी बारात गयी, उसमें केवल साहित्यकार थे। बेटे के विवाह के नशे में वह धरती से दो इंच ऊपर चल रहा था, आखिर उसके बेटे की शादी थी। दूधनाथ ने पुत्र के विवाह के माध्यम से वे तमाम चाव पूरे किए जो अपने विवाह में न कर पाया था। दूधनाथ के विवाह की दावत तो क्या समाचार तक न मिला था और यहाँ उसके पुत्र के विवाह का हम लोग जश्न मना रहे थे। ज्ञान, सुनयना, ममता और मैं साथ-साथ पहुँचे थे। शाम ढलते ही नामवर जी ने बुलाया और स्कॉच की एक 'नयी नकोर' बोतल थमा दी—यह तुम्हारे और ज्ञान के लिए। हम जैसे दूधनाथ के विवाह की रजत जयन्ती और उसके पुत्र का विवाहोत्सव साथ-साथ मना रहे थे।

बच्चों के बीच रहना उसे बेहद पसन्द है। जब अनिमेष शहर में होते हैं तो दूधनाथ के लिए इससे बड़ा सुख दूसरा नहीं हो सकता। आज भी बेटे से मिलने जाएगा तो और कुछ नहीं रेफ्रीजरेटर दिला आएगा। बेटा अब समर्थ है मगर यह दूधनाथ का मन है कि मानता ही नहीं, आते-आते रंगीन टी.वी. छोड़ आएगा। कई बार तो यह आभास होता है कि वह अपनी तमाम लालसाएँ बेटे के माध्यम से पूरी कर रहा है। जिस चीज के लिए जी ललचाता है, बेटे को दिलवा देता है।

'महाविशेषांक' में कहानी मिलने में विलम्ब हुआ तो पता चला दूधनाथ सिंह कहानी बीच में छोड़कर 'फ्लश' बना रहे हैं—बहू आ रही है, उसे तकलीफ होती होगी। जब तक सेप्टिक टैंक वगैरह बनकर तैयार नहीं हो गया, दूधनाथ ने कलम नहीं छुई। वास्तव में, दूधनाथ अधूरे मन से कोई काम कर ही नहीं सकता। अधूरे मन से उसने लेखन किया है न प्यार, इस दृष्टि से वह 'परफेक्शनिस्ट' है। सृजनात्मक लेखन तो एक गम्भीर कर्म है, एक छोटा-सा पत्र भी लिखना हो तो वह अपनी पूरी शक्ति उसमें झोंक देगा। एक-एक वाक्य को चुस्त-दुरुस्त करेगा।

दूधनाथ सिंह वामपन्थी राजनीति का हिमायती है, मगर उसकी रचनाओं में कठमुल्लापन नहीं, कोई दुराग्रह नहीं। किसी प्रकार के बाह्य राजनीतिक हस्तक्षेप का आभास नहीं। पन्द्रह एक वर्ष पूर्व अतिरिक्त वामपन्थी उत्साह में उसने 'पक्षधर' नाम से एक पत्रिका का सम्पादन किया था। इसे दुर्भाग्य ही कहा जाएगा कि अंक के प्रकाशन के कुछ समय बाद ही देश में आपातकाल लागू हो गया। उन्हीं दिनों का एक दृश्य भुलाए नहीं भूलता। ममता और मैं दूधनाथ के यहाँ गये तो पाया कि मियाँ बीवी दोनों 'पक्षधर' के बंडल बाँध कर खटिया के नीचे छुपा रहे थे। दूधनाथ को आशंका हो गयी थी कि न केवल 'पक्षधर' जब्त हो जाएगा, वह भी धर लिया जाएगा। वह इतना त्रस्त हो गया था कि घर से गायब रहने लगा। अगर घर जाना जरूरी हो जाय तो सूरज निकलने से पहले घर पहुँचता था। समय के साथ-साथ

उसमें राजनीतिक परिपक्वता आयी है। 'रीछ', 'रक्तपात', 'सुखान्त' का लेखक किसी फैशन में आकर 'माई का शोक गीत' और 'लौटना' नहीं लिख सकता। यह उसकी राजनीतिक चेतना के विकास की सहज परिणति है। इधर के लेखन के लिए उसे नये औजार गढ़ने पड़े होंगे। यह अकारण नहीं है कि भयावह 'फेंटेसी' के रहस्यलोक से बाहर आने में उसे लगभग एक दशक तक मौन रहना पड़ा। ज्ञान अभी तक मौन है, मगर वह भी एक दिन कुहासा चीर कर बाहर आएगा, मुझे पूरा विश्वास है।

ज्ञान का जिक्र आया तो एक और प्रसंग याद आ गया। दूधनाथ, ज्ञान और मैं कॉफी हाउस में बैठे थे कि अचानक किसी ने अश्कजी के उपन्यास 'एक नन्ही कन्दील' पर राय जाननी चाही। अश्कजी के उपन्यास पर राय देना जोखिम का काम होता है। उनकी आलोचना और प्रशंसा दोनों महँगी पड़ती हैं। अगर आपने उनके उपन्यास की आलोचना कर दी तो वे आपके सम्पूर्ण लेखन को दो कौड़ी का करार दे देंगे और अगर प्रशंसा कर दी तो उस पर लिखने का सुझाव देंगे। किसी ने उपन्यास पर कोई राय जाहिर नहीं की। ज्ञान माचिस से खेल रहा था, खेलता रहा। वह तीली जलाता और एशट्रे में डाल देता। दूधनाथ ने ज्ञान की हरकत देख एक भरपूर ठहाका लगाया। तमाम लोग हँसने लगे। ठहाके पर ठहाका लगने लगा।

दूधनाथ सिंह को उस रोज अश्कजी से कोई काम रहा होगा। वह चुपके से उठा और अश्कजी के यहाँ पहुँच गया। अश्कजी अपने उपन्यास को लेकर बहुत उत्साहित थे। दूधनाथ ने उनसे कहा कि व्यक्तिगत रूप से उसे उपन्यास बहुत अच्छा लगा, मगर उसने ज्ञानरंजन से उपन्यास के बारे में राय जाननी चाही तो ज्ञान ने काड़ी जला कर एशट्रे में फेंक दी यानी उसके मुताबिक वह दो कौड़ी की रचना है। जाहिर है अश्कजी को यह हरकत बहुत नागवार गुजरी। दूधनाथ के दुस्साहस की दाद देनी पड़ेगी कि स्वयं ही आकर सारा किस्सा चटखारे लेकर सुना गया। "अब वक्त आ गया है कि अश्कजी को वे तमाम बातें बता दी जाएँ तो तुम उनके बारे में करते रहते हो।" ज्ञान ने कहा।

दूधनाथ की सिट्टी-पिट्टी गुम हो गयी, "न बाबा यह मत करना, अब भविष्य में ऐसी भूल न होगी।" वह एकदम निरीह हो गया। निरीहता दूधनाथ का सबसे बड़ा अस्त्र है। अस्त्र है और शस्त्र भी। वह अपनी निरीहता से आपको धराशायी कर सकता है। निरीहता के वह कई प्रयोग करता है। निरीहता उसका बल है। लम्बे समय तक फ्रीलांसिंग करने की सहज उपलब्धि है। जिन प्रकाशकों को लेखकों को रुला-रुलाकर रायल्टी देने का अभ्यास पड़ चुका है, दूधनाथ चुटकियों में अग्रिम भुगतान हासिल कर लेगा। वह अत्यन्त निरीह भाव से प्रकाशक से कहेगा, "निर्मल को ब्रांकाइट्स है। डॉक्टर ने एक्सरे के लिए कहा है। सैकड़ों

रुपयों की दवाएँ लिख दी हैं। कल ही बेबी को ड्राफ्ट भेजा था। मुक्तिबोध पर लिखना शुरू किया था। अभी सौ पन्ना भी नहीं लिखा गया था कि इन उलझनों में फँस गया। यह शर्ट बहुत फब रही है, कहाँ से लाये हो?'' वगैरह-वगैरह। दूधनाथ बोलता जाएगा जब तक प्रकाशक चैकबुक पर दस्तखत नहीं कर देगा।

अकसर दूधनाथ के बारे में सुनने को मिलता है कि वह अव्वल दर्जे का झूठा है, दूधनाथ के बारे में मेरी राय इससे सर्वथा भिन्न है। मैं कहूँगा, दूधनाथ को झूठ बोलना ही नहीं आता। वह झूठ बोलता भी है तो पकड़ा जाता है। खुद ही पकड़ में आ जाता है। वह अत्यन्त शाकाहारी किस्म का झूठ बोलता है। जैसे—अगर वह कानपुर से आ रहा होगा तो कहेगा; 'वाराणसी तक गया था। विजयमोहन से भी भेंट हो गयी। आजकल उस पर बेगम अख्तर की धुन सवार है।' बात करते-करते वह भूल जाएगा कि वह कहाँ से आया है। गिरिराज का प्रसंग आते ही कहेगा, 'कल मैं गिरिराज से यही कह रहा था कि भैया कम लिखो, इतनी आपाधापी क्यों मचाए हो? कोई गाड़ी छूट रही है क्या? इत्मीनान से लिखो मगर जमकर।'

'मगर तुम तो कल वाराणसी में थे।' अगर किसी ने टोक दिया तो हँसते-हँसते दोहरा हो जाएगा, क्योंकि यह वही जानता है कि वह वाराणसी गया था न कानपुर, घर में बैठा बच्चों को होमवर्क करवा रहा था।

दरअसल कोई भी कल्पनाशील व्यक्ति ऐसा कर सकता है। जब उसे कल्पना के घोड़े दौड़ाने के लिए मैदान नहीं मिलता तो दूधनाथ झूठ का मैदान चुन लेता है। वह झूठ बोलकर किसी को आहत नहीं करता, अपनी सुप्त इच्छाओं की पूर्ति करता है। उसके झूठ से किसी की नौकरी नहीं गयी, किसी की हत्या नहीं हो गयी, किसी को उम्र कैद की सजा नहीं मिली, अगर उसने कह दिया, 'कल अज्ञेय जी आये थे नाश्ते पर, उन्हें निर्मल के हाथ के कबाब बहुत पसन्द हैं।' दूधनाथ बिना यह जाने कि अज्ञेय जी शाकाहारी थे या मांसाहारी, यह कहने की क्षमता रखता है।

मैंने या ज्ञान ने दूधनाथ सिंह को गम्भीरता से लिया है, उसके झूठ को नहीं। यहीं कुछ लोग गच्चा खा जाते हैं। दूधनाथ का यह पक्ष इलाहाबाद की साहित्यिक संस्कृति पर नहीं, दोस्ती का दावा करने वाले नौसिखिए संस्मरण लेखकों की अक्षमता पर एक सार्थक टिप्पणी है। अफवाहों और बाजारू जानकारियों के आधार पर किसी के व्यक्तित्व को समझा ही नहीं जा सकता, संस्मरण तो कतई नहीं लिखा जा सकता।

संस्मरण लेखन में अश्कजी को महारत हासिल है, मगर वे बहुत जल्द अफवाहों पर विश्वास कर लेते हैं। वे उन्हीं अफवाहों पर विश्वास करते हैं, जो उन्हें रास आती हैं। अश्कजी के दूधनाथ पर बहुत अहसान हैं, जब वह टी.बी. की

दूसरी स्टेज में खून की उल्टियाँ कर रहा था तो वे अश्कजी ही थे, जिन्होंने उसे अस्पताल पहुँचाया। उसके दवादारू की व्यवस्था की। आज तीस साल बाद भी दूधनाथ सिंह अश्कजी के इस उपकार को नहीं भूलता। अश्कजी उससे कितना नाराज हों (मैं धीरे-धीरे इस निष्कर्ष पर पहुँचा हूँ कि अश्कजी नाराज कम होते हैं, नाराजगी का नाटक ज्यादा करते हैं) वह जुबान बन्द रखने का प्रयत्न करेगा। मुसीबत के दिनों में अश्कजी ने उसका साथ दिया था, इस बात को उसने कभी नजरअन्दाज नहीं किया। यदि आप अश्कजी तक दूधनाथ के ये भाव पहुँचाएँगे तो अश्कजी इस बात को एकदम खारिज कर देंगे, 'वह झूठा है। शीर्षक देने के लिए मेरी कविताएँ ले गया था, तब से दिखाई नहीं दिया।' या 'पुस्तक की भूमिका लिखने का वादा कर गया था, किताब छपकर आयी तो टालमटोल करने लगा।'

अश्कजी इसका यह अर्थ लगा लेते हैं कि दूधनाथ झूठा है, वादा करके मुकर जाता है। वे यह सोचना ही नहीं चाहते कि हो सकता है पुस्तक पढ़ने के बाद उस पर लिखने की उसे प्रेरणा ही न हुई हो। दूधनाथ को कोई पुस्तक चर्चा के लायक लगती है तो वह उस पर अवश्य चर्चा करता है। यहाँ तक कि अपने समकालीन लेखकों की रचनाओं की भी उसने खुले दिल से प्रशंसा की है, जो कि एक मुश्किल काम माना जाता है। अपने समकालीन लेखक की रचना की प्रशंसा करने के लिए विशाल हृदय चाहिए और दूधनाथ सिंह के पास वह है। मेरा वृहत उपन्यास 'खुदा सही सलामत है' जब प्रकाशित हुआ तो दूधनाथ सिंह पहला समकालीन था, जिसने न सिर्फ पहली फुर्सत में उपन्यास पढ़ा, बल्कि उसकी समीक्षा भी की। यही नहीं, 'महाविशेषांक' प्रकाशित हुआ तो दूधनाथ सिंह ने अपनी ओर से जश्न भी मनाया। विमोचन का वीडियो कैसेट देखकर लगता है, वह सम्पादकों से ज्यादा खुश है। वह देर तक महाविशेषांक को अपने सिर पर उठाए रहा और साथी लेखक उस पर गंगा जल छिड़कते रहे। यह दूधनाथ के ही वश की बात थी—कुंठाहीन, सहज, निर्द्वन्द्व और ईर्ष्याविहीन दूधनाथ के वश की बात।

अभी हाल में 'महाविशेषांक' में दूधनाथ की कहानी 'लौटना' पढ़ी तो लगा कहानी का बूढ़ा आदमी तो दूधनाथ ही है, गुदड़ी वाला बूढ़ा गोसाई भी दूधनाथ ही है (हर लेखक के भीतर कहीं एक फकीर छुपा रहता है)। और तो और वह बच्चा, जिसकी एक-एक नन्ही अदा पर दोनों बूढ़े फिदा हैं, वह भी दूधनाथ ही है। दूधनाथ एक साथ बच्चे की और पितामह की भूमिका निभा रहा है। लगता है दूधनाथ सिंह का बचपन बहुत तनहा बीता है, उसे उन्मुक्त लाड़-प्यार भी नहीं मिला, जिसकी क्षतिपूर्ति वह इस शिशु के माध्यम से कर रहा है। वह उस शिशु के ऊपर अपना सम्पूर्ण लाड़-प्यार और वात्सल्य न्यौछावर ही नहीं कर रहा, इस प्रक्रिया में उसे प्राप्त भी कर रहा है, लूट रहा है।

दूधनाथ का पौत्र शहर में आ जाय तो वह भूमिगत हो जाता है। उस समय मित्र उसके लिए दूसरी और साहित्य तीसरी प्राथमिकता पर चला जाता है। मार्कण्डेय उसकी प्रतीक्षा में बेहाल हो रहे होंगे और वह शहर के किसी आइसक्रीम बार में अपने पौत्र को आइसक्रीम खिला रहा होगा या कॉफी हाउस के किसी एकान्त कोने में शर्बत रूहअफजा पिला रहा होगा। मुझे बार-बार यह आभास होता है दूधनाथ के भीतर एक फ़कीर ही नहीं, एक नन्हा-सा अबोध शिशु भी विद्यमान है।

पिछले वर्ष शहर में अशोक वाजपेयी आये हुए थे। पूरा-पूरा दिन व्याख्यान, गोष्ठियों और साहित्य चर्चा में निकल जाता। शाम को कहीं न कहीं बैठक होती थी। एक शाम की जिम्मेदारी 'लोकभारती प्रकाशन' के श्री रमेश ग्रोवर ने ली थी। अचानक दूधनाथ पर क्या दौरा पड़ा कि अशोक वाजपेयी से बच्चों की तरह शिकायत करने लगा, "रवीन्द्र कालिया के इशारे से ही अखिलेश ने 'पहल' में 'यमगाथा' की इतनी खराब समीक्षा की है। मैं सब जानता हूँ, इसी के घर पर बैठकर उसने यह सब लिखा है।"

सब लोग हत्प्रभ। मार्कण्डेय ने बीच-बचाव की कोशिश की तो दूधनाथ उन पर भी बिगड़ गया, "आपके उपन्यास की समीक्षा भी इसी ने लिखवाई थी। मैं सब जानता हूँ।"

"अच्छा बताओ, तुम क्या जानते हो?" मैंने पूछा।

"यह कि अखिलेश कथा के वृत्त का आदमी है। उसने नाटक की समीक्षा करने की जुर्रत क्यों की और ज्ञान ने छाप भी दी।"

मैंने ठहाका लगाया, "गोसाईं, बुरा मत मानो। इस दुनिया का दस्तूर ही यही है, जब नामवर सिंह ने 'आलोचना' में मेरे वृहत उपन्यास 'खुदा सही सलामत है' की समीक्षा किसी छात्र समीक्षक से कराई थी तो मैं किसी से शिकायत करने नहीं गया था कि यह सब दूधनाथ करवा रहा है।"

मगर दूधनाथ बच्चों की तरह जिद पकड़े रहा, "ज्ञान ने क्यों छापी अखिलेश की समीक्षा। यह तुम दोनों की मिलीभगत है।"

दूधनाथ भावुक हो गया था लगातार बोले जा रहा था। मुझे लग रहा था, वह दूधनाथ नहीं 'लौटना' का बच्चा है। मेरी इच्छा हो रही थी, 'लौटना' का ही एक वाक्य दोहरा दूँ—"वो देखो, तिती तिती... कितनी देर सारी तिती, जाओ छुओ।"

वह सचमुच तितली के पीछे बच्चों की तरह भागा। लौटकर आया तो गोसाईं के रूप में 'यार बुरा तो नहीं मान गये मेरी बात का। आई एम सॉरी यार।'

# काशीनाथ सिंह

काशी हिन्दू विश्वविद्यालय की एम.ए. की परीक्षा में इस वर्ष कालजयी साहित्यकारों के व्यक्तित्व और कृतित्व पर 50 अंक का एक प्रश्न पूछा गया है, इन साहित्यकारों के बीच मेरा यार काशीनाथ सिंह भी विद्यमान है। 'संडे मेल' में प्रकाशित हो रहे संस्मरणों के कारण मेरी डाक में काफी इजाफा हो गया है और पाठक मेरे पास अनेक सूचनाएँ भेज रहे हैं, अभी हाल में 157, बिरला छात्रावास, बी.एच.यू. वाराणसी से शोधछात्र श्री सारंग ने सूचित किया है—'आपको जानकर खुशी होगी, काशीनाथ सिंह पर 50 अंक का प्रश्न आया है, हम सब इस पर बात कर रहे थे। कुछ एम.ए. के छात्र तो कक्षा में ही कुछ कह रहे थे कि व्यक्तित्व पे लिखेंगे कि सफेद सुन्दर दाढ़ी, 45 की उम्र में भी तना जवान शरीर विभिन्न वेशधारी श्री काशीनाथ सिंह सुन्दर बूढ़े युवा हैं। इस सब पर हँसी भी होती थी। कृतित्व तो शायद ही कोई जानता हो, वैसे किसी ने इतने प्रसिद्ध प्रश्नपत्र में 50 अंक का प्रश्न लिए हुए कथाकारों के व्यक्तित्व और कृतित्व पर एक शब्द न लिखा।'

श्री सारंग का पत्र पढ़कर जहाँ एक ओर गर्व से सिर ऊँचा हो गया कि मेरे यार पर प्रश्न आया है, इस सूचना से उत्साह भंग हुआ कि किसी ने हमारे काशी के व्यक्तित्व और कृतित्व पर एक शब्द न लिखा।

अपनी पीढ़ी की लाज रखने के लिए मैंने तय किया है कि कोई छात्र इस प्रश्न को हल करे या न करे मैं स्वयं इस प्रश्न को हल करके अपनी यारी का प्रमाण दूँगा। यद्यपि कक्षा में बैठने की उम्र निकल चुकी है, सवाल हल करने का अभ्यास छूट चुका है, प्रयास करने में कोई बुराई नजर नहीं आ रही।

काशीनाथ सिंह : व्यक्तित्व और कृतित्व। अब तक समझा जाता रहा है कि डॉ. काशीनाथ सिंह का जन्म 36-37 की किसी तारीख को हुआ था। इधर 'हंस' के नवम्बर अंक में उनके परिचय के साथ उनकी जन्मतिथि 1 जनवरी, 1937 दी जाती है, लगता है किसी शोध छात्र ने लम्बी शोध के बाद यह गुत्थी सुलझा दी,

वरना युगों-युगों तक शोध छात्र विशिष्ट प्रतिभाओं की जन्मतिथि की तरह इस तथ्य को उजागर करने के लिए सिर पटकते रहते। काशीनाथ सिंह वाराणसी जनपद के ग्राम जीयनपुर में पैदा हुए थे। उनके पैदा होते ही ज्योतिषियों ने भविष्यवाणी की थी कि वे हिन्दी के महान कथाकार सिद्ध होंगे। जन्मपत्री के अभाव में ठीक-ठीक भविष्यवाणी नहीं की जा सकी। काशीनाथ सिंह परिवार के सबसे छोटे सदस्य हैं। माता-पिता तथा भाइयों के संरक्षण में इनका पालन-पोषण हुआ। बचपन में ये बहुत नटखट थे, अकारण ही साथियों को पीट दिया करते थे, उनकी यह आदत आज तक बरकरार है। जब आपकी मसें भीगने लगीं तो गालियाँ देना सीख गये। बजारू किस्म की गालियाँ भी आपके साहित्य में पाई जाती हैं। यारों ने बहुत समझाया, काशी गाली मत दो। काशी गाली मत दो, मगर काशी पर गाली की धुन सवार थी। भैया ने भी समझाया कि अगर गाली दिए बगैर आत्मा को शान्ति न मिलती हो तो 'खल', 'दुष्ट', 'कपटी' आदि से आगे न बढ़ो। काशीनाथ सिंह ने किसी की न सुनी और गन्दी से गन्दी गालियाँ बटोरते रहे, वे अपनी आदत से मजबूर थे। उन पर अपने साथियों को पछाड़ने का भूत सवार था। चाहे जो क्षेत्र हो। गालियों के क्षेत्र में उन्होंने अपनी पीढ़ी ही नहीं यारों के यार को भी पटखनी दे दी। अपने समकालीन लेखकों को तो उन्होंने किसी खेत की मूली समझा ही नहीं था, उनकी स्पर्धा आगे-पीछे की पीढ़ियों से थी। जो काम मध्यकालीन कवि न कर पाए थे, काशीनाथ जी ने चुटकियों में कर दिखाया। सूर, तुलसी, जायसी के चेहरों पर हवाइयाँ उड़ने लगीं।

काशीनाथ सिंह ने जीवन में केवल चार यार बनाए थे। बाद में एक यार, यार न रहा, उनका समधी हो गया। बाकी तीन में से एक वाराणसी छोड़ शिमला की तरफ भाग निकला, शिमला से दिल्ली, दिल्ली से भोपाल, भोपाल से फिर दिल्ली। गोया कि वह अब तक मारा-मारा फिर रहा है और वाराणसी लौटने का नाम ही नहीं ले रहा। तीसरे यार को काशीनाथ जी ने स्वयं त्याग दिया, क्योंकि उसने 'कायस्थवाद' मचा रखा था और बदले हुए जमाने के साथ वह कदम नहीं मिला पा रहा था। बहुत कड़े दिल से उन्हें यह निर्णय लेना पड़ा। जातिवाद के परम विरोधी काशीनाथ जी और कर ही क्या सकते थे। चौथे यार के बारे में इतना कहना पर्याप्त होगा कि वह हरामी निकल गया। इस बुढ़ापे में अब काशीनाथ जी नये यारों की तलाश में निकले हैं। उन्होंने कसम खा ली है कि भूलकर भी किसी समकालीन को यार का दर्जा न देंगे। हाईकमान ने काशीनाथ जी को आश्वासन दिया है कि वह नये यार के चुनाव में उनकी पूरी-पूरी सहायता करेगा। हाईकमान काशीनाथ जी से ज्यादा उनकी जरूरतों को समझता है, हाईकमान का विचार है कि काशीनाथ

जी को ऐसा यार चाहिए जो थोड़ा-थोड़ा यार हो, थोड़ा-थोड़ा शिष्य, जो अवसर पड़ने पर सुदूर गाँव में काशीजी का न्यौता लेकर भी जा सके (महेश कटारे से क्षमा याचना सहित)। ऐसा लेखक भी चल सकता है, जो न केवल काशी, बल्कि हाईकमान के प्रति भी निष्ठावान हो, जिसकी साहित्यिक महत्त्वाकांक्षाएँ सीमित हों, जो जरा से अनुग्रह से कृतकृत्य हो जाय, जैसे काशी हिन्दू विश्वविद्यालय की किसी परीक्षा के प्रश्नपत्र में अपना नाम देखकर, जिसका जीवन सार्थक हो जाय। हाईकमान काशी के भूतपूर्व मित्रों से घोर रूप से असन्तुष्ट था, उसे हमेशा लगता था कि काशीनाथ जी ने घास से दोस्ती कर रखी है और छोटी-सी बात पर ध्यान नहीं दिया कि घोड़ा घास से दोस्ती करेगा तो खाएगा क्या?

काशीनाथ जी स्वदेशी आन्दोलन के प्रबल समर्थक हैं, प्रेमचन्द भी उनकी भाँति स्वदेशी के पक्षधर थे। काशीनाथजी विदेशी वस्तुओं का बिलकुल इस्तेमाल नहीं करते। उनका लिबास सौ फीसदी स्वदेशी होता है। यहाँ तक कि चप्पल भी। जब इन पंक्तियों के लेखक को जीवन में प्रथम बार काशीनाथजी के दर्शन का सौभाग्य प्राप्त हुआ था, वे मोटी खादी के धोती-कुर्ते में लैस थे। वे कुछ-कुछ ऐसे दिखाई दे रहे थे, जैसे आजकल महेश कटारे दिखाई देते हैं—एक जागरूक भारतीय किसान। यह दावे के साथ कहा जा सकता है कि जैसे काशी के दिन बहुरे हैं, महेश कटारे के भी अवश्य बहुरेंगे। वे भविष्य के काशीनाथ सिंह हैं। बदले हुए जमाने के साथ कदम मिलाने की गर्ज से इधर काशीनाथ सिंह ने खादी सिल्क का एक कुर्ता सिलवा लिया है और यह कुर्ता पहनकर वे ज्ञानरंजन की तरफ कुछ इस अन्दाज से देखते हैं कि देखो एक मैं हूँ, जो वक्त के साथ लेफ्ट राइट करते हुए चल रहा हूँ और एक तुम हो, आस्तीन झुलाते हुए ज्ञानरंजन, जिसे वक्त मीलों पीछे छोड़ आया है। तुमने रामभक्ति का पन्थ न छोड़ा होता, राम के प्रति एकनिष्ठ रहे होते तो तुम्हारी यह दुर्गति न होती। इसमें कोई सन्देह नहीं कि खादी सिल्क का कुर्ता पहनकर काशीनाथ जी बहुत छबीले लगते हैं। उस समय उनकी शान दूसरी होती है। काशीनाथ जी को बहुत कम अवसरों पर इस जादुई कुर्ते में देखा गया है। उसका उपयोग वे तभी करते हैं, जब या तो कोई महत्त्वपूर्ण 'एप्वाइंटमेंट' हो अथवा आकाशवाणी दूरदर्शन का कोई कार्यक्रम हो। पिछले दिनों भोपाल में आकाशवाणी के त्रिदिवसीय कार्यक्रम में तीन दिनों तक इसी कुर्ते में नजर आते अगर किसी नाचीज हितैषी ने उन्हें टोक न दिया होता।

काशीनाथ जी के मन में देशी वस्तुओं के प्रति इतना लगाव है कि वे आज तक दातौन का त्याग नहीं कर पाए। आज जब समधी समेत उनकी पीढ़ी के तमाम रचनाकार धड़ाधड़ टूथब्रुश का इस्तेमाल करने लगे हैं, काशीजी की चाल है, वे

मन्द-मन्द दातौन करते रहते हैं, जब वे चिन्तन करते हैं तो दातौन थाम लेते हैं। रात जब तक सो नहीं जाते, दातौन करते रहते हैं। अगर जरूरत समझते हैं तो बीच-बीच में उसके ऊपर टूथपाउडर छिड़क लेते हैं। जिस तरह लोग बगल में चशमा उतारकर सो जाते हैं, काशीनाथ जी दातौन रखकर सो जाते हैं, क्योंकि सुबह उठते ही उन्हें जिस चीज की जरूरत महसूस होती है, वह दातौन है। काशीनाथ जी जब परेशान होते हैं तो दातौन करते हैं, खुश होते हैं तो दातौन करते हैं। कमर पर मात्र गमछा लपेटे वे दातौन करते हुए एक कमरे से दूसरे कमरे का चक्कर लगाते रहते हैं। विद्वानों का विचार है कि उन्हें सबसे चटकीले विचार इसी समय आते हैं। अगर इस पर भी विचार उनके पिंजड़े में नहीं फँसते तो वे मसूड़ों पर किसी खास चीज का लेप करके समाधिस्थ हो जाते हैं।

काशीनाथ जी के व्यक्तित्व का सबसे विशिष्ट पक्ष उनकी आँखें हैं। इतनी मासूम भाव-प्रवण और निष्कलुष आँखें पुरुषों में कम ही देखने को मिलती हैं। लगता है ये आँखें नहीं हैं, आँखों की झील हैं, इनमें तैरते चले जाइए, ग्लास टैंक की मछलियों की तरह। काशी के कुंठाग्रस्त यार इस अवधारणा से सहमत नहीं। वे कहते हैं, काशी की आँखें बहुत छलिया हैं। चूँकि काशीनाथ सिंह के यार उनसे सदैव ईर्ष्या करते रहे हैं, उनकी अवधारणा को गम्भीरता से लेने का औचित्य नहीं। काशीनाथ जी के यारों के मनोविज्ञान का अनुमान लगाने के लिए यहाँ मैं उनके एक यार की डायरी के कुछ पृष्ठ उद्धृत करना चाहूँगा, जिसकी एक-एक पंक्ति से कुंठा प्रकट हो रही है—

25 सितम्बर 1976, समय प्रातः चार बजकर पन्द्रह मिनट। रेलवे स्टेशन, आरा (बिहार) बबई मेल अचानक एक झटके के साथ रुकती है। मैं बाहर झाँकता हूँ। स्टेशन पर सन्नाटा है। न कोई यात्री गाड़ी से उतरता है न चढ़ता है। मुझे यहीं उतरना था। मैं गाड़ी से उतरता हूँ। मुझे देखकर एक नवयुवक मेरी ओर बढ़ता है। उसके गले में एक तख्ती लटक रही है : आगंतुक लेखक सम्पर्क करें। मैं सम्पर्क करता हूँ। वह नवयुवक मुझे आदरपूर्वक गोविन्द मिश्र के यहाँ ले चलता है।

गोष्ठी में अनेक नये लेखकों से भेंट होती है। उनमें काशी भी हैं। उसके गले में भी एक तख्ती लटक रही है : काशीनाथ सिंह, डॉ. नामवर सिंह के छोटे भाई। तख्ती देखकर मैं एकदम चौंका। फिर यह सोचकर चुप रह गया कि हो सकता है, यह आरा की संस्कृति का कोई हिस्सा हो। कमलेश्वर से भेंट हुई तो पाया उनके गले से भी एक तख्ती लटक रही है : कमलेश्वर—सारिका के भावी सम्पादक। विजयमोहन सिंह और मधुकर सिंह की तख्ती पर लिखा था—संयोजक कथा गोष्ठी।

गोष्ठी के बाद तमाम रचनाकारों ने तख्तियाँ उतार फेंकीं। एक काशीनाथ अपवाद हैं। लगता है, उसके गले से आज भी क्रास की तरह वह तख्ती जस की तस लटक रही है : काशीनाथ सिंह नामवर सिंह के छोटे भाई। समझ में नहीं आता, नामवर सिंह भाई हैं या वैशाखी? कहानी के अलावा काशी कुछ भी लिखता है तो उसमें दर्जनों बार भाई का उल्लेख मिलता है। कई बार तो साथी लेखकों की पिटाई करने के लिए भी वह भाई का हंटर इस्तेमाल में लाता है।

काशीनाथ सिंह के यार लोग इस प्रकार के मिथ्या और भ्रामक प्रचार करते रहते हैं। शायद यही कारण है कि काशीनाथ जी अपने यारों को 'हरामी', 'हरामियों का सिरमौर' आदि कहने को विवश हो गये। वरना काशीनाथ के पास तो गालियों का इतना विशाल भंडार है कि वे सिर्फ गालियों से यारों को चित कर सकते थे, रचनात्मक स्तर पर धूल चटाने का प्रयास ही न करना पड़ता।

पिछले दिनों काशीनाथ जी का संस्मरण 'किस्सा साढ़े चार यार' पढ़कर लगा कि उन्हें इस बात का गिला है कि उनका नाम हमेशा ज्ञानरंजन के साथ लिया जाता है। उनकी शिकायत की तह तक जाने के लिए एक शोध छात्र ने काशीनाथ जी के अनेक मित्रों से भेंट की। यहाँ प्रस्तुत है इस सम्बन्ध में उनके एक यार से हुई बातचीत के कुछ अंश :

शोध छात्र : काशीजी को इस बात पर एतराज है कि उनका नाम हमेशा ज्ञानरंजन के साथ लिया जाता है।

काशी का यार : इस पर एतराज तो ज्ञानरंजन को होना चाहिए। वैसे ज्ञान के साथ काशी का नाम उनके भाई डॉ. नामवर सिंह के अलावा और कोई नहीं लेता।

शोध छात्र : बहुत से लोग लेते हैं।

काशी का यार : जैसे?

शोध छात्र : परमानन्द श्रीवास्तव।

काशी का यार : वे भी नामवर के आर्केस्ट्रा के सदस्य हैं। पूरा आर्केस्ट्रा ऐसा करता है। कल नामवर सिंह कहानी पर न लिखने का फैसला कर सकते हैं, मगर आर्केस्ट्रा का संचालन अवश्य करते रहेंगे।

शोध छात्र : कहानी का कोई ऐसा आलोचक है, जो इस आर्केस्ट्रा में शामिल नहीं है?

काशी का यार : जरूर। सुरेन्द्र चौधरी, मार्कण्डेय, डॉ. शुकदेव सिंह अनेक लोग हैं, जो केवल इस कारण अपनी पहचान बना सके कि उन्होंने नामवर सिंह की लकीर की फकीरी नहीं की।

शोध छात्र : नामवरजी का क्या स्वार्थ रहा होगा?

काशी का यार : नामवरजी का स्वार्थ जगजाहिर है। समूची पीढ़ी में उन्हें केवल दो नाम मिले—एक ज्ञान का दूसरा काशी का। ज्ञान ने बीस बरस से कहानी नहीं लिखी। रह गये अकेले काशीनाथ सिंह, नामवर जी इतने कच्चे खिलाड़ी नहीं हैं कि सिर्फ काशी का नाम ले कर अपनी खिल्ली उड़वाते। यह दूसरी बात है कि कुछ लोग यह मानते हैं, ज्ञान के साथ काशी का नाम ऐसे ही है, जैसे कभी-कभी 'निरमा' के साथ स्टील की कटोरी मुफ्त में मिलती है।

शोध छात्र : आप यह कहकर नामवर जी के साथ अन्याय कर रहे हैं। उन्होंने साठोत्तरी पीढ़ी के लेखकों में सबसे पहले रवीन्द्र कालिया का नाम लिया।

काशी का यार : मगर तब तक काशी लेखक के रूप में बालिग नहीं हुआ था।

शोध छात्र : एक मित्र के रूप में काशी कैसे हैं?

काशी का यार : काशी एक अच्छे पिता हो सकते हैं, पति हो सकते हैं। भाई हो सकते हैं। समधी हो सकते हैं, दोस्त नहीं हो सकते।

शोध छात्र : यह आप किस आधार पर कह रहे हैं?

काशी का यार : इस आधार पर कि मैं काशी को अपना सबसे प्रिय मित्र मानता था, मगर जब उसका संस्मरण पढ़ा तो लगा, मेरे प्रति उसके मन में कितना जहर था। मुझे काशी की बेवफाई पर तो रोना आया ही, अपनी मूर्खता पर भी कम हँसी नहीं आयी।

शोध छात्र : आपको काशी की कोई रचना प्रिय है?

काशी का यार : काशी की अनेक रचनाएँ मुझे प्रिय हैं, जैसे 'सुख', 'कविता की नयी तारीख' आदि। 'कविता की नयी तारीख' वही कहानी है, जिसे पढ़कर नामवर जी को चेख़व की 'गुजवेरी' की याद हो आयी थी। नामवर जी की नकल में हिन्दी कथा समीक्षकों को चेख़व की याद आती है तो उनके तमाम आर्केस्ट्रा को किसी न किसी की याद आने लगती है। अभी हाल में काशी की एक कहानी पढ़कर एक अन्य आलोचक को ब्रेख्त की याद आ गयी। परमानन्द श्रीवास्तव को भी किसी की याद आयी हुई है, क्योंकि वे जान गये हैं अब मुक्तिबोध से काम चलने वाला नहीं। कैफ़ी आज़मी की तरह वे भी घास पर बैठ चुके हैं। ईश्वर करे उन्हें सोलजेंतसिन की याद आ जाय। कैफ़ी आज़मी का एक शेर अर्ज है—

'घास पर गुमसुम बैठा है कैफी, याद किसी की आयी हुई है।'

इस इंटरव्यू को और उद्धृत करना बेकार होगा, क्योंकि यह बातचीत भी पूर्वाग्रह से ग्रस्त है, भ्रामक है, कटु है, कुंठाजनित है। काशीनाथ जी का वस्तुपरक मूल्यांकन करने के लिए शुद्ध भारतीय पद्धति का आश्रय लेना पड़ेगा। हिन्दी में

तुलनात्मक आलोचना की परिपाटी है। आज तक बहस का विषय बना हुआ है कि सूर महान थे या तुलसी। विद्वानों ने इस विषय पर सहस्रों पृष्ठ रंग डाले। आज का प्रश्न गम्भीर है। हिन्दी कहानी बनाम काशीनाथ सिंह का प्रश्न। एक ओर हिन्दी कहानी की तमाम पीढ़ियाँ खड़ी हैं और एक ओर अभिमन्यु की तरह अकेला काशी। डॉ. नामवर सिंह के निष्कर्षों पर गम्भीरतापूर्वक विचार करना जरूरी है। अपने एक साक्षात्कार में डॉ. नामवर सिंह ने ठीक ही कहा है कि :

'प्रेमचन्द की दूसरे दर्जे की कहानियों में जो एक सादगी, सरलता और सफाई मिलती है, वह भीष्म जी में मौजूद है, यशपाल की कहानियों में मिलती है... निर्मल वर्मा उलझाने वाले लेखक हैं...ज्ञान की दुनिया निर्मल वर्मा की दुनिया से भी सिमटी हुई है...कमलेश्वर की कहानियों में अख़बारनवीसी मिलती है... दूधनाथ और कालिया अकहानीकारों की दुनिया के हैं...दूधनाथ तो सेक्स से 'आब्सेस्ट' हैं...महेन्द्र भल्ला की कहानियों का स्वभाव नहीं बदला...काशी ज्यादा वस्तुनिष्ठ, ज्यादा वस्तु उन्मुखी और जिसे मैं कहूँ कि आत्मेतर। जहाँ कहानीकार का 'मैं' गायब है। उनके यहाँ स्थितियाँ, घटनाएँ और चरित्रों की विविधता ज्यादा दिखाई पड़ती है...वह अकेला लेखक है, जिसने अपने बारे में कहानी नहीं लिखी और दूसरे कहानीकारों के चरित्रनायक आमतौर से कहानीकार स्वयं हुआ करते थे। काशी की यह विशेषता है, जो उसे अभी अपने को दुहराने से बार-बार बचाती है और ज्यादा से ज्यादा बाहरी दुनिया की विभिन्न स्थितियों, सामाजिक क्षेत्रों और चरित्रों की विविधता अगर सबसे ज्यादा कहीं मलेगी तो इस मामले में काशीनाथ सिंह की कहानियों में मिलेगी...''

खेद है कि समयाभाव के कारण पूरा उद्धरण प्रस्तुत नहीं किया जा सका। हमें यह कहने में तनिक संकोच नहीं है कि कहानी के क्षितिज पर काशीनाथ जी का अविर्भाव इतिहास के उस नाजुक दौर में हुआ, जब कहानी पर संकट के काले बादल मँडरा रहे थे। चेख़व का निधन हो चुका था, हेमिंग्वे आत्महत्या कर चुके थे। तालस्ताय, तुर्गनेव, दास्ताएवस्की समेत रूस की तमाम कथा पीढ़ियाँ कालकवलित हो चुकी थीं, रवीन्द्रनाथ टैगोर परलोक सिधार चुके थे। हिन्दी कहानी की तो और भी दुर्दशा थी। जिस पर नामवरजी प्रकाश डाल ही चुके हैं। तमाम कथाकार अनर्गल और अप्रासंगिक लेखन में रत थे, कहानी के प्रति आस्था भी उनमें दिखाई नहीं देती। पूरे कथाजगत की आँखें काशीनाथ जी पर लगी हैं। वही एकमात्र कथाकार हैं, जो सम्पूर्ण एकाग्रता और भक्तिभाव से कहानियाँ लिख रहे हैं। ज्ञान सच्चा भक्त नहीं है। उसकी आस्था खंडित है, वह नास्तिक है। दूधनाथ झूठा है, झूठा आदमी झूठी कहानियाँ लिखेगा। उसकी कहानियों से विश्वसनीयता गायब

हो चुकी है। कमलेश्वर कहानीकार कम अख़बारनवीस ज्यादा हैं।

मार्कण्डेय आलस्य का शिकार हो चुके हैं। बाकी कहानीकार भी किसी न किसी प्रमाद से ग्रस्त हैं। केवल काशीनाथ जी ने अपने लेखन में रूप, गुण और शील तीनों का खूबसूरत समन्वय प्रस्तुत किया है। भारतीय संस्कृति, भारतीय समाज और भारतीय साहित्य का चरम विकसित रूप यदि किसी रचनाकार की रचना में देखना हो तो उसका सबसे सुन्दर साधन काशीनाथ सिंह की कहानियाँ हैं। कथाजगत में काशीनाथ सिंह के महान योगदान को देखते हुए थोड़ी तरमीम के बाद कहा जा सकता है :

'कहानी कर के काशी न लसे, कहानी लसी पा काशी की कला'।

# गंगाप्रसाद विमल

गंगाप्रसाद विमल से मेरा परिचय उन दिनों हुआ था, जब वह प्रेम की झील में तैरना सीख रहा था। वह चूँकि पहाड़ से मैदान में उतरा था, इसलिए अच्छा तैराक नहीं था। उसकी रुचि तैरने में नहीं, पर्वतारोहण में थी। पहाड़ी नदियाँ तैरने का मौका ही कहाँ देती हैं, वे अपने साथ बहा ले जाती हैं।

हम दोनों एम.ए. में थे, वह प्रथम वर्ष में और मैं फाइनल में। तब तक पंजाब विश्वविद्यालय का हिन्दी विभाग चंडीगढ़ नहीं गया था, डी.ए.वी. कॉलेज जालन्धर में विभाग की कक्षाएँ लगती थीं। डॉ. इन्द्रनाथ मदान अध्यक्ष थे, मोहन राकेश प्राध्यापक। तीसरे किसी अध्यापक को हम लोग सेटते ही नहीं थे। मदान साहब चिरकुमार थे। मनमौजी। छात्राओं में अत्यन्त लोकप्रिय। मदान और राकेश दोनों मॉडल टाउन में रहते थे और दोनों एक-दूसरे को मूर्ख और सनकी समझते थे। दोनों के व्यक्तित्व में कोई समानता न थी, बल्कि एक-दूसरे के विलोम थे। एक बार कॉलेज परिसर में मैंने सिगरेट सुलगाई ही थी कि मदान जी सामने पड़ गये। मैंने सिगरेट फेंक दी। मदान जी ने मुझे सिगरेट फेंकते देख लिया था। दो-चार कदम बढ़ाने के बाद वह लौट आये, 'सिगरेट जाया मत करो, उठा लो।' मैंने बेमन से झेंपते हुए सिगरेट उठा ली। दूसरी ओर राकेश थे, वह 'फोर स्क्वायर' नाम की सिगरेट पीते थे और पिलाते थे। एक बार मैं उनके साथ-साथ चलते हुए सिगरेट फूँक रहा था कि सिगरेट फिसलकर जमीन पर गिर गयी। जब तक मैं झुककर उठाता, राकेश जी ने पैर से कुचल दी और नयी सिगरेट पेश कर दी। इन दो घटनाओं की रोशनी में मदान और राकेश के व्यक्तित्व का अन्तर देखा जा सकता है। एक और अन्तर था। राकेश बीयर के बहुत शौकीन थे, धड़ल्ले से बार में जाते थे और आमने-सामने बैठकर बीयर पीते थे। मदान 'जिन' पिया करते थे और कभी 'बार' में दिखाई नहीं दिए। वह 'जिन' पिया करते थे और उनका पीने का तरीका अत्यन्त मौलिक था। बाथरूम उनका बार था। वे बात करते-करते अचानक बाथरूम में चले जाते और काफी देर के बाद बाहर निकलते। उन्होंने बाथरूम में एक कुर्सी और कुछ पुस्तकें रखी हुई थीं। कोने में एक मेज पर गिलास, आइसबकेट, लाइमजूस

कार्डियल रखा रहता, जिसे वह एक बड़े तौलिए से ढाँप देते। मुझे जब इस राज का पता चला तो मदान साहब के बाथरूम से निकलते ही मैं घुस जाता। बाद में जब हिन्दी विभाग चंडीगढ़ चला गया और मुझे जब-जब चंडीगढ़ जाने का मौका मिला, यह क्रम बदस्तूर जारी रहा। मैंने राज की यह बात कुमार विमल को बता दी। कुमार ने इसका भरपूर फायदा उठाया। वह बाथरूम में घुस जाता तो निकलने का नाम न लेता। आखिर तंग आकर एक दिन मदान साहब ने हाथ जोड़ दिए, अपनी बोतल साथ लेकर आया करो।

मगर मेरा दोस्त गंगाप्रसाद विमल इन अलाओं-बलाओं से हमेशा दूर रहा। वह बेहद मन लगाकर क्लास में लेक्चर सुनता। वह एक समर्पित छात्र था। उन दिनों पंजाब में ज्यादातर लड़कियाँ ही हिन्दी में एम.ए. किया करती थीं। चालीस-पैतालीस लड़कियों के बीच में हम सिर्फ चार पाँच छात्र थे। विमल एक अनुशासनप्रिय छात्र था, लड़कियों की तरह ही शिष्ट, सभ्य, आज्ञाकारी और परिश्रमशील। वह सिर झुकाए कक्षा में बैठा रहता कि किसी लड़की से नजरें चार न हो जाएँ। नतीजा यह निकला कि वह प्रथम वर्ष में ही विश्वविद्यालय में टॉप कर गया। अगले वर्ष लड़कियाँ उसके नोट्स पाने के लिए बेकरार रहने लगीं। नोट्स वापस मिलने पर विमल को नोट्स के बीच किसी लड़की का प्रेमपत्र मिल जाता तो वह बालब्रह्मचारी की तरह उसे नहर में प्रवाहित कर आता, जो कॉलेज के बगल में ही बहती थी। अपने इसी अनुशासन के बल पर उसने फाइनल में भी प्रथम स्थान प्राप्त किया, जबकि उसके दूसरे साथी नींद की गोलियाँ खाकर गम गलत करने लगे। उनका ध्यान पढ़ाई में कम लड़कियों में ज्यादा था। वे इतना भावनात्मक दबाव बर्दाश्त ही नहीं कर पा रहे थे।

पुराने साथियों में विमल, मैं और एक दो और लोग ही बचे थे, बाकी सब नींद की गोलियाँ खाकर हमेशा के लिए सो गये। कपिल मल्होत्रा, हमदम और धनराज इस लत के शिकार हो गये। कपिल विमल का सहपाठी था और हम सबसे तेज और होशियार था। नयी कविता से पहले पहल उसने ही साक्षात्कार करवाया था। बाद में तो वह ढूँढ़कर नयी से नयी कविताएँ लाने लगा। कुँवर नारायण की तमाम कविताएँ उसे कंठस्थ थीं। वह इलाहाबाद जाकर कमलेश्वर वगैरह से मिल आया था। उन दिनों कमलेश्वर ने अपना प्रकाशन शुरू किया था। कपिल ने इलाहाबाद से लौटकर वहाँ के साहित्यिक माहौल की जानकारी दी। उसकी एक कहानी 'वीपिंग हैमिंग्वे' भीष्म साहनी के सम्पादन में 'नयी कहानियाँ' में प्रकाशित हुई थी। वह कहानी कभी साठोत्तरी कहानी के ऐतिहासिक दस्तावेज के रूप में याद की जाएगी। मैं तो एम.ए. करते ही एक-डेढ़ वर्ष में पंजाब से निकल आया था, बाद में बम्बई में कपिल के निधन का समाचार मिला। विमल ने कपिल के जीवन

पर आधारित एक उपन्यास भी लिखा था।

हमारे सहपाठी ईश्वरदयाल गुप्त की लुधियाना में नौकरी लगी तो उसने हम सबको लुधियाना आमन्त्रित किया। पृथ्वीराज कालिया उन दिनों खूब कविताएँ लिखा करता था। उसके पिता रेलवे में उच्चाधिकारी थे। उसने हम लोगों को बगैर टिकट लुधियाना ले चलने की जिम्मेदारी उठा ली। गाड़ी अभी फिल्लौर तक भी नहीं पहुँची थी कि हम सब लोग बगैर टिकट के पकड़े गये। पृथ्वीराज ने अत्यन्त विश्वासपूर्वक अपने पिता का हवाला दिया। पृथ्वी के पिता का नाम सुनकर टिकट चेकर चौंका, मगर वह टस से मस न हुआ। विभाग में पृथ्वी के पिता की छवि एक ईमानदार अफसर की थी, टिकट चेकर ने बताया कि अगर उसने हमें छोड़ दिया और पृथ्वी के पिता को इसकी भनक लग गयी तो वह उसे सस्पेंड करा देंगे। हम चार पाँच लड़के थे, टिकट तो खरीदा जा सकता था, मगर जुर्माना भरने लायक पैसे न थे। आखिर पृथ्वीराज ने लुधियाना स्टेशन मास्टर से रुपये उधार लेकर हम लोगों को मुक्त कराया।

ईश्वरदयाल के यहाँ पहुँचकर हम सब लोगों ने 'डॉरीडन' नाम की एक-एक गोली खा ली। ईश्वरदयाल हम लोगों के भोजन का प्रबन्ध करने में जुट गया। गोली तेज थी, खाना आने से पहले ही हम लोग सो गये। दिन भर सोते रहे, रात भर सोते रहे, अगले रोज जब शाम को छह-सात बजे नींद खुली तो देखा, सब दोस्त आँखें मल रहे हैं। जाने कहाँ से कुत्ता घुस आया था, वह तमाम खाना चट करके मुग्ध भाव से हम लोगों को ताक रहा था।

वह पहला और आखिरी मौका था, जब मैंने साथियों के साथ नींद की गोली खाई। कपिल को गोली जँच गयी, वह नित्य एक-चौथाई गोली खाने लगा। बाद में उसने कद्रे कम ताकत की 'सोनरिल' नामक गोली खोज निकाली। उसने एक गोली खानी शुरू की थी। एक से दो, दो से तीन, तीन से चार गोली तक उसकी क्षमता बढ़ गयी। उत्तरोत्तर बढ़ती ही गयी। जितनी गोली खाने से एक औसत स्वस्थ आदमी हमेशा के लिए सो सकता था, कपिल अर्द्धचेतनावस्था में कुँवर नारायण की पंक्तियाँ गुनगुनाता रहता :

*क्या यही हूँ मैं*
*अँधेरे में किसी संकेत को पहचानता-सा*
*चेतना के पूर्व सम्बन्धित किसी उद्देश्य को*
*भावी किसी सम्भावना से बाँधता-सा?*

नशे के रूप में नींद की गोलियों के उपयोग की जानकारी युवा शायर सुदर्शन फ़ाकिर के सम्पर्क में आने पर मिली थी। उसके पिता फिरोजपुर में सिविल सर्जन

थे और फ़ाकिर को दवाओं वगैरह का बहुत ज्ञान था। सुदर्शन फ़ाकिर इश्क में नाकाम होकर सदा के लिए फिरोजपुर छोड़कर जालन्धर चला आया था और उसने एम.ए. (राजनीति शास्त्र) में दाखिला ले लिया था। बाद में, बहुत बाद में अपने अन्तिम समय में बेगम अख्तर ने फ़ाकिर की ही सबसे अधिक, गजलें गाईं। उसकी ग़ज़ल 'आयी बरसात तो बरसात ने दिल तोड़ दिया' ग़ज़ल प्रेमियों में बहुत लोकप्रिय हुई। बेगम जब पाकिस्तान गयीं तो फैज अहमद 'फैज' ने फ़ाकिर की लिखी हुई ठुमरी 'देखा देखी बलम होय जाय' उनसे दसियों बार सुनी। मगर मैं तो उस फ़ाकिर की बात कर रहा हूँ, जो इश्क में नाकाम होकर जालन्धर चला आया था और शायरी और शराब में आकंठ डूब गया था। जालन्धर आकर वह फाकीरों की तरह रहने लगा। उसने दाढ़ी बढ़ा ली थी और शायरों का लिबास पहन लिया था। उसका कमरा भी देखने लायक था। एक बड़ा हालनुमा कमरा था, उसमें फर्नीचर के स्थान पर सिर्फ एक दरी बिछी हुई थी। बीच-बीच में कई जगह दरी सिगरेट से जली हुई थी। अलग-अलग आकार की शराब की खाली बोतलें पूरे कमरे में बिखरी पड़ी थीं, पूरा कमरा जैसे ऐशट्रे में तब्दील हो गया था। फ़ाकिर का कोई शागिर्द हफ्ते में एकाध बार झाड़ू लगा देता था। कमरे के ठीक नीचे एक ढाबा था। कोई भी दोस्त घंटी बजाकर कुछ भी मँगवा सकता था। देखते-देखते फ़ाकिर का यह दौलतखाना पंजाब के उर्दू, हिन्दी और पंजाबी लेखकों का मरकज बन गया। अगर कोई कॉफी हाउस में न मिलता तो यहाँ अवश्य मिल जाता। दिन भर चाय के दौर चलते और मूंगफली। अव्वल तो फ़ाकिर को एकान्त नहीं मिलता था, मिलता तो 'दीवाने गालिब' में रखे अपनी प्रेमिका के विवाह के निमन्त्रण को टकटकी लगाकर घूरता रहता। बर्दाश्त न होता तो चने की तरह दो-तीन नींद की गोलियाँ फाँक लेता और सो जाता। वह एक सस्ता नशा था, देखते-देखते तमाम कवि-कथाकार इसकी चपेट में आते चले गये। कपिल को यह नशा बहुत भा गया। उसे शराब की गन्ध से नफरत थी और यह एक गन्धहीन नशा था। विमल और कपिल की खूब छनती थी, मगर विमल ने अपने को बचाए रखा। मैं भी कैसे बाल-बाल बचा, इसकी रोमांचक कहानी है।

बाद में कपिल की यह हालत हो गयी कि अगर सुबह-सुबह एक दो गोली उसकी जुबान पर न रख दी जाएँ तो वह हिलडुल नहीं सकता था। उसका गन्तव्य दिखाई देने लगा था। इस तरह एक दिन कपिल हमारा साथ छोड़ गया, इससे पहले धनराज जा चुका था। उसके बाद हमदम भी विदा हो गया, दोस्तों में शोक मनाने के लिए विमल और मैं रह गये।

हम लोगों ने हरचन्द कोशिश की थी कि किसी तरह कपिल इस अभिशाप से मुक्त हो जाय, मगर एकदम असफल रहे। उसने मौत की तरफ जो कदम बढ़ाए

तो पीछे मुड़कर नहीं देखा।

हम लोगों के एम.ए. करते ही विभाग चंडीगढ़ चला गया और गंगाप्रसाद विमल को शोधछात्र बनाकर दहेज में अपने साथ ले गया। बारात में हम लोग भी गये। चंडीगढ़ भारत का सबसे नया शहर था। ला कबूंजिए की वास्तुकला का चमत्कार। चंडीगढ़ की हर चीज नयी थी, एकदम कुँआरी। चौड़ी-चौड़ी एकदम नयी सड़कें हों या इमारतें, विश्वविद्यालय की हरी नर्म घास हो या बीगेनविलिया की लतर, लगता था यहाँ धूप कुँआरी है, हम लोग चाँदनी रात में आधी-आधी रात तक परिसर में टहलते, थक जाते तो हरी घास पर सुस्ताते। यह उन दिनों का माहौल है, जब विमल ने इश्क के तरणताल में पहली छलाँग लगाई थी। छपाक की आवाज से पूरा परिसर गूँज गया था।

विमल सुबह उठते ही स्नान कर लेता। देर तक आईने में अपना चेहरा देखता और फिर बाल्कनी में कुर्सी डाल कर बैठ जाता। हम उठते तो पाते वह टकटकी लगाकर सड़क को देख रहा है।

एक दिन कपिल, कैंथ और मैं परिसर में घास पर बैठे थे कि विमल अचानक अपनी प्रेमिका के साथ टहलते हुए पास से गुजरा, दोनों के साथ-साथ लड़की की साइकिल भी टहल रही थी। चूँकि विश्वविद्यालय अभी निर्माणाधीन था, श्रमिकों के लिए परिसर में ही एक-दो ढाबे खुल गये थे। कैंटीन बन्द होती तो छात्र लोग भी इन ढाबों पर चाय पीते। साइकिल खड़ी करके वे लोग ढाबे की बेंच पर जा बैठे। हम लोग जलभुनकर राख हो गये। कैंथ जो अर्थशास्त्र में एम.ए. कर रहा था, उससे भी यह भावनात्मक दृश्य न देखा गया। कैंथ एक अनोखा व्यक्ति था। होस्टल में उसका कमरा देखने लायक था। उसने अपने कमरे में चारों ओर 'न्यूड' ही 'न्यूड' के पोस्टर चिपका रखे थे। एक दिन अचानक उसके पिता उससे मिलने जालन्धर से चंडीगढ़ चले आये। उसने उन्हें आते देखा तो दौड़ कर कमरे में घुस गया और अन्दर से दरवाजा बन्द कर लिया। उसके पिता दरवाजा पीटते रहे और वह पोस्टर उखाड़ता रहा। कई-कई जगह पोस्टर कुछ इस तरह दीवार से चिपक गये थे कि कहीं वक्ष चिपका रह गया था, कहीं टाँगें। खटखटाहट बन्द हुई तो वह ताला लगाकर गायब हो गया। शाम को जब उसके पिता दोबारा आये तो कमरे की दीवारें एकदम साफ थीं। रसायन शास्त्र के एक शोधार्थी ने कैंथ को एक ऐसा रसायन दिया कि कैंथ की तमाम मुश्किलें हल हो गयीं, दीवारों पर पोस्टरों का नाम-निशान न रहा। पोस्टरों के बगैर उसे दीवारें सूनी-सूनी लग रही थीं। उसने दीवार के बीचोबीच हनुमान जी का एक बड़ा पोस्टर चिपका दिया था, जिसे देखकर उसके पिता बहुत प्रसन्न हुए। उस बरस कैंथ ने अर्थशास्त्र में टॉप किया था।

उस समय विमल को लड़की के साथ देखकर कैंथ को यह लगा कि एक टॉपर

वह है, जो सहगल के गीत गाकर जीवन काट रहा है और एक यह गंगाप्रसाद विमल है जो बेंच पर लड़की के साथ सटकर बैठा है और चाय की चुस्कियाँ ले रहा है। कैंथ ने लड़की की साइकिल उठाई और उस पर सवार हो अपने विभाग की ओर चल दिया। वहाँ से उसका विभाग लगभग आधा किलोमीटर दूर था। आध-पौन घंटे के बाद वह लौटा तो उसने उन्हें उसी मुद्रा में पाया। उसने सोचा था कि अब तक साइकिल की तलाश शुरू हो चुकी होगी, मगर वहाँ कुछ भी नहीं हुआ था। हम लोग भी उसी तरह घास पर बैठे थे। कैंथ ने साइकिल खड़ी की, चाबी अपनी जेब के हवाले की और हम लोगों के साथ आकर बैठ गया।

चाय पीने के बाद जब विमल और लड़की साइकिल तक आये तो पाया साइकिल पर ताला लगा हुआ है। विमल ने अपनी चाबी से ताला खोलने की कोशिश की, मगर कामयाब न हुआ। नयी साइकिल थी और मजबूत ताला। हम लोग ताले की तारीफ करने लगे। कैंथ बीच-बीच में चाबी निकालकर चूम लेता। अचानक विमल गायब हो गया, लड़की साइकिल के पास ही घास पर बैठ गयी। थोड़ी देर बाद देखा, गंगाप्रसाद विमल कहीं से एक पत्थर उठाकर चले आ रहे हैं, उसने बल प्रयोग से ताला खोलने की कोशिश की तो लड़की रोने लगी। विमल का दिल पसीज गया। विमल उल्टे पाँव हॉस्टल की तरफ चल दिया। अपने साथ वह बहुत-सी चाबियाँ लेकर लौटा। एक-एक कर उसने सब चाबियाँ आजमा डालीं। लेकिन ताला था कि उसे मुँह चिढ़ाता रहा। थोड़ी देर बाद हमने देखा, विमल ने साइकिल को कन्धे पर उठाया और एक बहादुर प्रेमी की तरह साइकिल की दुकान की तरफ रवाना हो गया। उन दिनों चंडीगढ़ पूरी तरह आबाद नहीं हुआ था। हमें मालूम था, इस मजनूँ को अब मीलों पैदल चलना होगा। कुछ देर तक हम उन दोनों के पीछे-पीछे चलते रहे, अचानक कैंथ को विमल पर तरस आ गया। उसने विमल से कहा, अगर चाय पिलाओ तो वह ताला खोल सकता है। विमल ने हामी भरी तो कैंथ ने झट से ताला खोल दिया, चाबी भी लौटा दी, चाय भी नहीं पी, सहगल का कोई गीत गाते हुए हॉस्टल की ओर चल दिया।

बाद में उस लड़की के साथ विमल की शादी हो गयी, उस लड़की का नाम कमलेश था। विमल ने उसे एक नया नाम दिया—अनामिका। शुरू-शुरू में अनामिका ने कई कविताएँ लिखीं थीं, प्रशंसित और प्रकाशित भी हुई थीं। विमल ने उसका कविता लिखना छुड़वा दिया और खुद कविताएँ लिखने लगा। कविताएँ ही नहीं, कहानी, उपन्यास, लेख, निबन्ध, समीक्षा, आलोचना सब कुछ। उसे जैसे लिखने का कोई असाध्य रोग हो गया था। गत वर्ष 19 मई को दिल्ली में यश गुलाटी की बिटिया के विवाह के अवसर पर विमल, कमलेश और उनकी बिटिया से भेंट हुई। बेटा रूस से कम्प्यूटर साइंटिस्ट होकर अमरीका चला गया है। बिटिया

हू-ब-हू चंडीगढ़ वाली कमलेश लग रही थी। अगर मालूम न होता कि विमल के पास आजकल शोफर ड्रिवन गाड़ी की सुविधा न होती, तो जरूर कहता—सुनो बिटिया, साइकिल खुली मत छोड़ना जमाना खराब है...

विमल से जालन्धर और चंडीगढ़ में ही मुलाकातें नहीं हुईं, बाद में ऐसा संयोग हुआ कि दिल्ली में हम लोग फिर साथ हो गये। ऐसा साथ हुआ कि एक ही फ्लैट में रहने लगे। विमल की नियुक्ति दिल्ली कॉलेज में हो गयी थी और मैं गवर्नमेंट कॉलेज, कपूरथला से होता हुआ हिसार पहुँच गया था। वहाँ दयानन्द कॉलेज में मेरी नियुक्ति हो गयी। उन दिनों हिसार इतना विकसित नहीं था, बल्कि यह कहना भी गलत न होगा कि एकदम अविकसित था। वहाँ अँग्रेजी के प्रोफेसर पाल और व्यायाम प्रशिक्षक धर्मवीर से मेरी मित्रता हो गयी। प्रोफेसर पाल होस्टल के सुपरिंटेंडेंट थे और खाने-पीने के बहुत शौकीन। होस्टल में ही उनके पास सुसज्जित कमरा था। धर्मवीर देशी घी का दीवाना था। वह घर से घी का कनस्तर उठा लाता। कॉलेज से लौटकर हम लोग जी भर टेबिल टेनिस खेलते। मेस में छात्रों के भोजन के बाद हम लोगों के लिए विशिष्ट भोजन बनता। खाने की ट्रे कमरे में आती तो पूरा कमरा देशी घी की महक से गमक उठता। हिसार में खाना तो बढ़िया मिल रहा था मगर बौद्धिक भूख शान्त न होती थी। उसके लिए मुझे भाग-भाग कर दिल्ली जाना पड़ता। एक दिन हिसार से ऐसा गया कि लौटकर नहीं आया।

जालन्धर में मेरा एक मित्र था—हमदम। वह चित्रकार था। वह सिगरेट शराब से बाज था, मगर उसका कमरा भी फ़ाकिर के कमरे से टक्कर लेता था। वहाँ भी चित्रकारों, कवियों, कथाकारों का जमघट लगा रहता। उसने लंगर खोल रखा था। दिन भर चाय-आमलेट का दौर चलता। जो कुछ कमाता भाई लोग खा-पी जाते। वह दुनिया में अकेला था, माँ-बाप नहीं थे, दूर का कोई रिश्तेदार भी उसके यहाँ नहीं देखा। जाने क्यों, मुझे वह बहुत मानता था, कपिल और विमल से भी उसकी पटती थी। विमल और कपिल चंडीगढ़ में रिसर्च करने लगे, मैं हिसार चला गया। हमदम का मन भी जालन्धर से उखड़ गया। उसने मुझे पत्र लिखा कि वह जालन्धर में नहीं रह सकता, उसने तय किया है कि अब दिल्ली में ही रहेगा। मैं दिल्ली में उसके आवास आदि की व्यवस्था कर दूँ। जब तक मैं उसे पत्र लिखता कि एकाएक कुछ नहीं किया जा सकता, वह अपना बोरिया-बिस्तर उठाकर हिसार चला आया। मैं एकदम स्तब्ध रह गया। दिल्ली में उसका कोई परिचित भी न था, पैसे भी किराए लायक थे। मुझे अभी पहला वेतन भी न मिला था। हमदम को यों लौटाया भी न जा सकता था। मेरी भी कोई ऐसी स्थिति न थी कि उसे दिल्ली में नौकरी दिलवा दूँ या उसके आवास की व्यवस्था कर दूँ। मैं उसका दिल भी नहीं तोड़ना चाहता था।

दिल्ली में उर्दू की लोकप्रिय फिल्मी पत्रिका 'शमा' के सम्पादक युनुस साहब से थोड़ा बहुत परिचय था। उन्होंने 'शमा' के किसी अंक में उर्दू कथाकार सत्यपाल आनन्द द्वारा अनूदित मेरी एक कहानी प्रकाशित की थी। मैं उन दिनों बी.ए. में पढ़ता था। उन्हीं दिनों दोस्तों के साथ दिल्ली घूमने का कार्यक्रम बना। हम लोगों ने जमकर दिल्ली की सैर की, पैसे खत्म हो गये। वापसी का टिकट खरीदने के पैसे नहीं बचे। मुझे एक तरकीब सूझी। मैंने 'शमा' कार्यालय के नीचे ढाबे में बैठकर एक छोटी-सी कहानी लिखी और ऊपर यूनुस साहब के पास पहुँच गया। कहानी उन्होंने रख ली। मुझे असमंजस में बैठा देख उन्हें समझते देर न लगी कि पैसे की जरूरत है। उन्होंने घंटी बजाई और सौ रुपये दिलवा दिए। सौ रुपये उन दिनों काफी होते थे। हम लोगों ने दरियागंज आकर मोतीमहल में खाना खाया और आराम से जालन्धर लौटे।

यूनुस साहब से इतना सा परिचय था। सोचा, हमदम को उनसे मिला दूँ। हो सकता है, कोई सूरत निकल आये। शनिवार को मैंने हमदम को साथ लिया और दिल्ली की बस में बैठ गया। यूनुस साहब ने हमदम के कुछ रेखांकन पसन्द किए, लगातार काम देने का वादा किया। वह रहमदिल इनसान थे। मैंने हमदम की दास्तान सुनाई तो तुरन्त डेढ़ सौ रुपये दिलवा दिए। उन दिनों दरियागंज से उर्दू की एक और पत्रिका निकलती थी—बीसवीं सदी। उसके सम्पादक खुश्तर गिरामी साहब से भी थोड़ा बहुत परिचय था। मैंने उनसे भी हमदम को मिला दिया। उन्हें उन दिनों आर्टिस्ट की सख्त जरूरत थी। उन्होंने न केवल हमदम को काम पर रख लिया, वहीं दरियागंज में दफ्तर के ऊपर की बरसाती भी उसे रहने के लिए दे दी। बड़े चमत्कारिक ढंग से दिल्ली में हमदम की व्यवस्था हो गयी। मुझे भी दिल्ली में ठहरने के लिए जगह मिल गयी। मैं जब दिल्ली आता हमदम के यहाँ ही ठहरता। इसे संयोग ही कहा जाएगा, महीने भर के भीतर मुझे भी 'भाषा' त्रैमासिक के सम्पादकीय विभाग में नौकरी मिल गयी। मेरे पिता ने तुरन्त प्रिंसिपल को पत्र दिया कि अगर इस्तीफा दूँ तो वह स्वीकार न करें। मैं बगैर इस्तीफा दिए सामान उठाकर दिल्ली चला आया। दिल्ली में हम तीन साथी अलग-अलग रह रहे थे। विमल, हमदम और मैं। विमल करोलबाग में, हमदम दरियागंज में और मैं मॉडल टाउन में। हम लोगों ने तय किया साथ-साथ रहेंगे। करोलबाग में उन दिनों तीन सौ पर तीन कमरों का फ्लैट मिल गया और हम तीनों ने एक-एक कमरे पर कब्जा कर लिया। बाद में प्रयाग शुक्ल भी हम लोगों के साथ रहने लगे।

गंगाप्रसाद विमल के साथ रहते हुए लगा, उसके जीवन का 'मोटो' है—सादा जीवन उच्च विचार। उसकी कक्षाएँ दोपहर बाद लगती थीं। वह डाक देखकर ही कॉलेज जाता। डाक समय पर आ जाती तो वह समय पर कॉलेज पहुँच जाता, डाक

देर से आती तो वह देर से जाता। डाकिये की प्रतीक्षा में वह नीचे उतरकर चहलकदमी करता रहता। उसे जिन्दगी में किसी चीज का इन्तजार था तो डाक का। उन दिनों उसके पास जो पत्र आते थे, उसके पीछे भेजने वाले का नाम और पता के स्थान पर लिखा रहता—पन्द्रह अगस्त। मैंने विमल से आज तक नहीं पूछा, यह पन्द्रह अगस्त कौन थी? जवाब में वह जो पत्र लिखता, उसके पीछे लिख देता—छब्बीस जनवरी। यह कहना गलत न होगा, उन दिनों पन्द्रह अगस्त छब्बीस जनवरी के बीच घमासान प्रेम चल रहा था। लगता था, ये लोग प्रेमी नहीं, स्वाधीनता सेनानी हैं। स्वाधीनता के ऐसे पुजारी जो देश की आजादी के बाद राष्ट्र के लिए मर मिटने की तैयारी कर रहे हों। जहाँ तक अनुमान लगा सकता हूँ, कमलेश का नाम ही पन्द्रह अगस्त रहा होगा क्योंकि विमल इधर-उधर चरने वाली बकरी नहीं था। यह दूसरी बात है कि उन दिनों बकरियों वगैरह पर चौंकाने वाली कहानियाँ जरूर लिख रहा था। मुझे या हमदम को मौका मिलता तो साँकल बजाते हुए आवाज बदलकर कहते—पोस्टमैन। विमल अगर पूजा भी कर रहा होता तो गोली की तरह सीढ़ी की तरफ लपकता। इसी क्रम में कई बार घुटने भी छिलवा चुका था। विमल पूजा भी करता होगा, इसका आभास तब मिला, जब कमरा छोड़ने के बाद उसने गृहस्थी जमा ली थी। उसकी अलमारी खोली तो उसमें अक्षत रोली, धूप बत्ती आदि पूजा की सामग्री के अवशेष देखकर लगा कि उसने अलमारी के एक कोने में छोटे से मन्दिर की स्थापना कर रखी होगी। मन्दिर शायद इसलिए अलमारियों में बन्द रहता था कि प्रकट रूप से उसने अपनी छवि एक वामपन्थी बुद्धिजीवी की बना रखी थी।

हमदम और मैं फकीरों की तरह रहते थे। विमल का जीवन सुव्यवस्थित था। हम लोग किसी सामान को ताला नहीं लगाते थे। कमरे में भी नहीं, हमारे पास ताला था ही नहीं। विमल की हर चीज पर ताला था, सूटकेस पर, अलमारी में। कभी-कभी हम लोगों से परेशान हो जाता तो मुँह पर भी ताला लगा लेता, कमरे में बन्द हो जाता; अल्लाह जाने भजन करता था या अध्ययन। हमदम और मेरे बीच रुपये-पैसे का भी हिसाब-किताब नहीं था। सारी पूँजी तकिए के नीचे लावारिस पड़ी रहती। होटल में भी हमारा संयुक्त खाता था, नीचे ढाबे में भी, जहाँ से दिन में बीसियों कप चाय और आमलेट वगैरह आते रहते। हमदम के पास कोई स्थायी नौकरी नहीं थी, वहीं नौकरी कर ही नहीं सकता था। कई बार उसे विज्ञापन एजेन्सियों और पत्र-पत्रिकाओं में अच्छी खासी नौकरी मिली। पहली तनख्वाह लेने के बाद वह दुबारा काम पर गया ही नहीं। वह काम पर उतारू हो जाता तो रुपयों के ढेर लगा देता, सब कर्ज पट जाते। अगले दिन से उधार का मीटर फिर चालू हो जाता। हमदम ज्यादा पढ़ा-लिखा नहीं था, मगर पिकासो से लेकर हुसेन तक

के चित्रों पर धाराप्रवाह बोल सकता था। एक अच्छा कलाकार बनने की मानसिक तैयारी उसके पास थी, मगर काम शुरू करने का मुहूर्त नहीं निकलता था। रंगों की ट्यूबें सूख जातीं, कैनवास पर जाले लग जाते, मगर हमदम दिमाग में पेंटिंग बनाता रहता। उसके कुछ चित्र मित्र कलाकारों के बीच चर्चित भी हुए थे, मगर वह शायद अन्तिम समय तक अपने चित्रों की एक भी प्रदर्शनी आयोजित नहीं कर पाया।

विमल की दिनचर्या तय थी। सर्दी का मौसम हो या गर्मी का, सुबह छह बजे उठ जाता, एक बजे लंच, लंच का भी मीनू सुनिश्चित था। उसे देखते ही होटलवाला छन्न से छौंक लगा देता। कॉलेज जाने से पूर्व वह एकाध घंटे तक डाक का अध्ययन-चिन्तन करता, उसके बाद अपने जूते चमकाता। दूसरी ओर हम थे कि जूते पालिश ही नहीं करते थे। कभी हमदम का मन करता तो पालिश वाले को ऊपर बुलवा लेता। यहीं जूतों के बारे में एक दिलचस्प घटना याद आ रही है। एक बार 'भाषा' की सम्पादिका श्रीमती तारा तिक्कू बीमार पड़ गयीं। कई दिनों तक दफ्तर नहीं आयीं। जगदीश चतुर्वेदी के साथ मैं भी उनकी मिजाजपुर्सी के लिए गया। उन्होंने लेटे-लेटे ही अपने ड्राइवर को बुलवाया और कहा, कालिया को ले जाओ, इसके जूते पालिश करवा के लाओ और लौटते हुए पालिश की एक डिबिया भी दिलवा दो। मेरे विश्वास दिलाने के बावजूद कि कल मैं जूते पालिश करवाने के बाद ही दफ्तर जाऊँगा, श्रीमती तिक्कू नहीं मानीं और मुझे ड्राइवर के साथ रवाना कर दिया। इसी प्रकार एक बार उन्होंने दफ्तर से शेव बनवाने के लिए भेजा था। विमल राजा बेटा था। रोज शेव बनाता, जेब में कंघी-रूमाल भी रखता। दिल्ली की कोई लाइब्रेरी न थी, जिसका वह सदस्य नहीं था। दिन भर पढ़ता, रात को सब पढ़ा-सुना हिन्दी कहानी के मुँह पर पोत देता। यही कारण था, उसकी शब्दावली कठिनतर होती गयी। उसकी बात समझ में न आती तो हम अपनी बुद्धि पर तरस खाते। हमें लग रहा था, हमारी पीढ़ी को एक प्रवक्ता मिल गया है। हम लोगों की कहानी छपते ही विमल के अगले लेख में उसका उल्लेख आ जाता।

इसी माहौल में एक बार डॉ. इन्द्रनाथ मदान चंडीगढ़ से दिल्ली आये। हम लोगों ने उन्हें घर आमन्त्रित किया। चूँकि डॉ. मदान हम दोनों के अध्यापक रह चुके थे, विमल ने आनन-फानन एक परिचर्चा का आयोजन कर डाला। रमेश बक्षी उन दिनों 'ज्ञानोदय' के सम्पादक थे। उनसे सम्पर्क करके परिचर्चा के प्रकाशन की व्यवस्था भी कर ली गयी। भाग लेने वालों में विमल और मेरे अलावा डॉ. इन्द्रनाथ मदान, डॉ. रमेशकुन्तल मेघ, मोहन राकेश और कमलेश्वर थे। विमल को गोष्ठी का विषय प्रवर्तन करना था। राकेश जी गोष्ठी से पूर्व उसका प्रारूप देख लेना चाहते थे। विमल प्रारूप लेकर मिला। राकेश जी ने इसकी अपनी डायरी में चर्चा की है, जो काफी दिलचस्प है।

29.9.64 : विमल ने अपना बनाया प्रारूप निकाला—वह भी उसकी बातों की तरह असम्बद्ध, मोहन राकेश, कमलेश्वर, रवीन्द्र कालिया तथा गंगाप्रसाद विमल, चार लेखकों में कहानी सम्बन्धी अत्यन्त महत्त्वपूर्ण गम्भीर बातचीत। जो कुछ उससे कहा, हर बात की हामी भरता गया। जैसे कि पहले से उसने भी यह सोच रखा है। यादव, श्रीकान्त, सर्वेश्वर की कहानियों पर बात हुई। मतलब उनकी निन्दा, इसी अर्थ में चौहान की भी बात हुई। कमलेश्वर के सम्पादकीय की निन्दा से शुरू करके बात के रुख के अनुसार उसकी प्रशंसा करने लगा। जाते हुए बातचीत के लिए बुध का दिन मुकर्रर कर गया।

घर आने पर कालिया बोला कि डॉ. मदान कल आ रहे हैं, उन्हें भी शामिल कर लें।

''जरूर कर लो। आई आलवेज लाइक हिज कम्पनी।''

''यादव का लेख आपको कैसा लगा?''

''वाहियात।''

''मन्नू का?''

''यादव को क्या हो गया है?''

''पता नहीं।''

अन्त में क्या लिखा है उसने—अभी तो मैं जवान हूँ?

''वह प्रिय पाठिका के लिए है।''

''हालाँकि उसे (पाठिका को) विश्वास नहीं आएगा।''

''क्यों?''

''तस्वीर देखकर।''

''वह ट्राँसपेरेंसी किसकी है?''

''ब्रह्मदेव की।''

''कैसे मालूम?''

''बुशर्ट ब्रह्मदेव की है।''

''अच्छा? सिगरेट भी जरा गौर से देखना। कहीं मेरी न हो।''

कालिया के कमरे में कहानी सम्बन्धी बातचीत में एक ओर पूर्वाग्रह अधिक था, दूसरी ओर उत्तेजना। उत्तेजना और पूर्वाग्रह के बीच वस्तुस्थिति के कुछ पक्ष स्पष्ट भी हुए पर कुल मिलाकर लगा कि यह आयोजन किसी भी तरह की निश्चित भूमि पर नहीं था। परिणाम, एक वितृष्णा और उदासी। मूल्यों के सम्बन्ध में दृष्टिहीनता को लेकर हल्की-सी खीझ।

राकेश जी के रुख को देखते हुए यह बातचीत प्रकाशन के लिए नहीं भेजी गयी, जबकि रमेश बक्षी इसे प्रकाशित करना चाहते थे और इस सिलसिले में उनके

कई तार प्राप्त हुए थे। हमदम की इच्छा थी कि इसे अवश्य प्रकाशनार्थ भेजना चाहिए। हमारे साथ रहते-रहते हमदम भी कहानी में दिलचस्पी लेने लगा था। 'लहर' में उसका एक लेख भी प्रकाशित हुआ था, समकालीन कहानी और चित्रकला के सन्दर्भ में। उस परिचर्चा की पांडुलिपि मेरे कागजों में आज भी मिल जाय तो आश्चर्य नहीं।

दरअसल, हमदम में यकायक कुछ परिवर्तन आ गये थे। जैसे, वह भी विमल की तरह सुबह-सुबह उठकर स्नान करने लगा। पाउडर का एक डिब्बा खरीद लाया और देखते-देखते उसने जूतों का नया जोड़ा खरीद डाला, नयी पतलून-कमीज ले आया, नयी-नयी पगड़ियाँ पहनने लगा। उसकी छवि में क्रान्तिकारी परिवर्तन आने लगे। वह फुटबाल के मैच देखने का बहुत शौकीन था, अचानक वह फिल्में देखने लगा और फिर फिल्मी धुनें गुनगुनाने लगा। समझते देर न लगी कि वह भी विमल की तरह प्यार में पड़ गया है। उसकी प्रेमिका शायद किसी स्कूल में अध्यापिका थी! एक दिन हौसला करके उसने गुरुद्वारे में हमदम से शादी कर ली मगर शादी के बाद इतना नर्वस हो गयी कि गुरुद्वारे से सीधे घर लौट गयी। वह एक शादीशुदा अविवाहित था। एक दिन गुस्से में वह लड़की के घर पहुँच गया। उसके माता-पिता को पूरी कहानी बताकर शादी तय कर आया। विधिवत विवाह के बाद ही लड़की उसके साथ घर आयी, मैं तब तक मुम्बई के लिए रवाना हो चुका था।

मेरे विवाह के एक-दो महीने के बाद विमल सपत्नीक मुम्बई आया। दो-तीन इतनी मजेदार घटनाएँ घटीं कि विमल की मुम्बई यात्रा की याद अब तक बनी हुई है। शादी के बाद मैंने ओबी का संग छोड़ दिया था, जबकि ओबी का आग्रह था कि हमें हाल कमरे में पार्टीशन करके साथ-साथ रहना चाहिए। मगर ओबी और ममता की जरा भी न पटती थी। दोनों एक-दूसरे को फ्रॉड कहते थे। ममता माहिम में शीतला देवी टेम्पल रोड पर एक कमरा देख आयी और हम लोग वहाँ शिफ्ट हो गये। विमल लोग उसी एक कमरे वाले फ्लैट में पधारे थे। हम लोगों ने उस छोटे से कमरे में बीचोबीच पर्दा टाँगकर एक और कमरा निकाल लिया। मैं दफ्तर चला जाता और ममता उन लोगों को मुम्बई की सैर करवाती। एक दिन मैं दफ्तर से लौटा तो पता चला, कमलेश ने बाल कटा लिए हैं। इन लोगों ने कोलाबा पर मटरगश्ती की, गेट वे ऑफ इंडिया पर आइस्क्रीम, भेलपूरी का आनन्द लिया। विमल ने वहाँ टहलते हुए महसूस किया होगा कि किसी भी आधुनिका के सिर पर चोटी नजर नहीं आ रही। उसकी आधुनिकता ने इतना जोर मारा कि एक 'ब्यूटी पार्लर' में जाकर सानुरोध कमलेश के बाल कटवा दिए। कमलेश शायद अभी पूरी तरह आश्वस्त नहीं हुई थी। कमलेश ने जीवन में पहली बार बाल कटवाए थे, उसे

बहुत 'ऑड' महसूस हो रहा था। उसने बचे-खुचे बालों की चोटी बना ली थी। वह विमल पर बहुत नाराज हो रही थी। विमल कुछ देर तक चुपचाप बैठा कमलेश की भुनभुनाहट सुनता रहा, अचानक उठकर चल दिया। रात हो गयी, विमल का कहीं पता नहीं। मुझे भी घबराहट होने लगी। मैं टार्च लेकर उसे समुद्र तट पर खोजता रहा। उसका कहीं कोई चिह्न नहीं मिल रहा था। निराश होकर मैं लौट ही रहा था कि समुद्र किनारे एक दीवार पर कोई बैठा हुआ दिखाई दिया। टार्च की रोशनी फेंकी तो देखा, विमल ही था। उस दिन चाँदनी रात थी, समुद्र हाई टाईड में था, विमल का कवि लहरों से अठखेलियाँ कर रहा था।

''समुद्र भी एक संगीत है।'' मुझे देखकर उसने कहा।

''और बीवी संगीता,'' मैंने उससे कहा, ''तुम यहाँ बैठे अफसानानिगारी कर रहे हो, उधर घर पर तुम्हारी बीवी रो रही है।''

वह उठा और मेरे साथ-साथ चल दिया। कमलेश ने उसे आड़े हाथों लिया, विमल खामोश रहा। थोड़ी देर बाद दोनों की सुलह हो गयी और वह कमलेश को साथ लेकर समुद्र किनारे चल दिया।

विमल ने मुम्बई में एक और घालमेल किया था। वह तब की बात है, जब सन् साठ के बाद के एय्याश प्रेतों ने विद्रोह नहीं किया था। 'धर्मयुग' में 'कथा दशक' का सफल आयोजन हो चुका था। नयी कहानी अपने उत्कर्ष पर थी। डॉ. धर्मवीर भारती ने एक योजना बनाई कि सन् साठ के बाद की कहानी पर आधारित 'धर्मयुग' का एक विशेषांक प्रकाशित किया जाय। उन्होंने मुझे योजना का प्रारूप तैयार करने का कार्यभार सौंपा। मैंने अगले ही रोज सन् साठ के बाद के समर्थ हस्ताक्षरों की एक सूची भारती जी को दे दी। भारती जी ने कहा कि शीघ्र ही इस योजना पर काम शुरू किया जाएगा, मगर मैं तब तक इसका उल्लेख किसी से न करूँ। इस बीच कलकत्ता समारोह सम्पन्न हो गया। आरा में कथागोष्ठी हो गयी। कमलेश्वर को सहसा उन्हीं कथाकारों में एय्याश प्रेत नजर आने लगे, जिन्हें उन्होंने स्वयं ही कहानी में स्थापित किया था। योजना पर काम शुरू हो, इससे पूर्व ही श्रीयुत गंगाप्रसाद विमल का मुम्बई में पदार्पण हुआ। मैंने अतिरिक्त उत्साह में विशेषांक की योजना की गोपनीय बात विमल को बता दी और कहा कि वह इसे अपने तक ही रखेगा। विमल योजना सुनकर बहुत उत्साहित हुआ। दिल्ली लौटकर जब कई सप्ताह तक उसे विशेषांक के लिए कहानी भेजने का आमन्त्रण न मिला तो वह बेचैन हो उठा। सन् साठ के बाद के किसी भी लेखक से मिलने पर यही पूछता रहा कि उसे निमन्त्रण मिला कि नहीं। उड़ते-उड़ते बात नयी कहानी के दिग्गज कथाकारों तक पहुँची। भारती जी से दोस्ती होने के बावजूद वे उनसे सशंकित रहते थे। मुझे भी इसकी भनक लगी कि योजना लीक हो गयी है। समझने

में देर न लगी कि भारती इसे क्यों गोपनीय रखना चाहते थे। इस बीच विमल के धैर्य का पुल भी टूट गया। उसने सीधे भारती जी को पत्र लिखकर जानना चाहा कि योजना का क्या हुआ और वह कब तक क्रियान्वित होने जा रही है। यह तो गनीमत थी, उन दिनों भारती जी से मेरे बहुत मधुर सम्बन्ध थे, वरना मुझ पर क्या गुजरती, इसका अनुमान नन्दनजी तो लगा सकते हैं आप नहीं। भारती जी ने इतना अवश्य बता दिया कि योजना 'लीक होने का मतलब योजना स्थगित होना होता है।' भारती जी ने दस इंक्रीमेंट्स देकर मेरी नियुक्ति की थी और गंगाप्रसाद विमल के अतिरिक्त उत्साह ने मुझे शर्मिन्दा होने को मजबूर कर दिया था।

बहरहाल, यह गुजरे वक्त की बातें हैं। अब विमल खुद एक जिम्मेदार पद पर है, केन्द्रीय हिन्दी निदेशालय का निदेशक। पूर्वी यूरोप के अनेक कवियों का अनुवाद करते-करते यूरोप के कई देशों का भ्रमण कर चुका है। इधर उसकी प्राथमिकताएँ भी बदली हुई नजर आती हैं।

मैं ही जानता हूँ विमल से महाविशेषांक के लिए एक छोटी-सी कहानी लिखवाने में मुझे कितना श्रम करना पड़ा। उसके पास कहानी साफ करने तक का समय नहीं था। कहानी की मुख्यधारा से हटकर वह दूसरे-दूसरे कार्यों में ज्यादा दिलचस्पी दिखाने लगा है। यूगोस्लाविया, चेकोस्लोवाकिया, हंगरी आदि देशों के कवियों की कविताओं के हिन्दी अनुवाद वह थोक में प्रकाशित करवाता रहता है। इन कविताओं से उसने 'नयी धारा' के सैकड़ों पन्ने रंग डाले हैं। इधर एक दूसरा परिवर्तन उसमें आया है। उसे किसी 'अकिंचन' जी के काव्य संग्रह, 'अबोध जी' के कहानी संग्रह अथवा 'विह्वल जी' के उपन्यास का विमोचन अथवा विमोचन समारोह में मुख्य अतिथि का फर्ज सरअंजाम देते देखा जा सकता है। वह नुक्कड़ समाज का 'हीरो' होता जा रहा है। दफ्तर के बाद इन्हीं कामों में जुट जाता है। रात के दस-दस बजे तक घर नहीं पहुँचता, फोन पर यही इत्तिला मिलती है। सिगरेट, पान, तम्बाकू, गांजा, चरस किसी नशे की उसे लत नहीं है, इसके बावजूद उच्च रक्तचाप की शिकायत करता रहता है। उसकी तलाशी ली जाय तो उसके पास से होम्योपैथी गोलियों के अलावा कुछ बरामद न होगा।

# ममता कालिया

'हाओ वुड यू स्पेल इन्साइक्लोपीडिअॅ?' यह पहला सवाल था, जो ममता के पापा ने पूछा था। ममता ने मुझे पहली बार दोपहर के भोजन के लिए आमन्त्रित किया था। मैं खूब तैयारी के बाद गया था यानी जूते पालिश करवाए थे, शेव बना ली थी, लांड्री के धुले कपड़े पहने थे। जाने से पूर्व आईने के सामने खड़े होकर अपने व्यक्तित्व का जायजा लिया था। पापा के इस सवाल ने सारी तैयारी को धूल में मिला दिया। पापा के लिए मैं अजनबी भी नहीं था। कभी-कभार उनसे टी-हाउस में भेंट हो जाया करती थी। यह कहना भी गलत न होगा कि वे मेरी कहानियों के प्रशंसक थे। उस दिन न जाने वह किस मूड में थे कि मुझे देखते ही एक भारी-भरकम शब्द दाग दिया। मैंने यह सोचकर सब्र कर लिया कि हो सकता है, इनके यहाँ मेहमानों का इसी प्रकार स्वागत करने का रिवाज हो।

जवाब में मैं सोफे पर धँस गया और सिगरेट सुलगा ली। ईंट का जवाब इसी पत्थर से दिया जा सकता था। दरअसल यह घर मेरे लिए एकदम अनजान नहीं था। इससे पूर्व मैं जगदीश चतुर्वेदी के साथ दो-एक बार इनके यहाँ जा चुका था। वह उन दिनों 'प्रारम्भ' का सम्पादन कर रहा था और संकलन के लिए ममता की कविताएँ लेने गया था। ममता के पिता चूँकि आकाशवाणी के अधिकारी थे, इसलिए जैनेन्द्र जी से लेकर नये-से-नये रचनाकारों से उनकी मित्रता थी। मुक्तिबोध से तो ममता का बचपन से परिचय था। पापा को ही नहीं, उनके छोटे भाई भारतभूषण अग्रवाल को भी आभास हो चुका था कि ममता का और मेरा मिलना-जुलना बढ़ रहा है। राकेश की तरह भारत जी भी इस रिश्ते के पक्ष में नहीं थे। मुझे समझते देर न लगी कि इन लोगों ने दावत के बहाने भावी दामाद का इंटरव्यू लेने के लिए मुझे आमन्त्रित किया है।

पापा का दूसरा सवाल था, ''भोजन कैसा बना है?''

''ममता ने बनाया है।'' ममता की मम्मी ने बताया।

खाना लजीज बना था, मगर मुझे मालूम था, ममता ने नहीं बनाया है। मैंने शरारत से कहा, ''तब तो सिलाई-कढ़ाई में भी प्रवीण होगी।''

सब लोगों ने एक जोरदार ठहाका लगाया। ममता की मम्मी बहुत भोली और शालीन महिला थीं। हर वक्त गुड़िया की तरह सजी रहतीं। अभी हाल में अन्तिम यात्रा से पूर्व पड़ोसियों ने उनके पार्थिव-शरीर का शृंगार किया तो लग रहा था, जैसे किसी दुल्हन को सजाया गया हो।

मेरी बात सुनकर मम्मी अन्दर गयीं और अपनी दो साड़ियाँ उठा लायीं, ''ममता ने कल ही मेरी दोनों साड़ियों पर फॉल लगाया है।''

लग रहा था, पापा मेरा इम्तिहान ले रहे हैं और मम्मी अपना इम्तिहान दे रही हैं।

भोजन के दौरान दोनों इंटरव्यू चलते रहे। मेरी या ममता की नजर में इंटरव्यू का कोई महत्त्व नहीं था, क्योंकि इससे पूर्व मैं और ममता काफी घनिष्ठ हो चुके थे। उनसे ज्यादा नहीं तो मैं ममता को उनसे कम भी नहीं जानता था। दूसरे इस बात का भी बल था कि हम दोनों बालिग हो चुके थे। ममता ने कभी मेरे बारे में कोई जानकारी हासिल नहीं की थी। उसे यह भी नहीं मालूम था कि हम कितने भाई-बहन हैं, मेरी क्या पृष्ठभूमि या शिक्षा है, मैं हिन्दू हूँ या मुसलमान, सिक्ख हूँ या ईसाई। शायद यही सब जानने के लिए पापा ने मुझे बुलवाया था।

मेरे सम्पर्क में आने से पूर्व ममता कहानियाँ कम, कविताएँ ज्यादा लिखती थी। 'बोल्ड' किस्म की कविताएँ लिखकर उसने तमाम लेखकों का ध्यान आकर्षित कर लिया था। उसकी प्रारम्भ की एक कविता तो डॉ. रघुवंश अथवा लक्ष्मीकान्त वर्मा ने क ख ग के मुख पृष्ठ पर प्रकाशित की थी और एक अर्से तक उसकी चर्चा रही थी :

*प्यार शब्द घिसते-घिसते चपटा हो गया है*
*अब*
*हमारी समझ में सहवास आता है।*

बाद में चंडीगढ़ की एक गोष्ठी में उससे भेंट हुई तो मैंने पाया, वह कविताओं में ही 'बोल्ड' है, जीवन में तो सूर्यास्त से पूर्व पापा के डर से घर पहुँच जाने वाली एक औसत लड़की है। शाम को जब गोष्ठी खत्म हुई तो उसने दिल्ली लौट जाने की इच्छा प्रकट की। मदान साहब ने उसके ठहरने की व्यवस्था लड़कियों के हॉस्टल में की थी, मगर वह एक ही जिद पकड़े थी, ''पापा नाराज होंगे। सुबह मेरी क्लास है, मैं छुट्टी लेकर नहीं आयी। मेरा दिल्ली पहुँचना जरूरी है। मगर अकेले कैसे जाऊँगी?''

मैं इतना मूर्ख नहीं था कि उसका संकेत न समझता। मैं भी साथ चलने को तैयार हो गया। मदान, राकेश, कमलेश्वर आदि को दाल में कुछ काला नजर आया। मदान जी ने बताया कि 'शाम को बहुत स्पेशल चीजों का इन्तजाम है।' राकेश-कमलेश्वर ने लालच दिया, 'बाई रोड चलेंगे, रास्ते में करनाल में ड्रिंक्स का

इन्तजाम है।' मगर मुझ पर दीवानगी सवार थी, मैंने किसी की नहीं सुनी और ममता के साथ बस में बैठ गया।

ममता दिल्ली विश्वविद्यालय से सम्बद्ध दौलतराम कॉलेज में अंग्रेजी की लेक्चरार थी और मैं 'भाषा' के सम्पादकीय विभाग में था। वह मुझसे लगभग दुगुना वेतन पा रही थी। ममता को प्रभावित करने के इरादे से मैं चार-छह रोज में ही अपना वेतन फूँक देता। महीने के बाकी दिन अनुवाद के सहारे चलते थे। उन दिनों राकेश जी लॉ बोहीम बहुत जाया करते थे। कृष्णा सोबती भी जाती थीं। लॉ बोहीम चर्चा में था। हम लोग भी लॉ बोहीम में मिलते। मैं ममता को टैक्सी में घर छोड़ आता और खुद बस में लौटता। इन सब हरकतों का नतीजा यह निकला कि ढाबे और चाय वगैरह का बिल बढ़ने लगा। एक बार मेरे माता-पिता मेरी खबर लेने दिल्ली आये। दिल्ली यात्रा उन्हें काफी महँगी पड़ी। वे जब आये, मैं दिल्ली से बाहर था। पीछे से ढाबे वाले ने हम लोगों का कच्चा चिट्ठा खोल दिया। वे मेरे तमाम उधार चुका गये और एक चिट्ठी छोड़ गये, जिसमें अच्छी-अच्छी हिदायतें थीं। चिट्ठी क्या थी, पूरा हिदायतनामा था। उन हिदायतों का पालन करता तो अन्तरराज्यीय तो क्या अन्तरजातीय विवाह भी न सम्भव होता और अपने बड़े भाई के पास कैनेडा चला गया होता, बहन पहले से ही यू.के. जाने की तैयारी कर चुकी थी। हम लोगों के विवाह के बाद माता-पिता भी कैनेडा 'माइग्रेट' कर गये, उनकी इच्छा थी कि हम सब लोग वहीं जा बसें। यह दूसरी बात है कि कैनेडा का जीवन माता-पिता को रास नहीं आया और वे भी लौट आये। दुबारा गये, फिर लौट आये।

मेरी शामें ममता के सान्निध्य में बीतने लगीं। एक तरह से दिल्ली-दर्शन भी मैंने ममता के साथ किया। हम लोग छुट्टी के रोज कभी कुतुब की तरफ निकल जाते, कभी बुद्ध जयन्ती पार्क, कभी हुमायूँ के मकबरे पर बैठे रहते। भोजन भी साथ-साथ करते। तब तक हम दोनों निरामिष थे।

इसी बीच मुझे 'धर्मयुग' में नौकरी मिल गयी। मुझे सर्वाधिक दस इंक्रीमेंट्स दिए गये थे। ममता से कम वेतन पाने की कुंठा समाप्त हो गयी। शायद यही कुंठा मुझे मुम्बई ले गयी। गाड़ी का आरक्षण भी ममता ने ही कराया। गाड़ी चलने से पूर्व सौ-सौ रुपये के कुछ नोट भी मेरी जेब में डाल दिए। यह क्रम आज तक जारी है। मैं यात्रा पर निकलता हूँ तो कई बार जेब में हजार-पाँच सौ अतिरिक्त रुपये देखकर चौंक जाता हूँ। समझते देर नहीं लगती यह ममता का कमाल है। वह खुद चाहे द्वितीय श्रेणी में यात्रा करे, मेरा आरक्षण चुपचाप वातानुकूलित यान में करवा देगी। कई बार तो मुझे भ्रम होने लगता है कि कहीं वह मेरे प्यार में तो नहीं पड़ गयी।

ममता लोग उन दिनों दिल्ली में शायद शक्ति नगर में रहते थे। राजेन्द्र यादव का पड़ोस था। ममता के मन्नू से बहुत घनिष्ठ सम्बन्ध थे। राजेन्द्र यादव का वश चलता तो वह शक्ति नगर की तमाम लड़कियों को कहानीकार बना देते। आज नहीं,

शुरू से राजेन्द्र यादव का यह शौक रहा है। 'हंस' में महिला कथाकारों का अनुपात देखकर ममता ने एक बार राजेन्द्र यादव को राय दी थी कि वह 'हंस' का नाम 'हंसिनी' रख लें। मगर उन दिनों ममता धीरे-धीरे राजेन्द्र यादव के प्रभाव में आ रही थीं। उन्हीं दिनों 'ज्ञानोदय' में राजेन्द्र यादव के उपन्यास की किसी नायिका के नाम ममता अग्रवाल का पत्र प्रकाशित हुआ था। जब 'धर्मयुग' में पहुँचते ही मैंने अक्षर प्रकाशन के प्रथम सेट की समीक्षा 'धर्मयुग' के पूरे पृष्ठ पर कर दी तो राकेश जी ने सोचा होगा कि ममता के साथ-साथ मेरा पतन भी अवश्यम्भावी है। उन्होंने कहा था कि राजेन्द्र ने ममता के माध्यम से 'ऑपरेट' करके समीक्षा लिखवाई होगी जबकि ऐसा कुछ था नहीं। भारती जी ने कहा था और मैंने लिख दी। उन दिनों भी आज की तरह चीजों का अत्यन्त सूक्ष्म विश्लेषण होता था। 'संडे मेल' में अश्क के खिलाफ दूधनाथ के पत्र की भी अनेक व्याख्याएँ हो रही हैं। कोई कह रहा है नामवर बहुत अच्छे 'ऑपरेटर' हैं और दूधनाथ के माध्यम से ऑपरेट कर रहे हैं, कोई राजेन्द्र यादव का नाम ले रहा है, कोई कह रहा है दूधनाथ इस बार बनारस से नयी-नयी कमीज पहनकर यों ही नहीं लौटा। वगैरह-वगैरह।

इसे संयोग ही कहा जाएगा, मेरे मुम्बई पहुँचने के कुछ माह बाद ममता के पापा का तबादला भी बम्बई हो गया। वे आकाशवाणी के केन्द्र निदेशक होकर आ गये और उन्हें जो घर मिला वह मीलों मील लम्बी बम्बई में मेरे (ओबी) घर से मात्र एक किलोमीटर दूर कैडिल रोड पर था। उनके सामने ही अमृतलाल नागर के भाई का निवास था, नागर जी भी उन दिनों मुम्बई आये हुए थे। ममता छुट्टियों में मुम्बई आयी तो मेरी जीवन शैली देख कर स्तब्ध रह गयी। सी फेस फ्लेट, खानसामा, बावर्ची, हर चीज व्यवस्थित, साफ सुथरी। मैं भी सूट नेकटाई में लैस, चमाचम जूते, इटैलियन मोजे, पार्कर पेन वगैरह-वगैरह। यह सब ओबी का चमत्कार था। मगर ओबी से ममता की एक दिन न पटी। जल्द ही दोनों एक दूसरे को 'फ्रॉड' कहने लगे। ओबी के यहाँ अकसर पार्टियाँ चलतीं, सुन्दर चेहरों के बीच मुझे देखकर ममता को लगता मैं बहुत खतरनाक राह पर चल पड़ा हूँ। यद्यपि सुनन्दा से उसकी दोस्ती हो गयी थी, मगर पार्टियों में वह अलग-थलग रहती। इसी चिन्ता में ममता ने अपनी नौकरी छोड़ दी और मुम्बई चली आयी।

मैं चाहता था, किसी दिन कचहरी जाकर शादी कर लें, लेकिन ममता तैयार न हुई। उसने कहा, "तुम मुझे पहले दिन ही कचहरी ले चलना चाहते हो। चाचाजी ठीक ही कहते थे, लेखकों पर विश्वास नहीं करना चाहिए।" दूसरी ओर मुझे शादी के परम्परागत रूप से बहुत वितृष्णा थी, आज भी है। आखिर तय हुआ, दिल्ली में एक संक्षिप्त-सा समारोह करके विवाह की औपचारिकता निभा ली जाय। पंजाब से मेरे माता-पिता भी आये। शाम को जब मैं विवाह के लिए जाने लगा तो दोनों ने नींद का बहाना कर दिया। उन्हें यह तौर-तरीका पसन्द नहीं आ रहा था। ममता लोगों ने

विवाह के लिए सी–ब्लाक की कोई कोठी ली थी, हम लोगों के ठहरने की व्यवस्था बी ब्लाक में थी। मैं बी ब्लाक से अकेला ही शादी करने चल पड़ा। दोस्त लोग सी ब्लाक में पहुँचने वाले थे। बीच रास्ते में श्रीमती तिक्कू मिल गयीं, उनकी कार पंक्चर हो गयी थी। वह मेरे विवाहोत्सव में भाग लेने आयी थीं, मुझे यों अकेला देखकर खूब हँसीं और हम लोग अँधेरे में सी ब्लाक की वह कोठी खोजने लगे। हर तरफ सन्नाटा था, कहीं रोशनी नजर नहीं आ रही थी। कुछ दूर चलने पर ठहाके सुनाई दिए। श्रीमती तिक्कू बोलीं, ''लगता है मोहन राकेश पहुँच गये हैं।'' मैंने अपनी ओर से किसी को निमन्त्रित नहीं किया था, मगर मेरे दिल्ली के कलाकार मित्र एम.एल. ओबेराय और जगदीश चतुर्वेदी ने अपनी ओर से कार्ड छपवाकर लेखकों में वितरित कर दिए थे। यही कारण था कि दिल्ली के साहित्यिक मित्रों का अच्छा खासा जमघट लग गया था।

मुम्बई पहुँचकर ममता ने बड़ी तत्परता से शीतला देवी टेम्पल रोड पर एक फ्लैट ठीक कर लिया चौथी मंजिल पर। ग्रांउड फ्लोर पर सिंधी की सुप्रसिद्ध कथा लेखिका सुन्दरी मीरचन्दानी रहती थीं। ओबी का संग छोड़ते हुए मुझे बहुत कष्ट हो रहा था। मगर ममता थी कि किसी भी सूरत में वहाँ रहने को तैयार न हुई। मेरे पास जो सामान था, एक सूटकेस में आ गया। न बिस्तर था, न बाल्टी, न मग, न गैस, न बर्तन। ग़ालिब के शब्दों में यही कह सकता था—

*है खबर गर्म उनके आने की।*
*आज ही, घर में बोरिया न हुआ।*

शाम को दफ्तर से लौटा तो देखा, ममता ने इस बीच काफी व्यवस्था कर ली थी। बिस्तर, कुकिंग गैस, बर्तन, तवा, पतीला, बेलन वगैरह कई चीजें घर में नजर आ रही थीं। शाम को ममता ने खाना भी खुद पकाया, व्यंजन पुस्तिका पढ़–पढ़कर। तीन–चार सब्जियाँ, चटनी, अचार सब कुछ था। तरकारियाँ कई थीं, मगर थोड़ी–थोड़ी। हम लोगों ने खाना शुरू किया। तीन–चार कौर में मैं सब सब्जियाँ खा गया, ममता का चेहरा सुर्ख पड़ गया। हमारे यहाँ एक ही तरकारी बनती थी, मगर अच्छे परिमाण में। ममता ने जितनी तरकारी परोसी थी, उतनी तो हम चटनी खा जाते थे। दूसरे हम लोगों की रुचियाँ अलग–अलग थीं। वह दाल में नींबू निचोड़ देती। मैंने कभी खट्टी दाल खाई ही नहीं थी। दरअसल हम दोनों अलग–अलग प्रदेशों से आये थे, वह पश्चिमी उत्तरप्रदेश से और मैं ठेठ पंजाब से। ममता की पृष्ठ–भूमि कल्चरल थी, मेरी एग्रीकल्चरल। हमारे यहाँ सुबह भोर में मटका भर के दही बिलोया जाता और ताजे सफेद मक्खन पर नमक डालकर नाश्ते में बासी रोटियों के साथ परोसा जाता। एक–दो लीटर तो मैं छाछ पी जाता था। मगर ममता को रसोई में ज्यादा संघर्ष न करना पड़ा, शीघ्र ही उसे एस.एन.डी.टी. यूनिवर्सिटी में लेक्चरारशिप

मिल गयी और रसोई की कमान एक दक्षिण भारतीय बावर्ची ने, जो कई पंजाबी परिवारों में काम कर चुका था, सँभाल ली। तबसे ममता को रसोई से मुक्ति मिल गयी। उसे पसन्द भी नहीं है रसोई में जाना। आज भी अगर जाती है तो अपनी पसन्द से, जब उसका मन पिट्ठी भर कर कचौड़ी खाने का हो रहा हो या कोई भूला बिसरा व्यंजन याद आ गया हो। इतने वर्षों में उसने न केवल पंजाबी व्यंजन बनाने सीख लिए हैं, बल्कि पंजाबी भाषा पर भी थोड़ा बहुत अधिकार जमा लिया है। मेरी कोशिश यही रहती है कि वह हिन्दी में ही बातचीत करे, क्योंकि उसका पंजाबी का तलफ्फुज ऐसा है कि लगता है वह पंजाबी नहीं, झूठ बोल रही है।

मैंने जीवन में जब-जब जोखिम उठाया है, ममता एक चट्टान की तरह मेरे बाजू में खड़ी रही है। मेरे कारण उसने अपना भविष्य कई बार दाँव पर लगाया है, मेरे साथ-साथ नौकरियाँ छोड़ी हैं, संघर्ष किया है, कष्ट झेले हैं। ममता ने साथ न दिया होता तो मैं कभी बम्बई न छोड़ पाता। बम्बई का जीवन धक्का-मुक्की का जीवन है। लोकल में धक्के, बस में धक्के, बाजार में धक्के और अगर दफ्तर में भी धक्कों का माहौल हो तो सोने पर सुहागा। इस सबके बावजूद बम्बई मुझे प्रिय थी, मगर दफ्तर का माहौल नाकाबिले बर्दाश्त, मातमी, भयावह। घर लौटकर लगता जैसे श्मशान से लौटे हैं, लम्बी शवयात्रा तय करके। कुछ वर्षों बाद यह वातावरण असहनीय हो गया। एक दिन मैंने दफ्तर से लौट कर ममता से कहा, "कोई स्वाभिमानी व्यक्ति इस दफ्तर में काम नहीं कर सकता।" मेरी बात सुनते ही ममता ने तत्काल इस्तीफा देने की सलाह दी। मैं हक्का बक्का रह गया, क्योंकि मेरा विचार था कि पति से अधिक पत्नियाँ पति की नौकरी से प्यार करती हैं। मगर एक यह ममता थी कि रात के ग्यारह बजे रवाना कर दिया कि अभी जाकर बता आऊँ कि नहीं करूँगा यह नौकरी। नौकरी छोड़ने के बाद मैंने बम्बई में कुछ और धक्के खाये और ममता को हॉस्टिल में भर्ती कराके इलाहाबाद चला आया। गर्दिश के उन दिनों में ममता के अलावा अगर और किसी ने मदद की थी तो वह नन्दनजी थे। मगर नन्दन जी का जिक्र उन्हीं के संस्मरण में होगा अगर कभी लिखा गया...

आज तो ममता के पास मेरी कमीज या कुर्ते का टूटा हुआ बटन टाँकने की फुर्सत नहीं है, मगर जब मेरी शादी हुई थी तो मेरी शान कुछ दूसरी ही थी। वह मुझे कोट पहनाती, टाई की गाँठ लगाती, मैं अगर वाशबेसन पर मुँह धोता, वह तौलिया लेकर खड़ी मिलती। मैं घर से दफ्तर के लिए निकलता तो वह मेरा हाथ थामकर चूम लेती। कई बार मुझे लगता, मेरी शादी ममता से नहीं जूली से हो गयी है। ये सब अलालतें उसे विरासत में मिली थीं या फिल्मों का प्रभाव था, मैं कह नहीं सकता। इतना जरूर मालूम था, उन दिनों वह फिल्में खूब देखा करती थी। इन तमाम अलालतों से उसे मुक्त कराने के लिए मुझे बहुत श्रम करना पड़ा। अपनी कहानियों की तरह मैंने इन तमाम अदाओं को इतना 'कॉमिक' रूप दे दिया कि

ममता ने पलटकर न देखा कि उसके पति के बटन कौन टाँक रहा है। पड़ोस की किसी किशोरी को भी उसने बटन टाँकते देख लिया तो आपत्ति नहीं की। मैं मुँह धो लेता और तौलिए की इन्तजार में खड़ा रहता, दफ्तर जाने में चाहे कितनी देर हो रही हो, अपना हाथ बढ़ाकर दहलीज पर खड़ा रहता। मैंने इन तमाम क्रियाओं को इतना हास्यास्पद बना दिया कि एक दिन चिढ़कर ममता ने हाथ जोड़ दिए। उसका खामियाजा मैं आज तक भुगत रहा हूँ। खाली समय में बटन टाँकता हूँ, जूते पालिश करता हूँ। टाई की गाँठ लगाना भूल चुका हूँ, मेरे पास इतनी टाइयाँ थीं कि किसी टाईधारी मित्र को देखता हूँ तो कम-से-कम एक टाई जरूर भेंट कर देता हूँ। इतनी टाइयाँ जुड़ जाने का एक राज यह भी है कि मेरी भाभी कैनेडियन हैं और बहन की शादी ब्रितानिया में हुई है। ये भोली स्त्रियाँ मुझे हर बार कुर्ते-पायजामे में देखती हैं मगर दर्जनों टाइयाँ साथ लाना नहीं भूलतीं। उन दिनों ममता पर अँग्रेजियत सवार थी। वह खाली समय में अँग्रेजी में कविताएँ लिखती थी। अपने प्रिय अँग्रेजी कवियों की कविताओं का हिन्दी में अनुवाद करती। बाद में उसकी कविताओं के अँग्रेजी में दो संकलन प्रकाशित भी हुए। भारतीय अँग्रेजी साहित्य के इतिहास में इन पुस्तकों का उल्लेख मिल जाता है। एक दिन मैं दफ्तर जाने लगा तो उसने जॉन डन की एक कविता का अनुवाद सुनाया—

*जब तक हमने नहीं किया था प्यार*
*किया था क्या*
*ताज्जुब है!*

मैंने वह अनुवाद उससे ले लिया और दफ्तर जाते हुए ट्रेन में कई बार पढ़ा। उसमें अनुवाद की बू नहीं थी। दफ्तर पहुँचकर मैंने भारतीजी को वह अनुवाद पढ़कर सुनाया। भारती जी लिफाफा देखकर मजमून पहचानने वाले सम्पादक थे। उन्होंने बताया कि जॉन डन कभी उनका प्रिय कवि नहीं रहा, मगर यह अनुवाद बहुत अच्छा है। उन्होंने उसी समय कागज पर स्वीकृत लिखकर मुझे लौटा दिया। उन दिनों 'धर्मयुग' के साहित्य, संस्कृति और कला के पृष्ठ मैं ही देखा करता था। उन दिनों 'धर्मयुग' शिखर पर था। उसकी कई लाख प्रतियाँ प्रकाशित होती थीं। वास्तव में भारती जी ही 'धर्मयुग' को शिखर पर ले गये थे और उसे रसातल में ले जाने वाला भी कोई दूसरा नहीं था, भारती जी ही थे। मगर यह एक अलग लेख का विषय है। कविता की प्रेस कॉपी तैयार करते समय मैंने देखा नीचे अनुवादक का नाम लिखा था, ममता कालिया। उस दिन से ममता अग्रवाल कालिया हो गयीं। मुझे हल्का-सा रोमांच हुआ। हम लोगों में कभी इस विषय पर बात ही न हुई थी। मेरा खयाल था कि ममता मन्नू भंडारी की तरह ममता अग्रवाल ही रहना पसन्द करेगी, क्योंकि ममता अग्रवाल के रूप में उसकी पहचान बन चुकी थी। मेरे लिए यह बात

बहुत महत्त्वपूर्ण भी नहीं थी, क्योंकि मेरा रिश्ता ममता से था, किसी अग्रवाल या कालिया से नहीं।

शादी से पूर्व ममता के पापा उसके हीरो हुआ करते थे। ऐसा लगता था कि 'पापा' शब्द उसका तकियाकलाम है। पापा का जिक्र आये बगैर उसका कोई वाक्य पूरा न होता था। दूसरी ओर जीवन में दूसरे पुरुष के प्रवेश से वह हतप्रभ भी थी। पिता और पति के द्वन्द्व को लेकर उन दिनों उसने एक कहानी भी लिखी थी—'दो जरूरी चेहरे'। जो शिकायत पहले मुझे रहती थी, वह ममता के पापा को रहने लगी। दिन भर रवि-रवि, बस यही एक विषय रह गया है ममता के पास, वह अकसर कहते।

'धीरे-धीरे रवि की जगह अन्नू ले रहा है।' अभी हाल में मैंने पापा को आश्वस्त किया था। अन्नू हमारे बड़े बेटे का नाम है।

मुम्बई छोड़ते हुए मुझे कष्ट तो बहुत हुआ था मगर इलाहाबाद आकर लगा जैसे घर लौट आया हूँ। इलाहाबाद में मेरे जैसे बहुत लोग थे, जिनके पास और कुछ हो न हो, समय बहुत था। मैंने अश्कजी के यहाँ डेरा डाला था। उन दिनों ज्ञान भी इलाहाबाद में था। जबलपुर के कॉलेज से वह लम्बी छुट्टी लेकर प्रेम कर रहा था। ज्ञान, नीलाभ और मैं दिनभर आवारगी करते। इलाहाबाद के बाहरी हिस्से बहुत खूबसूरत हैं। कुछ सड़कें तो इतनी छायादार और पेड़ों से इस कदर आच्छादित हैं कि पतझड़ में पत्तों की सेज पर चलते हुए सचमुच यह कहने की इच्छा होती है 'बाले तेरे केश जाल में कैसे उलझा दूँ लोचन?' हम लोग ऐसी सड़कों पर मटरगश्ती करते। पोनप्पा रोड का एक चक्कर लगाकर तबीयत बाग-बाग हो जाती।

मैं इलाहाबाद में ऐसा रम गया कि ममता को पत्र लिखना भूल गया। पत्र लिखने में वैसे भी मुझे बहुत आलस आता है। जब ममता को मुम्बई में खबर लगी कि मैं अश्कजी के यहाँ ठहरा हुआ हूँ तो वह बहुत सतर्क हो गयी। शादी की सालगिरह पर भी जब उसे मेरा पत्र न मिला तो उसके धैर्य का बाँध टूट गया। उन दिनों अश्कजी की तलाक दिलवाने में बहुत ख्याति थी। अश्कजी राकेश को तलाक दिलवा चुके थे। राजेन्द्र यादव के केस में उन्हें सफलता नहीं मिल पा रही थी। ममता ने सोचा, हो न हो अब अश्कजी रवि को भी तलाक दिलवाकर रहेंगे। वह तो बहुत भोला है, अब तक अश्कजी के जाल में फँस चुका होगा। उसने अपनी कल्पनाशक्ति का अत्यन्त सदुपयोग करते हुए अपनी तमाम आशंकाएँ एक लम्बे पत्र के माध्यम से कुछ इस प्रकार व्यक्त कीं कि चलो जो होना था हो गया, मेरे भाग्य में यही लिखा था, वगैरह-वगैरह। पत्र पढ़कर मैं स्तब्ध रह गया। हम दोनों के बीच में कोई तनाव था ही नहीं। बहुत कोशिश करने के बाद भी मैं इस पत्र का कोई औचित्य न समझ पाया। अश्कजी ने मुझे गुमसुम देखा तो पूछा क्या ममता की याद आ रही है। जब मैंने अश्कजी को बताया कि शादी की सालगिरह पर पत्र न लिखने

के कारण ममता बेहद परेशान है तो अश्कजी ममता के नाम लम्बी चिट्ठी लिखने बैठ गये। उन्होंने पति-पत्नी सम्बन्धों की अत्यन्त विस्तार से व्याख्या कर डाली। पत्र पाकर ममता और सशंकित हो उठी। उसने यह नतीजा निकाल लिया कि अश्कजी का पत्र निश्चित रूप से तलाक की पूर्व भूमिका है। वह इतना परेशान हो गयी कि अगले ही महीने नौकरी छोड़कर इलाहाबाद चली आयी। ममता की आशंकाएँ कितनी निर्मूल थीं, यह इस बात से स्पष्ट हो जाता है कि हमारा तलाक आज तक नहीं हुआ। तलाक के स्थान पर दो लड़के पैदा हो गये।

जब तक ममता मुम्बई से लौटी, हमारा घर इलाहाबाद की साहित्यिक गतिविधियों का केन्द्र बन चुका था। आये दिन किसी-न-किसी गोष्ठी का आयोजन होता। वाचस्पति पाठक, उपेन्द्रनाथ अश्क, नरेश मेहता, भैरवप्रसाद गुप्त, हरदेव बाहरी, डॉ. जगदीश गुप्त, कमलेश्वर, भीष्म साहनी, राजेन्द्र यादव, डॉ. रघुवंश, लक्ष्मीकान्त वर्मा, मार्कण्डेय, अमरकान्त, शेखर जोशी, अशोक वाजपेयी, दूधनाथ, ज्ञान, काशी, सत्यप्रकाश मिश्र, अखिलेश, बदरीनारायण, शैलेश मटियानी, सतीश जमाली, सत्येन कुमार कौन ऐसा लेखक है, जो हमारे यहाँ नहीं आया। ममता के लिए यह एक नया अनुभव था। इस माहौल में उसने खूब लिखा। उन दिनों ममता ने—'बेघर', 'साथी' और 'प्रेमकहानी' तीन उपन्यास लिखे और दर्जनों कहानियाँ। 'बेघर' के प्रारम्भिक अंशों का पाठ तो मार्कण्डेय जी के यहाँ गोष्ठी में हुआ था।

हमारे दोनों बेटे जूलियस सीजर हैं यानी सिजीरियन ऑपरेशन से पैदा हुए हैं! दूसरे बेटे की पैदाइश के समय ममता घोर रूप से बीमार पड़ गयी। खून और ग्लूकोज की बीसियों बोतलें चढ़ाई गयीं। डॉक्टरों ने उसे बचाने के लिए बहुत संघर्ष किया। एक दिन वह कुछ समय के लिए होश में आयी तो अपने हाथ में मेरा हाथ थामकर बोली, "रवि, एक वायदा करो।"

"क्या?" मैंने पूछा।

"अगर मैं मर गयी तो दूसरी शादी मत करना।"

"अगर मैं मर गया तो तुम दूसरी शादी जरूर कर लेना।" मेरा जवाब था। वह पीड़ा में भी हँसने लगी। यहाँ तक कि पेट पर आये टाँकों में दर्द होने लगा। शुरू-शुरू में तो वह मजाक में कही गयी बातों को गम्भीरता से ले लेती थी। बच्चों की तरह कुट्टी कर देती थी, मगर धीरे-धीरे इस सबके लिए अभ्यस्त हो गयी। आश्वस्त हो गयी कि मेरा इरादा नेक रहता है। एक वाकया तो भुलाये नहीं भूलता। शादी के शुरू के वर्षों की घटना है। उन दिनों वह अत्यन्त आस्थापूर्वक करवाचौथ का व्रत किया करती थी। एक बार ठीक करवाचौथ के दिन मैंने उसे खुशवन्त सिंह का लतीफा सुनाकर मुसीबत मोल ले ली। उसने कुट्टी कर दी और कई दिनों तक शीतयुद्ध जारी रखा। लतीफा दिलचस्प था। करवाचौथ के दिन बेसाख्ता मेरी जुबान पर आ गया :

'एक दम्पति का आपस में बहुत झगड़ा होता था, मगर जब करवाचौथ का त्योहार आया तो पत्नी ने न सिर्फ व्रत किया, शाम को मन्दिर जाकर पूजा करने के इरादे से जी भर शृंगार किया और सबसे अच्छी साड़ी पहनी।

पति ने पूछा, 'आज दुल्हन की तरह सज-धज कर कहाँ जा रही हो?'

पत्नी ने आँखें तरेरकर पति की ओर देखा और बोली, 'तेरा ही स्यापा करने मन्दिर जा रही हूँ।'

यह एक छोटा-सा लतीफा था, जो मुझे महँगा पड़ा। वास्तव में ममता एक निहायत घरेलू महिला है। जातीय संस्कारों का उस पर गहरा प्रभाव है। इस लिहाज से वह एक औसत भारतीय महिला है। उसका बस चलता तो शादी के बाद माँग में सिन्दूर वगैरह भी भरने लगती। शुरू-शुरू में तो वह हर तीज-त्योहार पर व्रत कर लेती। सबसे बड़ी विडम्बना यह थी कि ब्राह्मण होने के बावजूद मेरा कर्मकांड में जरा भी विश्वास नहीं। मेरी धारणा थी व्रत जरूर किया जा सकता है, मगर तीज-त्योहार पर ही किया जाय, यह जरूरी नहीं और फिर स्त्रियों के लिए जो सर्वश्रेष्ठ व्रत है, वह मौनव्रत ही है। स्त्रियाँ नाराज न हों, मैं अपने लिए भी मौनव्रत को सर्वश्रेष्ठ मानता हूँ और उन्हीं की तरह यही एक व्रत है जो अकसर भंग हो जाता है। व्रत-उपवास के प्रति उसमें अब पहले जैसा आकर्षण नहीं है, मगर उसकी अन्य सहकर्मी महिलाएँ जब व्रत-उपवास करती हैं तो ममता का चेहरा देखने लायक होता है। उसे लगता रहता है उससे कोई महाभूल हो गयी। फिर भी ममता में अभी आस्था शेष है। रोज सुबह मैं उसे संक्षिप्त-सी पूजा करते देखता हूँ।

शुरू-शुरू में ममता के एक और शौक से बहुत आजिज आता था, वह था खूब सजधज कर थियेटर में जाकर सिनेमा देखने का शौक। मैंने अगर साल में दो-चार फिल्में देखी हैं तो ममता के आग्रह से ही। अब तो फिल्म घर में भी देखी जा सकती है, मगर ममता का अगर मुझे तंग करने का इरादा होगा तो हाल में जाकर फिल्म देखने का प्रस्ताव रख देगी। वास्तव में परम्परागत जीवन-शैली उसे प्रिय है। रवायतों ने उसे सदैव प्रभावित किया है।

शादी के कई साल बाद अचानक उसने एक दिन महसूस किया कि हम लोगों का कोई वैसा संयुक्त चित्र नहीं है जो लोग-बाग अकसर कार्निश पर सजाया करते हैं। वह सानुरोध मुझे स्टूडियो ले गयी और चित्र खिंचवाया। वह चित्र भी वैसा नहीं आया जैसा लोगों के यहाँ देखने को मिलता है, जिसमें पति-पत्नी सर्वोत्तम पोशाक और श्रेष्ठतम अदा में दिखाई देते हैं।

ममता की चीजें बहुत गुम होती हैं। अभी रात को वह कहानी लिखकर सोई थी, सुबह कहानी गायब है। घर भर में कहानी ढूँढ़ी जा रही है। अखबार खोल खोलकर देखे जा रहे हैं, बड़ा लड़का बेडरूम में खोज रहा है और छोटा रसोईघर में। कहानी है कि कहीं नहीं मिल रही। अगले रोज कॉलेज में खोज होती है और

कहानी मिलती है उसी की अलमारी में साड़ियों के नीचे। उसे जो कुछ छिपाना होता है, वहीं छिपाती है। एक बार तो उसके उपन्यास की डायरी ही खो गयी थी। वर्षों नहीं मिली, पाँच-छह वर्ष बाद अचानक उसी के कागजों में मिल गयी। अब तो दुबारा खो चुकी होगी, क्योंकि बहुत दिनों से उसका जिक्र नहीं सुना और न ही वह अब तक कहीं प्रकाशित हुआ है। कॉलेज से आते वक्त वह कुछ सामान खरीदेगी और अपना पर्स और कागजात वहीं दुकान पर छोड़ आएगी। कई बार तो ऐसा भी हुआ है कि उसने सामान खरीदा है, भुगतान किया और सामान वहीं दुकान पर छोड़ आयी है, उसके कॉलेज से लौटते ही किसी-न-किसी को दुकान पर भेजना पड़ता है। मगर उसकी खोई हुई चीजें मिल जरूर जाती हैं। साल में छह महीने उसकी कोई-न-कोई घड़ी खोई रहती है। पता चलता है, एक चश्मा खो गया, दूसरा मिल गया। उसके जूते-चप्पल तक खो जाते हैं।

एक किस्सा तो बहुत रोमांचक और दिलचस्प है। शादी के बाद हम लोग कलकत्ता से मुम्बई लौट रहे थे। भोर में उसने मुझे जगाया कि उसकी अँगूठी खो गयी है। वह टॉयलेट गयी थी तब से अँगूठी गायब है। गाड़ी जंगल में सिग्नल की प्रतीक्षा में खड़ी थी। मैं गाड़ी से नीचे उतरा। देखा, ठीक वाशबेसिन के नीचे पत्थरों के बीच अँगूठी पड़ी थी। मैंने जल्दी से हाथ बढ़ा कर अँगूठी उठा ली। तभी अचानक गाड़ी चल पड़ी। यदि एक पल पहले भी गाड़ी चल पड़ती तो मेरा वह हाथ कट गया होता, जिससे मैं संस्मरण लिख रहा हूँ। गाड़ी के तो और भी संस्मरण हैं, टिकट चेकर टिकट माँगेगा और ममता को टिकट मिलेगा नहीं, बरसों से खोया पेन मिल जाएगा। कुछ देर बाद पेन खो जाएगा, टिकट मिल जाएगा।

ममता दिल्ली या अन्य किसी महानगर में जाएगी तो ऐसा कम होता है कि उसके पर्स से पैसे न निकल जाएँ। अव्वल तो यह काम स्टेशन पर ही हो जाएगा, अगर वहाँ बचाव हो गया तो शाम तक किसी भीड़भाड़ वाली मार्केट में पर्स खाली हो जाएगा। कई बार घर पहुँचने के लिए पैसा नहीं बचता। टैक्सी का किराया घर पहुँचकर चुकाएगी। उसकी समस्या का मैंने उसे एक मजेदार हल बताया था कि अगर बच्चे साथ जा रहे हों तो रुपये उनकी जेब में रखा करो। बच्चों की जेब जेबकतरे भी नहीं काटते, इससे उसे काफी राहत मिली थी।

चीजें खोना तो दरकिनार, एक दिन वह स्वयं खो गयी। अभी हाल की घटना है। हस्बेमामूल उसने कॉलेज जाने में इतनी देर कर ली कि मैंने सोचा, मैं छोड़ आता हूँ, मैंने स्कूटर निकाला और उसे बैठने के लिए कहा। रास्ते भर मैं उससे बात भी करता रहा। कॉलेज पहुँचकर देखा, वह सीट पर से गायब है। मैं हतप्रभ रह गया कि कहीं रास्ते में गिर तो नहीं गयी, कोई जादू-टोना तो नहीं हो गया, जो वह इस प्रकार एकाएक गायब हो गयी। आजकल अपहरण का दौर चल रहा है। कहीं उसका अपहरण तो नहीं हो गया। यही सब सोचते हुए उसी रास्ते से उसे देखते

हुए घर लौट रहा था। ममता थी कि उसका कहीं अता-पता नहीं था। कुछ समझ में नहीं आ रहा था। अचानक वह कहाँ कूद गयी या गायब हो गयी। घर के पास पहुँचकर देखा, वह लस्टम-पस्टम चली आ रही है। मालूम हुआ, वह स्कूटर पर सवार ही नहीं हुई थी। उसने यह सोचकर आवाज नहीं दी कि मैं नुक्कड़ पर प्रेशर चैक करवाने की गर्ज से जल्दी निकल गया। ममता के साथ रहते-रहते मुझ पर भी उसका असर आ गया है। एक बार हमलोग इलाहाबाद से मुम्बई जा रहे थे। रास्ते में किसी मामूली स्टेशन पर गाड़ी रुकी। हम दोनों लम्बी यात्रा से ऊब चुके थे, गाड़ी से नीचे उतर गये। प्लेटफार्म पर बरगद का एक बड़ा-सा पेड़ था, उसी की मुँडेर पर बैठकर बातें करने लगे। तभी गाड़ी छूट गयी, हमारा सारा सामान गाड़ी में था। जाने इस बीच क्या हुआ कि कोई सौ गज के फासले पर जाकर गाड़ी रुक गयी। हम लोग भागकर गाड़ी में सवार हुए और गाड़ी चल दी। जीवन में कई प्रश्न अनुत्तरित रह जाते हैं। आज तक तर्क समझ में नहीं आया कि गाड़ी अचानक कैसे रुक गयी? वैसे हमलोगों ने इसमें महारत हासिल कर ली है कि 'हाउ टु मिस ए ट्रेन'। यह दूसरी बात है कि कई बार गाड़ी ही साथ नहीं देती...

जहाँ तक लोकप्रियता का प्रश्न है, ममता मुझसे कहीं आगे है, अकसर लोग मेरा परिचय कुछ इस प्रकार कराते हैं—रवीन्द्र कालिया, ममता कालिया के पति। ममता का पति होना मेरी अर्हता में शमिल हो चुका है। कई बार तो लगता है, मुझे नौकरी भी न मिलती अगर मैं ममता का पति न होता। यह दूसरी बात है, जो नौकरियाँ मुझे मिल सकती थीं, शादी से पहले मिल चुकी थीं, शादी के बाद तो मैंने अन्तिम नौकरी से भी निजात पा ली और सिद्ध कर दिखाया कि सन् साठ के बाद का लेखक नौकरी छोड़ सकता है, पत्नी नहीं, पचास के लेखक तो दोनों का परित्याग करने को तत्पर रहते थे। वे सच्चे अर्थों में त्यागी थे। साठोत्तरी लेखक गाय की तरह सीधे थे, जिस खूँटी से बाँध दिए गये, आज तक बँधे हैं, ज्ञान बँधा है, काशी बँधा है, यह कहना गलत न होगा विजयमोहन और विमल भी बँधे हैं, मजबूत खूँटी से बँधे हैं।

इसे डॉक्टर जगदीश गुप्त का ही चमत्कार कहा जा सकता है कि जब हिन्दुस्तानी अकादमी का निमन्त्रण पत्र प्राप्त होता है, लिफाफे पर लिखा रहता है। श्री एवं श्रीमती ममता कालिया, इस लिहाज से मैं श्री ममता कालिया हूँ और ममता श्रीमती ममता कालिया। उत्तर मध्य क्षेत्र सांस्कृतिक केन्द्र की निदेशक सुश्री नीरू नन्दा तो डॉ. जगदीश गुप्त से भी दो कदम आगे हैं, केन्द्र के निमन्त्रण पत्रों पर लिखा रहता है—श्रीमती ममता कालिया (सपरिवार), ममता कालिया के बाल-बच्चों के साथ कई बार मुझे भी महसूस होता है, मैं भी आमन्त्रित हूँ। गत कई वर्षों से मुझे ममता के माध्यम से एक निमन्त्रण हर वर्ष प्राप्त हो रहा है, इस वर्ष भी प्राप्त हुआ है। 'प्रतिध्वनि' एवं पत्रकार परिषद्, बैतूल (म.प्र.) द्वारा 25 से 29 फरवरी तक

व्याख्यानमाला का आयोजन किया जा रहा है। ममता को आमन्त्रित करते हुए संयोजकों ने लिखा है, 'अपने साथ आप आ. रवीन्द्रजी को भी लाएँ तो अति प्रसन्नता होगी। दोनों को प्रथम श्रेणी का रेल व्यय दिया जाएगा।'

वास्तव में ममता का एक निश्चित पाठकवर्ग है। उसकी कोई रचना प्रकाशित होती है तो हमारे घर की डाक में अप्रत्याशित रूप से वृद्धि हो जाती है। डाकिया डाकघर से अलग पैकेट बनाकर लाता है। बड़ी दिलचस्प होती है वह डाक। अधिसंख्य पत्र प्रशंसकों के होते हैं, कुछ पत्र दिलफेंक दीवानों के भी होते हैं। कई पत्रों में सिर्फ अभद्रता होती है। शुरू-शुरू में तो कहानी पढ़कर पाठक विवाह का प्रस्ताव भी भेज देते थे... एक बार तो अमरीका से अनिवासी भारतीय का प्रस्ताव ही नहीं कुछ तोहफे भी आये थे। हिन्दुस्तान में औरत होना काफी जोखिम का काम है, महिला कथाकार होना तो उससे भी अधिक बहादुरी का काम। ममता के सैकड़ों पत्रों के बीच बहुधा इस सुदामा के नाम एक भी पत्र नहीं होता। एक बार ममता की एक कहानी साप्ताहिक हिन्दुस्तान में प्रकाशित हुई। मनोहर श्याम जोशी सम्पादक थे। कहानी के सम्बन्ध में इतने अधिक पत्र प्राप्त हुए कि वे चमत्कृत रह गये, उन्होंने साप्ताहिक के आगामी किसी अंक में ममता की लोकप्रियता को लेकर सम्पादकीय ही लिख डाला। मुझे याद है, जब 'धर्मयुग' का सर्क्यूलेशन गिरने लगता था, भारतीजी शिवानी के उपन्यास का धारावाहिक प्रकाशन आरम्भ कर देते थे, सर्क्यूलेशन स्थिर हो जाता था। दरअसल दो प्रकार के लेखक होते हैं, एक सर्क्यूलेशन बढ़ाने वाले और दूसरे गिराने वाले। हिन्दी में दूसरी श्रेणी के लेखकों की भरमार है। मगर यह भी तय है, साहित्यिक प्रतिष्ठा दूसरी श्रेणी के लेखक ही अर्जित करते हैं। यह एक संवेदनशील प्रसंग है, ममता से इस विषय पर बातचीत नहीं की जा सकती, अर्थ का अनर्थ करने में उसे महारत हासिल है। समय के साथ-साथ मुझमें 'आ बैल मुझे मार' की प्रवृत्ति क्षीण होती जा रही है, चाहे सुकीर्ति गुप्ता ममता के संस्मरण की प्रथम कड़ी पढ़कर मुझे आगाह करें कि 'ममताजी पर लिखते हुए आपकी शैली थोड़ी सहमी हुई है, ऐसा व्यतिक्रम क्यों? आप बिना किसी साहित्यिक प्रतिद्वन्द्विता के बड़े याराना लहजे में लिख रहे हैं। पाठकों को यह छेड़छाड़ मनभावन लग रही है।' सुकीर्तिजी ने यह भी लिखा कि वह ममता की दीदी प्रतिभा से मिलने पार्क स्ट्रीट गयीं और दीदी ने संस्मरण के प्रामाणिक होने की पुष्टि की। वास्तव में, इसी रूप में जिया है। मगर लगता है, मेरे पाठक मुझे पति के रूप में देखना चाहते हैं, एक रोबदार पति के रूप में, जो नाराज हो जाय तो थाली पलट दे, जिसके सामने ममता की बोलती बन्द हो जाय। हमारा दाम्पत्य दोस्ताना है। यही देखने के लिए संस्मरण पढ़कर वाराणसी से कर्फ्यू के बावजूद एक शोध छात्रा और कवयित्री गायत्री माहेश्वरी इलाहाबाद पहुँच गयीं और खुशकिस्मत थीं कि दो-चार रोज हमारे बीच रहीं। यह तो गायत्री का स्वभाव ऐसा

था कि ममता से इतना घुलमिल गयीं, वरना ममता की कोशिश रहती है कि उसकी प्रशंसिकाएँ अथवा शोध-छात्राएँ घर न आयें, कॉलेज में ही मिल लें तो अच्छा है। ममता के कई ऐसे पत्र अनुत्तरित पड़े हैं, जिनमें छात्राओं द्वारा कुछ दिन साथ रहकर हम लोगों की जीवन शैली को जानने की इच्छा प्रकट की गयी है। ममता हामी भरने को तैयार नहीं। वह घर में सिर्फ अपना साया देखना चाहती है। एक जमाना था, ममता इतनी कठोर नहीं थी, राजेन्द्र यादव के हवाले से एक अमरीकी लड़की जेन आयी थी तो कई दिनों तक हम लोगों के साथ रही थी। जेन के साथ ताँगे पर बैठकर हम लोग आधी रात को दूधनाथ के यहाँ पहुँच गये थे, फिर उसे साथ लेकर जमाली के यहाँ, वहाँ से संगम। बहरहाल, गायत्री ने असामान्य स्थितियाँ देखीं। ममता उत्तर-मध्य सांस्कृतिक केन्द्र द्वारा दिल्ली में आयोजित किए जा रहे कहानी समारोह के आयोजन के सिलसिले में व्यस्त थी। कॉलेज से सीधे सांस्कृतिक केन्द्र चली जाती। एक दिन वह सायँ सात बजे तक न लौटी। मुझे मालूम था, केन्द्र निदेशका सुश्री नीरू नन्दा के साथ उसका लंच था, फिर मीटिंग, उसके बाद असगर वजाहत के नाटक का मंचन था। गायत्री ने कई बार मुझसे कहा, आपको चिन्ता नहीं हो रही, ममताजी सुबह से गयी हैं, अभी तक नहीं लौटीं। ममता लौटी तो उसने कहा, 'आप ममताजी को डाँटिए, वह इतनी देर बाद लौटी हैं। डाँटिए भी।' अब उस पगली को कौन समझाए कि इसमें कुछ भी असामान्य नहीं। दिन में दो-तीन बार ममता का फोन आ चुका था। आजादी पाने के लिए आजादी देना भी जरूरी होता है। अगर किसी बच्चे ने ममता से कॉलेज से देर से लौटने पर रोष प्रकट कर दिया तो ममता का जवाब होगा, 'आज ही नौकरी छोड़ देती हूँ'। बच्चे यह अच्छी तरह से जानते हैं, उनकी माँ उन्हीं के लिए नौकरी कर रही है। बच्चों के मन में ममता की छवि कुछ-कुछ 'साँता क्लॉज' जैसी है। वह बहू-बेटी, पत्नी, लेखिका, प्रिंसिपल तो बहुत बाद में है, पहले माँ है। बच्चों ने जो फरमाइश रख दी, वह पूरी ही होगी, यह ममता का नियम है। बच्चों ने कभी मेरे सामने अपनी माँग रखी ही नहीं। मुझे यह भी मालूम नहीं रहता कि बच्चों की फीस कितनी है, उनके ट्यूटर को क्या दिया जाता है। अब तक वह इस हद तक ममतामयी हो गयी है कि कई बार मुझे भी बच्चा समझने की भूल कर बैठती है। अगर कभी मैं किसी बात से नाराज हो जाऊँ तो वह मुझे भी उसी तरह मनाने की कोशि करेगी, जैसे बच्चों को मनाया जाता है। जैसे वह मेरे लिए कीमती शर्ट या पतलून खरीद लाएगी, जबकि वह अच्छी तरह जानती है, कमीज-पतलून मैं सिर्फ बरसात में ही पहनता हूँ या किसी मजबूरी में। इलाहाबाद का मौसम देखते हुए मुझे कुर्ता पायजामा सबसे उत्तम पोशाक लगती है। ममता की कोशिश रहती है, मैं किसी तरह नयी कमीज पहन लूँ, जो वह इतने चाव से लाई है। घर में ऐसे बहुत से कपड़े मिल जाएँगे जो मेरे लिए आये, मगर मैं आज तक पहन ही नहीं पाया, मैंने अन्नू को दे दिए। कई बार

यहीं से फसाद शुरू हो गया। सच तो यह है मैं खाता-पीता इंसान हूँ ही नहीं, पीता-पीता आदमी हूँ। पेय पदार्थ मुझे अत्यन्त प्रिय हैं, वह चाहे लस्सी ही क्यों न हो।

हमारे दोनों बच्चे डिब्बे का दूध पीकर ही बड़े हुए हैं। ममता काफी अनाड़ी माँ साबित हुई थी। वह यह भी नहीं जानती थी कि रोते हुए बच्चे को कैसे चुप कराया जाता है। घर में कोई बुजुर्ग या महिला साथ में नहीं थी। कई बार तो बच्चे को चुप कराने के लिए डॉक्टर की मदद लेनी पड़ती। अन्नू तो जब रोना शुरू करता तो लगता स्टीरियो पर रुदन का एल.पी. चालू हो गया है। एक बार तो वह इस कदर रोया कि नामी बाल चिकित्सक को बुलाना पड़ा। डॉक्टर ने बच्चे का विस्तार से परीक्षण किया—गला, आँख, नाक, कान, पेट सब देख डाला, कहीं कोई विकार न मिला। आखिर डॉक्टर ने बच्चे की 'फीड' तैयार करने को कहा। ममता बोतल उठा लाई, मुँह में बोतल लेते ही बच्चा शान्त हो गया और कुछ ही देर बाद डॉक्टर की टाई से खेलने लगा। उसे किलकारियाँ भरते देख हम सब स्तब्ध रह गये। डॉक्टर ने मोटी फीस लेकर बताया कि आपका बच्चा भूखा है, इसलिए रो रहा है। इस घटना का ममता पर कुछ ऐसा असर पड़ा कि अगर बच्चा पेट दर्द के कारण भी रोया तो ममता उसे दूध पिलाए बगैर नहीं मानी।

अकसर लोगों के यहाँ पति-पत्नी के बीच झगड़ा होता है, हमारे यहाँ स्थिति भिन्न है। बच्चे वयस्क हो गये हैं, किसी प्रकार की दखलअन्दाजी बर्दाश्त नहीं करते। ममता नाराज हो जाती है तो उसकी भाषा में डंक से भी ज्यादा चुभन आ जाती है। उसमें एक वाक्य से तन-बदन में आग लगाने की क्षमता है। अगर इसका प्रयोग उसने अन्नू पर कर डाला तो अच्छा-खासा दृश्य उपस्थित हो जाता है। इतिहास की ऐसी नाजुक घड़ी में मैं वहाँ से हट जाना ही मुनासिब समझता हूँ। कुछ देर बाद एक कमरे में ममता भुनभुनाती रहेगी, दूसरे में अन्नू। वह इस नतीजे पर पहुँच चुका है—'मम्मी बिजी रहती हैं तो ठीक रहती हैं।' अन्नू मेरी तरह सीधा है। अकसर मेरी तरह पढ़ाई (स्कूल) और झगड़ा दोनों से कतराता है। उसका पहला प्यार इलेक्ट्रॉनिक्स है। घर में किसी प्रकार का तनाव होगा तो वह टेप रिकॉर्डर अथवा एंप्लीफायर खोलकर बैठ जाएगा। सबसे मजेदार बात यह है कि ममता का सबसे ज्यादा झगड़ा अन्नू से होता है, मगर अन्नू के बगैर वह एक क्षण रह भी नहीं सकती। दो साल पहले अन्नू का दाखिला दिल्ली के सेंट स्टीफंस में हो गया था, ममता इस विचार से ही दहल गयी कि अन्नू उससे दूर रहेगा। जब तक अन्नू ने घोषणा नहीं कर दी कि वह दिल्ली नहीं जाएगा, वह बिस्तर पर औंधे मुँह लेटी रही। वास्तव में ममता के बारे में निश्चित रूप से कुछ कहा नहीं जा सकता। कभी अन्नू की किसी दोस्त का फोन आएगा तो वह उस लड़की की माँ तक से दोस्ती कर लेगी। कभी ऐसा बिगड़ जाएगी कि लड़की दुबारा फोन करने का साहस न

करेगी—'तुम इस समय ग्यारह बजे फोन कर रही हो। अपनी माँ को बुलाओ, मैं बात करूगी, इतनी भी क्या आजादी।'

अब तो बच्चे अपना बुरा-भला समझने लगे हैं, जब छोटे थे, उन्हें स्कूल भेजना सबसे बड़ी समस्या थी, खासकर उस स्त्री के लिए, जिसका पति रात ग्यारह बजे से पूर्व खाना न खाता हो और जिसे बगैर लिखे नींद न आती हो। अब सुबह दृश्य यह होता था कि बच्चे उठ नहीं रहे हैं और ममता परेशान है। बच्चे भी घुट्टी में साहित्य पीकर आये हैं, माँ-बाप को सुलाने के बाद सोते थे। किसी प्रकार बच्चों को स्कूल के लिए रवाना करने के बाद ममता सो जाती। जो संघर्ष कुछ समय पूर्व उसने बच्चों को स्कूल रवाना करने के लिए किया था, अब मुझे करना पड़ता। कॉलेज से फोन आता, पता चलता ममता सो रही है। बार-बार चाय बनती और ठंडी हो जाती। नाश्ता ठंडा हो जाता, मालूम पड़ता ममता अभी नहाने ही नहीं गयी है। अब बच्चों ने यह मोर्चा सँभाल लिया है। उसे ज्यादा देर हो जाय तो उसे कॉलेज छोड़ आते हैं। अफरातफरी से उसे नफरत है। हर काम वह इत्मीनान से करना चाहती है। वह दूरदर्शन के कार्यक्रम के सिलसिले में लखनऊ जाएगी तो ऐसा शायद ही कभी हुआ हो कि उसकी गाड़ी न छूटी हो। बच्चे अब उसके लौटने का इन्तजार कम करते हैं, फोन का ज्यादा।

ममता में परिश्रम करने की अद्‌भुत क्षमता है, वह एक साथ कई मोर्चों पर तैनात रह सकती है। एक तरफ कॉलेज की जिम्मेदारियाँ, घर की जिम्मेदारियाँ, दूसरी तरह सभा-गोष्ठियों के आमन्त्रण, लेखन का दबाव। कई बार आश्चर्य होता है कि इतनी व्यस्तताओं के बीच वह लिखने का समय कब चुराती है। मैंने उसे विचित्र स्थितियों में लेखन करते देखा है। दूध उफन कर फैल रहा है, ममता का ध्यान उधर नहीं है, वह तल्लीनता से लिख रही है। ट्रेन में वही लिख सकती है, मैं तो पढ़ भी नहीं सकता। उसने लिखा हुआ कभी 'रिवाइज' नहीं किया, जो लिख दिया, वह अन्तिम है। अगर मैंने कभी कोई सलाह-मशविरा दे दिया और उसे जँच गया तो उसने वह रचना ही खारिज कर दी। यह देखकर मैंने सुझाव देना ही छोड़ दिया है। मुझे किसी रचना को साफ करते हुए देखेगी तो सलाह देगी, 'इसे ऐसे ही रहने दो। रिवाइज करके चौपट कर दोगे।' मेरी बहुत कम रचनाएँ ऐसी होंगी, जिन्हें मैंने कम-से-कम दो बार न लिखा हो। ममता को तो मैंने उपन्यास भी साफ करते नहीं देखा। खुदा की उस पर ऐसी रहमत है।

ममता के लिए लेखन सबसे प्यारा पलायन भी है। वह किसी बात से परेशान होगी तो लिखने बैठ जाएगी। उसके बाद एकदम सन्तुलित हो जाएगी। सामान्यत: ऐसे में कोई सहेली मिलने आ गयी तो उन लोगों का सिविल लाइन्स जाकर चाट खाने का कार्यक्रम बन जाएगा।

महाविशेषांक के प्रकाशन के उपरान्त जैसे अनेक लेखिकाएँ मुझसे नाराज हो

गयीं, ममता भी नाराज हो गयी। ज्यादातर वार लेखिकाओं और पुरुष लेखिकाओं की तरफ से हुए। चित्रा जी तो मेरी मित्र हैं, ममता ने भी ममता नहीं दिखाई। 'ऐ लड़की' की इंस्टेंट सफलता ने अनेक कथा लेखिकाओं को उत्तेजित कर दिया। ममता ने तो तब से कहानी ही नहीं लिखी। हाल में चित्रा मुद्‌गल कुछ दिनों के लिए इलाहाबाद आयी थीं। मिलते ही दोनों लेखिकाओं ने 'ऐ लड़की' की चर्चा शुरू कर दी। हमारी महाराजिन ने, जिसका साहित्य से दूर का भी वास्ता नहीं और जो घर में 'ऐ लड़की' पर गर्मागर्म बहसों का नजारा देख चुकी थी, बड़े राजदाराना अन्दाज में मुझसे पूछा, 'क्यों कृष्णा सोबती आयी हैं?' गर्ज यह कि आज भी हमारे घर में 'ऐ लड़की' चिंगारी का काम करती है। अनेक पत्र-पत्रिकाओं में तो जूते चप्पल भी चल रहे हैं।

जूते-चप्पल से एक प्रसंग और याद आ रहा है। पिछले दिनों 'हिन्दुस्तानी अकादमी' में 'केदार : अस्सी' कार्यक्रम आयोजित था। हॉल के बाहर चप्पलों का ढेर लगा था। पिछली बार किसी समारोह में ममता की नयी चप्पलें खो गयी थीं। इसी प्रसंग पर बात हो रही थी कि नामवरजी पास से गुजरे। उन्हें शायद आश्चर्य हुआ होगा कि साहित्यिक कार्यक्रमों में भी चप्पलें चोरी चली जाती हैं। वह क्षणभर के लिए ठिठक गये। मैंने कहा, आप इत्मीनान से भीतर जाएँ। यहाँ चप्पलें चोरी जरूर हो जाती हैं, मगर चलती नहीं।

ममता एक कथा लेखिका ही नहीं, अच्छी नर्स भी है। मैंने अनेक अवसरों पर उसे अपनी माँ अथवा मेरी माँ की सेवा करते देखा है। जिन स्थितियों में औसत आदमी खौफ खाकर रोगी के पास से भाग जाय, वह अत्यन्त लगन से सेवा में लगी रहेगी। मैं तो किसी को तड़पते या कराहते देख ही नहीं सकता। ममता इस दृष्टि से 'पत्थर दिल' है। वह बगैर घबराए या 'नर्वस' हुए धैर्यपूर्वक रात-रात भर जग सकती है, रोगी की नींद लग जाय तो कहानी लिख सकती है। कई बार लगता है, हम दोनों एक-दूसरे के विलोम हैं। जो मुझे पसन्द है, ममता को सख्त नापसन्द। जो रंग ममता को पसन्द है, मुझे नापसन्द। मुझे अगर निराला की कविताएँ पसन्द हैं तो उसे मुक्तिबोध की। मुझे दिलीप कुमार पसन्द हैं तो उसे आमिर खाँ। मुझे जूही चावला पसन्द है तो उसे माधुरी दीक्षित, मुझे शशि पसन्द है तो उसे रवि।

□□□